普通高等教育“十一五”国家级规划教材
21 世纪环境类专业新编数字融合系列教材

环境工程基础

（第 3 版）

主　编　曾桂华　陈　琳
副主编　钟真宜　余小玉
主　审　李倦生

武汉理工大学出版社
武汉

内容简介

本书重点介绍了环境工程的基础知识，主要内容包括水污染防治工程、大气污染防治工程、固体废物污染防治工程、噪声及其他污染防治工程四大部分。本书深入浅出地介绍了水污染防治、大气污染防治、固体废物的处理与处置、噪声及其他污染防治技术的基本原理、工艺流程、设备结构及重要常用设备的简明设计。本书在兼顾传统成熟工艺介绍的基础上，重视并采纳了国内外最新的实用治理技术。

本书可作为高等学校及高等职业技术学院环境工程、环境监测、环境管理以及其他环境类相关专业的教材和非环境类专业学生的环境素质教育教材，也可作为在环境保护领域工作的在职人员培训教材和学习参考资料。

图书在版编目(CIP)数据

环境工程基础/曾桂华，陈琳主编. —3 版. —武汉：武汉理工大学出版社，2023.12(2025.1 重印)
ISBN 978-7-5629-6928-0

Ⅰ.①环…　Ⅱ.①曾…　②陈…　Ⅲ.①环境工程－基本知识　Ⅳ.①X5

中国国家版本馆 CIP 数据核字(2023)第 233723 号

项目负责人：徐　扬　陈军东　彭佳佳
责 任 编 辑：陈军东
责 任 校 对：夏冬琴
封 面 设 计：兴和设计
出 版 发 行：武汉理工大学出版社
地　　　址：武汉市洪山区珞狮路 122 号
邮　　　编：430070
网　　　址：http://www.wutp.com.cn
经　　　销：各地新华书店
印　　　刷：武汉市洪林印务有限公司
开　　　本：787×1092　1/16
印　　　张：22.5
字　　　数：590 千字
版　　　次：2023 年 12 月第 3 版
印　　　次：2025 年 1 月第 2 次印刷
印　　　数：3001～6000 册
定　　　价：49.00 元

凡购本书，如有缺页、倒页、脱页等印装质量问题，请向出版社发行部调换。
本社购书热线：027－87515778　87515848　87785758　87165708(传真)

出版说明

早在2002年我社就组织了全国十多所院校参与编写本套教材，时任教育部高等学校环境工程专业教学指导委员会秘书长、清华大学张晓健教授担任系列教材编审委员会名誉主任。全套教材各门课程的教学大纲、具体内容均由教学指导委员会审订，并将此系列教材确定为教学指导委员会向全国推荐的重点教材。

本套系列教材正式出版后，已被众多学校选用，同时也得到了广大师生的一致好评。其中有6种教材被列为普通高等教育"十一五"国家级规划教材，它们是《大气污染控制工程》《环境工程微生物学》《环境工程基础》《噪声控制工程》《环境监测》《水污染控制工程》；在2014年推出的新1版中，《环境监测》《环境信息技术与统计分析》《环境影响评价》《噪声控制技术》被列为第一批全国环境保护优秀培训教材；还有多种教材荣获教育部全国高等学校优秀教材奖或优秀畅销书奖。这充分说明了教材编审委员会关于教材的定位、内容、结构和编写宗旨是符合专业教学需要和专业建设需要的。

随着时代的发展、科技的进步、教学的改革和知识的更新，该系列教材部分内容也渐渐变得陈旧，亟待再次修订。于是我社自2023年开始重新进行大规模调研，并整合相关资源后，组织相关院校的一些知名教授、教学名师，重新根据当前高等院校的最新教学改革要求，参考国家最新标准进行了一次较大的、全面的修订。

此次修订工作中，我们扎实推动党的二十大精神进教材，发挥课程思政在人才培养过程中的引领作用，注重思政要素在教材中的编排与体现。在技术方面，我们积极引用数字融合出版的各类新技术，使教材在课堂教学活动中以更丰富更生动的方式进行知识内容的迁移与转化。此外我们还依据最新教学模式和教学方法，突出案例教学，牢牢把握住理论够用、实践为重的原则，并吸收近年来国内外环境治理工程的最新技术、最新方法，更加强调依据培养目标培养一线从事生产、服务和管理的应用型、技能型人才。

我们将切实做好为教学服务、为科研事业服务的工作，加强与行业的联系，使系列教材能及时地反映国家环保政策的变化、学术界最新的理论成果、行业应用的新设备及工艺流程，以达到提高专业人才培养质量的目的。

我们诚挚地希望使用本教材的师生对教材提出批评和建议，以便我们不断修订、改善、精益求精！

武汉理工大学出版社

2023年5月

第 3 版前言

本书自 2014 年出版以来，作为资源环境与安全大类专业高职教育的专业基础、专业拓展课程教材，受到了众多高职院校师生的欢迎。

党的十八大以来，国家对生态环境保护工作越来越重视，不断加大对环境污染治理的力度，将生态文明建设纳入"五位一体"总体布局，提出了习近平生态文明思想；对多部关于生态环境保护的法律法规进行了修正；与生态环境相关的国家标准也在不断修订与完善，环境污染治理技术也在不断更新与进步。鉴于此，本次改版对书中的部分陈旧内容进行了更新，对错漏之处进行了订正，并更新了书中一些旧的标准，提出了新的法律法规和治理工艺与技术，增加了配套的教学大纲、课件、题库、考卷等教学资料，使本书内容更具时效性和先进性，以适合高职教育实际需要。

本书由湖南省环境保护科学研究院曾桂华、长沙环境保护职业技术学院陈琳担任主编，由广东环境保护工程职业学院钟真宜、广东环境保护工程职业学院余小玉担任副主编。参加此次新版修订的人员有陈琳（教学大纲、绪论和第一篇题库编制）、余小玉（绪论题库与第一篇课件制作）、广东环境保护工程职业学院夏志新（绪论、第一篇修订和题库编制）、长沙环境保护职业技术学院曾梅（第二篇修订、课件制作与题库编制）、广东环境保护工程职业学院张栖（第二篇题库编制）、长沙环境保护职业技术学院陈瑶（第三篇修订、课件制作与题库编制）、广东环境保护工程职业学院彭立宇（第三篇题库编制）、长沙环境保护职业技术学院方丽（第四篇修订、课件制作与题库编制）、广东环境保护工程职业学院钟剑平（第四篇题库编制），全书由陈琳统稿。

由于本书内容涉及的环境污染治理领域广泛，环境污染治理技术更新与发展迅速，加之编者水平有限，书中的缺点、错误和不当之处在所难免，敬请读者批评指正，以便进一步修改，使其日臻完善。

2023 年 12 月

编　者

第2版前言

本书自2014年出版以来，作为环保类专业的基础课程教材，受到了众多高等院校师生的欢迎。

近年来，国家对环境保护越来越重视，不断加大对环境污染治理的力度，把环境保护上升到了一个新的高度。多部关于环境保护的法律法规近年来进行了修正，关于生态环境的各种国家标准也在不断进行修订和完善。鉴于此，本次改版对书中的部分陈旧内容进行了更新，对错漏之处进行了订正，并更新了书中的一些旧的标准，使本书内容更具时效性，以适合教学实际需要。

由于本书内容涉及领域广泛，又因技术发展迅速，加之编者水平有限，书中难免存在不当之处，敬请读者批评指正！

2018年12月

编　者

第 1 版前言

新的环境问题和国家提出的“资源节约型和环境友好型”社会及生态文明建设目标，对培养环保行业生产服务一线的高端技术技能型人才提出了新的要求，为满足社会发展和环境保护工作的需求，适应环境类专业的教学需要，结合多年的教学和科研工作经验，在原版的基础上，同时参考了大量同类教材和其他专业书籍，组织编写了新版《环境工程基础》教材。

本书主要介绍了水污染防治、大气污染防治、固体废物污染防治、噪声及其他污染防治四大部分内容。每部分重点介绍了各类污染治理技术的常用方法、基本原理、工艺流程、主要工艺参数、设备结构及重要常用设备的简明设计。

本书的特色是理论联系实际，注重基本概念、基本原理、基本工艺的介绍，突出知识传授和技能培养，强调实用性。以介绍传统成熟的常用技术为主，同时吸收了国内外环境工程方面的新技术、新方法、新工艺，突出“宽、浅、新、实”，力求浅显易懂，突出重点，削枝强干，并保持了教学内容的系统、连续、完整，循序渐进地培养学生的分析问题和解决问题的能力。

本书在编写过程中注重启发式教学的应用，书中每章都明确了学习目标，以案例导入的方式启发读者的思考，通过每个章节后附有的思考与练习题巩固和检查学习效果，通过知识链接和课后阅读，引导读者对相关内容做更深入的了解，拓宽读者的学习领域和知识面。

本书由李倦生、曾桂华担任主编，由钟真宜、周世美担任副主编，参加编写的人员有李倦生（绪论、第 1 章）、王晓娜（第 2、3 章）、曾桂华（第 4 章）、徐肖卉（第 5 章）、蔡涛（第 6、7 章）、周世美（第 8 章）、钟真宜（第 9、10 章）、钟剑平（第 11、12 章），全书由曾桂华统稿。

书稿在编写过程中参考并借鉴了大量国内外高校教材及专业科技文献资料，在此谨向各位专家及参考文献资料的原作者表示衷心的感谢！对在参考文献目录中遗漏的作者在表示衷心感谢的同时也表示深深歉意，希望得到你们的谅解和支持。

由于本书内容涉及领域广泛，又因技术发展迅速，加之编者水平有限，书中缺点、错误和不当之处在所难免，敬请读者批评指正，以便进一步修改，使其日臻完善。

2014 年 8 月 10 日

目　　录

第二篇 大气污染防治工程基础篇

第三篇　固体废物污染防治工程基础篇

0 绪 论

学习目标

1. 全面了解环境工程学的内容；
2. 了解目前主要环境问题和主要防治措施；
3. 了解环境污染综合防治的原则。

案例导入

八大公害事件

公害事件是指因环境污染造成的在短期内人群大量发病和死亡事件。八大公害事件是指在世界范围内，由于环境污染而造成的八次较大的轰动世界的公害事件。

(1)比利时马斯河谷烟雾事件

1930年12月1—5日，比利时的马斯河谷工业区，外排的工业有害废气(主要污染物是二氧化硫和粉尘等)对人体健康造成了综合影响，其中毒症状为咳嗽、流泪、恶心、呕吐，一周内有几千人发病，近60人死亡，市民中心脏病、肺病患者的死亡率增高，家畜的死亡率也大大增高。

(2)美国洛杉矶光化学烟雾事件

1943年5—10月，美国洛杉矶市汽车排放大量废气，产生光化学烟雾，造成很多居民患眼睛红肿、喉炎、呼吸道疾患恶化等疾病，65岁以上的老人死亡400多人。

(3)美国多诺拉事件

1948年10月26—31日，美国宾夕法尼亚州多诺拉镇大气中的二氧化硫以及其他氧化物与大气烟尘共同作用，生成硫酸烟雾，使大气严重污染，4天内42%的居民患病，17人死亡，其中毒症状为咳嗽、呕吐、腹泻、喉痛。

(4)英国伦敦烟雾事件

1952年12月5—8日，英国伦敦由于冬季燃煤引起的煤烟形成烟雾，导致4天时间内4000多人死亡。

(5)日本水俣病事件

1953—1956年，日本熊本县水俣湾，由于人们食用了海湾中被含汞污水污染的鱼虾、贝类及其他水生动物，造成近万人中枢神经疾患，其中甲基汞中毒患者283人中有60余人死亡。

(6)日本四日市哮喘病事件

1955—1961年，日本的四日市由于石油冶炼和工业燃油产生的废气严重污染大气，引起呼吸道疾病患者骤增，尤其是哮喘病的发病率大大提高。

(7)日本爱知县米糠油事件

1968年3月，在日本爱知县一带，由于对生产米糠油业的管理不善，造成多氯联苯污染物混入米糠油内，人们食用了这种被污染的油之后，酿成有13 000多人中毒，数十万只鸡死亡的严重污染事件。

(8)日本富山痛痛病事件

1955—1968年，生活在日本富山平原地区的人们，因为饮用了含镉的河水和食用了含镉的大米，以及其他含镉的食物，引起“痛痛病”，就诊患者258人，其中因此死亡者达207人。

环境工程是一门研究环境污染防治技术原理和方法的学科，是在人类同环境污染做斗争、保护和改善生存环境的过程中形成的。其内容广泛而复杂，涉及化学、物理学、生物学、医学、给排水工程、土木工程、机械工程、化学工程等学科中的原理和手段。该学科以环境污染综合防治作为基本指导思想，研究防治环境污染和公害的技术措施，自然资源的保护和合理利用，各种废物的资源化，以及对局部的规划等，以获取最优的环境效益、社会效益和经济效益。

环境工程学的主要内容包括水污染防治工程、大气污染防治工程、固体废物的处理和利用、噪声及其他污染(如放射性物质、电磁波、热、光等)的防治技术。

0.1 水污染防治工程

水污染防治工程是防治、减轻直至消除水环境的污染，改善和保持水环境质量，合理利用水资源所采取的工程技术措施。

0.1.1 水污染源

水体污染主要由点源污染与面源污染造成。点源污染主要是来自未经妥善处理的城镇污水或工业废水。面源污染主要是因为农田肥料、农药及城市地面污染物随雨水进入水体，或大气中的有毒有害物质自然沉降和随雨雪沉降过程进入水体造成的。

0.1.2 污废水处理方法

现代污废水处理技术，按原理一般可分为物理处理法、化学处理法和生物处理法三类。

(1)物理处理法：利用物理作用分离废水中不溶性的固体污染物质。方法有筛滤、沉淀、离心分离、气浮、过滤和反渗透等。

(2)化学处理法：利用化学反应的作用，分离回收污废水中处于各种形态的污染物质(包括悬浮的、溶解的、胶体的等)。主要方法有中和、混凝、电解、氧化还原、萃取、吸附、离子交换和电渗析等。化学处理法多用于处理工业废水。

(3)生物处理法：利用微生物的代谢作用，使污废水中呈溶解、胶体状态的有机污染物转化为稳定的无害物质。生物处理方法可分为好氧(利用好氧微生物作用)处理和厌氧(利用厌氧微生物作用)处理两大类。前者广泛用于处理城市污水及低浓度有机废水，它又可分为活性污泥法和生物膜法两种；后者多用于处理高浓度有机废水与污水处理过程中产生的污泥，现在也开始用于处理城市污水与低浓度有机废水。

0.1.3 污废水分级处理

污废水的物理处理法、化学处理法和生物处理法适用于不同的处理对象和处理条件，达到不同的处理要求。城镇污水与工业废水中的污染物是多种多样的，处理后的去向也各不相同，往往需要根据废水的特点和处理后的去向，在充分利用水体自净能力的基础上，选择合适的处理方法或选择多种方法进行组合，以便有效处理不同性质的污染物，达到所需的处理程度，实现社会效益、环境效益和经济效益的统一。污废水处理按处理程度分为三级。

(1)一级处理：主要去除污废水中悬浮状态的固体污染物质，物理处理方法大部分只能完成一级处理的要求，一级处理以物理方法为主。如格栅、沉降、过滤、隔油、气浮等。可以除去污废水中大部分粒径在 100 μm 以上的大颗粒物质，减轻污废水的腐化程度，降低后续处理工艺的负荷，经过一级处理后的污废水，生化需氧量(BOD)一般可去除 30%左右。一级处理往往达不到排放标准，通常作为二级处理的预处理。

(2)二级处理：污废水经过一级处理后，用生物方法继续去除没有沉淀的微小粒径的悬浮物、胶体物和溶解性有机污染物质以及氮和磷的净化过程。相当长时间以来，人们把生物处理作为污废水二级处理的主体工艺。如活性污泥法、生物滤池等。只去除有机物的称为普通二级处理，去除有机物外，同时去除氮和磷的称为二级强化处理。经过二级处理，能大幅度除去污废水中呈胶态和溶解态的有机污染物，使污废水得到进一步净化，实现有机污染物达标排放。

(3)三级处理：在一、二级处理后，进一步处理二级处理未能去除的难降解有机物、磷和氮等能导致水体富营养化的可溶性无机物等。完善的三级处理包括除磷、除氮，去除难降解的有机物，去除溶解性盐和病原体等处理过程。它是深度处理的同义词，但两者又不完全相同。三级处理常用于二级处理之后，而深度处理则是以污废水回收、再利用为目的，在一级或二级处理后增加的处理工艺。深度处理常采用混凝沉淀(气浮)、吸附、离子交换、膜技术等处理单元优化组合而成。

0.2 大气污染防治工程

大气污染防治工程的主要任务是研究人类生产活动中排放的有害气体的治理和工业废气中颗粒物去除的原理和方法。

0.2.1 大气污染源

大气污染物质产生于人类活动或自然过程，因此大气污染源有天然污染源和人工污染源两类。人工污染源排放的污染物是造成大气污染的主要根源。在大气污染控制工程中，主要的研究对象是人工污染源。人工污染源分为四类：生活污染源、工业污染源、农业污染源和交通污染源。

(1)生活污染源：主要是生活中的炉灶、热水器、采暖锅炉等。日常生活中，人们由于生活需要使用这些设备时，燃料燃烧过程中会排放出大量的烟尘和一些有害气体物质。此外，城市垃圾在焚烧过程中产生的废气，以及堆放过程中由于厌氧分解排出二次污染物都将污染大气。这类污染源点多面广、排放高度低、排放总量大。

(2)工业污染源：主要包括工业生产过程排放烟气、粉尘和废气的工厂、车间或设备。工业污染源排放集中、污染气体排放量大、污染物种类多，对大气环境影响严重。

(3)农业污染源：包括施用农药和化肥的农田、菜地、果园以及产生大气污染物的农用燃料燃烧设备等。农药和化肥是农业生产过程对大气的主要污染物，其特点和生活污染源相似。此外，稻田释放的甲烷，也会对大气造成污染。

(4)交通污染源：又称移动污染源，主要指交通运输工具如汽车、摩托、飞机、火车及船舶等。这些交通工具使用过程中燃烧汽油、柴油等燃料，排放含有多种有害物质的废气。这类排放源遍及全球人类居住区的各个角落，沿交通线移动，排放污染物总量大，成分复杂，其中氮氧化物、烃类等在光化学反应作用下生成光化学烟雾，对城市大气环境影响很大。

0.2.2 大气污染物净化技术

大气污染物种类繁多，性质和存在状态各不相同，其净化机理、方法和选用装置也各不相同。根据污染物存在状态的不同，分为气溶胶(颗粒)污染物和气态污染物，其净化技术也可相应分为颗粒污染物净化技术和气态污染物净化技术两大类。

颗粒污染物(如粉尘、煤烟、飞灰、硫酸盐等)人为来源主要是工农业生产、运输以及燃料燃烧过程。颗粒污染物净化是指从气体中除去或收集固态或液态粒子。根据净化机制的不同，颗粒污染物净化装备可分为机械式除尘器、湿式除尘器、过滤式除尘器和静电除尘器四大类。

气态污染物是大气中以分子(或分子团)状态存在的污染物,主要产生于矿物燃料燃烧、工业生产、矿山开挖、冶金、交通运输等人类生产活动,包括 SO_x、NO_x、H_2S、Cl_2、卤素化合物、碳的氧化物、气态碳氢化合物、重金属及其化合物等。排放量较大的有硫氧化物、碳氧化物、氮氧化物等。常用的净化方法有吸收法、吸附法、催化转化法、燃烧法等。

0.3 固体废物处理与处置

固体废物是固态或半固态废弃物的总称,其中包括从废气中分离出来的固体颗粒、垃圾、炉渣、废制品、破损器皿、残次品、动物尸体、变质食品、污泥、人畜粪便等。依照《中华人民共和国固体废物污染环境防治法》的规定,将固体废物分为生活垃圾、工业固体废物和危险废物三类。

0.3.1 固体废物环境污染特征

固体废物对环境潜在污染的特点包括:①数量巨大,种类繁多,成分复杂;②滞留期久,危害性强;③既是其他污染方式处理过程的终态,又是环境污染的源头。固体废物占用土地,对水体、大气、土壤、生物群落和人体健康均会产生严重影响。

0.3.2 固体废物处理技术

固体废物处理技术涉及物理学、化学、生物学、机械工程等多种学科,主要处理技术有如下几方面。

(1)固体废物的预处理:在对固体废物进行综合利用和最终处理之前,往往需要实行预处理,以便于进行下一步处理。预处理主要包括固体废物的破碎、筛分、粉磨、压缩等工序。

(2)物理法处理固体废物:利用固体废物的物理和化学性质,从中分选或分离有用或有害物质。根据固体废物的特性可分别采用重力分选、磁力分选、电力分选、光电分选、弹道分选、摩擦分选和浮选等分选方法。

(3)化学法处理固体废物:通过固体废物发生化学转换回收有用物质和能源。煅烧、焙烧、烧结、溶剂浸出、热分解、焚烧、电力辐射都属于化学处理方法。

(4)生物法处理固体废物:利用微生物的作用处理固体废物。其基本原理是利用微生物的生物化学作用,将复杂有机物分解为简单物质,将有毒物质转化为无毒物质。沼气发酵和堆肥即属于生物处理法。

(5)固体废物的最终处理:没有利用价值的有害固体废物需进行最终处理。最终处理的方法有焚化法、填埋法、海洋投弃法等。固体废物在填埋和投弃海洋之前尚需进行无害化处理。

0.4 噪声及其他公害防治技术

0.4.1 噪声的危害及防治

凡是干扰人们休息、学习和工作的声音以及振幅和频率杂乱、断续或统计上无规则的声振动都称为噪声。噪声来源于人类生存的环境，如工业生产、交通运输、建筑施工以及其他社会生活中。

噪声是一种物理性污染，其污染特点具有局部性、区域性和无后效性。声能在传播过程中由近及远逐渐衰减，直至消失。当污染源停止运转后，污染也就立即消失。所以只要人们在噪声源、噪声传播过程以及个人防护技术上加以恰当的控制，就能够使噪声及噪声危害远离我们的生活。

降低噪声的技术措施大致有吸声、隔声、消声、隔振四类，需要针对不同发声对象综合考虑使用：

①对以振动、摩擦、撞击等引发的机械噪声，一般采取减振、隔声措施；对以设备为主的车间厂房，一般采用吸声、隔声措施。

②对空气动力性噪声的治理，一般采用安装消声器的措施。

③对某些用电设备产生的电磁噪声，一般是尽量使这些设备远离人群，其目的一是保障电磁安全，二是利用距离衰减降低噪声。当距离受到限制，则应考虑对设备采取隔声措施，对设备本身或对设备安装的房间做隔声设计，以符合环境要求。

④针对环境保护目标采取的环境噪声污染防治技术措施，主要是以隔声、吸声为主的屏蔽性措施，以使目标免受噪声影响。

0.4.2 电磁辐射污染的危害及防治

电磁辐射污染在人们的日常生活中无处不在。由于广播、电视、微波技术的发展，射频设备功率成倍增加，地面上的电磁辐射大幅度增加，已达到直接威胁人体健康的程度。

电磁辐射污染的危害主要包括对电器设备的干扰和对人体健康的影响两大方面。

控制电磁辐射污染应采取综合防治对策，常用的技术措施是电磁屏蔽，并采取接地处理。

0.4.3 放射性污染的危害及防治

在自然界和人工生产的元素中，有一些能自动发生衰变，并放射出肉眼看不见的射线。这些元素统称为放射性元素或放射性物质。在自然状态下，来自宇宙的射线和地球环境本身的放射性元素一般不会给生物带来危害。但人类活动使得人工辐射和人工放射性物质大大增加，环境中的射线强度随之增强，危及生物的生存，从而产生了放射性污染。人类受到的放射性污染主要是由医疗照射、核爆炸、核动力引起的，其中医疗照射居于首位。

对放射性污染的防治，实行预防为主、防治结合、严格管理、安全第一的方针。放射性废液的处理方法有蒸发、离子交换、膜技术、絮凝沉降、吸附、过滤、离心分离等。低、中水平放射性固体废物在符合国家规定的区域实行近地表处置；高水平放射性固体废物实行集中的深地质处置。

2011 年 3 月 11 日，强地震致日本福岛核电站爆炸而产生核泄漏所形成的放射性污染给日本带来了极大灾难，也一度给周边国家造成恐慌。放射性污染的治理重在预防。

0.4.4 热污染的危害及防治

热污染是指现代工业生产和生活中排放的废热所造成的环境污染。热污染可以污染大气和水体。对大气环境的危害表现在造成城市热岛效应和大气圈的温室效应；对水体的危害表现在水温升高，导致水中溶解氧减少，化学和生物化学反应速度加快，破坏水体的生态平衡；使致病微生物得以滋生、泛滥，引起疾病流行，危害人类健康。

对热污染的防治主要办法有利用水能、风能、地热能、潮汐能和太阳能等新能源；加强保温、隔热措施，以降低热损失；充分利用工业的余热，节约能源等。

0.4.5 光污染的危害及防治

光污染指过量的光辐射对人类生活和生产环境造成不良影响的现象。包括可见光、红外线和紫外线污染。

光污染问题最早于 20 世纪 30 年代由国际天文界提出，他们认为光污染是指城市室外照明使天空发亮造成对天文观测的负面的影响。后来英美等国称之为“干扰光”，在日本则称为“光害”。

从其污染性质来看，光污染属于物理性污染。光污染在环境中不会有残余物存在，在污染源停止作用后，污染也就立即消失，污染范围一般是局部性的。

研究发现，长时间在白色光污染环境下工作和生活的人，视网膜和虹膜都会受到程度不同的损害，视力急剧下降，白内障的发病率高达 45%。还使人头昏心烦，甚至发生失眠、食欲下降、情绪低落、身体乏力等类似神经衰弱的症状。

光污染的防治要从加快立法，加强城市灯光管理，改善环境照明，消除或减弱眩光和强辐射的影响，采取个人防护措施几个方面着手。

0.5 环境污染综合防治

环境污染综合防治(integrated control of environment pollution)是指对一个区域内的空气、水、土等环境状况进行综合分析，做出环境质量评价，制订标准，拟定规划，采取预防与治理相结合、人工处理与自然净化相结合等措施，以技术、经济和法律手段实施防治污染的方案，以期达到保护和改善环境质量的目的。

环境污染综合防治思想，是随着社会工业化发展逐渐形成的。中国在 20 世纪 50 年代提出“三废”（废水、废气、废渣）的综合利用，1972 年，又在联合国人类环境会议上正式提出了“全面规划，合理布局，综合利用，化害为利，依靠群众，大家动手，保护环境，造福人民”的中国环境保护工作方针，明确了环境污染的综合防治思想。由于许多国家走了以污染环境、破坏资源和生态为代价发展经济的道路，20 世纪 50 年代以来，公害日益严重，人们开始认识到环境污染的后果是极其深远的，治理环境的费用是巨大的，而且传统的治理技术同环境污染的严重性是不相适应的。因此，许多国家十分重视原料综合利用和资源合理开发，限制污染物排放等，以使环境污染防治做到经济、合理和有效。

环境污染综合防治的基本指导思想，是将环境作为一个有机整体，根据当地的自然条件，按照污染物的产生、变迁和归宿的各个环节，采取法律、行政、经济和工程技术相结合的综合措施，以期最大限度地合理利用资源，减少污染物的产生和排放，用最经济的方法获取最佳的防治效果。

环境污染综合防治应根据当地具体条件，遵循以下原则：

①技术和经济相结合。制订综合防治方案，除考虑技术上的先进性外，还必须考虑经济上的合理性。方案中应包括相应的经济分析。

②防治结合，以防为主。在“防”的方面，着重加强环境规划和管理；在“治”的方面，着重考虑各种治理技术措施的综合运用。

③人工治理和自然净化相结合。为了节省环境治理费用，应充分利用自然净化能力，如依据地区环境中大气、水体、土壤的自然净化能力，确定经济合理的排污标准和排放方式。

④发展生产和保护环境相结合。生产部门应在发展生产的同时加强资源管理，防止资源浪费，并通过改革工艺、综合利用，实行企业内部的环境综合治理措施，减少污染物的排放量和处理量。

思考题与习题

练习

1. 环境工程学的主要内容有哪些？
2. 废水处理的方法有哪些？根据处理程度可以分几级？
3. 大气污染物根据其存在形态可以分为哪两大类？各有哪些净化方法？
4. 噪声污染防治技术有哪些？
5. 固体废物有哪些处理技术？
6. 环境污染综合防治的原则有哪些？

知识拓展

1. 查阅国民经济和社会发展“十四五”规划和2035年远景目标纲要有关生态环境保护的指导思想和规划目标。

2. 查阅国家生态环境保护“十四五”规划。

3. 查阅2021年中国环境状况公报、2022年中国生态环境状况公报。

4. 制订一个水污染防治行动计划。

第一篇　水污染防治工程基础篇

1　水污染防治概述

学习目标

1. 掌握水体及水体污染的概念；
2. 掌握水体自净的原理；
3. 熟悉主要水质指标及水体污染物；
4. 了解水污染防治的基本原则和方法；
5. 了解水环境质量标准和污水排放标准；
6. 了解水污染的形成及水环境现状。

案例导入

2023年5月29日生态环境部发布《2022中国生态环境状况公报》显示：

2022年，全国地表水3629个国控断面中，Ⅰ～Ⅲ类水质断面占87.9%，比2021年上升3个百分点；劣Ⅴ类占0.7%，比2021年下降0.5个百分点。主要污染指标为化学需氧量、高锰酸盐指数和总磷。

2022年，长江流域、珠江流域、浙闽片河流、西北诸河和西南诸河水质为优，黄河流域、淮河流域和辽河流域水质为良好，松花江流域和海河流域水质为轻度污染。长江流域监测的1017个国控断面中，Ⅰ～Ⅲ类水质断面占98.1%，比2021年上升1.0个百分点；无劣Ⅴ类水质断面，比2021年下降0.1个百分点；长江干流和主要支流水质为优。黄河流域监测的263个国控断面中，Ⅰ～Ⅲ类水质断面占87.5%，比2021年上升5.6个百分点；劣Ⅴ类水质断面占2.3%，比2021年下降1.5个百分点；黄河干流水质为优，主要支流水质为良好。珠江流域监测的364个国控断面中，Ⅰ～Ⅲ类水质断面占94.2%，比2021年上升1.9个百分点；劣Ⅴ类水质断面占0.3%，比2021年下降0.8个百分点；珠江干流、主要支流、粤桂沿海诸河和海南诸河水质为优。松花江流域监测的254个国控断面中，Ⅰ～Ⅲ类水质断面占70.5%，比2021年上升9.5个百分点；劣Ⅴ类水质断面占2.0%，比2021年下降2.1个百分点；松花江干流和图们江水系水质为优，主要支流水质良好，黑龙江水系、乌苏里江水系和绥芬河水系为轻度污染。淮河流域监测的341个国控断面中，Ⅰ～Ⅲ类水质断面占84.5%，比2021年上升4.1个百分点；无劣Ⅴ类水质断面，与2021年持平；淮河干流和沂沭泗水系水质为优，主要支流水质良好，山东半岛独流入海河流为轻度污染。海河流域监测的246个国控断面中，Ⅰ～Ⅲ类水质断面占74.8%，比2021年上升6.4个百分点；无劣Ⅴ类水质断面，比2021年下降0.4个百分点；海河干流三个断面中，三岔口和海津大桥为Ⅲ类水质，海河大闸为Ⅳ类水质，滦河水系水质为优，主要支流和冀东沿海诸河水系水质良好，徒骇河颊河水系为轻度污染。辽河流域监测的194个国控断面中，Ⅰ～Ⅲ类水质断面占84.5%，比2021年上升3.1个百分点；无劣Ⅴ类水质断面，与2021年持平；大凌河水系、鸭绿江水系、辽东沿海诸河和辽西沿海诸河水质为优，主要支流和大辽河水系水质良好，辽河干流为轻度污染。浙闽片河流监测的198个国控断面中，Ⅰ～Ⅲ类水质断面占98.5%，比2021年上升3.6个百分点；无劣Ⅴ类水质断面，与2021年持平。西北诸河监测的105个国控断面中，Ⅰ～Ⅲ类水质断面占96.2%，比2021年下降0.1个百分点；无劣Ⅴ类水质断面，与2021年持平。西南诸河监测的133个国控断面中，Ⅰ～Ⅲ类水质断面占97.0%，比2021年上升0.8个百分点；劣Ⅴ类水质断面占1.5%，与2021年持平。入海河流监测的230个国控断面中，Ⅰ～Ⅲ类水质断面占80.0%，比2021年上升8.3个百分点；劣Ⅴ类水质断面占0.4%，与2021年持平。

2022年，开展水质监测的210个重要湖泊（水库）中，Ⅰ～Ⅲ类水质湖泊（水库）占73.8%，比2021年上升0.9个百分点；劣Ⅴ类水质湖泊（水库）占4.8%，比2021年下降0.4个百分点；主要污染指标为总磷、化学需氧量和高锰酸盐指数。开展营养状态监测的204个重要湖泊（水库）中，贫营养状态湖泊（水库）占9.8%，比2021年下降0.7个百分点；中营养状态湖泊（水库）占60.3%，比2021年下降1.9个百分点；轻度富营养状态湖泊（水库）占24.0%，比2021年上升1.0个百分点；中度富营养状态湖泊（水库）占5.9%，比2021年上升1.6个百分点。其中，太湖、巢湖、滇池轻度污染，主要污染指标为总磷；丹江口水库、洱海水质为优；白洋淀水质良好。

2022年，全国监测的1890个国家地下水环境质量考核点位中，Ⅰ～Ⅲ类水质点位占77.6%，Ⅴ类占22.4%，主要超标指标为铁、硫酸盐和氯化物。

2022年，地级及以上城市在用集中式生活饮用水水源监测的919个断面（点位）中，881个断面（点位）全年均达标，占95.9%。县级城镇在用集中式生活饮用水水源监测的2622个断面（点位）中，2461个断面（点位）全年均达标，占93.9%。农村千吨万人集中式生活饮用水水源监测的10345个断面（点位）中，8572个断面（点位）全年均达标，占82.9%。

2022年，三峡库区主要支流水质为优，监测的77个断面中，Ⅰ～Ⅲ类水质占98.7%，Ⅳ类占1.3%，无Ⅴ类和劣Ⅴ类断面。南水北调（东线）长江取水口水质为优，输水干线京杭运河宿迁运河段、不牢河段和梁济运河段水质良好，里运河段、宝应运河段和韩庄运河段水质为优。南水北调（中线）取水口水质为优，汇入丹江口水库的9条主要河流水质为优，丹江口水库为中营养状态。

2022年，农田灌溉规模达到10万亩及以上的农田灌溉区监测的1765个灌溉用水断面（点位）中，1635个断面（点位）达标，占92.6%，主要超标指标为悬浮物、粪大肠菌群和pH。

2022年夏季，一类水质海域面积占管辖海域面积的97.4%，比2021年下降0.3个百分点。渤海、黄海、东海和南海未达到第一类海水水质标准的海域面积分别为24650平方千米、13170平方千米、28940平方千米和19540平方千米。与2021年相比，渤海和黄海未达到第一类海水水质标准的海域面积有所增加，东海和南海有所减少。

2022年，全国近岸海域水质总体保持改善趋势，优良（一、二类）水质海域面积比例为81.9%，比2021年上升0.6个百分点；劣四类水质海域面积比例为8.9%，比2021年下降0.7个百分点。主要超标指标为无机氮和活性磷酸盐。

2022年，面积大于100平方千米的44个海湾中，10个海湾春季、夏季、秋季三期均为优良水质，20个海湾三期均未出现劣四类水质。

2022年夏季，管辖海域呈富营养状态的海域面积为28770平方千米，比2021年减少1400平方千米。其中，呈轻度、中度和重度富营养状态的海域面积分别为12990平方千米、6940平方千米和8930平方千米。重度富营养状态的海域主要集中在辽东湾、长江口、杭州湾和珠江口等近岸海域。

2022年，海上目测的漂浮垃圾平均个数为65个/平方千米，表层水体拖网监测的漂浮垃圾平均个数为2859个/平方千米，平均密度为2.8千克/平方千米。塑料类垃圾数量最多，占86.2%；其次为木制品类和纸制品类，分别占6.4%和6.0%。塑料类垃圾主要为泡沫、塑料绳、塑料碎片、塑料薄膜和塑料瓶等。

2022年游泳季节和旅游时段，全国重点监测的32个海水浴场中，25个海水浴场等级为优或良。

……

以上资料为全国数万环境监测人员辛苦工作一年汇总的结果。从该资料中，我们能够看出环保工作者尽力做好污染治理和管控，扎实推进碧水保卫战，全国人民努力促进水环境质量持续改善，为建设人民群众能够形象理解、切实感受优质水体环境之优、生态之美、中国之美而尽力。

你的家乡水更美了吗？可通过生态环境部（厅、局）网站实时查询你的家乡地表水（海水）水质。生态环境部网址 https://www.mee.gov.cn/。

1.1 水资源与水体污染

1.1.1 水资源(water resources)

地球上的水资源，从广义上来说是指水圈内水量的总体。包括经人类控制并直接可供灌溉、发电、给水、航运、养殖等用途的地表水和地下水，以及江河、湖泊、井、泉、潮汐、港湾和养殖水域等。从狭义上来说是指逐年可以恢复和更新的淡水量。水资源是发展国民经济不可缺少的重要自然资源。在世界许多地方，对水的需求已经超过水资源所能负荷的程度，同时有许多地区也濒临水资源利用的不平衡。

地球上水的体积大约有 136 000 000 km^3。海洋为 132 000 000 km^3(约占97.1%)；冰川和冰盖为 25 000 000 km^3(约占 1.8%)；地下水为 13 000 000 km^3(约占 0.9%)；湖泊、内陆海和河里的淡水占了 250 000 km^3(约占 0.02%)；大气中的水蒸气在任何已知的时候都占了 13 000 km^3(约占 0.001%)，也就是说，真正可以被利用的水源不到 0.1%。

由于我国地域辽阔，地形复杂，南北、东西气候差异大，水资源呈现如下特点：

① 水量在地区分布上不平衡。由于受自然条件的影响，中国水资源的分布在空间上极不均衡。水资源分布东南多、西北少，由东南沿海地区向西北内陆递减。如果将中国分为东南和西北两大区，则占据国土面积 53%的东南沿海地区，拥有了全国水资源总量的 93%，而西北广大地区却只有 7%的水资源量。

② 年内及年际变化大。中国水资源在时间上的分布也极不均衡，大部分地区年内连续 4 个月降水量约占全年的 70%，水资源年际变化大，七大江河普遍具有连续丰水或枯水年的周期性变化，丰水年与枯水年水资源量的比值在南方水资源区为 3～5，北方水资源区最大可达 10。水资源年内、年际分配不均，造成北方水资源区干旱灾害和南方水资源区洪涝灾害频繁发生，也使南方水资源区常出现季节性干旱缺水。

此外，水资源地区分布与其他重要资源(如人口、耕地、矿产和经济)的布局不相匹配；对水资源的开发利用各地也很不平衡，南方多水地区水的利用程度较低，北方少水地区地表水、浅层地下水开发利用程度较高。

水资源的时空分布极不均衡在一定程度上导致了水资源的短缺，日趋严重的水污染不仅降低了水体的使用功能，更进一步加剧了(特别是缺水地区)水资源短缺的矛盾，对我国正在实施的可持续发展战略带来了严重影响，而且还严重威胁到城市居民的饮水安全和人民群众的健康。据监测，目前全国多数城市地下水受到一定程度的点状和面状污染，且有逐年加重的趋势。全国 600 多个城市中，400 多个缺水，其中 100 多个严重缺水。北京、天津等大城市供水已经到了非常严峻的时刻。为此，国家启动"引黄工程"、"南水北调"等水资源利用项目，以解决部分地区水资源短缺问题，类似举措不仅大幅度地增加了异域调水和水资源工程调节的困难和成本，而且更应引起我们深思：黄河水枯竭时到哪里"引黄"？南方水污染了如何"北调"？

1.1.2 水体污染(pollution of waters)

水体是河流、湖泊、沼泽、水库、海洋、冰川、地下水等地表、地下贮水体的总称，是由水本身及其中存在的悬浮物、溶解物、水生生物和底泥等组成的完整的生态系统。

水体污染是指因某种物质的介入，而导致其化学、物理、生物或者放射性等方面特性的改变，从而影响水的有效利用，危害人体健康或者破坏生态环境，造成水质恶化的现象。

根据污染物的来源可将水污染分为自然污染和人为污染两类。

自然污染主要是指自然因素造成的污染。由于其发生往往较突然，或强度大，或面积广，一般很难控制。如特殊地质条件使某些地区某些或某种化学元素的大量富集，天然植物在腐烂过程中产生的物质，都将影响该地区的水质。

人为污染是指在人类生产和生活活动中产生的废弃物对水体造成的污染。因为人类活动是有计划进行的，且较集中和持久，对水体造成的危害较严重，是预防和控制的主要对象，如生活污水、工业废水、农田排水和矿山排水等。此外，固体废弃物倾倒在水中或岸边，或堆积在土地上，经降雨淋洗流入水体，大气中的有害物质通过沉降进入水体等，都能造成水体污染。

水体污染从污染的性质划分，可分为物理性污染、化学性污染和生物性污染。物理性污染是指水的浑浊度、温度和水的颜色发生改变，水面的漂浮油膜、泡沫以及水中含有的放射性物质增加等；化学性污染包括有机化合物和无机化合物的污染，如水中溶解氧减少，溶解盐类增加，水的硬度变大，酸碱度发生变化或水中含有某种有毒化学物质等；生物性污染是指水体中进入了细菌和污水微生物等。

1.2 水污染物与水质指标

1.2.1 水污染物

水污染物是指直接或者间接向水体排放的、能导致水体污染的物质。水在循环过程中，不可避免地会混入许多杂质(溶解状态的、胶体状态的和悬浮状态的)，这些物质都有可能导致水体污染。水中的污染物质种类繁多，根据其特性可分为物理性、化学性、生物性污染物三大类，见表 1.1.

表 1.1 水体中主要污染物分类和来源

种类	名称	主要来源
物理性污染物	悬浮物	主要来自生活污水、垃圾、采矿和各种工业生产中的废物
	热	热电站、核电站、冶金、石油化工等工厂排水
	放射性物质	核生产废物、核试验沉降物、核研究及核医疗单位的排水

续表 1.1

种类	名称		主要来源
化学性污染物	无机物	铬	铬矿冶炼、镀铬、颜料等工厂排水
		汞	汞的开采、冶炼、使用汞的工厂排水
		铅	冶金、铅蓄电池、颜料等工厂排水
		镉	冶金、化工、电镀等工厂排水
		砷	矿山、冶金、制药、化工等工厂排水
		氰化物	电镀、冶金、塑料、化纤、煤气等工厂排水
		氮和磷	生活污水、化肥、制革、食品、毛纺工业及农田排水
		酸、碱、盐	矿山、化工、冶金、轻纺造纸工业排水及酸雨
	有机物	酚类化学物	炼油、焦化、煤气、树脂、造纸等化工厂排水
		苯类化合物	石油化工、焦化、农药、塑料、染料等工厂排水
		油类	采油、炼油、船舶、机械、化工等工厂排水
生物性污染物	病原体		生活污水，医院污水，制革、食品加工、生物制品等工厂排水

1.2.1.1　物理性污染物

水体中物理性污染物主要指：悬浮物、热与放射性污染物。主要表现在悬浮物对水体的污染。

(1)悬浮物

悬浮物是指悬浮在水中的固体物质，包括不溶于水中的无机物、有机物及泥沙、黏土、微生物等。悬浮物主要来自生活污水、垃圾、采矿和各种工业生产中产生的废物，以及水土流失而进入水中的泥沙等。水中悬浮物含量是衡量水污染程度的指标之一，是造成水浑浊的主要原因。悬浮物影响水体外观及用途，妨碍水中植物的光合作用，对水生生物不利。悬浮物在水体中沉积后，会淤塞河道，危害水体底栖生物的繁殖，影响渔业生产。水体中的有机悬浮物沉积后易厌氧发酵，使水质恶化。灌溉时，悬浮物会阻塞土壤的孔隙，不利于作物生长。大量悬浮物的存在，还堵塞管道和设备，干扰废水处理和回收设备的工作。

(2)热

水体热污染主要来源于工矿企业向水体排放的冷却水。其中以电力工业为主，其次是冶金、化工、石油、造纸、建材和机械等工业。未经处理的含热废水排入水体后，受纳水体水温升高，造成多个方面不利影响。如水温升高，溶解氧浓度降低；加速藻类和细菌的生长繁殖，从而加快水体富营养化进程；会导致生物耗氧速度加快，水质迅速恶化，造成异色和水生生物因缺氧而死亡；水温升高也会导致水体中的化学反应加快，水中有毒物质毒性加剧。

(3)放射性污染物

人类活动产生的放射性污染物进入水体，使水体的放射性水平高于国家规定的标准，导致放射性污染。水体的放射性污染主要来源于核企业排放的含放射性污染物的废水，固体放射性污染物经淋洗进入地表径流而汇入水体，向水体投放的放射性废物，核试验降落到水体的散落物，以及核动力船舶事故泄漏的核燃料。放射性核素在水体中由于水流输送可得到稀释和迁移并被生物富集，使一些水生生物体内放射性核素的浓度比水中高出许多倍。如牡蛎肉中的锌的同位素^{65}Zn的浓度可以达到周围海水中浓度的10万倍。水体中的放射性核素可通过多种途径进入人体，使人受到放射性伤害，近期效应表现为头痛、头晕、食欲下降、睡眠障碍等，远期效应表现为出现肿瘤、白血病、遗传障碍等。

1.2.1.2 化学性污染物

化学性污染物主要包括有机污染物和无机污染物。有机污染物分为有机无毒物质和有机有毒物质；无机污染物分为无机无毒物质和无机有毒物质。

(1)有机无毒物质

碳水化合物、蛋白质、氨基酸等有机物质，虽然它们本身没有毒性，但其可在微生物作用下分解，且分解时需消耗水中溶解氧，这类有机物越多，耗氧也越多，常导致水体溶解氧大幅下降，水质变差，水体被污染，故这类物质又称为需氧污染物质。由于需氧有机物造成水体缺氧，厌氧菌迅速繁殖，形成厌氧分解，水体变色，并且放出恶臭气体，影响鱼类和其他水生生物的生存和繁殖，形成恶性循环，导致水体严重污染。

(2)有机有毒物质

污染水体的有机有毒物质种类很多。常见的有机毒物主要包括有机农药、多环芳烃、芳香胺等。这些物质来自农田排水或某些工业废水，如焦化、染料、农药、石油化工等工艺过程，它们中很多是人工合成的物质，化学性质稳定，很难被生物降解。

随着石油工业及水上运输的发展，油类物质对水体的污染也越来越严重，大面积油污覆盖水面，影响水质及水域功能，破坏景观，危害水生生物，而且油类污染很难及时清除。

(3)无机无毒物质

这类物质主要有酸碱和一些无机盐类。无机污染物来源广泛，如矿山排水、工业废水、生活污水。若天然水体长期遭受酸、碱污染，将使水质逐渐酸化或碱化，抑制或杀灭细菌及其他微生物，妨碍水体自净作用，腐蚀船舶和水下建筑；无机盐排入水体后，将提高水的硬度，降低水中的溶解氧及使用价值，这些物质都将对正常生态系统产生影响。此外，生活污水、某些工业废水和施用氮肥及磷肥的农田排水中，经常含有一定数量的氮、磷等植物营养物质，当氮、磷元素大量进入湖泊、水库、海湾等缓流水体，使水中氮和磷的浓度分别超过0.2 mg/L和0.02 mg/L时，将引起藻类及其他浮游生物迅速繁殖，造成该水域中溶解氧量急剧减少，鱼类及其他生物大量缺氧死亡，这种现象称为“富营养化”。

(4)无机有毒物质

污染水体的无机有毒物质主要是重金属等有毒或有潜在长期影响的物质。如汞、镉、铅、砷、铬、钡、氰化物等。重金属离子经过食物链进入人体，并在体内大量积蓄，有的直接作用于人体而引起严重疾病，有的则导致慢性病的发生。采矿和冶炼是向环境释放重金属的主要污染源。

1.2.1.3 生物性污染物

生物性污染物指废水中的致病微生物及其他有害的生物体，主要包括病毒、病菌、寄生虫卵等各种致病体。此外，废水中若生长有硫菌、藻类、水草及贝壳类动物时，会堵塞管道、腐蚀金属及恶化水质，也属于生物性污染物。病原微生物的水污染危害历史悠久，数量大、分布广、存活时间较长、繁殖速度很快、易产生抗药性，很难消灭，至今仍是威胁人类健康和生命的重要水污染类型。生物性污染物主要来自城市生活污水、医院废水、垃圾等。

1.2.2 水质指标

水质，即水体质量，是指水中所含杂质的组成及水与所含杂质共同表现出来的物理学、化学和生物学的综合特性。为评价水体质量的状况，以便进行环境管理和污染防治，规定了一系列水质参数和水质标准。如生活饮用水、工业用水和渔业用水等水质标准。通常，某项水质指标数值的大小反映了水中特定种类污染物的含量。

1.2.2.1 水质指标的分类

水质指标项目繁多，一般分为物理性指标、化学性指标和生物性指标三大类。物理性指标主要有温度、色度、味、浊度、透明度、总固体、悬浮固体、溶解固体、可沉固体、电导率、电阻率等。化学性指标有 pH 值、硬度、各种阳离子、各种阴离子、总含盐量、重金属、氰化物、多环芳烃、溶解氧(DO)、化学需氧量(COD)、生化需氧量(BOD)、总需氧量(TOD)、总有机碳(TOC)等。生物性指标有细菌总数、总大肠菌群数、各种病原细菌、病毒等。

1.2.2.2 主要水质指标简介

(1)色度

色度是一项感官性指标。纯水无色透明，天然水中含有泥土、有机质、无机矿物质、浮游生物等，往往呈现一定的颜色。工业废水含有染料、生物色素、有色悬浮物等，是环境水体着色的主要来源。水的色度分为表色和真色。真色是指去除悬浮物后水的颜色，没有去除悬浮物的水具有的颜色称为表色。水的色度一般指真色，水的色度常用铂钴标准比色法(常用于天然水和饮用水，以“度”为单位)和稀释倍数法(常用于工业废水，以“倍”为单位)测定。

(2)固体物质

水中所有残渣的总和称为总固体(TS)，总固体包括溶解物质(DS)和悬浮固体物质(SS)。水样经过滤后，滤液蒸干所得的固体即为溶解性固体(DS)，滤渣脱水烘干后即是悬浮固体(SS)。固体残渣根据挥发性能可分为挥发性固体(VS)和固定性固体(FS)。将固体在 600 ℃下灼烧，挥发掉的量即是挥发性固体(VS)，灼烧残渣则是固定性固体(FS)。溶解性固体表示盐类的含量，悬浮固体表示水中不溶解的固体物质的量，挥发性固体反映固体的有机成分量。水体含盐量多将影响生物细胞的渗透压及生物的正常生长。悬浮固体可能造成水道淤塞。

(3)生化需氧量(BOD)

在规定条件下,微生物(主要是细菌)降解污水中的有机物所需溶解氧的量(单位:mg/L)。BOD的值越高,表示需氧有机物越多。生化需氧量不反映具体有机物的含量,只是间接地反映出能被微生物分解的有机物的量,以及排入水体后产生的耗氧影响。

有机物的生物分解是一个缓慢的过程,它分为碳氧化和硝化两阶段,在20 ℃条件下,两阶段约需100 d以上,20 d以后生化反应过程速度趋于平缓,因此,常用20 d的生化需氧量BOD_{20}作为总生化需氧量BOD。如此长的测定时间很难在实际工作中应用,目前世界各国均以5 d(20 ℃)作为测定BOD的标准时间,所测得的数值以BOD_5表示。对一般有机物,BOD_5为BOD_{20}的70%~80%。

BOD_5作为有机物浓度指标,基本上反映了能被微生物氧化分解的有机物的量,较为直接、确切地表明水体受有机物污染的程度。

(4)化学需氧量(COD)

化学需氧量是指在酸性条件下,用强氧化剂(我国法定用$K_2Cr_2O_7$)氧化分解水中有机物时,消耗的氧化剂的量,折算成相对应氧的量,以氧的量表示,单位为mg/L。它是表示水中还原性物质多少的一个指标。化学需氧量越大,说明水体受有机物或其他还原性物质污染越严重。若采用重铬酸钾($K_2Cr_2O_7$)作为氧化剂,此时化学需氧量用COD_{Cr}表示。

与BOD_5相比,COD_{Cr}能够在较短的时间内(规定为2 h)较精确地测出废水中耗氧物质的含量,不受水质限制,因此得到了广泛的应用。化学需氧量与第一阶段生化需氧量之差,可以粗略地表示不能被好氧微生物分解的有机物量。

(5)总需氧量(TOD)

有机物的主要组成元素是C、H、O、N、S等,被氧化后,分别产生CO_2、H_2O、NO_2和SO_2,氧化过程所消耗的氧量称为总需氧量(TOD)。

TOD的测定原理是将一定数量的水样,注入含氧量已知的氧气流中,再通过以铂为催化剂的燃烧管,在900 ℃高温下燃烧,使水样中含有的有机物被燃烧氧化,消耗掉氧气流中的氧,剩余的氧量用电极测定并自动记录。氧气流原有含氧量减去剩余含氧量即等于总需氧量TOD,测定时间仅需几分钟。由于在高温下燃烧,有机物可被彻底氧化,故TOD值大于COD值。

(6)总有机碳TOC

总有机碳TOC是目前国内外开始使用的另一个表示有机物浓度的综合指标。TOC的测定原理是先将一定数量的水样经过酸化,用压缩空气吹脱其中的无机碳酸盐,排除干扰,然后注入含氧量已知的氧气流中,再通过以铂为催化剂的燃烧管,在950 ℃高温下燃烧,把有机物所含的碳氧化成CO_2,用红外气体分析仪记录CO_2的数量并折算成含碳量即等于总有机碳TOC值。测定时间仅需几分钟。

(7)酚类污染物

酚类化合物是有毒有害污染物,水体受酚类化合物污染后影响水产品的产量和质量。酚的毒性还可抑制水中微生物的自然生长速度,有时甚至使其停止生长。

(8)植物营养元素

污水中的氮、磷为植物营养元素,从农作物生长角度看,植物营养元素是宝贵的物质，但过多的氮、磷进入天然水体却易导致水体富营养化，从而影响水体功能。

(9)pH 值

天然水体的 pH 值一般为 6～9，一般要求处理后水的 pH 值为 6～9。受到酸碱污染，水体 pH 值会发生变化，会抑制或消灭水体中生物，妨碍水体自净，影响正常生态系统。此外，还可腐蚀船舶、水下建筑等。

(10)重金属

重金属主要指汞、镉、铅、铬以及类金属砷等生物毒性显著的元素及其化合物，也包括具有一定毒害性的一般重金属，如镍、锌、铜、钴、锡等。如日本的水俣病和痛痛病分别由汞污染和镉污染所引起。其危害程度取决于重金属在环境、食品和生物体中存在的浓度和化学形态。采矿和冶炼是向环境中释放重金属的最主要的污染源。

(11)细菌总数

水中细菌总数反映了水体受细菌污染的程度。细菌总数越多，表示病原菌与病毒存在的可能性越大。

(12)大肠菌群

大肠菌群作为生物学指标之一，主要用于判断水质被病原微生物污染的程度。

1.3 水质标准

为了保护水资源，控制水污染，国家有关部门制定了各种水质标准，主要分为水环境质量标准和水污染物排放标准两大类。

1.3.1 水环境质量标准

水环境质量标准是指为保护人体健康和水的正常使用而对水体中污染物或其他物质的最高容许浓度所做的规定。我国已颁布的水环境质量标准有《地表水环境质量标准》《地下水质量标准》《海水水质标准》《农业灌溉水质标准》等。

1.3.1.1 《地表水环境质量标准》(GB 3838—2002)简介

《地表水环境质量标准》将标准项目分为地表水环境质量标准基本项目、集中式生活饮用水地表水源地补充项目和集中式生活饮用水地表水源地特定项目。地表水环境质量标准基本项目适用于全国江河、湖泊、运河、渠道、水库等具有使用功能的地表水水域；集中式生活饮用水地表水源地补充项目和特定项目适用于集中式生活饮用水地表水源地一级保护区和二级保护区，作为基本项目的补充指标。

(1)范围

《地表水环境质量标准》按照地表水环境功能分类和保护目标，规定了水环境质量应控制的项目及限值，以及水质评价、水质项目的分析方法和标准的实施与监督。

《地表水环境质量标准》适用于中华人民共和国领域内江河、湖泊、运河、渠道、水库等具有使用功能的地表水水域。具有特定功能的水域，执行相应的专业用水水质标准。

(2)水域功能和标准分类

依据地表水水域环境功能和保护目标，按功能高低依次划分为五类：

Ⅰ类　主要适用于源头水、国家自然保护区。

Ⅱ类　主要适用于集中式生活饮用水地表水源地一级保护区、珍稀水生生物栖息地、鱼虾类产卵场、仔稚幼鱼的索饵场等。

Ⅲ类　主要适用于集中式生活饮用水地表水源地二级保护区、鱼虾类越冬场、洄游通道、水产养殖区等渔业水域及游泳区。

Ⅳ类　主要适用于一般工业用水区及人体非直接接触的娱乐用水区。

Ⅴ类　主要适用于农业用水区及一般景观要求水域。

对应地表水上述五类水域功能，将地表水环境质量标准基本项目标准值分为五类，不同功能类别分别执行相应类别的标准值。水域功能类别高的标准值严于水域功能类别低的标准值。同一水域兼有多类使用功能的，执行最高功能类别对应的标准值。

(3)标准值

《地表水环境质量标准》分别规定了基本项目标准限值、集中式生活饮用水地表水源地补充项目标准限值、集中式生活饮用水地表水源地特定项目标准限值。其中地表水环境质量标准基本项目标准限值见表1.2。

表1.2　地表水环境质量标准基本项目标准限值(节选)　单位：mg/L

序号	分类标准值项目	Ⅰ类	Ⅱ类	Ⅲ类	Ⅳ类	Ⅴ类
1	水温(℃)	人为造成的环境水温变化应限制在：周平均最大温升≤1 周平均最大温降≤2				
2	pH值(无量纲)	6～9				
3	溶解氧≥	饱和率90%(或7.5)	6	5	3	2
4	高锰酸盐指数≤	2	4	6	10	15
5	化学需氧量(COD)≤	15	15	20	30	40
6	5日生化需氧量(BOD_5)≤	3	3	4	6	10
7	氨氮(NH_3-N)≤	0.15	0.5	1.0	1.5	2.0
8	总磷(以P计)≤	0.02(湖、库0.01)	0.1(湖、库0.025)	0.2(湖、库0.05)	0.3(湖、库0.1)	0.4(湖、库0.2)
9	总氮(湖、库，以N计)≤	0.2	0.5	1.0	1.05	2.0
10	铜≤	0.01	1.0	1.0	1.0	1.0
11	锌≤	0.05	1.0	1.0	2.0	2.0
12	氟化物(以F^-计)≤	1.0	1.0	1.0	1.5	1.5
13	硒≤	0.01	0.01	0.01	0.02	0.02
14	砷≤	0.05	0.05	0.05	0.1	0.1
15	汞≤	0.00005	0.00005	0.0001	0.001	0.001

续表 1.2

单位:mg/L

序号	分类标准值项目	Ⅰ类	Ⅱ类	Ⅲ类	Ⅳ类	Ⅴ类
16	镉≤	0.001	0.005	0.005	0.005	0.01
17	铬(六价)≤	0.01	0.05	0.05	0.05	0.1
18	铅≤	0.01	0.01	0.05	0.05	0.1
19	氰化物≤	0.005	0.05	0.2	0.2	0.2
20	挥发酚≤	0.002	0.002	0.005	0.01	0.1
21	石油类≤	0.05	0.05	0.05	0.5	1.0
22	阴离子表面活性剂≤	0.2	0.2	0.2	0.3	0.3
23	硫化物≤	0.05	0.1	0.2	0.5	1.0
24	粪大肠菌群(个/L)≤	200	2000	10000	20000	40000

1.3.1.2 《海水水质标准》(GB 3097—1997)简介

按照海域的不同使用功能和保护目标,海水水质分为四类:

第一类　适用于海洋渔业水域,海上自然保护区和珍稀濒危海洋生物保护区。

第二类　适用于水产养殖区,海水浴场,人体直接接触海水的海上运动或娱乐区,以及与人类食用直接有关的工业用水区。

第三类　适用于一般工业用水区,滨海风景旅游区。

第四类　适用于海洋港口水域,海洋开发作业区。

1.3.1.3 《地下水质量标准》(GB/T 14848—2017)简介

依据我国地下水水质现状、人体健康基准值及地下水质量保护目标,并参照了生活饮用水,工业、农业用水水质要求,将地下水质量划分为五类。

Ⅰ类　地下水化学组分含量低,适用于各种用途。

Ⅱ类　地下水化学组分含量较低,适用于各种用途。

Ⅲ类　地下水化学组分含量中等,以 GB 5749—2006 为依据,主要适用于集中式生活饮用水水源及工农业用水。

Ⅳ类　地下水化学组分含量较高,以农业和工业用水质量要求以及一定水平的人体健康风险为依据。除适用于农业和部分工业用水外,适当处理后可做生活饮用水。

Ⅴ类　地下水化学组分含量高,不宜饮用,其他用水可根据使用目的选用。

1.3.2 水污染物排放标准

水污染物排放标准是国家为保护水环境,依据水体的环境容量和现代的技术经济条件,对人为污染源排入水体的污染物的浓度和总量所做的规定。制定水污染物排放标准的目的是通过控制水污染物排放量来实现水环境质量标准,水环境污染物排放标准是判定排污行为是否合法及是否承担法律责任的依据。水污染物排放标准有国家性的,也有地区性的和行业性的。

1.3.2.1 《污水综合排放标准》(GB 8978—1996)简介

《污水综合排放标准》按照污水排放去向,分年限规定了 69 种水污染物最高允许排放浓度及部分行业最高允许排水量。

(1)适用范围

该标准适用于现有单位水污染物的排放管理,以及建设项目的环境影响评价、建设项目环境保护设施设计、竣工验收及其投产后的排放管理。

(2)标准分级

排入 GB 3838—2002 中Ⅲ类水域(划定的保护区和游泳区除外)和排入 GB 3097—1997 中二类海域的污水,执行一级标准。

排入 GB 3838—2002 中Ⅳ、Ⅴ类水域和排入 GB 3097—1997 中三类海域的污水,执行二级标准。

排入设置二级污水处理厂的城镇排水系统的污水,执行三级标准。

排入未设置二级污水处理厂的城镇排水系统的污水,必须根据排水系统出水受纳水域的功能要求,分别执行相应的规定。

GB 3838—2002 中Ⅰ、Ⅱ类水域和Ⅲ类水域中划定的保护区,GB 3097—1997 中一类海域,禁止新建排污口,现有排污口应按水体功能要求,实行污染物总量控制,以保证受纳水体水质符合规定用途的水质标准。

(3)标准值

《污水综合排放标准》将排放的污染物按其性质及控制方式分为两类。

第一类污染物是指能在环境中或动物体内蓄积,对人类健康产生长远不良影响的污染物质。含有此类有害污染物质的污水,不分行业和排水方式,不分建设的具体时间,也不分受纳水体的功能类别,在车间或车间处理设施的出口取样化验,其中污染物含量必须符合表 1.3 的规定。第二类污染物是指长远影响小于第一类污染物,在排污单位排出的污水中,依据建设时间的不同,其浓度必须符合表 1.4 的规定。

表 1.3 第一类污染物最高允许排放浓度　单位:mg/L

序号	污染物	最高允许排放浓度	序号	污染物	最高允许排放浓度
1	总汞	0.05	8	总镍	1.0
2	烷基汞	不得检出	9	苯并(a)芘	0.00003
3	总镉	0.1	10	总铍	0.005
4	总铬	1.5	11	总银	0.5
5	六价铬	0.5	12	总 α 放射性	1 Bq/L
6	总砷	0.5	13	总 β 放射性	10 Bq/L
7	总铅	1.0	—	—	—

表 1.4 第二类污染物最高允许排放浓度

序号	污染物	适用范围	一级标准		二级标准		三级标准	
			1997 年 12 月 31 日之前	1998 年 1 月 1 日之后	1997 年 12 月 31 日之前	1998 年 1 月 1 日之后	1997 年 12 月 31 日之前	1998 年 1 月 1 日之后
1	pH	一切排污单位	6～9	6～9	6～9	6～9	6～9	6～9
2	色度	染料工业	50	50	180	80	—	—
		其他排污单位	50		80		—	—
3	悬浮物(SS)(mg/L)	采矿、选矿、选煤工业	100	70	300	400	—	—
		脉金选矿	100	70	500	800	—	—
		边远地区沙金选矿	100	70	800	30	—	—
		城镇二级水处理厂	20	20	30	150	—	—
		其他排污单位	70	70	200	—	—	400
4	BOD_5(mg/L)	甘蔗制糖、苎麻脱胶、湿法纤维板工业	30	20	100	60	600	600
		甜菜制糖、酒精、味精、皮革、化纤浆粕工业	30	20	150	100	600	600
		城镇二级污水处理厂	20	20	30	30	—	—
		其他排污单位	30	20	60	30	300	300
5	COD_{Cr}(mg/L)	甜菜制糖、焦化、合成脂肪酸、湿法纤维板、染料、洗毛、有机磷、农药工业	100	100	200	200	1000	1000
		酒精、味精、医疗原料药、生物制药、苎麻脱胶、皮革、化纤浆粕工业	100	100	300	300	1000	1000
		石油化工工业(包括石油炼制)	100	60	150	120	500	500
		城镇二级污水处理厂	60	60	120	120	—	—
		其他排污单位	100	100	150	150	500	500

续表 1.4

序号	污染物	适用范围	一级标准		二级标准		三级标准	
			1997 年 12 月 31 日之前	1998 年 1 月 1 日之后	1997 年 12 月 31 日之前	1998 年 1 月 1 日之后	1997 年 12 月 31 日之前	1998 年 1 月 1 日之后
6	石油类 (mg/L)	一切排污单位	10	5	10	10	30	20
7	动植物油 (mg/L)	一切排污单位	20	10	20	15	100	100
8	挥发酚 (mg/L)	一切排污单位	0.5	0.5	0.5	0.5	2.0	2.0
9	总氰化物 (mg/L)	电影洗片(铁氰化合物)	0.5	0.5	5.0	0.5	5.0	1.0
		其他排污单位	0.5		0.5		1.0	
10	硫化物 (mg/L)	一切排污单位	1.0	1.0	1.0	1.0	2.0	1.0
11	氨氮 (mg/L)	医疗原料药、染料、石油化工工业	15	15	50	50	—	—
		其他排污单位	15	15	25	25	—	—
12	氟化物 (mg/L)	黄磷工业	10	10	20	15	20	20
		低氟地区(水体含氟量小于 0.5 mg/L)	10	10	20	20	30	30
		其他排污单位	10	10	10	10	20	20
13	磷酸盐(以 P 计)(mg/L)	一切排污单位	0.5	0.5	1.0	1.0	—	—
14	甲醛 (mg/L)	一切排污单位	1.0	1.0	2.0	2.0	5.0	5.0
15	苯胺类 (mg/L)	一切排污单位	1.0	1.0	2.0	2.0	5.0	5.0
16	硝基苯类 (mg/L)	一切排污单位	2.0	2.0	3.0	3.0	5.0	5.0
17	阴离子表面活性剂 LAS (mg/L)	合成洗涤剂工业	5.0	5.0	15	10	20	20
		其他排污单位	5.0		10		20	
18	总铜 (mg/L)	一切排污单位	0.5	0.5	1.0	1.0	2.0	2.0

续表 1.4

序号	污染物	适用范围	一级标准		二级标准		三级标准	
			1997 年 12 月 31 日之前	1998 年 1 月 1 日之后	1997 年 12 月 31 日之前	1998 年 1 月 1 日之后	1997 年 12 月 31 日之前	1998 年 1 月 1 日之后
19	总锌 (mg/L)	一切排污单位	2.0	2.0	5.0	5.0	5.0	5.0
20	总锰 (mg/L)	合成脂肪酸工业	2.0	2.0	5.0	5.0	5.0	5.0
		其他排污单位	2.0	2.0	2.0	2.0	5.0	5.0

1.3.2.2 《城镇污水处理厂污染物排放标准》(GB 18918—2002)简介

《城镇污水处理厂污染物排放标准》分年限规定了城镇污水处理厂出水、废气和污泥中污染物的控制项目和标准值。根据污染物的来源及性质,将污染物控制项目分为基本控制项目和选择控制项目两类。基本控制项目主要包括影响水环境和城镇污水处理厂一般处理工艺可以去除的常规污染物,以及部分一类污染物,共 19 项。选择控制项目包括对环境有较长期影响或毒性较大的污染物,共计 43 项。基本控制项目必须执行。选择控制项目由地方环境保护行政主管部门根据污水处理厂接纳的工业污染物的类别和水环境质量要求选择控制。

(1)适用范围

该标准适用于城镇污水处理厂出水、废气排放和污泥处置(控制)的管理,也适用于居民小区和工业企业内独立的生活污水处理设施污染物的排放管理。

(2)标准分级

根据城镇污水处理厂排入地表水域环境功能和保护目标,以及污水处理厂的处理工艺,将基本控制项目的常规污染物标准值分为一级标准、二级标准、三级标准。一级标准分为 A 标准和 B 标准。部分一类重污染物和选择控制项目不分级。

① 一级标准的 A 标准是城镇污水处理厂出水作为回用水的基本要求。当污水处理厂出水引入稀释能力较小的河湖作为城镇景观用水和一般回用水等用途时,执行一级标准的 A 标准。

② 城镇污水处理厂出水排入国家和省级地方环境保护行政主管部门确定的重点流域及湖泊、水库等封闭、半封闭水域时,执行一级标准的 A 标准,排入 GB 3838—2002 地表水Ⅲ类功能水域(划定的饮用水源保护区和游泳区除外)、GB 3097—1997 海水第二类功能水域时,执行一级标准的 B 标准。

③ 城镇污水处理厂出水排入 GB 3838—2002 地表水Ⅳ、Ⅴ类功能水域或 GB 3097—1997 海水第三、四类功能海域,执行二级标准。

④ 非重点控制流域和非水源保护区的建制镇的污水处理厂,根据当地经济条件和水污染控制要求,采用一级强化处理工艺时,执行三级标准。但必须预留二级处理设施的位置,分期达到二级标准。

1.4 水体自净

污染物进入水体后，经过一段时间后，在物理、化学和生物等方面的共同作用下，污染物质的浓度降低或总量减少，受污染的水体恢复到受污染前的状态，这个自然净化过程称为水体的自净。

水体的净化能力取决于水体中进行的物理、化学和生物三方面的作用。

1.4.1 物理净化

物理净化是指污染物由稀释、沉淀等作用使水体污染物质浓度降低的过程。其中稀释作用对污染物的净化起着重要作用。纳污水体的体积越大或流量越大，稀释作用越强，水体中污染物的浓度越低。水中的悬浮固体，在重力作用下，逐渐沉降到河底，成为淤泥。

1.4.2 化学及物理化学净化

化学及物理化学净化是指污染物进入水体后在化学或物理化学作用下而使其浓度降低的过程。水体中进行的化学或物理化学净化过程，包括氧化还原、酸碱中和、沉淀-溶解、分解-化合、吸附-凝聚等。例如，水体中的低价金属离子(如二价铁、二价锰等)，可通过氧化作用生成难溶的高价金属氢氧化物而沉淀下来；六价铬可通过还原作用而转化为毒性较小的三价铬；水中的黏土矿物质及腐殖酸胶体颗粒，也可通过吸附、凝聚、沉降等作用转移至底泥中。

1.4.3 生物净化

生物净化是指进入水体中的污染物由于水中生物的代谢活动而被分解、氧化、吸收，从而使其浓度降低的过程。一般情况下，在天然水体中，有机污染物的自净过程中好氧生物降解起主要作用，生化过程中消耗的溶解氧，从大气及水生植物的光合作用中得到及时补充。

1.5 水污染防治原则与方法

1.5.1 水污染防治原则

水污染防治应采取“预防为主，防治结合，综合治理”的原则，根据水污染物产生的特点，采取措施防止或减少污染物产生，减少污染物排放。

(1)加强环境监管

多年来,我国各级政府颁布了一系列环保法律和标准,建立了一系列环境保护制度和政策措施,如环境保护法、水污染防治法、环境影响评价制度、“三同时”制度、排污申报登记制度、排污许可证制度、落后工艺和设备限期淘汰、推广清洁生产等,这些制度为环境保护工作提供了强有力的支持。但社会的发展和科技进步,对环境保护工作提出了更高的要求,所以要健全环境保护法律法规和标准体系,完善环境保护科技和经济政策,加强环境监测、预警和应急能力建设。加大环境执法力度,实行严格的环保准入,依法开展环境影响评价,强化产业转移承接的环境监管。严格落实环境保护目标责任制,强化总量控制指标考核,健全重大环境事件和污染事故责任追究制度,建立环保社会监督机制。

(2)清洁生产

推行清洁生产可以从改革生产工艺入手,尽量降低废水的产生量及浓度。清洁生产是指不断采取改进设计、使用清洁的能源和原料、采用先进的工艺技术与设备、改善管理、综合利用等措施,从源头削减污染,提高资源利用效率,减少或者避免生产、服务和产品使用过程中污染物的产生和排放,以减轻或者消除对人类健康和环境的危害。

通过推行清洁生产,改进和改革生产工艺、改变原料及能源、强化操作管理以及废物的循环利用等措施,将污染物尽可能地消灭在生产过程之中,使废水产生量减少到最少。

例如,传统的造纸工业是水污染大户,但是采用先进的无污染氧蒸煮法,即采用氧气、碳酸钠蒸煮木片,产生的废液仅为硫酸盐法的1/10,无色无臭,而且能够循环使用,从根本上解决了造纸废水的污染问题。

(3)清污分流

对废水实行清污分流,增加废水的循环使用或梯级使用量,以节约水资源。

将工厂所有废水混合后再进行处理往往会导致处理难度加大,处理设备及设计负荷加大,投资和处理费用相应增加。通过清污分流,将高污染水和未污染或低污染水分开,分质处理,降低水处理成本,减少外排污染物量。如高浓度废水中污染组分回收,未污染或低污染废水循环使用或用作对水质要求不高的其他用途,不仅可以减少排污量,而且可以减少新鲜用水量,节约水资源。

(4)回收利用废水处理过程中产生的副产物

对废水处理过程中的副产物的利用,不仅仅是一个经济问题,而且本身就是废水处理的一部分。进行废水处理时,总会产生一些副产物,应根据其特点考虑是否有回收利用的可能。若可回收利用,一方面可以获得经济收益,降低运行成本,节约资源。例如:采用活性污泥法处理废水,会产生大量有机污泥,污泥可以直接用作肥料。另一方面也可以减少向环境排放的污染物的量。

(5)充分利用环境容量,采用先进的实用技术

我国目前的经济仍不十分发达,环保投资有限,生产技术水平不高,生产过程排污总量仍然较大,加上还有一些遗留的重大环境问题需要治理,所以要充分利用环境容量,尽量采用先进的实用技术,高效、低耗地进行废水处理,使有限的环保资金取得最佳防治效果。

1.5.2 废水处理流程的选择

废水处理流程的选择，直接关系到建设费用和运行费用的多少、处理效果的好坏、占地面积的大小、管理上的方便与否等关键问题。因此，在进行废水处理设计时，应本着先进、可行的原则，做好工艺流程的比选，以确定最佳方案。

（1）废水处理级别的确定

选择废水处理工艺流程时首先应按受纳水体的功能确定出水水质要求，并依此确定处理级别，排水应达到《污水综合排放标准》或有关行业排放标准的要求。设市城市和重点流域及水资源保护区的建制镇必须建设二级废水处理设施；受纳水体为封闭或半封闭水体时，为防止富营养化，城市废水应进行二级强化处理，增强除磷脱氮的效果；非重点流域和非水源保护区的建制镇，根据当地的经济条件和水污染控制要求，可先行一级强化处理，分期实现二级处理。

（2）工艺流程选择的原则

保证出水水质达到要求；处理效果稳定，技术成熟可靠、先进适用；降低基建投资和运行费用，节省电耗；减小占地面积；运行管理方便，运转灵活；污泥需达到稳定；适应当地的具体情况；可积极稳妥地选用废水处理新技术。

（3）工艺流程选择应考虑的因素

①技术因素

技术因素主要包括处理规模、进水水质特性（重点考虑有机物负荷、氮磷含量）、出水水质要求、各种污染物的去除率、自然条件（如气候等，例如北方地区应考虑低温条件下稳定运行）、污泥的特性和用途等。

②经济因素

经济因素包括批准的占地面积，征地价格；基建投资；运行成本；自动化水平，操作难易程度；当地运行管理能力等。

1.5.3 城市污水和工业废水处理

（1）城市污水处理

城市污水是通过下水管道收集到的所有排水，是排入下水管道系统的各种生活污水、工业废水和城市降雨径流的混合水。

生活污水是人们日常生活中排出的水。它是从住户、公共设施（饭店、宾馆、影剧院、体育场馆、机关、学校和商店等）和工厂的厨房、卫生间、浴室和洗衣房等生活设施中排放的水。这类污水的水质特点是含有较高的有机物，如淀粉、蛋白质、油脂等，以及氮、磷等无机物，此外，还含有病原微生物和较多的悬浮物。相比较于工业废水，生活污水的水质一般比较稳定，浓度较低。

由于各种工业生产的工艺、原材料、使用设备的用水条件等的不同，工业废水的性质千差万别。与生活污水相比，工业废水水质水量差异大，具有浓度高、毒性大等特征，不易通过一种通用技术或工艺来治理，往往要求其在排出前在厂内处理到一定程度。

对于分流制排水系统，雨水径流汇入雨水管道排放；对于合流制排水系统，雨水与城市污水混合后一起处理，但雨水量超过截留干管的输送能力或污水处理厂的处理能力时，大量的雨污水混合液出现溢流，将造成对水体更严重的污染。

城市污水的水质在主要方面具有生活污水的一切特征。但在不同的城市，因工业的规模和性质不同，城市污水的水质也受工业废水和水量的影响而明显变化。其典型的处理流程见图 1.1。

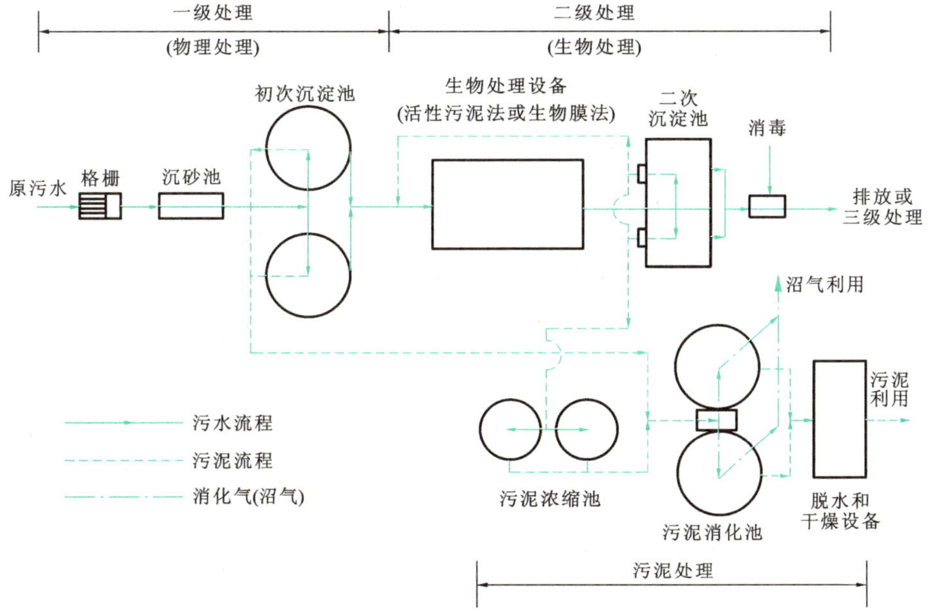

图 1.1 城市污水处理典型流程

(2)工业废水处理

工业废水处理流程，随工业性质、原料、成品及生产工艺的不同而不同，具体处理方法与流程应根据水质与水量及处理的对象，经调查研究或试验后决定。

①有机废水处理方法选择

有机废水主要污染物处理指标有：SS、pH、COD、BOD_5、TN 等。

采用物理方法(如沉淀、隔油、气浮、过滤等方法)可降低 SS 及部分 COD、BOD_5、TN 等污染物指标；采用化学方法(中和)可调整 pH 值；若有机物含量未达标，再采用生物法处理；若仍未达标或有回用要求，采用吸附、离子交换等方法进行深度处理。

②无机废水处理方法选择

无机废水主要污染物处理指标有：SS、pH、重金属及有毒物质含量。

采用物理方法(如沉淀)去除可沉颗粒，混凝或气浮去除不能自然沉降的细小颗粒；采用化学方法(中和)可调整 pH 值，氧化还原和化学沉淀去除溶解性污染物；若仍未达标或有回用要求，采用吸附、离子交换等方法进行深度处理。

若通过实验找不到合适的处理工艺，则应从生产工艺入手，对排出难以处理的污染物质的工艺进行变更。

(3)污泥处理

污废水处理产生的污泥含有大量有机物、细菌、寄生虫卵和生产废水带来的重金属离子等,需做稳定化、无害化处理。

对污泥可进行减量化(浓缩、脱水、干化等)、稳定化(厌氧消化、好氧消化等)、资源化(生产肥料、回收沼气、用作建筑材料等)、无害化(焚烧、填埋等)处理。

思考题与习题

1. 什么是水体及水体污染?
2. 列举我国主要的水环境质量标准和污染排放标准。
3. 什么是水体自净? 水体自净是怎样完成的?
4. 简述BOD和COD的区别与联系。
5. 典型城市污水处理流程包括哪些处理单元或处理构筑物?
6. 调查你家乡主要水体的功能分区及水质现状。

知识拓展

1. 查阅地表水环境质量标准;
2. 查阅海水水质标准;
3. 查阅污水综合排放标准。
4. 查阅城镇污水处理厂污染物排放标准。

2　废水的物理处理

学习目标

1. 熟悉利用物理作用对废水进行处理的方法及其设备。

2. 理解格栅、筛网、调节池、沉淀池、隔油池、气浮装置和过滤池的基本原理。

3. 通过沉降实验绘制沉降曲线，重点掌握沉淀的基本原理；了解沉淀、隔油、气浮和过滤的特点及主要设备。

4. 掌握每一种工艺的适用范围和参数控制及其日常操作维护方法。

废水的物理处理法是利用物理作用来分离废水中呈悬浮状态的污染物质，在处理过程中不改变其化学性质。属于这一类的方法有重力沉淀、气浮、磁选、离心分离、蒸发浓缩、过滤等。该方法最大的优点是简单、易行，并且十分经济。

2.1　废水预处理

2.1.1　格栅和筛网

筛滤是去除废水中粗大的悬浮物和杂物，以保护后续处理设施能正常运行的一种预处理方法。筛滤的构件包括平行的棒、条、金属网、格网或穿孔板。其中由平行的棒和条构成的称为格栅；由金属丝织物或穿孔板构成的称为筛网。格栅去除的是那些可能堵塞水泵机组及管道阀门的较粗大的悬浮物，而筛网去除的是用格栅难以去除的呈悬浮状的细小纤维。

根据清洗方法，格栅和筛网都可设计成人工清渣或机械清渣两类。当污染物量大时，一般应采用机械清渣，以减少工人劳动量。

2.1.1.1　格栅

格栅是一种最简单的过滤设备，放置在构筑物之前或设在泵站前，一般情况斜置于废水流经的通道中，用于将污水中的大块污物拦截出来，否则这些大块污物将堵塞后续单元的机泵或工艺管线。格栅一般由互相平行的格栅条、格栅框、清渣耙三部分组成，格栅分类见表2.1。

表2.1　格栅分类

格栅分类特征	格栅名称	说　明
按格栅间距分	粗格栅	栅条间隙大于40 mm
	中格栅	栅条间隙10～40 mm
	细格栅	栅条间隙3～10 mm
按清渣方式分	人工清渣格栅	主要是粗格栅
	机械清渣格栅	机械清渣
按栅耙的位置分	前清渣式格栅	顺水流清渣
	后清渣式格栅	逆水流清渣
按构造特点分	抓扒式格栅	栅条格栅，垂直或倾斜安装
	弧式格栅	栅条格栅水面为曲面
	回转式格栅	“栅条”由数排循环运动的钩齿组成，倾斜安装
	转鼓式格栅	“栅条”由数排转动的环片组成，倾斜安装
	阶梯式格栅	“栅条”由数排呈格子状循环运动的薄金属片组成

(1)人工清渣格栅

图2.1为简单的人工清渣格栅示意图。一般只适合渣量小的小型污水处理装置。格栅按倾斜50°～60°设置，这可以增加格栅有效面积40%～80%，也便于清洗和防止因阻塞而造成过高的水头损失。格栅前渠道内的水流速度一般为0.4～0.8 m/s，过栅速度为0.6～1.0 m/s。栅前渠道内的流速若小于0.4 m/s，则废水中粒径较大的砂粒有可能在栅前沉积。

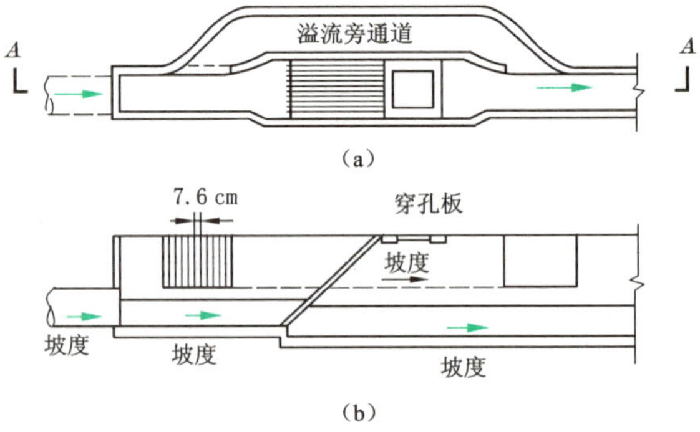

图2.1　带溢流旁通道人工清渣格栅

(a)平面图；(b)A—A剖面图

(2)机械清渣格栅

格栅清污的劳动强度很大，工作环境恶劣，加之有值班疏忽的可能，目前，格栅均采用机械清渣，以提高格栅运行的安全度。机械清渣的格栅，倾角一般为60°～70°，有时为90°。机械清渣格栅过水面积一般应不小于进水管渠的有效面积的1.2倍。图2.2为固定式清渣机。

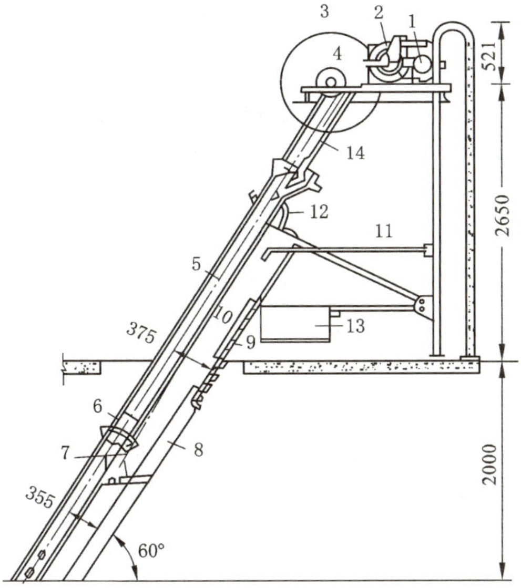

图2.2 固定式清渣机

1—电机；2,3—变速箱；4—轱辘；5—导轨；6—滑块；7—齿耙；
8—栅条；9—溜板；10—导板；11—刮板；12—挡板；13—渣箱；14—钢丝绳

固定式清渣机的宽度与格栅宽度相等。电机1通过变速箱2、3带动轱辘4，牵动钢丝绳14、滑块6及齿耙7，使导轨5上下滑动清渣。被刮的栅渣沿溜板9，经刮板11刮入渣箱13。

2.1.1.2 筛网

一些工业废水(如毛纺厂废水、造纸厂废水、化纤厂废水等)中含大量纤维类杂物，这种悬浮状的细小纤维，不能用前述的格栅加以去除，也难以用沉淀法截留。有效的处理方法是采用筛网。

选择不同尺寸的筛网，能除去和回收不同类的悬浮物。筛网通常用金属丝或化学纤维编制而成。它具有简单、高效、不加化学药剂、运行费用低、占地面积小及维修方便等优点。

筛网过滤装置有转筒式筛网、水力回转筛网、振动式筛网等。不论何种形式都要求既能截留悬浮物，又能自动清理筛面。

(1)水力回转筛网

水力回转筛网由运动筛网和固定筛网组成，如图2.3所示。运动筛网水平放置，呈截顶圆锥形。进水端在运动筛网小端，污水在从小端到大端流动过程中，纤维等杂质被筛网截留，杂质沿倾斜面卸到固定筛网以进一步脱水。水力筛网的动力来自进水水流的冲击力和重力。水力筛网应用较广。

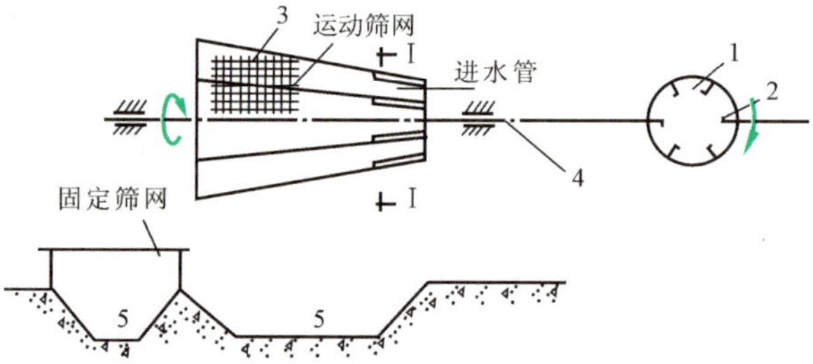

图 2.3　水力回转筛网示意图

1—进水方向；2—导水叶片；3—筛网；4—转动轴；5—水沟

(2)振动筛

振动筛与水平面有 20°～30°的倾面，上面装有电动机带动的偏心轮，下面支承在弹簧上。振动频率一般高于 3000 次/min。废水通过振动筛时，悬浮物被截留在振动筛上，逐渐下移，落到固定筛网上，进一步脱水，如图 2.4 所示。

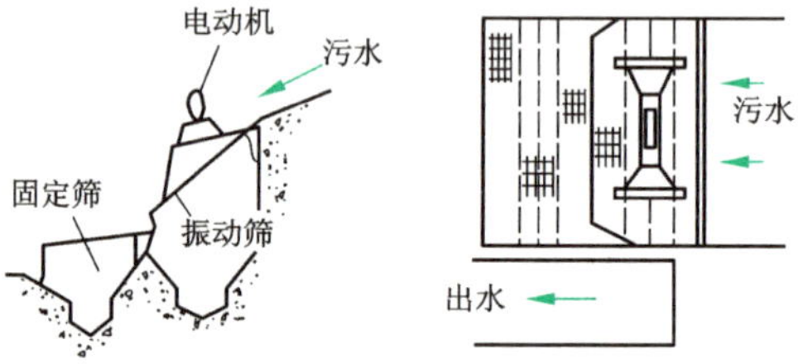

图 2.4　振动筛网示意图

2.1.2　调节池

工业企业中由于用水量或排入废水中的杂质不均匀性，往往使得废水的流量或浓度在一昼夜内有剧烈变化，从而给废水处理效果带来不良影响。为使废水处理系统正常工作，常在车间附近设置调节池，把不同时间排出的不同浓度的废水混合均匀，或在处理厂内设置调节池，以调节水量和水质。酸性废水或碱性废水在调节池内，还可以完成中和的过程。另外，短期排出的高温废水也可用调节的办法来平衡水温。

调节池的形式很多，常见的有图 2.5 所示的斜槽排水式调节池，还有图 2.6 所示的折流式调节池等。

2.1.2.1　斜槽排水式调节池

如图 2.5 所示，斜槽排水式调节池的特点是出水槽沿对角线方向设置。废水由左右两侧进入池内后，经过不同的时间才流到出水槽。因此，出水槽中的混合废水，是在不同时间内流进来的浓度不同的废水混合体，这样就达到自动调节均匀的目的。斜槽排水式调节池的有效水深采用 1.5～2 m。

2.1.2.2　折流式调节池

折流式调节池在池内设有许多折流隔墙，使进入池内的废水来回折流。配水槽设在调节池上，通过许多孔口溢流，投配到调节池的前后各个位置，使废水混合、均衡。

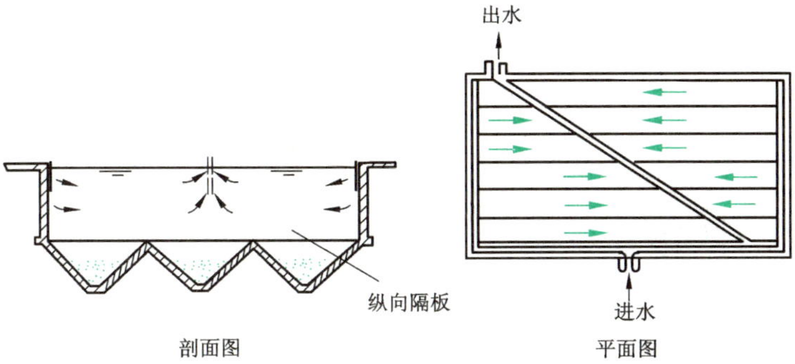

图 2.5　斜槽排水式调节池构造示意

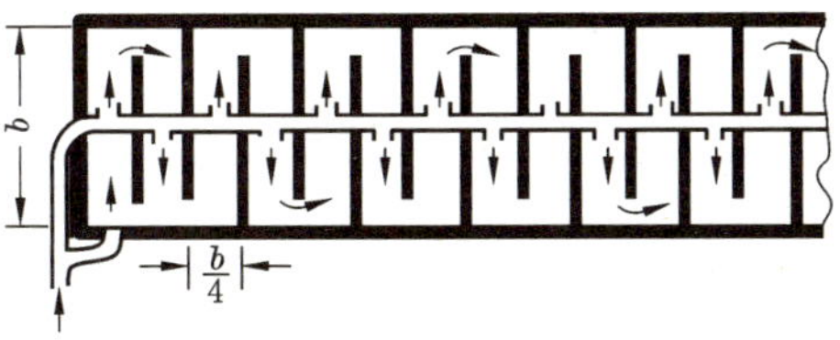

图 2.6　折流式调节池构造示意

这种调节池的起端(入口)入流量,可控制在(1/4)～(1/3)流量,剩余的流量可通过其他各投配口,等量地投入池内。

2.1.2.3　调节池的设计计算

调节池的容积,可根据废水浓度、流量变化规律及要求的调节均匀程度来计算。在计算时,要按最不利的情况,即浓度和流量在高峰时的区间来计算。调节时间越长,则调节效果越好,废水水质则越均匀。在工作中,应根据实际情况来选定合适的调节时间。

废水经过一定的调节时间后,其平均浓度按下式计算:

$$C = \frac{\sum_{i=1}^{n} C_i q_i t_i}{qT} \tag{2.1}$$

式中　C——T 小时内的废水平均浓度(mg/L);

C_i——废水在各时间段 t_i 内的平均浓度(mg/L);

q_i——废水在各时间段 t_i 内的平均流量(m^3/h);

t_i——各时间间段(h),总和等于 T;

q——T 小时内废水平均流量(m^3/h);

T——调节时间(h)。

所需调节池的容积 $V(m^3)$为:

$$V = \frac{qT}{\alpha} \tag{2.2}$$

式中　α——容积利用系数,一般取 0.7。

2.2 沉降

2.2.1 沉降原理

2.2.1.1 沉降类型

根据水中悬浮物的性质及其浓度的高低，沉降可分为四种类型。

(1)自由沉降

水中悬浮物浓度不高，在沉降过程中悬浮固体不相互聚合，颗粒各自单独进行沉降，在沉降过程中，颗粒的物理性质如形状、大小、密度等均保持不变。颗粒在沉砂池内的沉降属于此种沉降。

(2)絮凝沉降

当水中悬浮物浓度不高，但在沉降过程中，颗粒相互凝聚，黏结成较大的絮体，颗粒的物理性质也随之变化。初次沉淀池内的后期沉降及二次沉淀池内的初期沉降属于此类沉降。

(3)集团沉降

当水中悬浮物浓度较高时，每个颗粒的沉降都受到周围颗粒作用力的干扰，互相挤成一团，形成一种呈网格状的绒体，以一个整体的覆盖层共同下沉。此时，水与颗粒群间形成一个清晰的界面，沉降过程实质上就是此界面的下沉过程。化学混凝中絮凝体的沉降，活性污泥法在二次沉淀池中的后期沉降及污泥浓缩池中初期沉降属于此种沉降。

(4)压缩沉淀

当悬浮物浓度很高，颗粒互相接触、互相支承时，在上层颗粒的重力作用下，下层颗粒间的水被挤出，污泥层被压缩。活性污泥在二次沉淀池及浓缩池的沉淀与浓缩过程就属此类沉淀。

实际上很多悬浮物的沉降过程中，都顺次存在着四种类型的沉淀过程，只是产生各类沉淀的时间长短不同而已。活性污泥的自由沉淀过程是比较短促的，很快就过渡到絮凝沉淀阶段，而且沉淀池内的大部分时间都是属于集团沉淀和压缩沉淀。图 2.7 所示的沉淀曲线，说明了活性污泥在二次沉淀池中的沉淀过程。

沉降实验中用到的实验装置如图 2.8 所示。

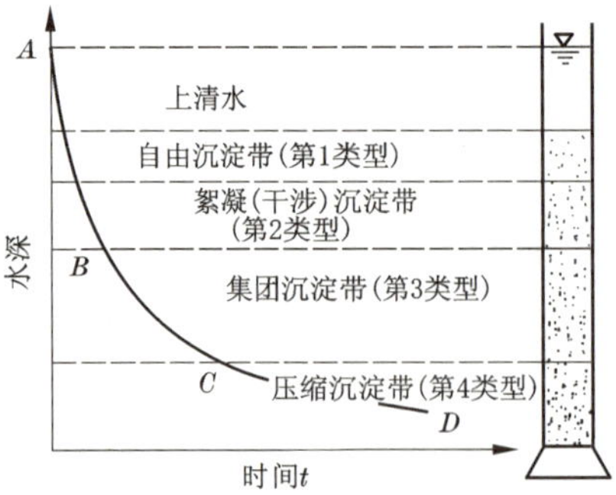

图 2.7 活性污泥沉淀曲线

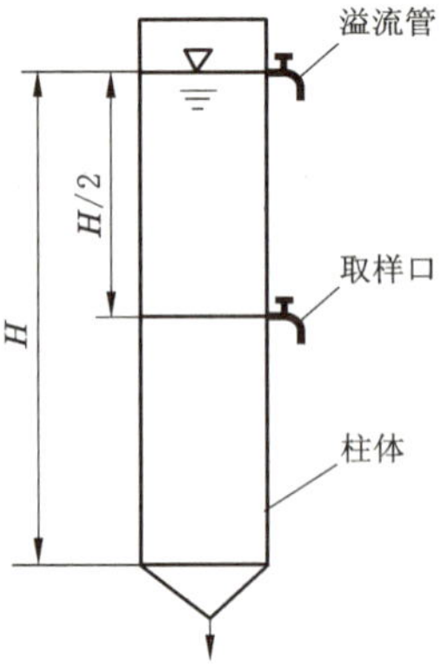

图 2.8 沉降实验装置

2.2.1.2 悬浮颗粒的沉降速度

在沉淀池的设计中,悬浮颗粒的沉降速度是一个起决定作用的参数,其大小决定着沉淀池尺寸的大小。

(1)计算公式

当颗粒在静水中沉降时,其受力情况如图 2.9 所示:

$F_1=mg$

$F_2=\rho(m/\rho_s)g=(\rho/\rho_s)mg$

$F_3=cA_s(\rho u^2)/2$

当三力处于平衡时,$mg=(\rho/\rho_s)mg+cA_s(\rho u^2)/2$

图 2.9 颗粒在静水中沉降受力图

式中 m——颗粒质量(kg);

g——重力加速度;

ρ,ρ_s——液体密度、颗粒密度(kg/m^3);

A_s——颗粒的平面投影面积(m^2);

u——颗粒的沉速(m/s);

c——阻力系数[(kg·m)/s]。

对于自由沉降,水流为层流状态时,颗粒的沉降速度可以用斯托克斯公式表示:

$$u=\frac{g}{18\mu}(\rho_s-\rho_l)d^2 \tag{2.3}$$

式中 u——颗粒沉降速度(m/s);

g——重力加速度(m/s^2);

μ——液体黏度(Pa·s);

ρ_s——颗粒密度(kg/m^3);

ρ_l——液体密度(kg/m^3);

d——颗粒的直径(m)。

式(2.3)表明,颗粒自由沉降速度与颗粒直径的平方成正比,与水的黏度成反比,与固体颗粒及水的密度差成正比。上述式(2.3)是在静水中导出来的,实际应用时困难较大,且与实际沉降速度相差较远。

(2)沉降实验和沉降曲线

由于废水中悬浮颗粒的大小、形状及密度的差异性,其特性因废水性质不同而异。因此,常通过沉降实验来确定其沉降性能,根据实验数据,求得沉降时间和沉降速度两个基本设计参数。

实验装置如图 2.8 所示,为一柱状有机玻璃筒,直径 100~250 mm,高度 2~4 m 不等。取样口设在有效水深的 1/2 处,底部留有沉泥及排出装置。

沉降试验及曲线绘制步骤如下:

①将废水搅拌均匀后,注入数个沉降柱,直到水从上部溢流管溢出为止,同时取样测定水中原始悬浮物浓度 C_0。

②沉降开始后,经 $t_1,t_2,t_3,\cdots,t_i$ 时间,分别从各个沉降柱取相同体积的水样,并分别测定相应的悬浮物浓度 $C_1,C_2,C_3,\cdots,C_i$。

③若原水中悬浮物浓度为 C_0，经 t 时间沉降后，水样残留浓度为 C_i，则对应沉降效率 E_i 为：

$$E_i = \frac{C_0 - C_i}{C_0} \times 100\% \tag{2.4}$$

根据式(2.4)计算出各对应时刻的沉降效率为 $E_1, E_2, E_3, \cdots, E_i$。

④以沉降时间、沉降速度为横坐标，以沉降效率为纵坐标作出沉降曲线，如图 2.10 所示。

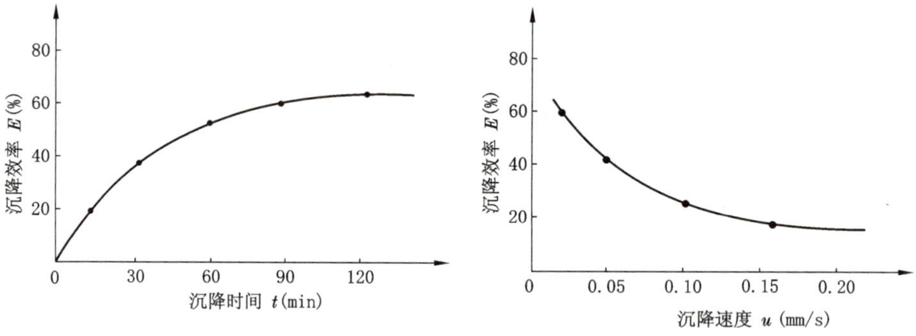

图 2.10 沉降曲线

⑤由沉降曲线查得所需去除率所对应的沉降时间 t，则悬浮物沉降速度 u 为：

$$u = \frac{H}{t} \tag{2.5}$$

式中 H——沉降筒内水深(m)；

t——沉降时间(h)。

有些悬浮物沉降时，沉淀与水界面清晰，可直接根据界面的移动，测出沉降速度，测定过程则大为简化。

2.2.1.3 理想沉淀池

为了分析悬浮颗粒在沉淀池内运动的普遍规律及其沉降效果，可以提出理想沉淀池的概念，这是得出沉淀池设计用的各种关系式的基本依据。

理想沉淀池的条件是：沉淀池中过水断面上各点的水流速度相等，且以水平流速 v 流动；悬浮颗粒在沉淀过程中以速度 u 等速下沉；悬浮物在沉降过程中的水平分速度等于水流速度，且均匀分布在整个过水断面上；颗粒一经沉到池底即认为被去除，不再浮起。图 2.11 为理想平流沉淀池示意图。

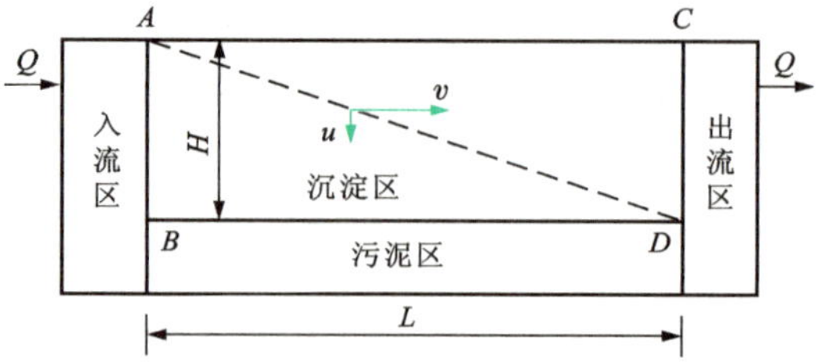

图 2.11 理想平流沉淀池示意图

沉淀池可分为入流区、沉淀区、出流区和污泥区四个组成部分。颗粒的运动轨迹为虚线所示，由于其水平流经时间和垂直沉降时间是相同的，即：

$$t = \frac{L}{v} = \frac{H}{u} \tag{2.6}$$

式中 t——废水停留时间(h)；

L——沉淀区长度(m)；

H——沉淀区水深(m)；

v——池内废水水平流速(m/h)；

u——悬浮物沉降速度(m/h)。

沉淀池的表面负荷(q)是指在单位时间内，通过沉淀池单位池平面的流量，即 $q=\frac{Q}{A}$，单位为 $m^3/(m^2 \cdot h)$。该参数反映沉淀池的沉降运行性能，设计时 q 应小些为好。

若沉淀池宽为 B，池平面面积为 $A=BL$。废水的流量为 Q，沉淀池容积为 $V=Qt=HBL$，则 $Q=\frac{V}{t}=\frac{HBL}{t}=Au$，因此

$$\frac{Q}{A} = u = q \tag{2.7}$$

可见，在设计时，表面负荷的数值等于颗粒的沉降速度。

但是，实际沉淀池的情况比理想沉淀池复杂得多，把静置沉降试验资料用于实际沉淀池的设计，表面负荷和沉降时间都应按下式进行校正后，才能使用。

$$\begin{aligned} q_{实} &= \left(\frac{1}{1.75} \sim \frac{1}{1.25}\right)q \\ t_{实} &= (1.5 \sim 2.0)t \end{aligned} \tag{2.8}$$

式中 $q_{实}$，$t_{实}$——沉淀池设计表面负荷(亦称设计过流率)和设计沉降时间；

q，t——沉降试验的表面负荷及沉降时间。

2.2.2 沉淀池

用于生物处理法中做预处理的沉淀池称为初次沉淀池。对于一般的城市污水，初次沉淀池可以去除约30%的 BOD_5 与55%的悬浮物。设置在生物处理构筑物后的称为二次沉淀池，是生物处理工艺中的一个组成部分。

沉淀池常按池内水流方向不同分类，可分为平流式、竖流式、辐流式和斜流式。

2.2.2.1 平流式沉淀池

平流式沉淀池是一种应用广泛的沉淀池。常见的有带刮泥机的平流式沉淀池与多斗式平流沉淀池。如图2.12、图2.13所示。

(1)平流式沉淀池的构造

平流式沉淀池的构造主要由下面几部分组成。

① 进水区

进水区的作用在于使进水均匀地分布到整个进水断面上，以降低池内水流速度，一般由布水板来完成这项任务，如图2.14(a)所示。

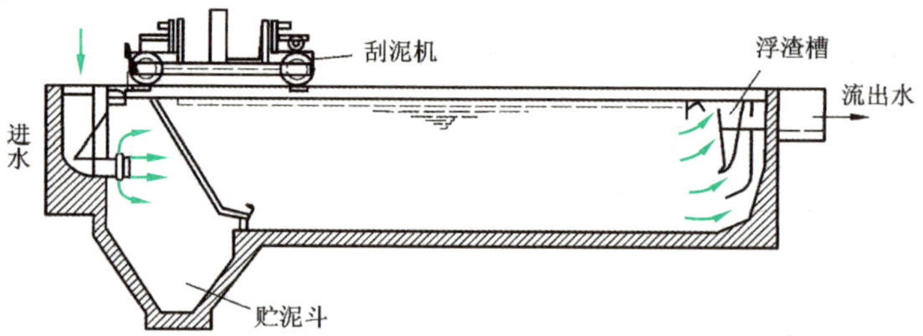

图 2.12 带刮泥机的平流式沉淀池示意图

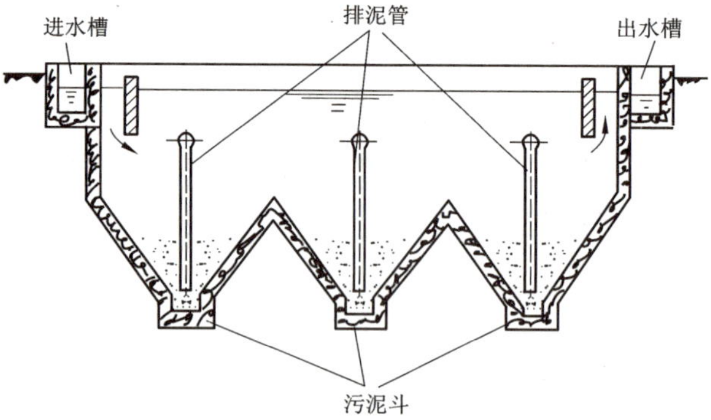

图 2.13 多斗式平流沉淀池示意图

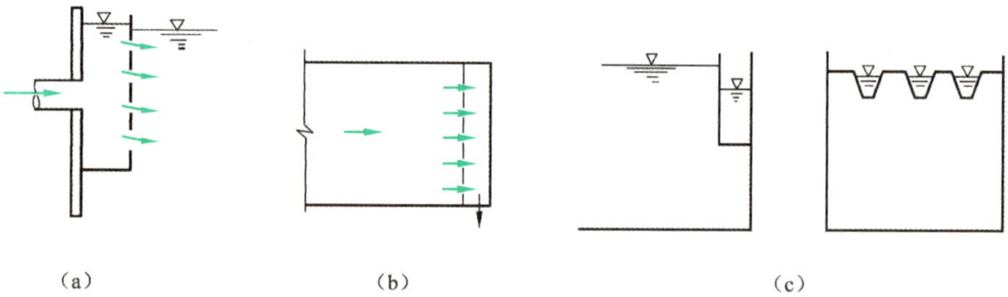

图 2.14 进、出水结构示意图

(a)进水口布置形式;(b)集水渠布置形式;(c)出水口布置形式

② 沉淀区

沉淀区的作用是使可沉颗粒与废水分离,进入池底。设计时其有效高度一般为 3~4 m,长宽比应大于 4∶1,废水在池内停留时间一般为 1~3 h,水深 2~3 m。为保持有效沉淀,应尽量减小沉降过程中的扰动。

③ 出水区

出水区的作用是使沉淀后的出水尽量在出水区均匀流出。一般采用自由堰型布置。堰前应设置挡板,以阻拦漂浮物,或设置浮渣收集和排除装置。挡板应当高出水面 0.1~0.15 m,浸没在水面下 0.3~0.4 m,距堰板 0.25~0.5 m。出流堰是沉淀效果好坏的重要条件,它不仅控制池内水面的高程,且对池内水流的均匀分布有影响,它要求沿整个出流堰的单位长度溢量相等。常用的有锯齿溢流堰,如图 2.14(b)、(c)所示。

④ 污泥区

污泥区用于贮存、浓缩污泥与排泥。为了排泥方便，多采用多斗式平流沉淀池，如图2.13所示，用污泥泵从污泥斗中将污泥排出。

图2.12所示采用的是桥式行车刮泥机，轨道设在池壁上，行车在轨道上移动，刮泥板伸入水中，将污泥刮入污泥斗中，由排泥管排出。不用时，将刮泥板提出水面，免受腐蚀。这种刮泥装置一般用于大型平流沉淀池。

(2)平流式沉淀池的设计计算

平流式沉淀池的设计计算，主要包括沉淀区和污泥区尺寸的确定，计算参数有沉淀时间、表面负荷和流速。

① 沉淀区的计算

沉淀区的计算是沉淀池设计的关键，计算结果决定沉淀池的长、宽、高。严格地讲，沉淀池的设计应建立在实验的基础上。例如，由实验求得表面负荷、废水停留时间等。若没有条件进行实验，采用经验值进行设计计算时，则必须参考同类污水处理厂的设计数据及运行数据。

a. 根据沉降实验进行设计计算

通过沉降柱进行沉降实验，获得悬浮物的沉降速度 u 及废水停留时间 t。因为沉淀池的设计表面负荷 $q=u$，所以沉淀区总面积 A 为：

$$A=\frac{Q}{q}=\frac{Q}{u} \tag{2.9}$$

式中 Q——废水流量(m^3/s)。

根据池平面面积 A，再根据长宽比，即可求出沉淀区的长与宽。

沉淀池有效水深 h_2 为：

$$h_2=\frac{Qt}{A}=ut \tag{2.10}$$

b. 根据经验值进行设计计算

在没有条件进行沉降实验，准备采用经验数据进行设计时，应首先对同类废水处理设施进行类比调查，获取原始设计参数及处理效果数据，进行分析、研究，以确定最后的设计参数。一般是根据沉淀时间、水平流速或选定表面负荷进行计算。

沉淀区面积：

$$A=\frac{Q}{q} \tag{2.11}$$

式中 q——表面负荷，初次沉淀池可采用 1.5～3.0 $m^3/(m^2\cdot h)$，二次沉淀池可采用 1～2 $m^3/(m^2\cdot h)$；

Q——最大设计流量(m^3/h)。

沉淀区有效水深：

$$h_2=qt \tag{2.12}$$

式中 t——废水沉淀时间，初次沉淀池 1～2 h，二次沉淀池 1.5～2.5 h。

沉淀区有效水深一般为 2.0～4.0 m。

沉淀区长度 L：

$$L = vt \tag{2.13}$$

式中 v——池内水平流速，一般不大于 5 mm/s。

沉淀区长度一般为 30～50 m，为了获得好的沉降效果，有时池长达 100 m。

沉淀区宽度 B：

$$B = \frac{A}{L} \tag{2.14}$$

沉淀区宽度不能过宽，否则流速分布不均匀，一般为 5～10 m。

② 污泥区的计算

污泥贮存容积可根据每日所沉淀下来的污泥量和污泥贮存周期来决定。每日沉淀的污泥量与水中悬浮固体含量、沉淀时间及污泥含水率等参数有关，对生活污水，可按表 2.2 选用，这时污泥区的总容积 $V(m^3)$为：

$$V = \frac{SNT}{1000} \tag{2.15}$$

式中 S——每人每日的污泥量[g/(d·人)]；

N——设计人口数；

T——两次排泥的间隔时间，亦即污泥贮存时间(d，一般可按 2 d 考虑)。

表 2.2 城市污水处理厂沉淀池设计参数

沉淀池类型	在处理工艺中的作用	沉淀时间 t(h)	水力负荷 $q[m^3/(m^2 \cdot h)]$	污泥量(干) S[g/(d·人)]	污泥含水率
初次沉淀池	单独沉淀法	1.5～2.0	1.5～2.5	15～21	0.95～0.97
初次沉淀池	二级处理前	1.0～2.0	1.5～3.0	14～25	0.95～0.97
二次沉淀池	活性污泥法后	1.5～2.5	1.0～1.5	10～21	0.95～0.99
二次沉淀池	生物膜法后	1.5～2.5	1.0～2.0	7～19	0.96～0.98

若已知废水和出水悬浮固体含量(或已知沉淀效率)时，污泥区总容积 V 可按下式计算：

$$V = \frac{Q \times 24(C_1 - C_2) \times 100}{\gamma(100 - P_0)} \cdot T \tag{2.16}$$

式中 C_1——原污水悬浮固体浓度(kg/m^3)；

C_2——出水悬浮固体浓度(kg/m^3)；

P_0——污泥含水率(%)；

γ——污泥容积密度(kg/m^3)，当污泥主要成分为有机物且含水率为 95%以上时，γ 可取 1000 kg/m^3。

③ 沉淀池总高度 H

$$H = h_1 + h_2 + h_3 + h_4 \tag{2.17}$$

式中 h_1——超高(m)，一般取 0.3 m；

h_2——沉淀池有效水深(m)；

h_3——缓冲区高度(m)，一般取：无机械刮泥设备时为 0.5 m，有机械刮泥设备时，其上缘应高出刮板 0.3 m；

h_4——污泥区高度(m)。

例 2.1 经过沉降实验，测得某废水中的悬浮物沉降效率为 80%时的沉降速度为 2 m/h，废水流量为 10000 m^3/d，沉降时间为 2 h，污泥区高度为 1.5 m，采用无刮泥机的平流沉淀池进行沉淀处理，试设计出该平流沉淀池的尺寸。

解：

首先对沉降速度实验值进行校正，将实验沉降速度除以 1.5，即得到设计表面负荷 q'：

$$q' = \frac{u}{1.5} = \frac{2}{1.5} = 1.3\ [m^3/(m^2 \cdot h)]$$

废水流量

$$Q = \frac{10000}{24} = 417(m^3/h)$$

沉淀区有效面积为：

$$A = \frac{Q}{q'} = \frac{417}{1.3} = 321(m^2)$$

沉淀区长宽比应为 $L:B \geqslant 4:1$。根据处理厂实际情况，这里取 6∶1。

设池宽为 x m，则

$$6x^2 = 321 \quad x = 7.3(m)$$

池长为：

$$6 \times 7.3 = 43.8(m)$$

沉淀池有效水深 h_2 为：

$$h_2 = ut = 1.3 \times 2 = 2.6\ (m)$$

沉淀池总高度 H 为：

$$H = h_1 + h_2 + h_3 + h_4 = 0.3 + 2.6 + 0.5 + 1.5 = 4.9(m)$$

设流入口至布水板距离为 0.5 m，流出口至挡板距离为 0.3 m，则沉淀池总长度 L 为：

$$L = 0.5 + 0.3 + 43.8 = 44.6(m)$$

沉淀池有效宽度 B 为 7.3 m。

2.2.2.2 竖流式沉淀池

(1)竖流式沉淀池的构造

竖流式沉淀池外表多呈圆形，直径多在 4～10 m 之间。沉淀池上部呈圆柱状的部分为沉淀区，下部呈截头圆锥状的为污泥区，在两区之间留有缓冲层 0.3 m。图 2.15 为圆形竖流式沉淀池示意图。

水由中心管 2 流入，由下部流出，通过反射板 3 的阻挡向四周分布于整个水平断面上，缓缓向上流动。反射板的作用是防止进水冲击底部沉泥，并具有布水作用。沉速超过上升流速的颗粒向下沉降到污泥区，澄清后的水通过四周的溢流堰流出，溢流堰前设有半浸没式挡板，用于阻隔浮渣。贮泥斗倾角为 50°～60°，排泥管直径为 200 mm，为了防止漂浮物外溢，在距池壁 0.4～0.5 m 处设置挡流板，挡流板伸入水中 0.25～0.3 m，高出水面 0.1～0.2 m。

(2)竖流式沉淀池的工作原理

竖流式沉淀池的水流状态与平流式沉淀池不同。在竖流式沉淀池中，废水在池的下面以流速 v 向上做竖向流动。废水中的悬浮颗粒，在竖直向上的水流速度 v 与颗粒本身重力产生的下沉速度 u 这两个速度的作用下，有以下三种运动状态：

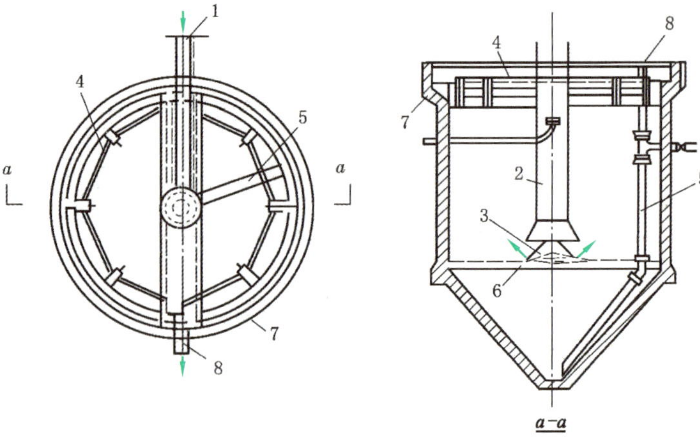

图 2.15　圆形竖流式沉淀池

1—进水槽；2—中心管；3—反射板；4—挡板；5—排泥管；6—缓冲层；7—集水槽；8—出水管

①当 $u>v$ 时，颗粒以 $u-v$ 的速度下沉而除去；

②当 $u=v$ 时，被截留在池中的悬浮颗粒与其他悬浮颗粒碰撞、凝聚而沉降；

③当 $u<v$ 时，颗粒将随水上升到水面后流出。

竖流式沉淀池的优点是排泥容易，便于管理。缺点是造价较高，处理量较小。

(3)竖流式沉淀池的计算

① 设计参数

a. 废水在沉降区的流速

废水在沉降区的上升流速 v，等于待去除颗粒的最小沉速 u，可通过沉降试验确定 u。若无条件试验，可采用 0.3～1.0 mm/s。

b. 沉淀时间，多采用 1～2 h。

c. 中心管内水流速度

中心管内流速对悬浮物的去除有一定影响，故一般不应大于 30 mm/s。

d. 中心管下端至反射板表面间的有关尺寸，如图 2.16 所示。反射板底距污泥表面的距离(即缓冲层)为 0.3 m。

e. 沉淀池直径与沉降区深度

为保证水流自下而上垂直流动，要求池径 D 与沉降区深度 h 之比不超过3∶1。这是由于 D/h 值过大，池内水流将可能变成辐射流，絮凝作用减少，从而发挥不了竖流式沉淀池的优点。

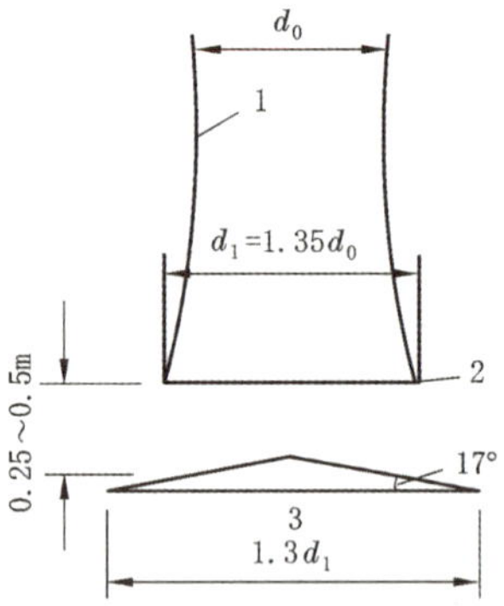

图 2.16　中心管及反射板的构造及尺寸

1—中心管；2—喇叭口；3—反射板

② 设计计算

竖流式沉淀池所使用的公式与平流式沉淀池基本相同。废水的上升流速 v 等于颗粒的最小沉速 u，沉淀池的过水断面等于池截面积减去中心管所占的面积。沉淀区的有效水深是从中心管喇叭口到水面的距离。

例 2.2　现有一直径为 10 m 的竖流式沉淀池，中心管喇叭口到水面的距离为 3.8 m，中心管直径为 0.8 m，废水量为 180 m^3/h，求废水在池内上升速度和沉淀时间。

解：

沉淀池有效过水面积：

$$A=\frac{\pi}{4}(D^2-d^2)=\frac{\pi}{4}(10^2-0.8^2)=78(m^2)$$

废水在池内上升速度等于颗粒的最小沉速：

$$v=u=q=\frac{Q}{A}=\frac{180}{78}=2.3(m/h)$$

沉淀时间为：

$$t=\frac{V}{Q}=\frac{78\times3.8}{180}=1.65(h)$$

2.2.2.3　辐射式沉淀池

(1)辐射式沉淀池的工作原理及构造

辐射式沉淀池的工作原理与平流式沉淀池相同。辐射式沉淀池是一个直径较大的圆形池，直径在 20～100 m 之间，常用于大型污水处理厂。辐射式沉淀池池中心深度为 2.5～5.0 m，池周深 1.5～3.0 m。它之所以称为辐射式，是因为水从中心管上的孔口流入池中，均匀沿半径方向，向池四周辐射流动。由于过水断面不断增大，使流速逐渐变小，颗粒沉降至池底，澄清的水通过设在四周区的溢流堰溢出。池底的污泥多采用刮泥机或泥浆泵排出，如图 2.17、图 2.18 所示。

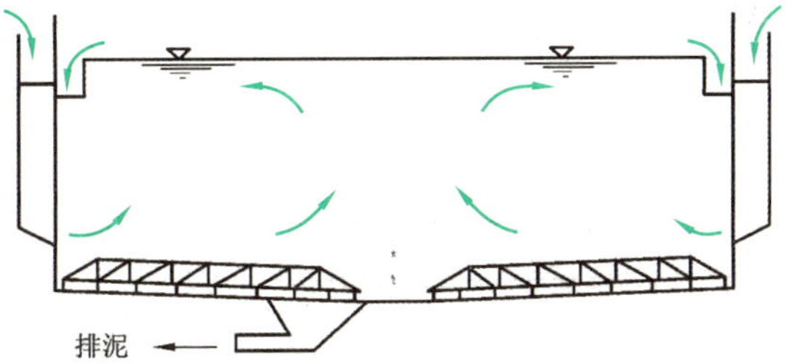

图 2.17　周边进水周边出水辐射式沉淀池

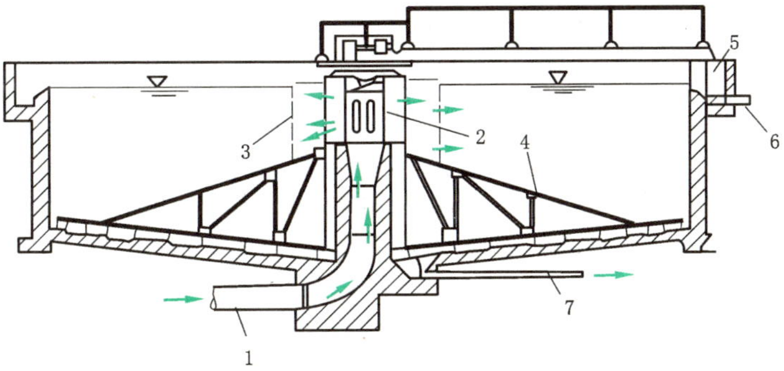

图 2.18　中央进水辐射式沉淀池

1—进水管；2—中心管；3—穿孔挡板；4—刮泥机；5—出水槽；6—出水管；7—排泥管

(2)辐射式沉淀池的计算

辐射式沉淀池的计算参数与平流式沉淀池相同。其表面负荷一般为 2～3 $m^3/(m^2 \cdot h)$,沉淀时间一般为 1.5～2.0 h。

例 2.3 有一直径为 30 m 的辐射式沉淀池,有效水深为 3 m,废水流量为 1300 m^3/h,计算该辐射式沉淀池的表面负荷及沉淀时间。

解:

沉淀池的表面积

$$A = \frac{\pi D^2}{4} = \frac{3.14 \times 30^2}{4} = 706.5(m^2)$$

表面负荷

$$q=\frac{Q}{A}=\frac{1300}{706.5}=1.8[m^3/(m^2 \cdot h)]$$

沉淀时间

$$t = \frac{V}{Q} = \frac{hA}{Q} = \frac{3 \times 706.5}{1300} = 1.63(h)$$

2.2.2.4 斜管沉淀池

(1)斜管沉淀池沉淀工作原理

斜管沉淀池又称为浅层沉淀池。其工作原理是建立在浅层沉降理论基础上的。即在沉淀池有效容积一定的条件下,池身越浅,沉淀面积越大,去除效率也越高。

根据这个原理,在池中将平行薄板按 45°～60°倾斜设置,如图 2.19 所示,废水从斜管下面,通过薄板间通道向侧上方流去,悬浮物沉积在斜管上,自动滑落进入污泥斗。斜管沉淀池由斜管沉淀区、进水配水区、清水出水区、缓冲区和污泥区组成。

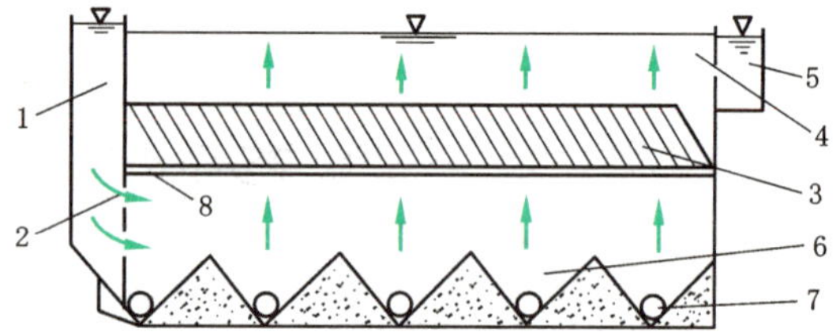

图 2.19 斜管沉淀池

1—配水槽;2—穿孔墙;3—斜管;4—淹没孔口;
5—集水槽;6—污泥斗;7—穿孔排泥管;8—阻流板

(2)斜管沉淀池结构及特点

斜管的材料要求轻质、壁薄、坚固、无毒而价廉。国内多用塑料和玻璃钢,也有用石棉水泥板和石棉瓦楞板,涂以树脂加固层做斜板的。也可做成蜂窝状管形,故称为斜管沉淀池。

沉淀池工作时,水从平行板间或斜管内流过,流速以 0.7～1.0 mm/s 为宜,板间距一般采用 50～150 mm,板(管)长多用 200～1000 mm。

斜管沉淀池的特点是:大大增加了沉淀面积,因此沉淀效率高;板间距离及上升流速小、废水流动呈层流状态有利于悬浮物沉降；沉降时间短，沉淀池体积大大缩小，占地面积小；一般常用于颗粒为无机物的工业废水的澄清，生活污水由于生物膜的堵塞，应慎用。

2.2.3 沉淀池的选择

(1)设计流量

沉淀池的设计流量与沉砂池的设计流量相同。在合流制的污水处理系统中，当废水是自流进入沉淀池时，应按最大流量作为设计流量；当用水泵提升时，应将水泵的最大组合流量作为设计流量。在合流制系统中应按降雨时的设计流量校核，但沉淀时间应不小于 30 min。

(2)沉淀池的个数

对城市污水厂，沉淀池的个数应不少于 2 个。

(3)沉淀池的经验设计参数

对于城市污水处理厂，如无污水沉淀性能的实测资料时，可参照表 2.2 的经验参数选用。

(4)沉淀池的有效水深、沉淀时间与表面水力负荷的相互关系，如表 2.3 所示。

表 2.3 有效水深 H、沉淀时间 t 与表面水力负荷 q' 的关系

表面水力负荷 q' ($m^3 \cdot m^{-2} \cdot h^{-1}$)	沉淀时间 t(h)				
	H=2.0m	H=2.5 m	H=3.0 m	H=3.5 m	H=4.0 m
3.0	—	—	1.0	1.17	1.33
2.5		1.0	1.2	1.4	1.6
2.0	1.0	1.25	1.5	1.75	2.0
1.5	1.33	1.67	2.0	2.33	2.67
1.0	2.0	2.5	3.0	3.5	4.0

(5)沉淀池的几何尺寸

沉淀池超高不少于 0.3 m；缓冲层高采用 0.3～0.5 m；贮泥斗斜壁的倾角，方斗不宜小于 60°，圆斗不宜小于 55°；排泥管直径不小于 200 mm。

(6)沉淀池出水部分

一般采用堰流，在堰口保持水平。出水堰的负荷为：对初次沉淀池，应不大于 2.9 L/(s·m)；对二次沉淀池，一般取 1.5～2.9 L/(s·m)。有时也可采用多槽出水布置，以提高出水水质。

(7)贮泥斗的容积

一般按不大于 2 d 的污泥量计算。对二次沉淀池，按贮泥时间不超过 2 h 计。

(8)排泥部分

沉淀池一般采用静水压力排泥，静水压力数值如下：初次沉淀池应不小于14.71 kPa；活性污泥法的二次沉淀池应不小于 8.83 kPa；生物膜法的二次沉淀池应不小于11.77 kPa。

各种形式沉淀池的特点及适用条件见表 2.4。

表 2.4 各种沉淀池的特点及适用条件

池型	优点	缺点	适用条件
平流式	①对冲击负荷和温度变化的适应能力较强； ②施工简单，造价低	采用多斗排泥时，每个泥斗需单独设排泥管各自排泥，操作工作量大，采用机械排泥时，机件设备和驱动件均浸于水中，易锈蚀	①适用于地下水位较高及地质较差的地区； ②适用于大、中、小型污水处理厂
竖流式	①排泥方便，管理简单； ②占地面积较小	①池子深度大，施工困难； ②对冲击负荷及温度变化的适应能力较差； ③造价较高； ④池径不宜太大	适用于处理水量不大的小型污水处理厂
辐流式	①采用机械排泥，运行较好，管理也较简单； ②排泥设备已有定型产品	①池水水流速度不稳定； ②机械排泥设备复杂，对施工质量要求较高	①适用于地下水位较高的地区； ②适用于大、中型污水处理厂

2.2.4 沉淀池维护管理

(1)工艺控制

初次沉淀池的工艺调节可用投运池数调节。投运池数的计算可根据下式进行：

$$n = \frac{Q}{qBL} \tag{2.18}$$

式中 n——投运池数；

q——要控制的水力表面负荷[$m^3/(m^2 \cdot h)$]；

Q——入流污水量(m^3/h)；

B,L——池宽和池长(m)。

要将初次沉淀池的工艺参数控制在要求的范围内。如水停留时间一般不能小于1.5 h，堰板溢流负荷一般不应大于 10 $m^3/(m^2 \cdot h)$，水平流速不能大于冲刷流速 50 mm/s。停留时间、水平流速和堰板溢流负荷采用下列公式计算：

停留时间 $$T = \frac{BLHn}{Q} \tag{2.19}$$

水平流速 $$v = \frac{Q}{BHn} \tag{2.20}$$

堰板溢流负荷 $$q' = \frac{Q}{ln} \tag{2.21}$$

(2)刮泥与排泥操作

①刮泥：污泥在排出初次沉淀池之前必须首先被收集到污泥斗，即刮泥。刮泥有两种操作方式，即连续刮泥和间歇刮泥。平流式初次沉淀池采用行车式刮泥机时只能间歇刮泥。当泥量较大或污水和污泥腐化时，都应缩短刮泥周期。缩短刮泥周期，应注意不要超过刮板行走的极限速度(1.2 m/min)，否则会扰动已沉下的污泥。

②排泥:有连续排泥和间歇排泥两种操作方式。平流式初次沉淀池采用行车式刮泥机时,只能采用间歇排泥方式。此时刮泥周期与排泥周期必须一致,刮泥与排泥协同操作。排泥的控制方式有三种。一是人工控制泥泵的开停。二是时间程序控制,即定时排泥,定时停泵。不能适应泥量的变化,可能造成排泥浓度降低或排泥不彻底。三是定量排泥,停泵由装在排泥管路上的浓度计或密度计控制。当排泥浓度降至设定值时,泥泵自动停止。这种方式能根据污泥量的变化改变排泥时间,既不降低排泥浓度,又能排泥彻底,是一种较先进的排泥方式。

(3)排浮渣操作

平流式沉淀池行车式刮泥机和辐流式沉淀池回转式刮泥机都是用刮板将浮渣刮至浮渣槽或浮渣斗内。这种排渣方式问题较多:一是刮板与浮渣槽的配合常出问题,浮渣进不了浮渣槽;二是浮渣槽内必须设水冲,否则浮渣流不到浮渣井。采用链条式刮泥机较好,回程的刮板在水面可将乳状浮渣刮至池端,在池端安装一根带缺口的圆管,转动圆管,部分污水由缺口流入圆管内,顺便将乳状浮渣也冲进圆管内排走。

(4)日常巡检及维护

除正确地进行工艺控制、定时排泥排浮渣外,运行人员还应定时巡检以下内容:

①出水三角堰板是否有堰口被浮渣堵死现象,如有,应及时清除。三角堰每个堰口出流是否均匀,如不均匀,应及时通过调节装置调整堰板的水平度,保证出流均匀。应注意观察各池的溢流量是否相同,如有差别,可调节初沉池的进水闸门,使进入每池的流量分配均匀。

②经常从排泥管上的取样口取样观察污泥的颜色。当颜色变暗或为黑色,说明污泥已腐化,应加速排泥。当池内液面冒泡时,说明腐化已很严重。

③刮风时,应观察风力对初次沉淀池的影响,特别是大型的辐流式沉淀池。如果受风力影响部分堰板不出水,可先核算仍在出水的那部分堰板是否超负荷。如超负荷,可投运多余的池子;如果没有备用池子,可设移动式风障。

④应勤听设备是否有异声,是否有部件松动,如有则及时处理。

2.3 隔油

2.3.1 隔油原理

利用隔油池与沉淀池处理废水的基本原理相同,都是利用废水中悬浮物和水的比重不同而达到分离的目的。用自然浮上法去除可浮油的构筑物,称为隔油池。隔油池的形式较多,常用的有平流式隔油池、斜板隔油池等。较常采用的是平流式,含油废水通过配水槽进入平面为矩形的隔油池,沿水平方向缓慢流动,在流动中油品上浮水面,由集油管或设置在池面的刮油机推送到集油管中流入脱水罐。在隔油池中沉淀下来的重油及其他杂质,积聚到池底污泥斗中,通过排泥管进入污泥管中。经过隔油处理的废水则溢流入排水渠排出池外,进行后续处理,以去除乳化油及其他污染物。

2.3.2 隔油池的结构和设计原理

2.3.2.1 平流式隔油池

(1)平流式隔油池的结构

如图 2.20 所示,平流式隔油池的结构与平流式沉淀池非常相似。

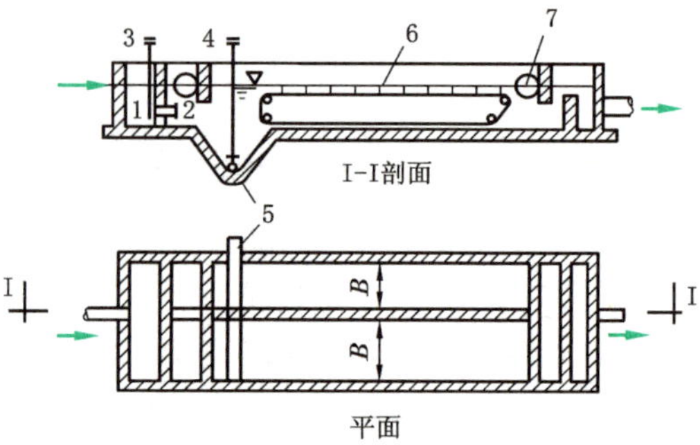

图 2.20 平流式隔油池示意图

1—布水间;2—进水孔;3—进水间;4—排渣阀;5—排渣管;6—刮油刮泥机;7—集油管

废水在流经隔油池的过程中,由于流速降低,相对密度小于 1.0 而粒径较大的油粒上浮到水面上,相对密度大于 1.0 的则沉于池底。在出水一侧的水面上设集油管。集油管一般以直径 200～300 mm 的钢管制成,沿其长度在管壁的侧向,开有 60°角的开口。集油管可以绕轴线转动。平时切口位于水面之上,当水面浮油达到一定厚度时,转动集油管,使切口浸入水面油层之下,浮油即溢入管内,排出。

大型隔油池还设置由钢丝绳或链条牵引的刮泥设备,刮集池底沉渣。刮集到池前部污泥斗中的沉渣,通过排泥管适时排出。排泥管直径一般为 200 mm。平流式隔油池表面一般应设置盖板,在寒冷地区还应在池内设置加温管,以便必要时加温。这种隔油池水力停留时间较长(1.5～2.0 h),水平流速 2～5 mm/s。平流式隔油池的特点是构造简单、便于运行管理、油水分离效果稳定,但池体庞大,占地面积大。平流式隔油池可以去除的最小油滴直径可达100～150 μm。

(2)隔油池设计原理

隔油池设计基本参数是油粒的上浮速度 u。该参数由实验测得,一般在沉降柱中进行。测定方法类似于悬浮物沉降速度的测定,只不过油粒运动方向向上。

隔油池的表面积:

$$A = \alpha \frac{Q}{u} \tag{2.22}$$

式中 A——隔油池的表面积(m^2);

Q——废水设计流量(m^3/h);

u——油粒上浮速度(m/h);

α——修正常数,与隔油池容积利用率及水流湍动状况有关,表 2.5 列举了 α 值与速比 v/u(v 为水流速度)的关系。

表 2.5 α 值与速比 v/u 的关系

速比 v/u	20	15	10	6	3
α 值	1.74	1.64	1.44	1.37	1.28

隔油池的过水断面面积 $F(m^2)$ 由下式计算：

$$F=\frac{Q}{v} \tag{2.23}$$

式中 v——废水在池内的水平流速(m/h)，一般取 $v\leqslant 15u$，但不宜大于 54 m/h。

池深 h 一般不应小于 2 m，单池长宽比不小于 4。

若能在现有平流式沉淀池出水堰前加一块隔油板，则该池成为平流式沉淀、隔油两用池，不必另设隔油池。

2.3.2.2 斜板隔油池

为了提高单位池容积的处理能力，隔油池采用斜板形式，池内斜板采用聚酯玻璃钢波纹板，板距为 20～50 mm，倾角不小于 45°。斜板采用异向流形式，污水自上而下流入斜板组，油粒沿斜板上浮，如图 2.21 所示。

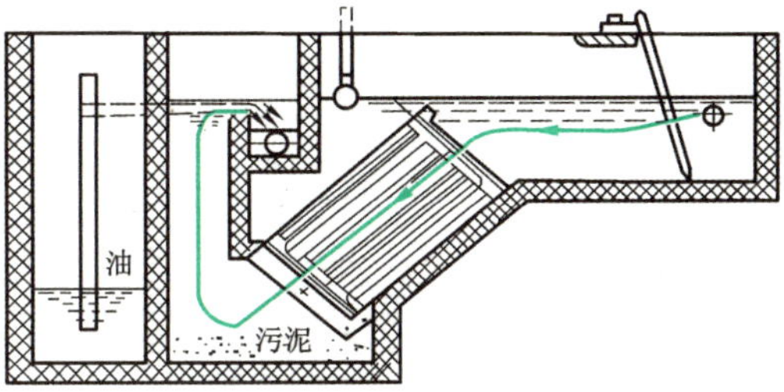

图 2.21 波纹斜板隔油池示意图

由于废水在池内的停留时间一般不大于 30 min，因此，池容积大大缩小，油水分离效果大大提高。斜板隔油池已经工厂化生产，只需提供废水性质及流量参数即可设计。

2.3.3 隔油池的维护管理

隔油池是为油水分离安装的分离装置，它能将流进池内的混合水及时处理，应对其规范管理与维护：

①经过隔油池处理后的污水流到废水坑内，当废水升到浮球控制的水位时，由潜污泵自动排出，当污水降到控制低水位时，潜污泵将自动停止。

②经分离后的油脂浮在隔油板侧上方，这些浮油脂应及时定期清除，如果不定期处理油脂，可能外泄，若流到地面会造成环境污染，若流到污水坑内会严重影响浮球正常工作。

③隔油池每周清除油脂一次。清理隔油池时，应安置警告牌或护栏，以确保安全。

④一旦出现溢出的油污，可采用碱性清洗液进行处理。

⑤使用清洗液及脱脂剂时，应注意安全操作，必须戴上相应护具：加厚胶手套、水鞋和防毒口罩。

2.4 气浮

气浮是一种设法在水中通入或产生大量的微细气泡，使悬浮颗粒附着其上，利用浮力原理上浮到水面，从而达到固液分离的目的。适用于乳化油及疏水性细微固体悬浮物的去除。

2.4.1 气浮的原理

容易被水润湿的物质称为亲水性物质；反之，难于被水润湿的物质称为疏水性物质。一般的，疏水性颗粒易与气泡黏附，而亲水性颗粒难以与气泡黏附。显然，水中悬浮颗粒的疏水性是气浮的最基本条件。微小气泡与在水中悬浮的疏水性颗粒黏附，形成水-气-颗粒三相混合体系，颗粒黏附上气泡后，其平均密度小于水而上浮至水面，形成浮渣层。如图 2.22 所示。

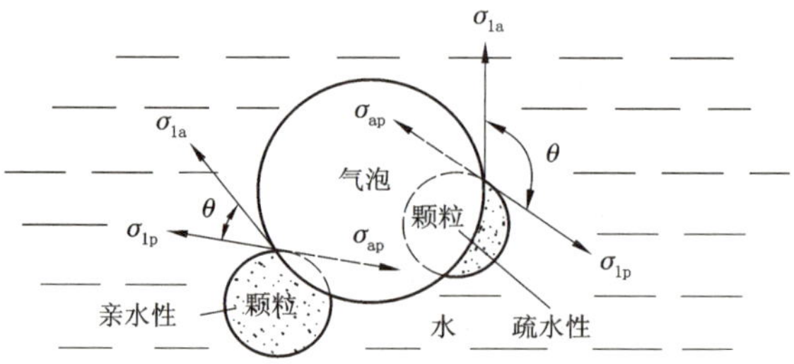

图 2.22 亲水性和疏水性颗粒的接触角

若用气浮法分离细小分散的亲水性颗粒（粒径小于 0.5～1 mm），则必须用浮选剂将其表面特性改变成疏水性，使之能与气泡黏附而上浮。浮选剂的种类很多，如松节油、煤油、脂肪酸、硬脂酸盐等。可通过查阅有关资料或通过实验选择浮选剂及确定投量。例如，回收废水中煤粉的浮选剂投量为柴油 1.4 g/L、松节油 0.09 g/L，可取得良好的浮选效果。

2.4.2 气浮法的分类

按气泡产生的方式不同，废水处理中的气浮法主要有两种，即加压溶气气浮与叶轮充气气浮。应用最广的是加压溶气气浮。

2.4.2.1 加压溶气气浮

加压溶气气浮是先将空气加高压，使之溶入废水中，形成空气过饱和溶液，然后减至常压，使溶入空气以气泡形式析出。实践证明，气浮效果的好坏很大程度上取决于水中空气的溶解量、饱和度、气泡的分散程度及稳定性。气泡量愈多，分散度愈高，则气泡与悬浮颗粒黏附的机会愈多。而气泡的数量、大小及均匀性与溶气压力有关，压力越高，空气在水中的溶解度也越大，气泡分散度也越高，越均匀。

例如，将温度为 20 ℃、绝对压力为 5 个标准大气压下的 1 m^3 饱和溶气水，突然减至常压时，能释放出 73 L 空气。

加压溶气气浮法有三种基本流程：

全溶气流程如图 2.23(a)所示。该法是将全部流入的废水进行加压溶气，再经过减压释放装置进入气浮池进行固液分离的一种流程。

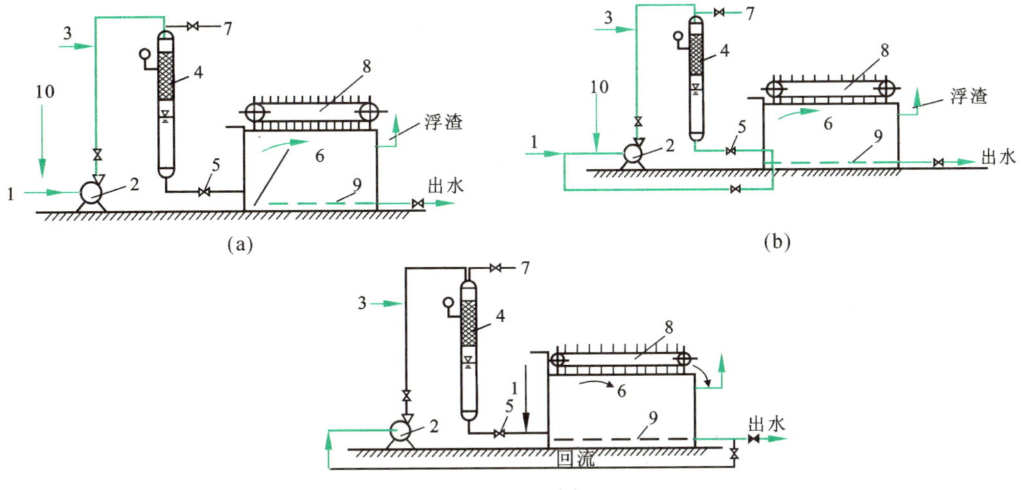

图 2.23 加压溶气气浮法流程

(a)全溶气流程；(b)部分溶气流程；(c)回流水溶气流程

1—废水进入；2—加压泵；3—空气进入；4—压力溶气罐(含填料层)；5—减压阀；6—气浮池；7—放气阀；8—刮渣机；9—出水系统；10—化学药液

部分溶气流程如图 2.23(b)所示。该法是将部分入流废水进行加压溶气，其余部分直接进入气浮池。该法比全溶气流程节省电能和设备。但欲提供同样的空气量，部分溶气流程就必须在较高的压力下运行。

回流水溶气流程如图 2.23(c)所示。在这个流程中，将部分澄清液进行回流加压，入流废水则直接进入气浮池。

加压气浮时的计算数据一般可采用：水泵前的注气量为废水体积的 1%～2%，不允许超过 10%；溶气罐容积按停留时间为 2～5 min 计算；废水在平流式气浮池中的停留时间为 30～40 min；池深 1.5～2.0 m，宽深比不大于 3，长宽比不小于 4。为了有效地收集泡沫，可设置移动式刮板，刮出的含油泡沫可在加热后分离，以回收有用的油品。加压溶气气浮的效率很高，可达 90%以上。

2.4.2.2 叶轮充气气浮

叶轮充气气浮，靠叶轮高速旋转时在叶轮中心部分形成负压，从空气管中吸入空气。进入废水中的空气与循环水流充分搅混，成为细小的气泡甩出，经过稳流挡板消能，气泡垂直上升，进行气浮。形成的浮渣不断被缓慢旋转的刮板刮出槽外。如图 2.24 所示。

叶轮充气气浮适用于悬浮物浓度高的废水，如用来从洗煤水中回收细煤粉等。叶轮充气气浮的效率低于加压溶气气浮，一般为 80%左右。

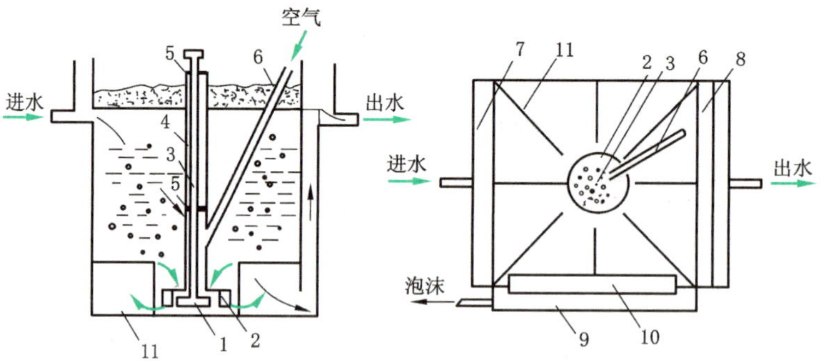

图 2.24　叶轮气浮装置

1—叶轮；2—固定盖板；3—转轴；4—轴套；5—轴承；6—进气管；
7—进水槽；8—出水槽；9—泡沫槽；10—刮沫板；11—整流板

2.4.3　加压溶气气浮系统的运行管理

(1)加压溶气气浮调试前的准备工作

①仔细清扫气浮设备箱体内的杂物，如焊渣、铁钉等。

②检查进污水泵和回流泵及空气压缩机的运行状况，包括水泵的润滑加油，填料的松紧，底阀的密封及空压机的加注机油等。

③检查电源、线路并做短暂的空载运转，以判断泵与空压机的转向是否正确，有无杂声及发热现象。

④检查刮渣机的传动部分及刮板，并做空车运行，查看行车速度是否符合要求、刮板翻动是否灵活、行车的返回及电线的收放是否正常。

⑤按要求配置混凝剂，控制好浓度，并根据小样试验，初步确定药剂投加量。

⑥对各部分的闸门进行启、闭，并按要求分别置于“开”或“关”的位置。

⑦按照回流泵最大压力再加 0.03 MPa，调整好空压机的最低压力限位开关，以保证溶气罐的水不致进入空压机的气包。

(2)溶气气浮机调试步骤

①将沉淀好的污水临时注入气浮箱内，以检查池各部分有无渗漏情况，可以先启动进水泵向气浮箱内注水，但在启动时，即应同时投加足够的混凝剂量。注满后即行关闭，待其自然澄清。

②对回流水泵潜水排气，待启动后，逐渐打开压水管阀门，直至全部开足。

③待溶气罐内水位上升，压力达到水泵所能提供的最大值时，打开溶气罐出水闸门，以高压水冲洗溶气管，如此重复几次。接着启动空气压缩机，待溶气罐压力表显示气压达到规定值时，打开阀门。

(3)溶气气浮关机

溶气气浮在用完关机时一定要注意顺序，先将污水泵关停，再关回流泵，后关空压机。

2.5 过滤

废水通过粒状滤料(如石英砂)床层时,其中的悬浮颗粒和胶体就被截留在滤料的表面和内部孔隙中,这种通过粒状介质层分离不溶性污染物的方法称为粒状介质过滤。

2.5.1 过滤原理

粒状介质过滤的机理,可概括为以下三个方面。

(1)阻力截留

当原水自上而下流过粒状滤料层时,粒径较大的悬浮颗粒首先被截留在表层滤料的空隙中,从而使此层滤料间的孔隙越来越小,截污能力随之变得越来越强,结果逐渐形成一层主要由被截留的固体颗粒构成的滤膜,并由它起主要的过滤作用。这种作用属于阻力截留或筛滤作用。筛滤作用的强度主要取决于表层滤料的最小粒径和水中悬浮物的粒径,并与过滤速度有关。悬浮物粒径越大,表层滤料和滤速越小,就越容易形成表层滤膜,滤膜的截污能力也越强。

(2)重力沉降

原水通过滤料层时,众多的滤料表面提供了巨大的沉降面积。据估计,1 m^3 粒径为 0.5mm 的滤料中就拥有 400 m^2 可供悬浮物沉降的有效面积,形成无数的小“沉淀池”,悬浮颗粒极易在此沉降下来。重力沉降强度主要与滤料直径和过滤速度有关。滤料越小,沉降面积越大;滤速越小,则水流越平稳,这些都有利于悬浮物的沉降。

(3)接触絮凝

由于滤料具有巨大的表面积,它与悬浮物之间有明显的物理吸附作用。此外,通常用作滤料的砂粒在水中常带有表面负电荷,能吸附带正电荷的铁、铝等胶体,从而在滤料表面形成带正电荷的薄膜,并进而吸附带负电荷的黏土杂质和各种有机物等胶体,在砂粒上发生接触絮凝。大多数情况下,滤料表面对尚未凝聚的胶体还能起接触碰撞的媒介作用,从而促进凝聚过程。

在实际过滤过程中,上述三种机理往往同时起作用,只是依条件不同而有主次之分。对粒径较大的悬浮颗粒,以阻力截留为主,由于这一过程主要发生在滤料表层,通常称为表面过滤。对于细微悬浮物,以发生在滤料深层的重力沉降和接触絮凝为主,称为深层过滤。

2.5.2 滤池分类

目前常用的滤池类型很多,按照滤速的大小分,有慢滤池、快滤池和高速滤池。慢滤池的滤速一般在 0.1～0.2 m/h 之间,而快滤池的滤速则一般在 5 m/h 之上。慢滤池出水水质好,但其处理能力太小,实际中已很少采用,目前实际采用的都是快滤池。快滤池也有很多种,例如按照滤料的分层结构可分为单层滤料滤池、双层滤料滤池、三层滤料滤池和混合滤料滤池；按水流方向分，有下向流滤池、上向流滤池、双向流滤池和辐向流滤池；按作用水头分，有重力式滤池（作用水头 4～5 m）和压力滤池（作用水头 10～20 m）；按进、出水及反冲洗水的供给与排出方式分，有普通快滤池、双阀滤池、虹吸滤池、无阀滤池、移动冲洗罩滤池及 V 形滤池等。原则上讲，各种滤池均适于污水的深度处理，但实际采用较多的为单层滤料的普通快滤池。

2.5.3 滤池的构造

图 2.25 所示为典型的快滤池。

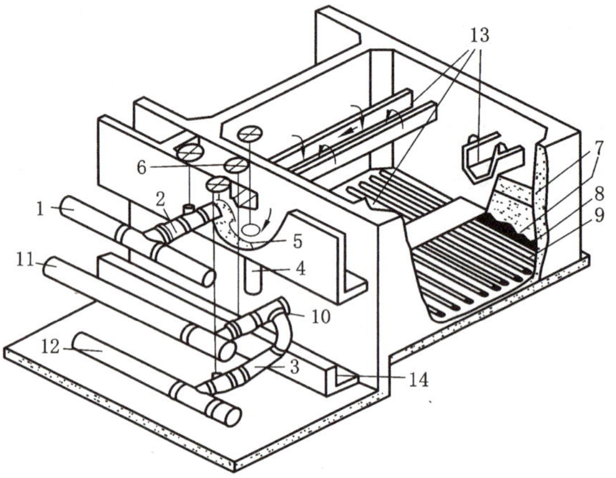

图 2.25　普通快滤池的构造

1—进水总管；2—进水支管；3—浑水渠；4—渗料层；5—承托层；6—配水支管；7—配水干管；8—清水支管；9—清水总管；10—冲洗水支管；11—排水阀；12—冲洗水总管；13—排水槽；14—废水渠

废水由进水管流入池内，经滤层由上而下过滤，再经下部集水装置和出水管流到池外清水渠。

若滤层因截留悬浮物而堵塞，可用压力水由滤层下部自下而上地流过滤层，进行反冲洗。此时，若同时用压力水冲洗滤层表面，可提高冲洗效果。

滤池的各部件及其作用如下：

（1）滤料

滤料是滤池的最重要的组成部分，常采用经筛分的天然砂为滤料。有效粒径为 0.5～0.7 mm，敷设厚度为 500～700 mm。也称为砂滤池。

（2）承托层

为了防止滤料自下部集水装置漏出而设置承托层，位于滤料层和下部集水装置之间，承托层上部为细粒砾石，下部为粗粒砾石，一般将砾石筛分后分层敷设。

（3）下部集水装置

集水装置用于收集滤过水，也可使反冲洗水均匀分布在滤层内。

（4）流量调节阀

流量调节阀用于保持滤池进水流量和出水流量的平衡，设置于滤过水出水处。当滤层阻力增大时，流量调节阀逐渐打开，以保持过滤流量恒定不变。

(5)反冲洗水阀、排水阀和排水装置

随着过滤的进行,滤层截留的悬浮物量增多,过滤阻力增大。当过滤阻力达到预定值,或因悬浮物穿透而使滤后水水质恶化时,需停止过滤,进行反冲洗。反冲洗时,先关闭进水阀和出水阀,然后开启排水阀,再开启反冲洗水阀,将压力水导入池内进行反冲洗。反冲洗水经排水槽和排水阀排出池外。反冲洗水可以采用过滤后的清水。冲洗强度为 16～18 L/(m^2 · s)。

(6)表面冲洗装置

反复进行过滤和反冲洗时,往往在滤池表面产生一些由滤料颗粒与黏性物质结成的小块,称为泥球。尤其是原水中含有藻类等有机物,或使用细滤料时,特别易生成泥球。

当泥球附在表层时尚无多大害处,但若逐渐长大,并于冲洗时逐渐移往滤层深处,会使滤过水水质恶化。

表面冲洗装置是为防止泥球发生而设置的。用压力水冲洗滤层表面,可提高反冲洗效果,防止泥球生成。

2.5.4 快滤池的运行管理

快滤池一般每天要对出水浊度、流量、滤速、水头损失等数据进行测定,还要进行定期保养和维护。

①定期检测滤料表面高度,平稳情况,是否存在跑砂、滤料表面含泥过高,滤池是否有直通现象,如滤层高度降低量超过滤层厚度 10%,则应补充滤料。

②排水槽顶距砂面高度宜控制在 1.0～1.3 m,严格检测其水平度,保证配水均匀,排水均匀。

③避免滤速的突变,测定过滤速度逐时变化值,水头损失逐时变化值,初滤水浊度及滤后水浊度逐时变化值,根据以上资料经过分析确定合理的运行周期,一般运行周期为 12～24 h。

④防止砂层中发生气阻,要保证砂面上水的淹没深度。滤池冲洗后,每季应坚持漂白粉消毒池壁制度。

⑤定期对各种自动仪表、阀门以及机电设备检查维修,保证设备完好率,便于随时观测水质变化情况。

⑥金属设备、围栏等设备要每 1～2 年进行二次除锈、粉刷,保持设备完好,保证管廊控制阀门灵活。

思考题与习题

1. 格栅的主要功能是什么？它适用于什么场合？

2. 筛网的主要作用有哪些？选择筛网过滤设备主要考虑哪些因素？

3. 已知某化工厂酸性废水日平均流量为 1000 m^3/d，各段时间内的废水流量及盐酸浓度见表 2.6，求 12 h 至 18 h 这 6 h 内的平均浓度。若采用斜槽排水式调节池，求所需体积。

表 2.6　某厂酸性废水浓度与流量的变化

时间(h)	流量(m^3/h)	浓度(mg/L)	时间(h)	流量(m^3/h)	浓度(mg/L)
12～13	40	3800	15～16	64	3500
13～14	53	4400	16～17	40	5300
14～15	58	2300	17～18	40	4200

4. 沉淀有哪几种类型？各有何特点？

5. 简述沉降法处理废水的基本原理。

6. 如何进行废水的沉降柱性能试验？在沉淀性能曲线上反映了哪些参数？

7. 已知初次沉淀池污水设计流量 $Q=1200\ m^3/h$，设沉淀效率为 55%，由沉淀性能曲线上查得 $u=2.8$ m/h，若采用平流式沉淀池，求沉淀区的有效尺寸。

8. 画图说明平流式沉淀池的构造及各部分的作用。

9. 画图说明竖流式沉淀池的构造及工作原理。

10. 画图说明辐流式沉淀池的构造及特征。

11. 试述浅池沉降理论。

12. 简述斜板沉淀池的构造及工作特征。

13. 简述隔油池基本原理。

14. 试述气浮法基本原理，画出加压溶气气浮的工艺流程图。

15. 已知某工厂排放的废水量 $Q=6000\ m^3/d$，废水中的悬浮固体含量 SS=300 mg/L，要求初沉后出水的 SS 为 60 mg/L，沉淀试验数据如表 2.7 所示。

表 2.7　沉淀试验数据

T(min)	u(mm/s)	去除率(%)
5	2.5	20
10	2.0	30
20	1.5	42
40	0.9	61
60	0.7	70
120	0.3	80

试确定平流式沉淀池的有效长、宽、高。

16. 简述过滤的基本原理及快滤池的结构。

知识拓展

废水物理处理法

废水物理处理法是指通过物理作用分离和去除废水中不溶解的悬浮固体(包括油膜、油品)的方法。这种处理法的设备大都比较简单,操作方便,分离效果良好,使用极为广泛。根据物理作用的不同,废水物理处理法可分为废水气液交换处理法、废水高梯度磁分离处理法、废水吸附处理法。此外,还有筛滤截留法、重力分离法、离心分离法等。

(1)筛滤截留法　利用留有孔眼的装置或由某种介质组成的滤层截留废水中的悬浮固体的方法。这种方法使用的设备有:

① 格栅——由一排平行的金属栅条做成的金属框架,以60°的角度斜置在废水流过的渠道上,用以截阻大块的固体污染物。栅条的缝隙宽度一般为15~50 mm。格栅上的截留物可用机械或人工清除。

② 筛网——用以截阻、去除废水中的纤维、纸浆等较细小的悬浮物。筛网一般用薄铁皮钻孔制成,或用金属丝编成,孔眼直径为0.5~1.0 mm。筛网有转鼓式、圆盘式和帘带式等。

③ 布滤设备——以帆布、尼龙布或毛毡为过滤介质,用以截阻、去除废水中的细小悬浮物,也用于污泥脱水。常用的布滤设备为真空转筒滤机。

④ 砂滤设备——以石英砂为滤料,用以过滤截留更为微细的悬浮物,一般都作为保证后一处理单元能稳定运行的装置,在活性炭吸附或离子交换设备前使用。砂滤设备在构造上同给水处理所用的砂滤池相同。

(2)重力分离法　利用废水和悬浮固体的相对密度差去除废水悬浮物或漂浮物的方法,即悬浮物相对密度大于废水的沉淀,小于废水的上浮。

沉淀或上浮的速度,是对分离效果有决定性作用的参数,其值可用斯托克斯公式表示:

$$u = \frac{g}{18\mu}(\rho_g - \rho_y)d^2$$

式中　u——沉浮速度(cm/s);

d——颗粒直径(cm);

ρ_g——颗粒密度(g/cm^3);

ρ_y——液体密度(g/cm^3);

g——重力加速度(cm/s^2);

μ——水的绝对黏滞度,又称水的黏滞系数[g/(cm·s)]。

影响沉淀或上浮速度的主要因素为:颗粒密度、粒径、液体的温度、液体的密度和绝对黏滞度。当$\rho_g > \rho_y$,u为正值,颗粒下沉;而当$\rho_g \leqslant \rho_y$,u为负值,颗粒上浮。

沉淀设备有沉砂池、沉淀池、浓缩池等;上浮设备为隔油池、气浮池。各种设备都有多种构造类型。

气浮,是采取一定的技术措施,在废水中连续形成大量的微小气泡,使废水中呈微细颗粒的污染物或乳化油粒黏附在气泡上，随气泡一同上浮到水面，同水分离，使废水得到净化。适于用气浮法分离的污染物，是密度近于废水的颗粒，如乳化油、羊毛脂、细煤粉、纤维等。气浮一般是以产生气泡的方法来分类，有加压气浮、叶轮气浮、曝气气浮和真空气浮等。

(3)离心分离法　利用装有废水的容器高速旋转形成的离心力去除废水中悬浮颗粒的方法。悬浮颗粒和废水的密度不同，受到的离心力也不同。悬浮颗粒密度大，受到较大离心力的作用被甩向外侧，废水则留在内侧，各自通过不同的出口排出，悬浮颗粒从废水中分离出来。

离心力对悬浮颗粒的作用大大地超过其重力，分离效率也大大地高于依靠重力分离的沉淀效率，因此，离心分离设备规模较小。

按离心力产生的方式，离心分离设备分为两种类型：一是水旋分离器，设备固定，废水通过水泵打入或靠水头差沿切线方向进入器内，造成旋流，产生离心力场；二是离心机，设备本身高速旋转，产生离心力。

根据废水和各种污染物的蒸汽压不同，可以采用蒸发法把某些污染物分离出来。这种废水蒸发处理法也属废水的物理处理法。

3 废水的化学及物理化学处理

学习目标

1. 熟悉废水化学及物理化学处理的基本方法，理解中和、混凝、化学沉淀、氧化还原、电解、吸附、离子交换和膜分离技术的基本原理；

2. 了解各种处理方法所需物质和设备；掌握典型工艺的参数和运营管理；理解每一种工艺的适用范围和参数控制及其日常操作维护方法。

3. 具有对现有的废水化学及物理化学处理设施的运行参数的判断和计算能力，具备初步的分析问题和解决实际废水处理中常见问题的能力。

4. 通过学习，具备对不同废水优选处理方法、确定合适工艺流程的能力。

3.1 中和法

很多工业废水往往含酸或含碱。酸性废水中可能含无机酸（如硫酸、盐酸、硝酸、磷酸等）或有机酸（如醋酸、草酸、柠檬酸等）。碱性废水中的碱性物质有苛性钠、磷酸钠、硫化钠和胺类等。根据我国工业废水和城市废水的排放标准，排放废水的 pH 值应在 6～9 之间，因此，凡是废水 pH 值超过规定范围的都应加以处理。

当酸、碱性废水的浓度很高时，如达到 3%以上时，必须考虑回收和综合利用。当浓度不高，如小于 3%时，回收和综合利用的经济意义不大，则应考虑中和处理后排放。对于中和处理，首先应考虑以废治废的原则，例如将酸性废水和碱性废水互相中和，或者利用废碱渣（电石渣、碳酸钙渣等）中和酸性废水。当没有这些条件时，才能采用药剂中和处理。

3.1.1 中和原理

中和法就是通过向废水中投加化学药剂，使其与污染物发生化学反应，调节废水的酸碱度(pH 值),使废水呈中性或接近中性,适宜下一步废水处理的 pH 值范围。中和处理方法因废水的酸碱性不同而不同。

酸性废水常采用碱性废水与其相互中和,使酸性废水呈中性。也可采用药剂中和与过滤中和的方法使酸性废水呈中性。

而对碱性废水,采用酸性废水与碱性废水相互中和或药剂中和的方法使碱性废水呈中性。其中酸性废水的数量和危害都比碱性废水大得多。酸碱废水以 pH 值表示可分为:

强酸性废水:　　pH<4.5

弱酸性废水:　　pH=4.5～6.5

中性废水:　　pH=6.5～8.5

弱碱性废水:　　pH=8.5～10.0

强碱性废水:　　pH>10

我国《污水综合排放标准》规定排放废水的 pH 值应在 6～9 之间。如将 pH 值由中性或酸性调至碱性,称为碱化;如将 pH 值由中性或碱性调至酸性,称为酸化。

3.1.1.1　利用酸性废物的中和法

碱性废水来源于造纸、皮革、化工、印染等工业的生产过程,碱性废水中含有碱性物质,如苛性钠、碳酸钠、硫化钠及胺类等。碱性废水的中和一般要用酸性物质,通常采用的方法有利用工业废酸进行中和或利用酸性废气(如烟道气)进行中和。

烟道气中含有一定量的 CO_2、SO_2、H_2S 等酸性气体,可以用作碱性废水的中和剂。烟道气中 CO_2 含量可高达 24%,所以可以用于碱性废水的中和处理。烟道气和碱性废水的中和处理一般在喷淋塔内进行,如图 3.1 所示,使废水处理与消烟除尘、气体的净化结合起来。

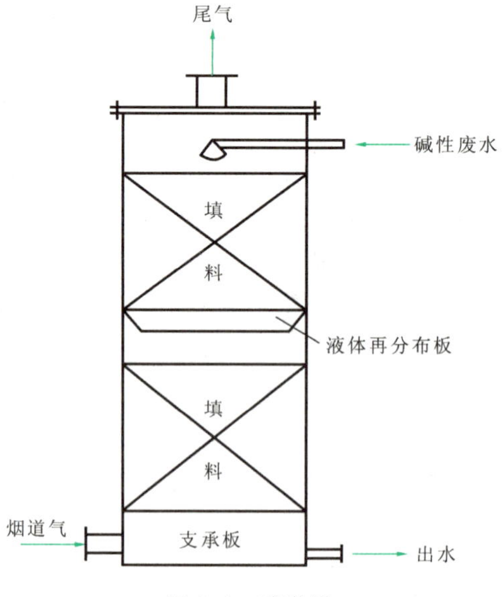

图 3.1　喷淋塔

碱性废水从喷淋塔的塔顶布水器均匀喷出,烟道气则从塔底鼓入,两者在填料层中进行逆流接触，碱性废水与烟道气中酸性气体完成中和过程。出水的 pH 值可由 10～12 降至中性。反应式如下：

$$CO_2 + 2NaOH = Na_2CO_3 + H_2O$$
$$SO_2 + 2NaOH = Na_2SO_3 + H_2O$$
$$H_2S + 2NaOH = Na_2S + 2H_2O$$

该法的优点是以污治污、投资省、运行费用低，缺点是出水含硫化物、耗氧量和色度都明显增加。

应用废酸进行中和或利用烟道气进行中和时，须注意下列问题：

废酸的价格低，废物利用最为合理。但要注意，废酸中往往含有较多的杂质，有时是很有害的（如重金属离子等），不能由于废酸的利用而使处理后的出水中含有超量的有毒有害物质。采用烟道气中和时，则烟气气态污染物进入废水中，加重了废水污染程度（如烟气中的烟尘、SO_2、NO_x、H_2S 等）。

3.1.1.2 药剂中和法

药剂中和法就是通过向废水中投加化学药剂，使其与污染物发生化学反应。碱性废水的中和剂有硫酸、盐酸、硝酸，常用的为工业硫酸，因为硫酸价格较低。使用盐酸的最大优点是反应物溶解度大，泥沙量少，但出水中溶解固体浓度高，投加化学药剂的价格高。

3.1.2 酸性废水的中和

3.1.2.1 投药中和

投药中和可处理任何性质、任何浓度的酸性废水。

投药中和常用的药剂是石灰、电石渣、石灰石等，有时也采用苛性钠和碳酸钠。如何确定中和药剂的投加量呢？中和药剂的投加量可按化学反应式估算，或通过实验确定。

表 3.1 为中和 1g 酸所需碱性药剂的数量。

表 3.1 中和 1 g 酸所需碱性药剂的数量

酸类名称	中和 1 g 酸所需碱性药剂的克数				
	CaO	$Ca(OH)_2$	$CaCO_3$	$MgCO_3$	$CaCO_3 \cdot MgCO_3$
硫酸 H_2SO_4	0.57	0.755	1.02	0.86	0.94
盐酸 HCl	0.77	1.01	1.37	1.15	1.29
硝酸 HNO_3	0.446	0.59	0.795	0.668	0.732
醋酸 CH_3COOH	0.466	0.616	0.83	0.695	—

采用石灰乳（氢氧化钙）中和不同性质酸的化学反应式为：

$$H_2SO_4 + Ca(OH)_2 = CaSO_4 \downarrow + 2H_2O$$
$$2HNO_3 + Ca(OH)_2 = Ca(NO_3)_2 + 2H_2O$$
$$2HCl + Ca(OH)_2 = CaCl_2 + 2H_2O$$

由于这种材料对废水中杂质还有混凝作用，因此适用于处理浓度高、杂质多的废水。采用生石灰 CaO，可中和一般酸性废水。酸性废水投药中和流程图如图 3.2 所示。

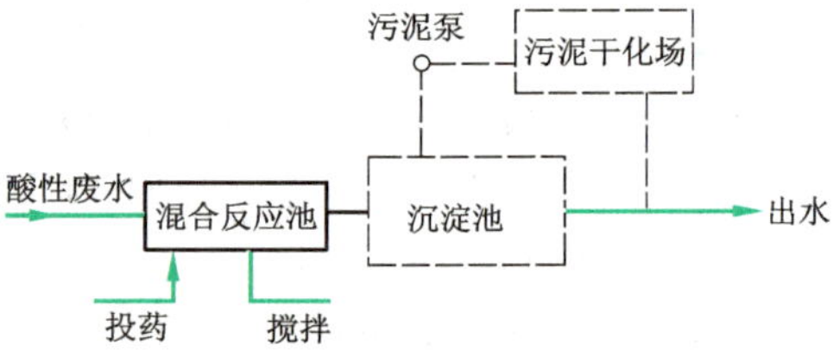

图 3.2 酸性废水投药中和流程图

该法的缺点是劳动卫生条件差，操作管理复杂，制备溶液、投配药剂需要较多的机械设备。采用石灰质药剂时，其明显的缺点是质量难以保证，灰渣较多，沉渣体积大，且不易脱水。

3.1.2.2 过滤中和

过滤中和是用石灰石（$CaCO_3$）、大理石（$CaCO_3$）、白云石（$CaCO_3 \cdot MgCO_3$）等碱性固体颗粒物作滤料，以过滤的形式，使酸性废水与 $CaCO_3$ 充分接触而得到中和的一种方法。如图 3.3 所示。

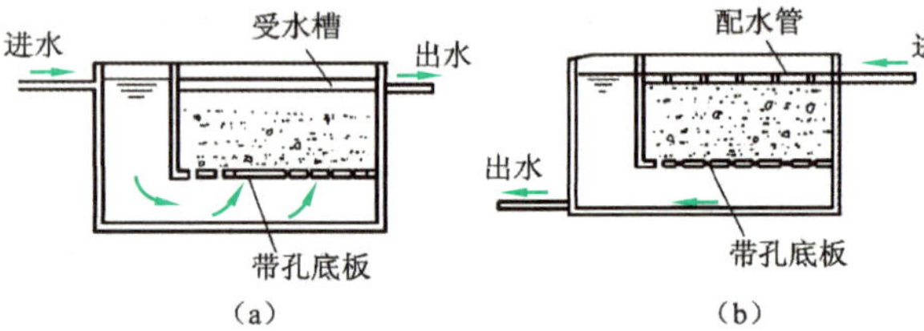

图 3.3 普通中和滤池工作示意图

(a)上升式；(b)下降式

石灰石与酸作用的反应式为：

$$CaCO_3 + H_2SO_4 = CaSO_4 + H_2O + CO_2 \uparrow$$

$$CaCO_3 + 2HCl = CaCl_2 + CO_2 \uparrow + H_2O$$

$$CaCO_3 + 2HNO_3 = Ca(NO_3)_2 + CO_2 \uparrow + H_2O$$

其中用 $CaCO_3$ 中和硫酸时会产生 $CaSO_4$ 沉淀，影响中和过程的进行。

$$H_2SO_4 + CaCO_3 = CaSO_4 + H_2O + CO_2 \uparrow$$

$$\begin{array}{ll} 98 & 136 \\ x & 1.6 \end{array}$$

$$x = \frac{1.6 \times 98}{136} = 1.15(g/L) \qquad \text{其对应 } pH = 4$$

式中 1.6 g/L 为 20℃时 $CaSO_4$ 的溶解度。若要在中和过程中不产生 $CaSO_4$ 沉淀，则废水 $pH>4$ 即可。H_2SO_4 引起的酸性废水，可以采用石灰石进行中和。为使中和效果好，应将石灰石预先粉碎成 0.5 mm 以下的颗粒使用。若水中 $pH<4$，则不宜采用过滤中和，而应采用投药中和。

废水的过滤方向，一般采用升流式，即废水从池底向上流过。其配水较均匀，过滤后废水的 pH 值约为 5，如再用曝气除去水中 CO_2，可提高 pH 到 6 左右，可实现达标排放。

如图 3.4 所示。

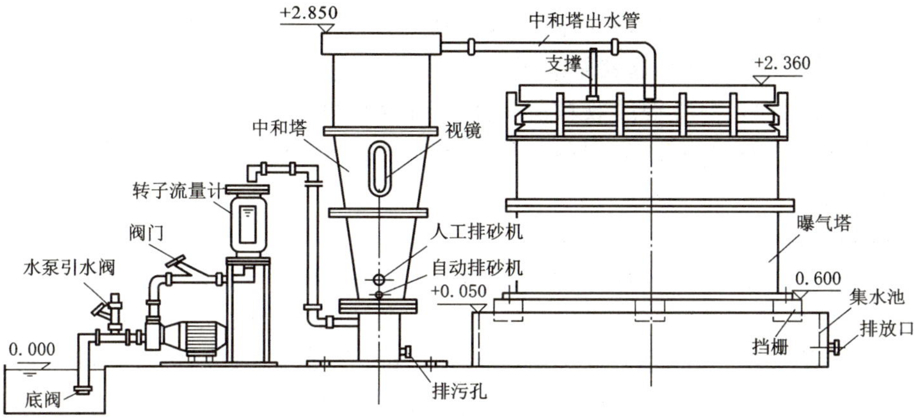

图 3.4　变速升流膨胀式中和滤池酸性污水处理装置流程图

过滤中和法的优点是操作管理简单，出水 pH 值较稳定，沉渣最少（只有废水体积的 0.1%）；缺点是需要控制进水的硫酸浓度。

3.2　混凝法

混凝法就是向水中加入混凝剂来破坏废水中难以用沉降法去除的细分散固体颗粒、乳状油及胶体物质等的稳定性，首先使其互相接触而聚集在一起，然后形成絮状物并下沉分离的处理方法。前者称为凝聚，后者称为絮凝，一般将这两个过程通称为混凝。混凝是混合、反应、凝聚、絮凝等过程综合作用的结果，它是一个非常复杂的过程。

3.2.1　混凝原理

胶体微粒都带有电荷。水中胶体微粒大多带有负电荷。胶粒在水中的相互作用受以下三方面的影响：

①带相同电荷的胶粒产生静电斥力，而且电动电位愈高，胶粒间的静电斥力愈大；

②受水分子热运动的撞击，使微粒在水中做不规则的运动，即“布朗运动”；

③胶粒之间还存在着相互引力——范德华引力，当间距较大时，此引力略去不计。

由于三种作用中第一种最强烈，同时，带电胶粒将极性水分子吸引到它的周围形成一层水化膜，同样能阻止胶粒间相互接触，故胶体微粒不能相互聚结而长期保持稳定的分散状态。

因此需要加入混凝剂来促使水中稳定存在的胶体微粒相互凝结成大颗粒。其作用原理可分为两个方面：

（1）电性中和作用

水中的胶体杂质多带负电荷，水中胶粒由于带有相同电荷而相互排斥，使胶粒不能相互聚结，而长期保持稳定的分散状态。而所加混凝剂生成的氢氧化物胶体带正电荷。当上述两种胶体以适当量相互混合时，由于带相反电荷胶粒相互吸引，彼此中和了对方胶粒的电荷，使颗粒呈电中性，并吸附了水中其他杂质逐渐形成大颗粒，在重力作用下逐渐沉降下来，达到净水目的，这就是混凝的主要机制。根据相互聚沉作用机理，要达到完全聚沉，必须使所加入混凝剂的胶粒所带正电荷数与另一胶粒所带负电荷数正好相等。因此为提高混凝结果，加入混凝剂的数量要恰如其分，而不是加得越多越好。一般通过混凝试验确定。

(2)吸附架桥作用

三价铝盐或铁盐以及其他高分子混凝剂溶于水后，经水解和缩聚反应形成高分子聚合物，具有线型结构。这类高分子物质可被胶体微粒强烈吸附。因其线型长度较大，当它的一端吸附某一胶粒后，另一端又吸附另一胶粒，在相距较远的两胶粒间进行吸附架桥，使颗粒逐渐增大，形成肉眼可见的粗大絮凝体。这种由高分子物质吸附架桥作用而使微粒相互黏结的过程，称为絮凝。

电性中和与吸附架桥作用，对于不同类型的混凝剂所起的作用程度也不相同。对高分子混凝剂，特别是有机高分子混凝剂，吸附架桥作用可能起主要作用；对硫酸铝等无机混凝剂，电性中和作用和吸附架桥作用都具有重要作用。

如投加铝盐混凝剂，生成 $Al(OH)_3$ 胶体，它吸附水中的 Al^{3+} 和少量的负离子而带正电荷。

混凝剂胶体还有黏附架桥作用。如硫酸铝水解后生成许多不溶于水的带正电荷的 $Al(OH)_3$胶体，其结构为长条形，能像链条似的拉起来，在水中形成颗粒较大的松散的网状结构，其表面积很大，吸附能力很强，能吸附黏土、有机物、细菌甚至溶解杂质，形成“矾花”。

3.2.2 混凝剂和助凝剂

3.2.2.1 混凝剂

用于水处理中的混凝剂应符合如下要求：混凝效果良好，对人体健康无害，价廉易得，使用方便。混凝剂的种类较多，主要有以下两大类：

(1)无机盐类混凝剂

目前应用最广泛的是铝盐和铁盐。铝盐中主要有硫酸铝、明矾等。

硫酸铝混凝效果较好，使用方便。对处理后的水质没有任何不良影响。但水温低时，硫酸铝水解困难，形成的絮凝体较松散，效果不及铁盐。

铁盐中主要有 $FeCl_3$、$FeSO_4$ 和 $Fe_2(SO_4)_3$ 等。$FeCl_3$ 是褐色结晶体，极易溶解，形成的絮凝体较紧密，易沉淀，但 $FeCl_3$ 腐蚀性强，易吸水潮解，不易保管。$FeSO_4 \cdot 7H_2O$ 是半透明绿色结晶体，离解出的 Fe^{2+} 不具有三价铁盐的良好混凝作用，用时应将 Fe^{2+} 氧化成 Fe^{3+}。同时，残留在水中的 Fe^{2+} 会使处理后的水带浅绿色。

(2)高分子混凝剂

高分子混凝剂有无机和有机之分。聚合氯化铝和聚合氯化铁是目前国内外使用比较广泛的无机高分子混凝剂。聚合氯化铝的混凝作用与硫酸铝并无差别。硫酸铝投入水中后，主要是各种形态的带电水解聚合物(中间产物)发挥混凝作用。但由于影响硫酸铝化学反应的因素复杂，要想根据不同水质控制水解聚合物的形态是不可能的。人工合成的聚合氯化铝，是在人工控制的条件下，预先制成最优形态的聚合物，投入水中后即可发挥优良的混凝作用。它对各种水质适应性较强，适用的 pH 值范围较广，对低温水效果也较好，形成的絮凝体大而重，所需投量为硫酸铝的 $\frac{1}{3}\sim\frac{1}{2}$。

有机高分子混凝剂有天然和人工合成之分。这类混凝剂都具有巨大的线型分子，每一大分子由许多链节组成。我国目前使用较多的是人工合成的聚丙烯酰胺，其分子结构是：

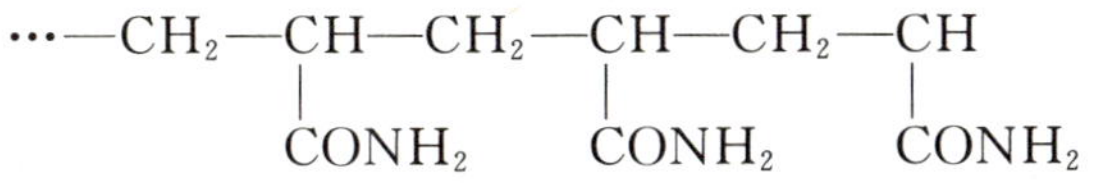

链节

聚丙烯酰胺的相对分子量高达 $1.5\times10^6\sim6.0\times10^6$。凡有机高分子混凝剂的链节上均含有可离解基团，离解后带正电的称为阳离子型，带负电的称为阴离子型；如果链节上不含可离解基团的称为非离子型。聚丙烯酰胺即为非离子型高聚物，但它可以通过水解构成阴离子型，也可通过引入基团制成阳离子型。

有机高分子混凝剂由于分子上的链节与水中胶体微粒有极强的吸附作用，混凝效果优异。即便是阴离子型高聚物，对负电胶体也有强的吸附作用。但对于未经脱稳的胶体，由于静电斥力碍于吸附架桥作用，通常可作助凝剂使用。阳离子型的吸附作用尤其强烈，且在吸附的同时，对负电胶体有电中和的脱稳作用。

有机高分子混凝剂虽然效果优异，但制造过程复杂，价格较贵。另外，聚丙烯酰胺的单体——丙烯酰胺有一定的毒性，使用时，对其毒性应加以注意。

常用的混凝剂及其分类如表 3.2 所示。

表 3.2 常用混凝剂的分类

无机	铝系	硫酸铝 明矾[$Al_2(SO_4)_3\cdot K_2SO_4\cdot 24H_2O$] 聚合氯化铝(PAC)[$Al_2(OH)_{6-n}Cl]_m$ 聚合硫酸铝(PAS)	适宜 pH：5.5～8
	铁系	三氯化铁 硫酸亚铁 硫酸铁(国内生产少) 聚合硫酸铁(PFS)[$Fe_2(OH)_n(SO_4)_{3-n/2}]_m$ 聚合氯化铁	适宜 pH：5～11，但腐蚀性强
有机	人工合成	阳离子型：含氨基、亚氨基的聚合物	国外开始增多，国内尚少
		阴离子型：水解聚丙烯酰胺(HPAM)	
		非离子型：聚丙烯酰胺(PAM)，聚氧化乙烯(PEO)	
		两性型	使用极少
	天然	淀粉、动物胶、树胶、甲壳素等	
		微生物絮凝剂	

3.2.2.2 助凝剂

单用混凝剂不能取得良好效果时，可投加某些辅助药剂以提高混凝效果，这种辅助药剂称为助凝剂。助凝剂用以调节或改善混凝的条件。例如，当原水的碱度不足时，可投加石灰或碳酸钠等；当采用 $FeSO_4$ 做混凝剂时可投加氯气(Cl_2)将 Fe^{2+} 氧化成 Fe^{3+} 等。助凝剂还可用来改善絮凝体的结构，利用高分子的强烈吸附架桥作用，使细小松散的絮凝体变得粗大而紧密，常用的助凝剂有聚丙烯酰胺、活化硅酸等。

助凝剂可以参加混凝，也可不参加混凝。广义上可分为以下几类：

①酸碱类：调整水的 pH 值，如石灰、硫酸等；

②加大矾花的粒度和结实性：如活化硅酸($SiO_2 \cdot nH_2O$)、骨胶、高分子絮凝剂；

③氧化剂类：破坏干扰混凝的物质，如有机物。如投加 Cl_2、O_3 等。

3.2.3 影响混凝效果的主要因素

影响混凝效果的因素主要有水温、水质和水力条件等。

(1)水温

水温对混凝效果有明显的影响，因为无机盐类的水解是吸热反应，水温低时，水解困难。特别是 $Al_2(SO_4)_3$，当水温低于 5 ℃时，水解速度非常缓慢，而且水温低不利于胶粒相互絮凝，影响絮凝体的结大。

(2)废水的 pH 值

废水的 pH 对混凝的影响，因混凝剂的品种而异。用三价铁盐时，最佳 pH 值范围在 6.0～8.4 之间。若用 $FeSO_4$，只有在 pH>8.5 和水中有足够的溶解氧时，才能迅速形成 Fe^{3+}，因此，常采用加氯氧化法，反应方程式为：

$$6FeSO_4+3Cl_2 = 2Fe_2(SO_4)_3+2FeCl_3$$

从铝盐和铁盐的水解反应式可以看出，水解过程不断产生的 H^+ 必将使废水的 pH 值下降。要使 pH 值保持在最佳范围内，应用碱性物质与其中和。当原水中碱度充分时，pH 值略有下降而不至影响混凝效果。当原水中碱度不足或混凝剂投量较大时，水的 pH 值将大幅度下降，影响混凝效果。此时，应投加石灰或碳酸钠等调节。

高分子混凝剂尤其是有机高分子混凝剂，混凝的效果受 pH 值的影响较小。

(3)水中杂质的成分、性质和浓度

水中杂质的成分、性质和浓度都对混凝效果有明显的影响。例如，天然水中含黏土类杂质为主，需要投加的混凝剂量较小。而废水中含有大量有机物时，需要投加较多的混凝剂才有混凝效果。在生产实际中，混凝剂的选择和最佳投量、最佳操作条件主要通过混凝试验来确定。

(4)水力条件

混凝过程中的水力条件对絮凝体的形成影响极大。整个混凝过程可以分为两个阶段，即混合和反应。这两个阶段在水力条件下的配合也非常重要。

混合阶段的要求是使药剂迅速而均匀地扩散到全部水中，以创造良好的水解和聚合条件，使胶体脱稳，并借颗粒的布朗运动和紊动水流进行凝聚。在此阶段并不要求形成大的絮凝体。因此，混合要求快速而剧烈搅拌，在几秒钟或 1 min 内完成。对于高分子混凝剂，由于它们在水中的形态，不像无机盐混凝剂那样受时间的影响，混合的作用主要是使药剂在水中均匀分散。对“快速”和“剧烈”的要求并不重要。

反应阶段的要求是使混凝剂的微粒通过絮凝形成大的，具有良好沉淀性能的絮凝体。反应阶段的搅拌强度或水流速度，应随着絮凝体的结大而逐渐降低，以免结大的絮体被打碎。

3.2.4 化学混凝的工艺流程及设备

3.2.4.1 化学混凝的工艺流程

混凝处理废水的过程见图 3.5，混凝剂一般以 10%～20%的浓度加入浑水中，经过快速混合过程（一般不超过 2 min）和反应过程（一般不超过 30 min），形成矾花，在反应阶段完成后，这些矾花颗粒大小为 0.6～1.2 mm，沉淀速度很快。这些大矾花在沉淀设备中沉淀之后，水即澄清了。

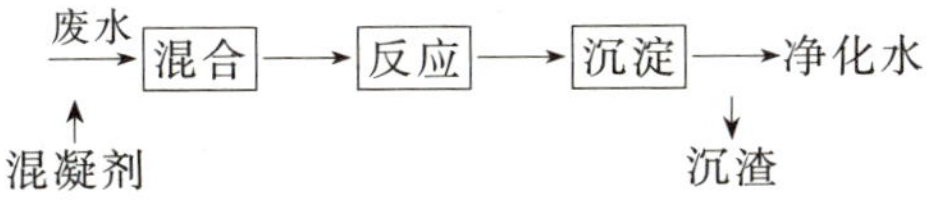

图 3.5 化学混凝工艺流程图

3.2.4.2 化学混凝的设备

(1)混凝剂的配制和投加设备

混凝剂的投加有干投法和湿投法。干投法就是将固体药剂（如硫酸铝）破碎成粉末后，定量地投入待处理水中。这种方法现在使用较少。目前常用的湿投法，是将混凝剂先溶解，再配制成一定浓度的溶液后定量地投加，它包括溶液配制和投加两部分。

①混凝剂的溶解和配制

溶解池：混凝剂是在溶解池中进行溶解的。溶解池应有搅拌装置，搅拌的目的是加速药剂的溶解。搅拌的方法常有机械搅拌、压缩空气搅拌和水泵搅拌等。

机械搅拌是用电动机带动桨板或涡轮进行搅拌。压缩空气搅拌是向溶解池通入压缩空气进行搅拌。水泵搅拌是直接用水泵从溶解池内抽取溶液，再循环回到溶解池。

采用无机盐类混凝剂的溶解池、搅拌装置和管配件等，都应考虑防腐措施。当使用 $FeCl_3$ 时，腐蚀性特强，更需注意。

溶液池：药剂完全溶解后，将浓药液送入溶液池，用清水稀释到一定的浓度备用。有机高分子混凝剂溶液的浓度一般为 0.5%～1.0%。

②混凝剂溶液的投加

药剂投入废水中必须有计量及定量设备，并能随时调节投加量。计量设备可以用转子流量计、电磁流量计等。图 3.6 是一种常见的简单计量设备。工作原理是：配制好的药剂溶液通过浮球阀进入恒位水箱，箱中液位靠浮球阀保持恒定，在恒定液位下 h 处有出液管，管端装有苗嘴或孔板。见图 3.7 的(a)、(b)，因作用水头 h 恒定，一定口径的苗嘴或是一定开启度的孔板的出流量是恒定的，当需要调节投药量时，可以更换苗嘴或是改变孔板出口断面。

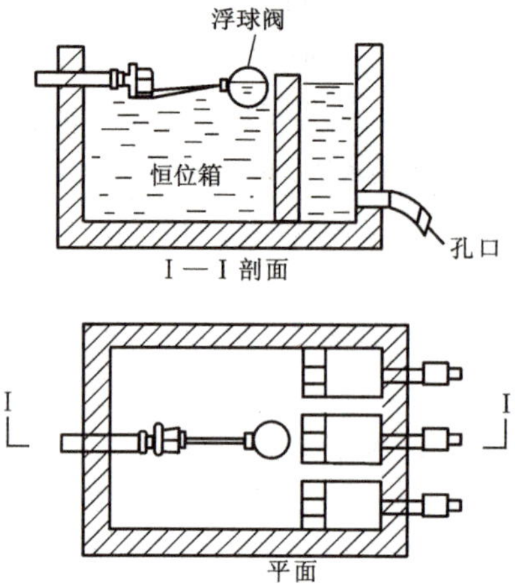

图 3.6 计量设备

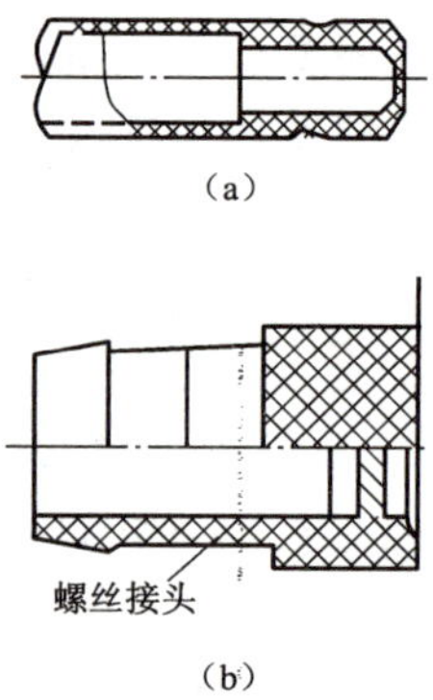

图 3.7 苗嘴的孔板

(a)苗嘴;(b)孔板

投加方式:药剂投入原水中的方式,可以采用泵前靠重力投加,见图 3.8;也可以用水射器投加,见图 3.9;或直接用计量泵投加。

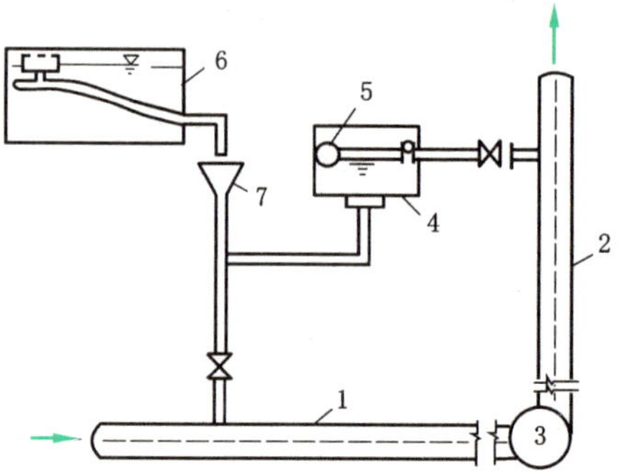

图 3.8 泵前重力投加

1—吸水管;2—出水管;3—水泵;4—水封箱;
5—浮球阀;6—溶液池;7—漏斗

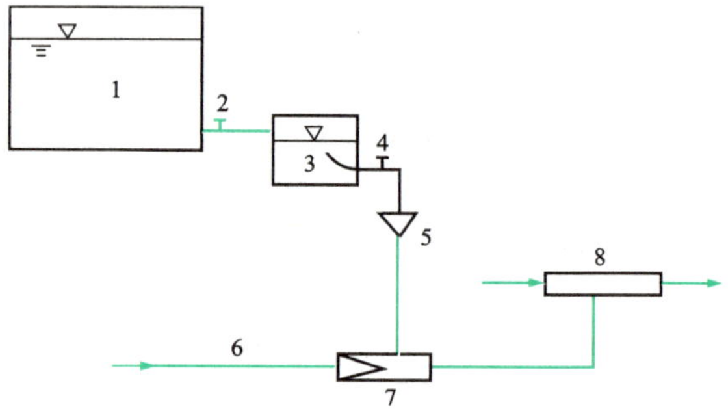

图 3.9 水射器投加

1—溶液池;2,4—阀门;3—投药箱;5—漏斗;
6—高压水管;7—水射器;8—原水管

(2)混合设备

常用的混合方式是水泵混合、隔板混合和机械混合。对混合的基本要求是快速均匀。因为混凝剂在原水中的水解反应速度非常快,混凝剂应在尽量短的时间内与原水混合,使水中全部胶体杂质均能和药剂发生作用。

①水泵混合

利用提升水泵进行混合是目前常用的一种方法。药剂在水泵的吸水管上或吸水喇叭口处投入,利用水泵叶轮的高速转动,达到快速而剧烈混合的目的。如果用水泵混合的效果好,则不需另建混合设备。但如用三氯化铁做混凝剂时,对水泵叶轮有一定的腐蚀作用。另外,当水泵离处理构筑物的管线很长时,可能会在长距离的管道中,过早地形成絮凝体并被打碎,不利于以后的处理。

②隔板混合

如图 3.10 所示，在混合池内设有数块隔板，水流通过隔板孔道时产生急剧的收缩和扩散，形成涡流，使药剂与原水充分混合。隔板间距约为池宽的 2 倍。隔板孔道交错设置。流过孔道时的流速不应小于 1 m/s，池内平均流速不小于0.6 m/s，混合时间一般为 10～30 s。在处理水量稳定时，隔板混合的效果较好，在流量变化较大时，混合效果不稳定。

③机械混合

机械混合采用电动机带动桨板或螺旋桨，进行强烈搅拌。如图 3.11 所示，桨板的外缘线速度一般为 2 m/s，混合时间为 10～30 s。机械搅拌的强度可以调节，比较灵活。该法混合效果较好，但要有一套机电设备，多耗电能并增加了维护和管理的工作量。

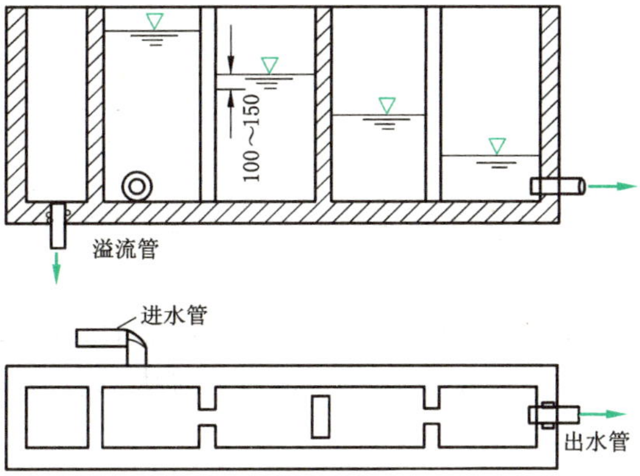

图 3.10 隔板混合池

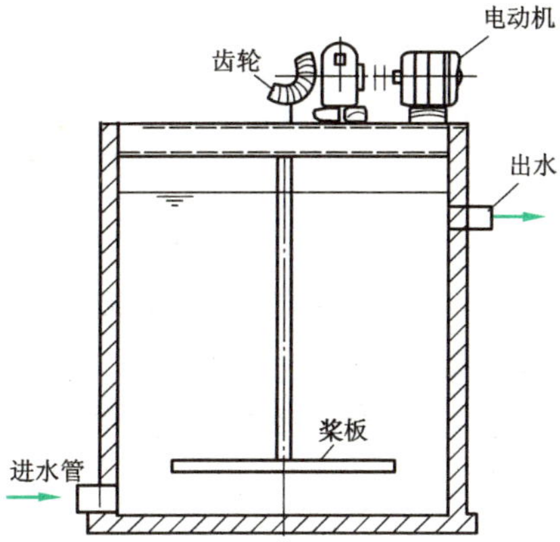

图 3.11 桨板混合池

(3)反应设备

反应设备有水力搅拌和机械搅拌两大类。常用的有隔板反应池和机械搅拌反应池。

①隔板反应池

隔板反应池如图 3.12 所示。混凝过程的反应阶段要求慢速搅拌，以使混凝后生成的初级矾花继续长大为容易下沉的大粒矾花。混凝过程要创造碰撞机会和吸附条件，并防止较大矾花下沉。隔板反应池的搅拌强度可由水流速度来控制。利用水流断面上流速分布不均匀所造成的速度梯度，来促进颗粒相互碰撞进行絮凝。为避免结成的絮凝体被打碎，隔板中的流速应逐渐减小。搅拌时间即废水在池中的停留时间，一般采用5～30 min。

隔板式反应池构造简单，管理方便，效果较好，但反应时间较长，容积较大。主要适用于处理水量较大的处理厂。水量过小时，隔板间距过狭，难于施工和维修。

②机械搅拌反应池

机械搅拌反应池如图 3.13 所示。机械搅拌反应池效果好，大小处理厂都可适用，并能适应水质、水量的变化，但需机械设备，增加了机械保养工作和动力消耗。

由于工业废水的性质复杂多变，混凝剂的选用、投量以及使用条件等，必须经过试验来确定。同时应加强对混凝机理的研究，发明出新的高效混凝剂也是发展方向。

混凝法的优点是设备简单，上马快，维护操作易于掌握，适合于间歇性生产运行，处理效果良好；缺点是运行费用高，渣量大。

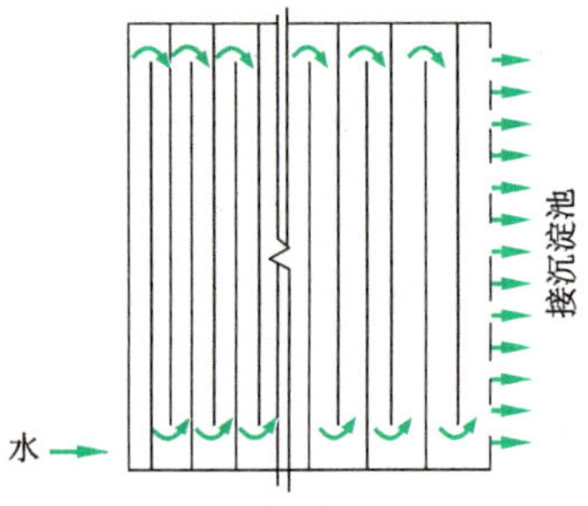

图 3.12 隔板反应池

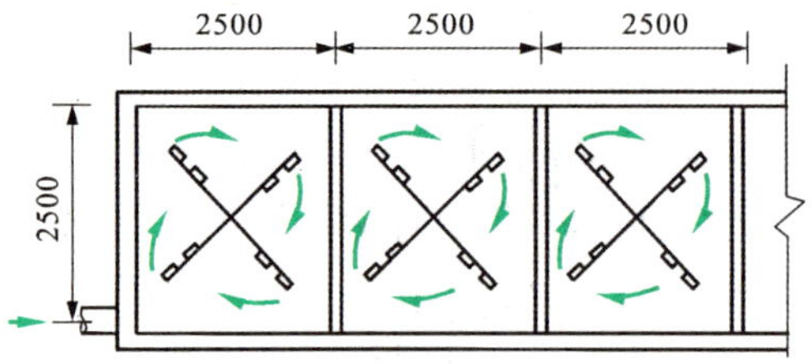

图 3.13 机械搅拌反应池

3.3 化学沉淀法

化学沉淀法是向废水中投加某些化学药剂，使其与废水中污染物发生直接的化学反应，形成难溶的固体生成物沉淀下来，再进行固液分离，从而除去水中污染物的处理方法。这种方法可用于给水处理中去除钙、镁硬度，废水处理中去除重金属（如 Hg、Cd、Zn、Cr、Pb、Cu 等）和某些非金属（如 As、F 等）离子态污染物。对于危害性极大的重金属废水，虽研究了许多种处理方法，但迄今为止化学沉淀法仍然是最为重要的一种。

3.3.1 化学沉淀的基本原理

由普通化学得知，在一定温度下，难溶化合物的饱和溶液中，各离子浓度的乘积称作溶度积，它是一个化学平衡常数，以 K_{sp} 表示。难溶化合物的溶解平衡可用下面的通式表示：

$$M_mN_n \Leftrightarrow mM^{n+} + nN^{m-}$$

$$K_{sp} = [M^{n+}]^m \cdot [N^{m-}]^n \tag{3.1}$$

式中 M^{n+} 表示金属阳离子，N^{m-} 表示阴离子，[ ]表示物质的量浓度（mol/L）。式(3.1)对各种难溶化合物都是成立的。若 $[M^{n+}]^m \cdot [N^{m-}]^n < K_{sp}$，溶液不饱和，难溶物将继续溶解；若 $[M^{n+}]^m \cdot [N^{m-}]^n = K_{sp}$，溶液处于溶解平衡状态，但无沉淀产生；而若 $[M^{n+}]^m \cdot [N^{m-}]^n > K_{sp}$，溶液过饱和，将产生沉淀，当沉淀完后，溶液中的所余离子浓度仍保持 $[M^{n+}]^m \cdot [N^{m-}]^n = K_{sp}$ 的关系。

化学沉淀法就是利用上述原理处理废水的。为了去除废水中的 M^{n+} 离子，可向其中投加具有 N^{m-} 离子的物质，使 $[M^{n+}]^m \cdot [N^{m-}]^n > K_{sp}$，形成 M_nN_m 沉淀，从而达到去除或降低废水中 M^{n+} 离子浓度的目的。通常将具有这种作用的物质称作沉淀剂。

化学沉淀法处理废水中最常用的沉淀剂是石灰，其他如 NaOH、Na_2CO_3、H_2S、$BaCO_3$ 等也有应用。此外，铁氧体法处理废水也是化学沉淀法的一种。

3.3.2 化学沉淀的分类

3.3.2.1 氢氧化物沉淀法

由于许多金属的氢氧化物的溶度积都很小，故可用氢氧化物沉淀法去除废水中的一些金属离子。常用的沉淀剂有石灰、苛性钠等。

对废水中一定浓度的某种金属离子 M^{n+} 来说，能否生成难溶的氢氧化物沉淀，取决于水中 OH^- 离子浓度，亦即取决于废水的 pH 值。若 M^{n+} 与 OH^- 只生成 $M(OH)_n$ 沉淀，不生成溶解性的羟基络合物，则根据 $M(OH)_n$ 的溶度积 K_{sp} 及水的离子积 K_w，可计算出生成氢氧化物沉淀的 pH 值：

$$\mathrm{pH} = 14 - \frac{1}{n}(\lg[M^{n+}] - \lg K_{sp}) \tag{3.2}$$

即

$$\lg[M^{n+}] = \lg K_{sp} + 14n - n\mathrm{pH} \tag{3.3}$$

式(3.3)表示的是当反应达到沉淀平衡状态时，金属离子浓度和溶液 pH 值的定量关系。由此式可见，当金属离子浓度$[M^{n+}]$相同时，溶度积 K_{sp} 愈小，则开始析出氢氧化物沉淀的 pH 值(临界 pH 值)愈低；对于同一金属离子，浓度愈大，临界 pH 值愈低。

需要特别指出，有的金属如锌、铝等的氢氧化物为两性化合物，若 pH 值过高，可使氢氧化物与 OH^- 反应生成溶解性的络合阴离子，因此，当采用氢氧化物沉淀法处理水中的金属离子时，要控制好 pH 值，既不能过低，也不宜过高。

3.3.2.2 硫化物沉淀法

许多金属硫化物的溶解度都是很小的，这些难溶的金属硫化物是典型的难溶弱酸盐，在废水处理中，同样可以通过控制废水的 pH 值，促进金属硫化物沉淀的生成，使废水中的重金属离子生成硫化物沉淀而得以去除。

各种金属硫化物的溶度积相差很大，通过控制废水的 pH 值，用硫化物沉淀法可把水中几种金属离子分步沉淀出来。例如，向含有 Cd^{2+} 和 Zn^{2+} 的废水中通入 H_2S 气体，将废水中的 H^+ 浓度控制在 0.3 mol/L 左右，即可使 Cd^{2+} 以 CdS 的形式首先沉淀出来，与 Zn^{2+} 分离(Zn^{2+} 仍保留在废水中)，然后，再将 Zn^{2+} 离子以 ZnS 的形式沉淀出来，这样有利于重金属的回收利用。

在工程实践中，常用的沉淀剂有 H_2S、Na_2S、$(NH_4)_2S$ 等。根据沉淀转化原理，有的难溶硫化物(如 MnS、FeS 等)也可作为沉淀剂。

与 OH^- 离子一样，S^{2-} 离子也能够与一些金属离子形成可溶性的络合阴离子，这不利于金属离子的沉淀分离，因此必须合理控制沉淀剂 S^{2-} 的浓度。

与氢氧化物沉淀法相比，硫化物沉淀法能更完全地去除水中重金属离子，但由于形成的硫化物颗粒较小，沉淀速度较慢，往往需要向水中投加凝聚剂促进其沉淀。

3.3.2.3 碳酸盐沉淀法

废水中的一些金属离子(特别是重金属)可通过转化为碳酸盐沉淀而得以从废水中去除。

碳酸钠是常用的沉淀剂，如采用碳酸钠溶液可将废水中的 Zn^{2+}、Pb^{2+}、Cu^{2+} 等离子转化为碳酸盐沉淀，反应式如下：

$$Zn^{2+}+CO_3^{2-}\longrightarrow ZnCO_3\downarrow$$

$$Pb^{2+}+CO_3^{2-}\longrightarrow PbCO_3\downarrow$$

$$2Cu^{2+}+CO_3^{2-}+2OH^{-}\longrightarrow Cu_2(OH)_2CO_3\downarrow$$

需要指出的是，除了投加碳酸钠溶液可将重金属离子沉淀外，还可将难溶解的碳酸钙作为沉淀剂，把废水中的 Pb^{2+}、Cd^{2+}、Ni^{2+} 等重金属离子转化成溶解度更小的碳酸盐沉淀而从废水中分离出来(沉淀转化原理)。

3.3.2.4 铁氧体沉淀法

铁氧体(ferrite)沉淀法是向含重金属废水中投加适量的铁盐，然后加碱调整 pH 值至 8～9，使水中所有金属离子包括 Fe^{2+}、Fe^{3+} 在内，生成氢氧化物沉淀，再充分加热，使氢氧化物转化为氧化物，形成铁氧体晶粒而使金属离子沉淀析出的方法。

在加入铁盐之前，要明确废水中是否已有杂质 Fe^{2+}、Fe^{3+} 存在，若存在，则要兼顾废水中二价金属离子和三价金属离子的含量，按照 $BO\cdot A_2O_3$ 的比例进行补充加铁(其中 B 为二价金属离子，A 为三价金属离子)。

铁氧体具有磁性，它不溶于酸、碱、盐溶液和水，沉降性能好，可用磁力分离器快速分离。

3.3.2.5 钡盐沉淀法

钡盐沉淀法仅限于含 Cr(Ⅵ)废水处理，采用的沉淀剂有 $BaCO_3$、$BaCl_2$ 和 BaS 等，生成铬酸钡($BaCrO_4$)。铬酸钡的溶度积 $K_{sp}=1.2\times10^{-10}$。

钡盐法处理含铬废水要准确控制 pH 值，pH 值愈低，$BaCrO_4$ 溶解度愈大，对去除铬不利；而 pH 值太高，CO_2 气体难以析出，也不利于除铬反应进行。采用 $BaCO_3$ 做沉淀剂时，用硫酸或乙酸调整 pH 值至 4.5～5，反应速度快，除铬效果好，药剂用量少，而不用 HCl，防止残氯影响。采用 $BaCl_2$ 做沉淀剂，生成的 HCl 会使 pH 值降低，pH 值应高些(6.5～7.5)。

为了促使沉淀，沉淀剂常加过量，而出水中含过量的钡，也不能排放，一般通过一个以石膏碎块为滤料的滤池，使石膏的钙离子置换水中的钡离子生成硫酸钡沉淀。

钡盐法形成的沉渣中，主要含铬酸钡，最好回收利用。可向沉渣中投加硝酸和硫酸，反应产物有硫酸钡和铬酸，投加的比例约为沉渣：硝酸：硫酸=1：0.3：0.08。

3.3.2.6 卤化物沉淀法

(1)氯化银沉淀法除银　含银废水主要来源于镀银和照相工艺，加氯化物可以沉淀回收银。镀槽中的含银量高达 13～45 g/L，一般先用电解法回收银，将银浓度降至 100～500 mg/L，然后再用氯化物沉淀法，将银浓度进一步降至 mg/L 数量级。如果在碱性条件下与其他金属氢氧化物共沉，银浓度可降至 0.1 mg/L。

废水中含有多种金属离子时，调整 pH 值至碱性，同时加氯化物，则其他金属离子形成氢氧化物沉淀，银形成氯化银沉淀。用酸洗沉渣，将氢氧化物沉淀溶出，仅剩下氯化银，实现分离和回收银。

(2)氟化物沉淀法　当废水中含有比较单纯的氟离子时，投加石灰，调整 pH 值至 10～12，生成 CaF_2 沉淀，可使氟浓度降至 10～20 mg/L。若水中还含有其他金属离子，由于吸附共沉淀作用，可使氟浓度降至 8 mg/L 以下。如果加石灰的同时，加入磷酸盐（如过磷酸钙、磷酸氢二钠），则与氟形成难溶的磷灰石沉淀。当石灰投量为理论量的 1.3 倍，过磷酸钙投量为理论量的 2～2.5 倍时，可使氟浓度降至 2 mg/L。

3.4 氧化还原法

溶解于废水中的污染物，在难于用生物法或其他方法处理时，可利用其在化学反应过程中能被氧化或还原的性质，将它转变为非污染物，或易于从废水中分离出来的物质，从废水中除去。

3.4.1 氧化还原

在氧化还原反应中，氧化过程的实质是失去电子的过程，而同时必有另一物质得到电子而被还原，失去电子的物质是还原剂；还原剂失去电子后本身被氧化，同时，得到电子的物质是氧化剂，氧化剂本身则被还原。

氧化还原反应中，氧化与还原过程同时发生，其反应过程的通式为：

$$\underset{\substack{\text{氧化态 1}\\\text{被还原}}}{\overset{\text{氧化剂}}{\uparrow}} + \underset{\substack{\text{还原态 2}\\\text{被氧化}}}{\overset{\text{还原剂}}{\uparrow}} \rightarrow \underset{\substack{\text{还原态 1}\\\text{被氧化}}}{\overset{\text{还原剂}}{\uparrow}} + \underset{\substack{\text{氧化态 2}\\\text{被还原}}}{\overset{\text{氧化剂}}{\uparrow}} \tag{3.4}$$

由式(3.4)可见，氧化与还原是一个对立统一的反应体系。该体系由氧化还原电位来控制，氧化还原电位是表征某种物质的氧化还原能力（即物质失去或获得电子的难易程度）的重要指标。许多物质的标准氧化还原电位可在有关化学手册中查得。标准电位值一般由负值到正值依次排列，处于前位者可作为处于后位者的还原剂，而处于后位者则可作为处于前位者的氧化剂。氧化还原反应总是朝着电位值较大的一方得到电子，电位值较小的一方失去电子的方向进行。氧化剂与还原剂的电位差值愈大，反应进行得愈加完全。

对有机物而言，可从氧和氢的数量在反应前后的增减来判断其氧化还原过程。加氧或去氢为氧化过程，而加氢或去氧为还原过程。

3.4.2 氧化法

氧化处理法是在强氧化剂的作用下，水中的有机物被降解成简单的无机物，溶解的污染物被氧化为不溶于水，且易于从水中分离的物质，使水得到净化。此法特别适用于废水中含有难以生物降解的有机物的处理。如农药、杀虫剂、酚、氰化物，以及能引起色度、臭味的丹宁、木质素等。

常用的氧化剂有氯类和氧类两种。前者包括气态氯、液氯、次氯酸钠、次氯酸钙、二氧化氯等；后者中有氧、臭氧、过氧化氢、高锰酸钾等。

3.4.2.1 氯氧化法

在废水处理中，氯气广泛用作消毒剂，杀灭细菌、有害生物及消除有毒物质的毒性。

例如，电镀含氰废水的处理。

电镀含氰废水中的致毒物质是氰根(CN^-)。Cl_2 可将氰根氧化为 CO_2 和 N_2，从而失去毒性。

在处理中，先加碱把废水的 pH 值提高到 10 以上，同时按计算量 $CN^-:Cl_2=1:2.7$加氯，此时发生以下反应：

$$CN^- + 2OH^- + Cl_2 = CNO^- + 2Cl^- + H_2O$$

反应在 10～15 min 完成。然后把 pH 调整到 8.5，随即第二次加氯，按计算量($CN^-:Cl_2=1:4.1$)的 110%，进行完全氧化。

$$2CNO^- + 4OH^- + 3Cl_2 = 2CO_2\uparrow + N_2\uparrow + 6Cl^- + 2H_2O$$

此反应完成需 1 h。

第一步反应 $CN^- \longrightarrow CNO^-$，生成的氰酸根($CNO^-$)的毒性小多了，只有氰化物($CN^-$)的千分之一，可以认为无毒。但如果进入还原性环境，氰酸根就会被还原为氰根。因此，最好进行完全氧化，以保安全。向废水中加入 Cl_2，应由加氯机来完成，否则 Cl_2 外逸会污染环境。加氯机如图 3.14 所示。

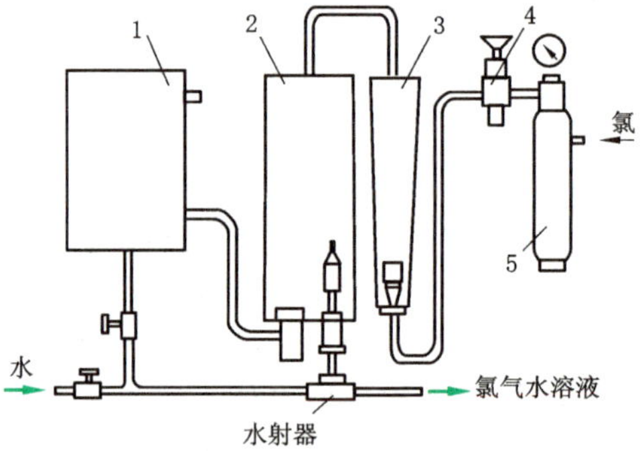

图 3.14 转子加氯机构造示意图

1—平衡水箱；2—中转玻璃筒；3—流量计；4—弹簧膜阀；5—旋风分离器

3.4.2.2 臭氧氧化法

臭氧是一种强氧化剂，在水处理中对除臭、脱色、杀菌、除酚、除氰和降低 COD、BOD_5 等均有显著效果。剩余臭氧很容易分解为氧，不会产生二次污染，且能增加水中溶解氧，应用前景广阔。

产生臭氧的方法很多。目前在工业上常用干燥空气或氧气经无声放电制取。

$$3O_2 \xrightarrow[(1\sim2)\text{万伏}]{\text{无声放电}} 2O_3 - 288.4\ \text{kJ}$$

常用的管式臭氧发生器，如图 3.15 所示。内有数十至上百组放电管，每组放电管有两根同心圆管，外管为金属管，内管为玻璃管或瓷管(管内壁涂有银或石墨做导电层)。玻璃管一端封死，管壁与金属管之间有 1～3 mm 的环状放电间隙。在(1～2)万伏的高压电场下，通过的干燥净化的空气，一部分氧分子经电子轰击分解成氧原子，再与氧分子合

成为 O_3，或直接合成为 O_3。用这种方法生产的臭氧浓度为 1%～3%(质量比)，因此，应称为臭氧化空气。此气体由管路引出，即可用于水处理中。

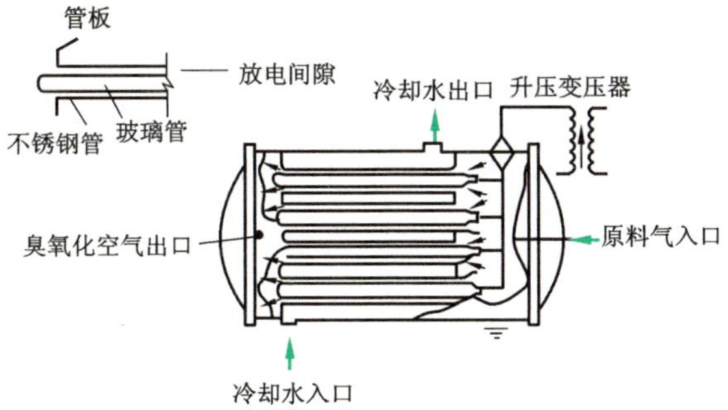

图 3.15 卧管式臭氧发生器

水的臭氧处理在混合反应器内进行。反应器应促使臭氧和水充分接触，扩散混合，与水中杂质充分反应。

在微孔扩散板式的反应器中，废水从上而下流动，臭氧从池底的扩散板喷出，以微小气泡上升，与废水逆流接触，接触时间越长，反应越充分。

用射流器使臭氧与水充分混合是一种有效的方法，因而可以充分利用臭氧并缩短接触反应的时间，其流程如图 3.16 所示。

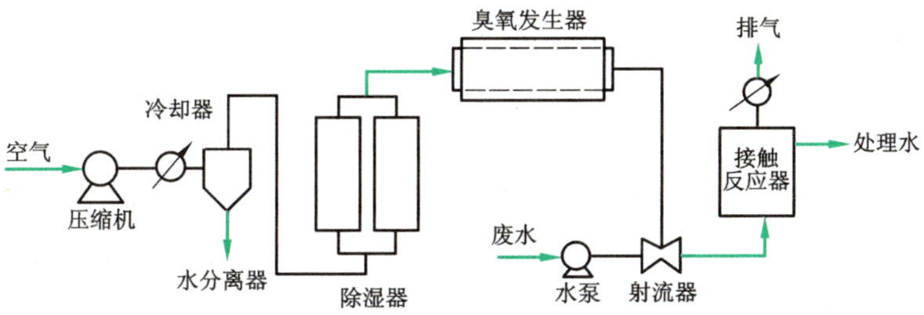

图 3.16 臭氧处理系统

臭氧具有强腐蚀性，因此设备及管路应采用耐腐蚀材料或进行防腐处理。

在具体应用方面，臭氧可用于污水处理厂的排出水消毒，废水三级处理以及与其他处理方法联合使用。

3.4.3 还原法

还原法目前主要用于含铬、含汞等废水的处理。

3.4.3.1 硫酸亚铁-石灰法除铬

电镀车间含铬废水中主要含六价铬，六价铬有铬酸根 CrO_4^{2-} 和重铬酸根 $Cr_2O_7^{2-}$ 两种形式。六价铬有剧毒且致癌。向含六价铬废水中加入硫酸亚铁还原剂后，六价铬被还原为三价铬，再加入石灰，即形成氢氧化铬沉淀，与废水分离。

反应方程式为：

$$K_2Cr_2O_7+6FeSO_4+11H_2O=\!=\!=Cr_2(SO_4)_3+6Fe(OH)_3\downarrow+K_2SO_4+2H_2SO_4$$

$$Cr_2(SO_4)_3+5Ca(OH)_2+2H_2SO_4=\!=\!=2Cr(OH)_3\downarrow+5CaSO_4+4H_2O$$

硫酸亚铁投加量与废水中含铬浓度有关，浓度越大，越接近理论投加量[(Cr^{6+} : $FeSO_4\cdot 7H_2O$=1∶16(质量比)]。

石灰投加量可按控制 pH=7.5～8.5 计算。

干投硫酸亚铁后，搅拌 10～15 min，再投石灰，搅拌 30 min(湿投可减少搅拌时间)，然后沉淀 1.5～2 h，搅拌可用压缩空气、水泵或搅拌机械。

由于电镀废水是间歇排放，反应设备只需采用一个反应池即可。

3.4.3.2 还原除汞

工业含汞废水的处理，一般采用的还原剂是比汞活泼的金属(铁、锌等边角废料)或醛类等。

采用金属还原汞，通常在滤柱中进行。此时的金属应破碎成 2～4 mm 的碎屑。

碎屑中汞的回收，则采用隔绝空气加热，产生的汞蒸气，经冷却后即可回收。

3.5 电解法

电解法就是利用电解的基本原理，使废水中有害物质通过电解过程，在阴阳两极分别发生氧化和还原反应，以转化成无害物，达到净化水质的目的。

3.5.1 电解

电解法也是氧化还原法的一种。电解质溶液在直流电流的作用下，两电极上分别产生氧化反应和还原反应的过程，叫作电解。电解时，将电能转变为化学能的装置称为电解槽。与电源负极相连的电极从电源接受电子，称为电解槽的阴极；与电源正极相连的电极把电子转给电源，称为电解槽的阳极。在电解过程中，阴极放出电子，电解质溶液中的某些阳离子得到电子而被还原，因此阴极起到还原剂的作用；阳极得到电子，使电解质中的某些阴离子因失去电子而被氧化，阳极起到氧化剂的作用。废水就可以通过电解法来进行处理，从而降低废水中有毒物质的浓度。

3.5.2 废水处理中常用的电解法简介

电解法处理废水所用电解槽，按水流方向可分为翻腾式、回流式及竖流式三种。

回流式电解槽(图 3.17)的水流沿极板水平折流前进。其特点是流线长，有利于离子的充分扩散，槽的容积利用系数较高。缺点是极板两侧的水压不相等，极板易挠曲变形，安装和检修也较困难。翻腾式电解槽(图 3.18)中用隔板分成数段，在每段中水流顺着板面前进，并以上下翻腾方式流过各段隔板，其特点与回流式电解槽恰好相反。废水处理中最常采用的是翻腾式电解槽。

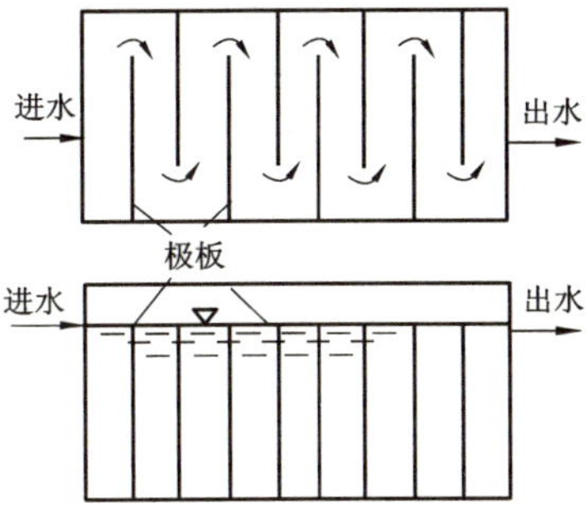

图 3.17 回流式电解槽

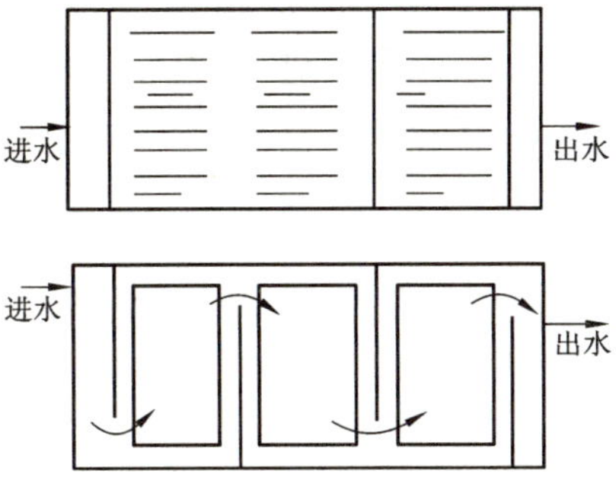

图 3.18 翻腾式电解槽

3.5.2.1 电解还原法处理含铬废水

电解还原法处理含铬废水时，以铁为阳极和阴极。铬通常以 $Cr_2O_7^{2-}$ 和 CrO_4^{2-} 的形态存在于废水中，在直流电的作用下，它们向阳极迁移，被铁阳极溶蚀产物 Fe^{2+} 所还原。此外，阴极还直接还原一部分六价铬。由于 H^+ 在反应中的消耗及阴极放电，使废水的 pH 值逐渐提高，Cr^{3+} 及 Fe^{3+} 便形成$Cr(OH)_3$、$Fe(OH)_3$ 沉淀。主要反应如下：

阳极还原

$$Cr_2O_7^{2-}+6Fe^{2+}+14H^+ = 2Cr^{3+}+6Fe^{3+}+7H_2O$$

$$CrO_4^{2-}+3Fe^{2+}+8H^+ = Cr^{3+}+3Fe^{3+}+4H_2O$$

阴极还原

$$Cr_2O_7^{2-}+14H^++6e^- = 2Cr^{3+}+7H_2O$$

$$CrO_4^{2-}+8H^++3e^- = Cr^{3+}+4H_2O$$

沉淀去除

$$Cr^{3+}+3OH^- = Cr(OH)_3\downarrow$$

$$Fe^{3+}+3OH^- = Fe(OH)_3\downarrow$$

生成的 $Fe(OH)_3$ 有凝聚作用，能促进氢氧化铬迅速沉淀。据研究，对六价铬的还原来说，亚铁离子的间接还原作用是主要的，而阴极的直接还原作用是十分次要的(占百分之几)。因此，必须采用铁为阳极材料。当用压缩空气进行搅拌时，空气中的氧要消耗一部分亚铁离子，在此，空气注入量应严格控制或采用其他搅拌方法。

电解除铬时，可投加适量食盐，以添加溶液的导电性；同时，氯离子能减弱阳极的钝化，促进铁阳极的溶蚀。

3.5.2.2 电沉积法去除与回收废水中的重金属离子

铜的冶炼、加工(如酸洗及电镀)过程中，产生大量的含铜废水，以 $CuSO_4$ 形式存在于水中，可通过电解法回收铜，其电化学总反应如下：

$$CuSO_4+H_2O \xlongequal{电解} Cu\downarrow(阴极)+H_2SO_4+\frac{1}{2}O_2\uparrow(阳极)$$

电解槽出水含铜可低于 1 mg/L。据试验资料，电流密度采用 0.4～1.6 A/m²，每回收 1 kg 铜的电能消耗约为 4.5 kW·h。

对于含银废水(如废定影液),如以不锈钢为阴极,石墨为阳极,则在阴极可获得纯度较高的银。此法操作简便,银的损失少,得到的银纯度高。

废水中的许多其他重金属离子,如 Au^{3+}、Ni^{3+}、Cd^{2+}、Hg^{2+}、Sn^{2+} 等,都可用电沉积法去除与回收。

3.6 吸附法

吸附法处理废水,是利用一种多孔性固体材料(吸附剂)的表面,来吸附水中的溶解污染物,以回收或去除它们,使废水得以净化。

3.6.1 吸附原理

固体表面有吸附水中溶解的胶体物质的能力。比表面积很大的活性炭等具有很高的吸附能力,可用作吸附剂。吸附可分为物理吸附和化学吸附两种。如果吸附剂与被吸附物质之间,是通过分子间引力(即范德华力)而产生吸附,则称为物理吸附。如果吸附剂与被吸附物质之间产生化学作用,生成化学键引起吸附,称为化学吸附。

物理吸附和化学吸附并非不相容,而是随着条件的变化可以相伴发生。但在一个系统中,可能某一种吸附是主要的。在废水处理中,多数情况下,往往是几种吸附的综合结果。

吸附作用是可逆的过程,一方面是被吸附的粒子被吸附剂的表面所吸附;另一方面则是有部分被吸附的粒子,由于热运动脱离吸附剂的表面而解吸。当吸附与解吸两者速度相等时,吸附质在吸附剂表面与废水中的浓度都不再改变,这就是达到了吸附平衡。此时吸附质在废水中的浓度称作平衡浓度。正是因为解吸过程的存在,废水中必须还有一些吸附质出现,只有在吸附剂用量足够多的情况下,残留在废水中的吸附质相对地可以忽略不计,这时的净化效率可近似地认为达到 100%。

3.6.2 吸附剂的种类

在工业废水中用到的吸附剂有活性炭、磺化煤、木炭、焦炭、硅藻土、炉渣、木屑以及黏土等。

3.6.2.1 活性炭

活性炭是用含炭为主的物质(如木材、煤)做原料,经高温炭化和活化而制成的疏水性吸附剂,外观呈暗黑色,有粒状和粉状两种,目前工业上广泛使用的为粉状活性炭。活性炭的主要成分除炭外,还含有少量的氧、氢、硫等元素,以及水分、灰分。它具有良好的吸附性能和稳定的化学性质,可以耐强酸、强碱,能经受水浸、高温、高压作用,不易破碎。

与其他吸附剂相比,活性炭具有巨大的比表面积和特别发达的微孔。通常活性炭的比表面积高达 $500 \sim 1700\ m^2/g$。但是,比表面积相同的活性炭,对同一物质的吸附容量并不一定相同,因为吸附容量不仅与比表面积有关,还与微孔结构和微孔分布及表面化学性质有关。

活性炭在使用一段时间后，吸附了大量吸附质，逐步趋向饱和并丧失工作能力，此时应进行更换或再生。再生是在吸附剂本身的结构基本不发生变化的情况下，用某种方法将吸附质从吸附剂微孔中除去，恢复它的吸附能力。活性炭的再生方法主要有：加热再生法、药剂再生法、化学氧化法和生物法等。图 3.19 是化学氧化法中的湿式氧化再生流程。

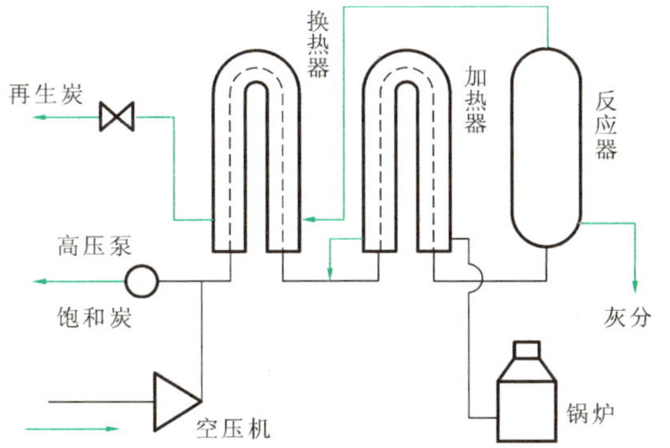

图 3.19 化学氧化法中的湿式氧化再生流程

3.6.2.2 树脂吸附剂

树脂吸附剂又称吸附树脂，是一种新型有机吸附剂。它具有立体网状结构，呈多孔海绵状，加热不熔化，一般可在 150 ℃下使用，不溶于酸、碱及一般溶剂，比表面积可达 800 m^2/g。根据其结构特性，吸附树脂可分为非极性、中极性和极性三类。

树脂吸附剂的结构易人为控制，因而它具有适应性强、应用范围广、吸附选择性特殊、稳定性高等优点，并且再生简单，多数为溶剂再生。在应用上它介于活性炭等吸附剂与离子交换树脂之间，而兼具它们的优点，既具有类似于活性炭的吸附能力，又比离子交换剂更易再生。树脂吸附剂最适合于吸附处理废水中微溶于水及极易溶于甲醇和丙酮等有机溶剂，分子量略大和带极性的有机物，如用于脱酚、除油、脱色等。

3.6.2.3 腐殖酸类吸附剂

腐殖酸是一组芳香结构的、性质相似的酸性物质的复杂混合物。据测定，腐殖酸含的活性基团有酚羟基、氨基、醇羟基、甲氧基、羰基、醌基、氨基、磺酸基等，这些基团决定了腐殖酸的阳离子吸附性能。

用作吸附剂的腐殖酸类物质有两大类：一类是天然的富含腐殖酸的风化煤、泥煤、褐煤等，它们可直接或者经简单处理后做吸附剂用；另一类是把富含腐殖酸的物质用适当的黏合剂制备成腐殖酸系树脂，造粒成型后使用。

腐殖酸类物质能吸附工业废水中的许多金属离子，例如汞、锌、铅、铜、镉等，吸附率可达 90%～99%。吸附重金属离子后的腐殖酸类物质，容易解吸再生，重复使用。常用的解吸剂有 H_2SO_4、HCl、NaCl、$CaCl_2$ 等。

3.6.3 影响吸附的因素

影响吸附的因素很多，其中主要有吸附剂的性质、吸附质的性质和吸附过程的操作条件等。认识和了解这些因素，对选择合适的吸附剂和控制最佳的操作条件都很重要。

(1)吸附剂的性质

吸附剂的种类不同，吸附效果也不一样。一般是极性分子(或离子)型的吸附剂容易吸附极性分子(或离子)型的吸附质，非极性分子型的吸附剂容易吸附非极性分子型的吸附质。由于吸附作用是发生在吸附剂的表面上，所以吸附剂的比表面积越大，吸附能力就越强。另外，吸附剂的颗粒大小、孔隙构造和分布情况，以及表面化学特性等，对吸附也有很大的影响。

(2)吸附质的性质

对于一定的吸附剂，由于吸附质性质的差异，吸附效果也不一样。通常吸附质在废水中的溶解度越低，越容易被吸附。如果吸附质是有机物，其分子尺寸越小，吸附反应就进行得越快。吸附质的浓度提高，吸附量也随之增加，但浓度提高到一定程度后，吸附量增加很慢。在吸附法中，常用吸附等温线曲线表示吸附平衡关系。它指出在一定温度下，吸附容量 Q(单位质量吸附剂所吸附的吸附质数量)，同废水中剩余吸附质浓度 C 之间的关系。

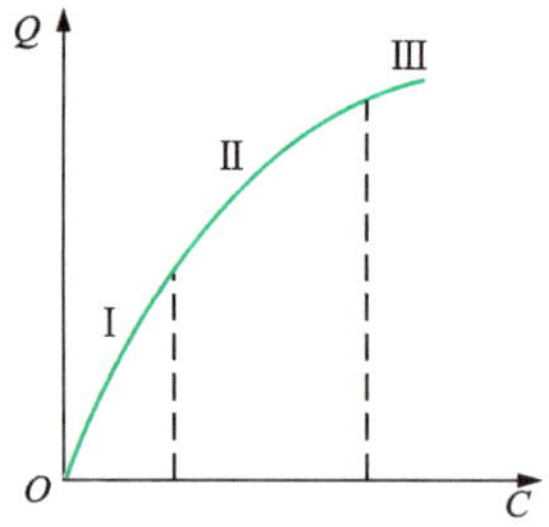

图 3.20　吸附等温线

如图 3.20 所示，在曲线的低浓度部分Ⅰ段，吸附剂表面很大部分没有吸附，Q 与 C 接近于直线关系，也就是浓度对吸附的影响明显。当浓度继续提高，Q 也随之增长，但增长速度趋向缓慢，Ⅱ段是过渡状态。进入Ⅲ段，吸附剂的表面已全部被吸附质所占满，吸附达到极限，Q 不再增加。在工业废水处理中，吸附法多在低浓度吸附质中进行，平衡浓度的变化，对单位吸附量的影响较大。

(3)操作条件

①废水的 pH 值　由于废水的 pH 值直接影响废水中吸附质的存在形态和溶解度，而分子态、离子态或络合物态的吸附质对吸附过程有不同的表现，进而影响吸附效果。废水 pH 值对吸附的影响还与吸附剂性质有关，例如活性炭一般在酸性溶液中比在碱性溶液中有较高的吸附率。

②温度　吸附反应通常是放热过程，低温有利于吸附的进行。但在废水处理中，一般温度变化不大，因此温度对吸附效果影响很小。一般吸附过程在常温下进行，而解吸常在高温下完成。

③共存物质　共存物质对主要吸附质的影响比较复杂。有的能相互诱发吸附，有的能独立地被吸附，有的则能相互起干扰作用。但许多资料指出，某种溶质都以某种方式与其他溶质争相吸附。因此，当多种吸附质共存时，吸附剂对某一种吸附质的吸附能力通常要比只含这种吸附质时的吸附能力低。此外，悬浮物会阻塞吸附剂的孔隙，油类物质会浓集于吸附剂的表面形成油膜，它们均对吸附有很大影响。因此在吸附操作之前，必须将它们除去。

④接触时间　吸附达到平衡时的时间与吸附速度有关，并随吸附剂与吸附质的性质而变化，可自百分之几秒至数十小时不等。吸附质与吸附剂要有足够的接触时间，才能达到吸附平衡，应充分利用吸附剂的吸附能力。

3.7　离子交换法

离子交换法是借助于一种被称作离子交换剂的特种材料，在其固体颗粒中有无害的可交换离子，当与废水接触后，这些可交换离子，能与废水中的某些金属或非金属离子进行交换，从而去除有害成分，使水质得到净化。

3.7.1　离子交换原理

离子交换树脂由两部分组成：其一是不参加交换过程的惰性物母体 R—，主要是由高分子材料通过交联而成的三维空间网络骨架，如图 3.21所示的链状物；另一部分是联结在骨架上的活性基团，即所谓带电官能团，如—SO_3H。母体本身是电中性的，活性基团则包括可离解的，一组同母体紧密结合的，带电惰性离子与带异性电荷的可交换离子。可交换离子为阳离子时，称阳离子交换树脂；可交换离子为阴离子时，称阴离子交换树脂。根据阴、阳离子交换树脂的酸碱性反应基强度的不同，又分为强酸性和弱酸性、强碱性和弱碱性交换树脂。

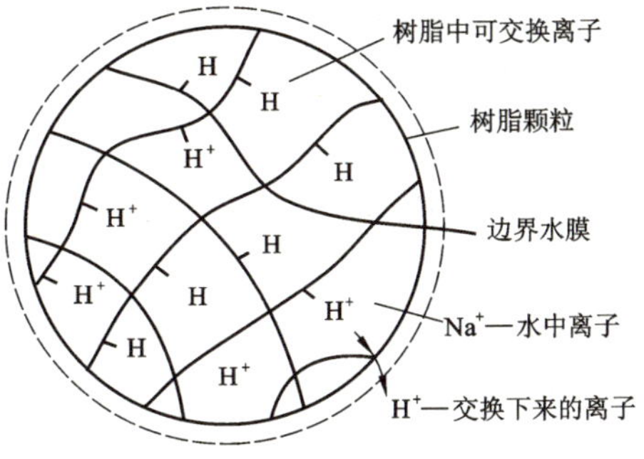

图 3.21　离子交换过程示意

3.7.1.1　离子交换软化的基本原理

用 Na 型强酸性阳离子交换树脂中的 Na^+ 交换去除水中的 Ca^{2+}、Mg^{2+} 硬度，饱和的树脂再用 5%～8% 的食盐 NaCl 溶液再生。原水经过树脂的软化，水中的致硬离子 Ca^{2+}、Mg^{2+} 被全部去除，替换成非致硬的 Na^+，但是处理后水的含盐量（以 mol 为单位）没有降低。

3.7.1.2　离子交换除盐的基本原理

先用 H 型强酸性阳离子交换树脂中的 H^+ 交换去除水中的所有金属阳离子（以符号 M^{m+} 代表），饱和的树脂用 3%～4%的盐酸 HCl 溶液再生。再用 OH 型强碱性阴离子交换树脂中的 OH^- 交换去除水中的除 OH^- 外的所有阴离子（以符号 N^{n-} 代表），饱和的树脂用 2%～4%的 NaOH 溶液再生。最后所产生的 H^+ 与 OH^- 合并为水分子。

3.7.1.3　离子交换再生

(1)盐液再生系统

盐液再生系统用于 Na 型阳离子交换器的再生，以盐(NaCl)作为再生剂。饱和盐液浓度为 23%～26%，树脂再生液中 NaCl 的浓度控制在 5%～8%。

(2)酸液再生系统

阳离子交换树脂要做酸再生，可以用盐酸或硫酸。盐酸应稀释为 3%～4%送入离子交换柱中；用硫酸做再生剂时，多采用分步再生法，即先用低浓度高流速的硫酸再生液再生，然后逐步提高硫酸浓度，降低流速。再生液的浓度视原水中 Ca^{2+} 的含量和所占水中阳离子的比例，计算或调试确定。

（3）碱液再生系统

阴离子交换树脂的再生剂为氢氧化钠，有固体和液体两种，液体浓度为 30%～40%，其再生系统与设备盐酸再生系统相同。为了提高阴离子树脂的再生效果，再生时多对碱液加热使用（在喷射器后用蒸汽加热）。若采用固体烧碱（NaOH 含量 95%以上），则先将其溶解成 30%～40%的碱液后再用。

3.7.2 离子交换剂

按母体材质不同，离子交换剂可分为无机和有机两大类。无机离子交换剂包括天然沸石和合成沸石，是一类硅质的阳离子交换剂，成本低，但不耐酸碱。有机离子交换剂包括磺化煤和各种离子交换树脂。磺化煤是由石烟煤或褐煤经发烟硫酸磺化处理后制成的阳离子交换剂，成本适中，但交换容量低，机械强度和化学稳定性较差。目前在水处理中广泛使用的是离子交换树脂。

3.7.2.1 离子交换树脂的种类

按活性基团的性质，离子交换树脂可分为：含有酸性基因的阳离子交换树脂、含有碱性基团的阴离子交换树脂、含有胺羧基团等的螯合树脂、含有氧化-还原基团的氧化-还原树脂（或称电子交换树脂）以及两性树脂等 5 种，还有新近发展起来的萃淋树脂（或称溶剂浸渍树脂）等等。其中，阳、阴离子交换树脂按活性基团电离的强弱程度，又分别分为强酸（如 RSO_3H）、弱酸（如 RCOOH）、强碱（如 R_4NOH）、弱碱（如 RNH_2OH）树脂。

按树脂类型和孔结构的不同，离子交换树脂可分为：凝胶型树脂、大孔型树脂、多孔凝胶型树脂、巨孔型（MR 型）树脂、高巨孔型（超 MR 型）树脂等。

按树脂交联度（交联剂占单体质量百分数）大小，离子交换树脂可分为：低交联度（2%～4%）、一般交联度（7%～8%）、高交联度（12%～20%）等 3 种。实践中常用的是交联度 7%～12%的树脂。此外，习惯上还按照出厂类型即活动离子的名称，把交换树脂简称为 H 型、Na 型、OH 型、Cl 型树脂等等。

3.7.2.2 离子交换树脂的主要性能

离子交换树脂的性能对处理效率、再生周期及再生剂耗量等，有很大的影响，了解离子交换树脂的性能对离子交换树脂的正确合理选用是很重要的。

（1）交换容量

容量表示树脂的交换能力，通常用 E_v（mol/L 湿树脂）表示，也可用 E_w（mol/g 干树脂）表示。这两种方法之间的数量关系如下：

$$E_v = E_w \times (1 - \text{含水率}) \times \text{湿视密度} \tag{3.5}$$

其中湿视密度是指树脂在水中溶解后的质量与堆积体积之比，一般为 0.60～0.85 g/mL。

市售商品树脂所标的交换容量是总交换容量。树脂在给定的工作条件下实际所发挥的交换能力称为工作交换容量。一般工作交换容量只有总交换容量的 60%～70%。

(2)选择性

选择性是指树脂对水中某种离子优先交换的性能。选择性表征树脂对不同离子亲和力的差别。在常温和稀溶液中,各种树脂对不同离子亲和力的大小可归纳如下几个规律。

①强酸阳树脂的选择性顺序为:$Fe^{3+}>Cr^{3+}>Al^{3+}>Ca^{2+}>Mg^{2+}>K^{+}=NN_4^{+}>Na^{+}>Li^{+}$。

②弱酸阳树脂的选择性顺序为:$H^{+}>Fe^{3+}>Cr^{3+}>Al^{3+}>Ca^{2+}>Mg^{2+}>K^{+}=NN_4^{+}>Na^{+}>Li^{+}$。

③强碱阴树脂的选择性顺序为:$Cr_2O_7^{2-}>SO_4^{2-}>CrO_4^{2-}>NO_3^{-}>Cl^{-}>OH^{-}>F^{-}>HCO_3^{-}>HSiO_3^{-}$。

④弱碱阴树脂的选择性顺序为:$OH^{-}>Cr_2O_7^{2-}>SO_4^{2-}>CrO_4^{2-}>NO_3^{-}>Cl^{-}>HCO_3^{-}$。

⑤螯合树脂的选择性顺序与树脂的种类有关。亚氨基醋酸型螯合树脂的选择性顺序为:$Hg>Cu>Ni>Mn>Ca>Mg\gg Na$。

(3)溶胀性

各种离子交换树脂都含有极性很强的交换基团,因此亲水性很强。树脂的这种结构使它具有溶胀和收缩的性能,树脂溶胀或收缩的程度以溶胀率表示。品种不同的树脂具有不同的溶胀率;同一种树脂,外溶液不同,溶胀率也不一样。

(4)物理与化学稳定性

树脂的物理稳定性是指树脂受到机械作用时(包括在使用过程中的溶胀和收缩)的磨损程度,还包括温度变化对树脂影响的程度。树脂的化学稳定性包括承受酸碱度变化的能力、抵抗氧化还原的能力等,树脂稳定性是选择和使用树脂时必须注意的因素之一。

(5)粒度、密度

树脂粒度对水流分布、床层压力有很大影响。密度对设计计算交换柱,对交换柱反洗强度以及对混合床再生前分层分离状况等都有影响。

3.7.3 离子交换工艺在废水处理中的应用

在废水处理中,离子交换法的重要用途是回收有用金属。从电镀清洗水中回收铬就是一个典型的例子,其代表性流程如图 3.22 所示。

每升含铬数十至数百毫克的废水首先经过滤除去悬浮物,再经阳离子(RSO_3H)交换器除去金属离子(Cr^{3+}、Fe^{3+}、Cu^{2+}等),然后进入阴离子(ROH)交换器除去$Cr_2O_7^{2-}$和CrO_4^{2-},出水含$Cr^{6+}<0.5$ mg/L。可再作为清洗水循环使用。阳树脂用 1 mol/L HCl 再生,阴树脂用 12% NaOH 再生。阴树脂再生液含铬可达 17 g/L,将此再生液再经过一个H型阳离子交换器使Na_2CrO_4转变成铬酸,再经蒸发浓缩 7~8 倍,即可返回电镀槽使用。

离子交换法处理其他工业废水的例子见表 3.3。

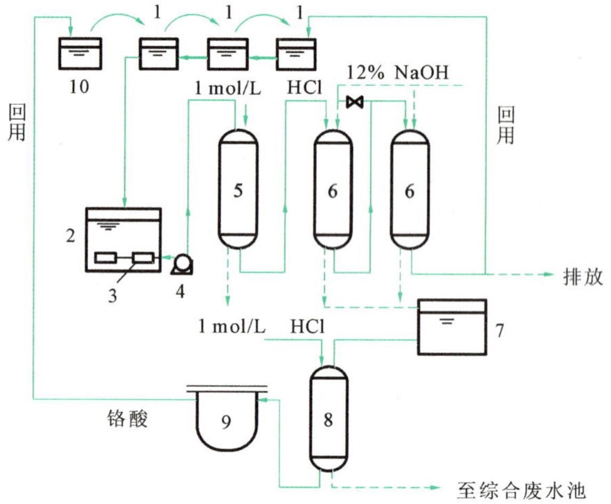

图 3.22 离子交换法处理镀铬废水工艺流程图

1—漂洗槽；2—漂洗水池；3—微孔滤管；4—泵；5，8—阳离子交换塔；

6—阴离子交换塔；7—贮槽；9—蒸发器；10—电镀槽

表 3.3 离子交换法在废水处理中的应用

废水种类	主要污染物	数值类型	再生剂	废水出路	再生液出路
电镀废水	Cr^{3+}、Cu^{2+}	氢型强酸性树脂	18%～20% H_2SO_4	循环使用	蒸发浓缩后回用
含汞废水	Hg^{2+}	氢型强碱性大孔树脂	HCl	中和后排放	回收汞
盐酸酸洗废水	Fe^{2+}、Fe^{3+}	氯型强碱性树脂	水	循环使用	中和后回收 $Fe(OH)_3$
铜氨纤维废水	Cu^{2+}	强酸性树脂	H_2SO_4	排放	回用
粘胶纤维废水	Zn^{2+}	强碱性树脂	H_2SO_4	中和后排放	回用
纸浆废水	木质素磺酸钠	强酸性树脂	H_2SO_4	进一步处理	回用
氯苯酚废水	氯苯酚	弱碱大孔树脂	2%NaOH 半醇	排放	回收
放射性废水	放射性离子	强酸或强碱树脂	H_2SO_4，HCl 或 NaOH	排放	进一步处理

3.8 膜分离法

膜分离法是采用特殊的半透膜，对液体中某些成分进行选择性透过的统称。溶质透过膜的过程称为渗析，溶剂透过膜的过程称为渗透。常用的膜分离方法有电渗析、反渗透、超滤等。

3.8.1 膜分离原理

膜分离技术中的膜(即分离膜)都具有一个共同的特点:选择透过性,因此可以将分离膜定义为分离两相和作为选择性传递物质的屏障,如图3.23所示。这是一个非常宏观的定义,没有涉及膜的具体结构和功能。

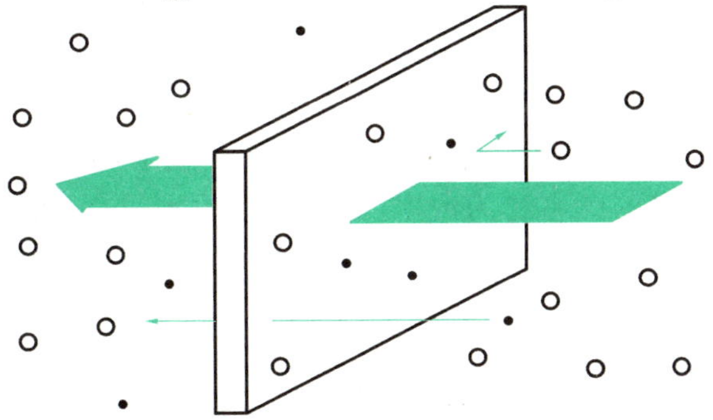

图3.23 选择性渗透膜的定义

膜可以是固态、液态或气态的,均质的或非均质的,对称的或非对称的,中性的或带电的。膜传递过程可以是主动的或被动的。膜可以存在于两流体之间或附着于支撑体或载体的微孔隙上。

膜分离是以选择透过性膜为分离介质,在膜的两侧施加某种推动力时,原料侧组分选择性地透过膜,从而达到分离或提纯的目的。不同的膜分离过程所用的膜不同,分离过程的推动力、分离机理及适用对象也不同,见表3.4。

表3.4 各种膜分离过程的分离机理

膜过程	分离体系		推动力	分离机理	渗透物	截留物
	相1	相2				
微滤(MF)	L	L	压力差(0.01～0.2 MPa)	筛分	水、溶剂溶解物	悬浮物、颗粒、纤维和细菌(0.01～10 μm)
超滤(UF)	L	L	压力差(0.1～0.5 MPa)	筛分	水、溶剂、离子和小分子(分子量<1000)	生化制品、胶体和大分子物质(分子量1000～300000)
纳滤(NF)	L	L	压力差(0.5～2.5 MPa)	筛分+溶解/扩散	水和溶剂(分子量<200)	溶质、二价盐、糖和染料(分子量200～1000)
反渗透(RO)	L	L	压力差(1.0～10.0 MPa)	溶解/扩散	水和溶剂	全部悬浮物、溶质和盐
电渗析(ED)	L	L	电位差	离子交换	电解离子	非解离和大分子物质

3.8.2 电渗析

电渗析是利用离子选择性半透膜处理废水，使离子态污染物从废水中分离出去的方法。最初用于海水的淡化，目前也应用于纯水的制备及某些工业废水的处理。

3.8.2.1 电渗析工作原理

如图 3.24 所示，电渗析器由多层离子交换膜组成。阳离子交换膜只允许水中的阳离子透过，而不允许阴离子透过；阴离子交换膜只允许阴离子透过，而不允许阳离子透过。电渗析的基本原理是：在外加直流电场作用下，水中带电荷离子在电场作用下作定向迁移，利用阴、阳离子交换膜对水中离子的选择透过性，使一部分溶液中的离子迁移到另一部分溶液中去，同时达到浓缩、分离的目的。在装置中，离子减少的隔室称为淡室，其出水为淡水；离子增多的隔室称为浓室，其出水为浓水；与电极板接触的隔室称为极室，其出水为极水，这些水各具不同性质，应分别加以收贮。

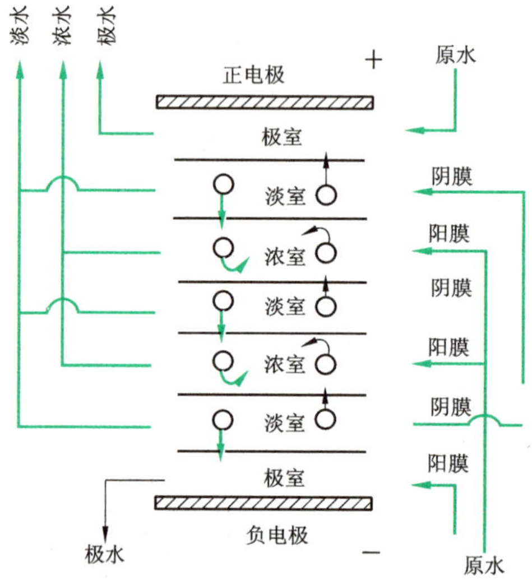

图 3.24 电渗析原理

3.8.2.2 电渗析的应用

电渗析的关键部件是离子交换膜，它的性能对电渗析效果影响甚大。废水中所含有的酸、碱、氧化物等物质对膜有侵害作用，膜应当具有能够抵抗这种作用的性能。如处理含铬废水的膜应当能够抵抗 Cr^{6+} 的氧化，而回收酸、碱的膜则应能耐强酸、强碱的腐蚀等。

用电渗析法处理含镍废水，可将镍浓缩 100～300 倍，这样的浓水可直接返回镀镍槽使用。处理流程如图 3.25 所示。

废水通过泵、卷筒型滤机和流量计送入多级电渗析器，处理后的淡水回至清洗槽再用，而浓水回到镀槽。采用该法可在两年内收回设备投资。

应用电渗析法处理废水的实例有：处理碱法造纸废液，从浓液中回收碱，从淡液中回收木质素；从芒硝废液中制取硫酸和氢氧化钠；从放射性废水中分离放射性元素，将其浓缩等。

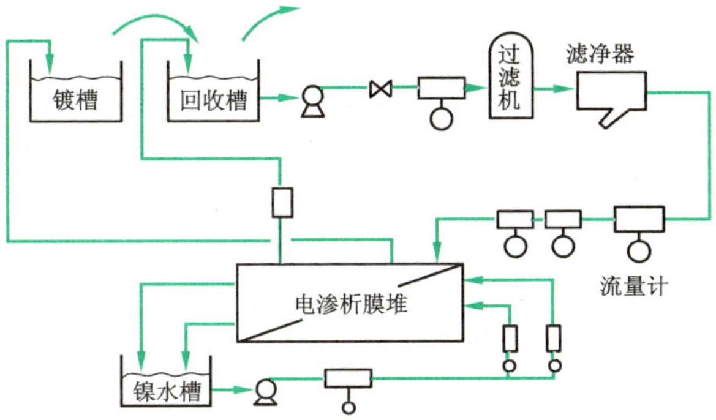

图 3.25 电渗析法处理含镍废水流程图

3.8.3 反渗透

如图 3.26 所示，用半透膜将纯水与废水隔开，该膜只让水分子通过，而不让溶质分子通过。纯水自然地透过半透膜进入溶液中的现象叫作渗透。渗透进行时，相应浓溶液的液面上升，纯水液面下降，直至两侧液面不再变化时，达成渗透平衡。此时两液面之间的高度差为这种溶液的渗透压。如果在溶液一侧施加大于渗透压的压力 p，则溶液中的水分子就会通过半透膜流向纯水，使盐水浓度增加，这种现象称为反渗透。

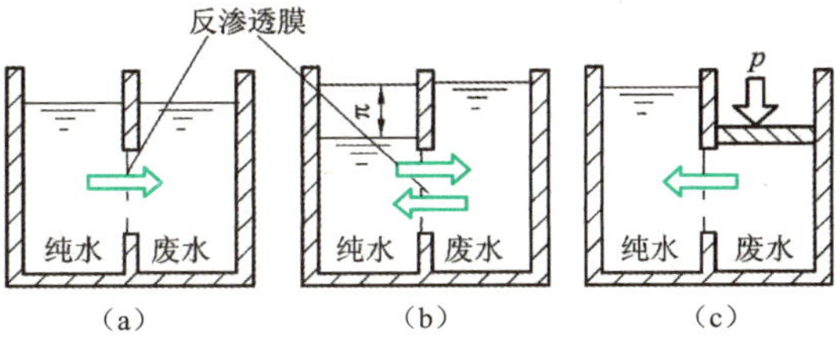

图 3.26 反渗透原理

(a)渗透；(b)渗透平衡；(c)反渗透

反渗透过程的实现必须具备两个条件：其一，必须有一种高选择性和高透水性的半透膜；其二，操作压力必须大于溶液的渗透压。

目前应用最为广泛的是醋酸纤维素膜。外观为乳白色，半透明，有一定的韧性。其厚度为 100～250 μm，表皮层的孔隙大小在$(10\sim20)\times10^{-10}$ m 之间。如果膜的孔径太大，则溶质会从膜孔中通过，使分离效率下降。如果膜的孔径太小，虽然可以增加溶质脱除率，但透水性则显著下降。其他的半透膜有聚酰胺膜等。

膜的透水量取决于膜的物理性质（如孔隙率、厚度等）及膜的化学组成，以及系统的操作条件。如水的温度、膜两侧的压力差、与膜接触的溶液浓度和流速等。实际操作过程中，膜的物理特性、水温、进出水浓度、流速等，对特定的过程是固定不变的，因此，工作压力越大则透水量越高。

为了使透水量增加，实际使用的工作压力一般比溶液初始渗透压大 3～10 倍。如海水的渗透压力约为 2.7 MPa，而工作压力为 10.5 MPa。

为了使反渗透作用正常运行，必须对废水进行处理，调整 pH 值，除去悬浮物、油，且要消毒杀菌，防止微生物附着于膜上。

反渗透的应用领域，随反渗透材料的发展、高效膜组件的出现而不断扩大。除海水淡化、苦咸水的脱盐之外，在锅炉给水、纯水制备、电镀污水、印染废水、造纸废水、照相洗印废水、酸性尾矿水、石油化工废水、医院及城市污水深度处理等场所，都得到广泛应用。

3.8.4 超滤

超滤是与反渗透极近似的一种膜分离技术。同样是利用半透膜，在常温条件下，以压力差为驱动力，迫使水和低分子量溶质透过膜，而截留水中胶体大小的颗粒，从而达到废水净化或浓缩的目的。

超滤和反渗透的主要区别在于所需操作压力不同。超滤所需压力低，反渗透所需压力大。这是因为超滤膜的孔径比较大(2～10 nm)，只能阻滞大分子溶质；反渗透膜的孔径小(0.3～0.6 nm)，一般只允许溶剂分子通过。

超滤在 0.1～0.5 MPa 的低压下操作，而反渗透的操作压力为 2～10 MPa。超滤适用于分离相对分子质量大于 500、直径为 0.005～10 μm 的大分子物质和胶体物质，如细菌、蛋白质、颜料、油类、病毒等。

超滤装置与反渗透装置相似，常采用管式和卷式，但更多地采用空心纤维式装置。

超滤在工业废水处理方面应用较广，如对纸浆废水、颜料和颜色废水、含油废水、放射性废水的处理及对食品工业废水中蛋白质、淀粉等的回收都十分有效。近年来，国内外已将超滤用于生活饮用水制备上。

超滤过程中常存在浓差极化现象，阻碍超滤的进行。这是因为，溶液中的大分子物质不断被半透膜截留，积累在膜表面上，当膜面处溶质浓度不断增加时，有可能生成凝胶层，此时，阻力倍增，透水量将急剧下降。因此，加快被截留的大分子物质的扩散速度，降低浓差极化现象，是超滤技术的重要课题。

思考题与习题

1. 过滤中和处理硫酸废水时，为什么要控制进水的硫酸浓度？pH 值应控制在什么范围？

2. 化学混凝法的原理和适用条件是什么？城市污水的处理可否用化学混凝法？为什么？

3. 化学混凝剂在投加时为什么必须立即与处理水充分混合、剧烈搅拌？

4. 氧化还原法有何特点？是否废水中的杂质必须是氧化剂或还原剂才能用此方法？

5. 电镀车间的含铬废水，可以用氧化还原法和离子交换法等加以处理，在什么条件下，用离子交换法进行处理是比较适宜的？

6. 简述电渗析原理。当含盐浓度较高时，应该用离子交换法还是电渗析法？

7. 写出化学氧化法除氰、化学还原法除铬的化学方程式。

8. 反渗透与超滤有何区别？超滤过程中存在哪些问题？

知识拓展

废水物理化学处理法

物理化学处理法是指运用物理和化学的综合作用使废水得到净化的方法。通常是指由物理方法和化学方法组成的废水处理系统，或指包括物理过程和化学过程的单项处理方法，如浮选、吹脱、结晶、吸附、萃取、电解、电渗析、离子交换、反渗透等。

1935 年，W. 鲁道夫和 E. H. 特鲁尼克开始试验用物理化学处理系统处理废水。随着工业的发展，工业废水水质日趋复杂，废水中许多污染物，如重金属离子，用通常的生物处理法难以去除；许多复杂的有机物，生物难以降解；对有毒的污染物其浓度超过微生物的耐受限度时，生物处理法又不适用。为了保护环境和合理利用水资源，废水排放标准越来越严格，对废水回用率的要求越来越高。因此，20 世纪 70 年代以来，物理化学处理法得到广泛重视和迅速发展。

物理化学处理既可以是独立的处理系统，也可以是生物处理的后续处理措施。其工艺的选择取决于废水水质、排放或回收利用的水质要求、处理费用等。为除去悬浮的和溶解的污染物而采用的化学混凝-沉淀和活性炭吸附的两级处理，就是比较典型的一种物理化学处理系统。处理过程是在废水中投加石灰，快速混合后，进行絮凝沉淀，除去大部分悬浮的和胶体的物质，同时除去一部分磷酸盐。沉淀后的出水，流过活性炭接触床，由于活性炭的吸附作用，除去溶解的污染物，如溶解的有机物等。活性炭要进行反冲洗和再生。沉淀池的沉渣经脱水、煅烧后，其中石灰可回收利用。煅烧产生的二氧化碳气体可用作调整沉淀出水的 pH 值。假若对水质有其他要求，还可增加相应的处理过程，如为了进一步脱氮，可以增加氨解析、离子交换或折点氯化等方法。

和生物处理法相比，物理化学处理法的优点是：占地面积可少 1/4 至 1/2；出水水质好，而且效果比较稳定；对废水水量、水温和浓度变化的适应性较强；可以除去有害的重金属离子；除磷、脱氮和脱色的效果好；可根据不同要求，选择处理方案；处理系统的操作管理易于实现自动检测和自动控制。但这种处理系统的设备费和日常运转费较高，要比生物处理法消耗较多的能源和物料，因此决定处理工艺方案时要根据对出水水质的要求，进行技术、经济比较和对环境影响的全面分析。

4 废水的生物处理

学习目标

1. 了解活性污泥法、生物膜法的基本原理；
2. 掌握活性污泥的性能指标；
3. 掌握活性污泥法运行中常见的问题及对策；
4. 了解污水厌氧处理的机理及影响因素；
5. 掌握好氧、厌氧及自然条件下生物处理的主要处理工艺。

案例导入

“申奥时的承诺，比如污水处理问题、水源保护、垃圾处理等，北京已经完成了，从趋势看，北京具有兑现全部承诺的能力。北京奥组委此举本身就是一个巨大的成就。奥运村是以人为本、健康、舒适和节能的居住环境。”

——联合国环境规划署《北京2008奥运会环境审查报告》摘要

北京奥运会奥运村，无论是其设计还是其建造工程，都充分体现了“绿色奥运、科技奥运、人文奥运”三大理念，追求人文、建筑、环境和谐统一。奥运村采用景观花房生态污水处理技术处理部分生活污水，提供水景补水。该技术运用自然界水体自净的原理，利用动植物的食物链，建立起的一个水体生态平衡系统，综合处理生活污水。在运行中不需添加化学药物，不会造成对水体的二次污染，系统运行时没有噪声、异味和固体废弃物。

北京奥运村采用的污水处理技术有何优势？目前国内常用的污水生物处理技术有哪些？有什么特点与区别？污水如何实现脱氮除磷？

4.1 废水的好氧生物处理

4.1.1 概述

水体污染物中，最普遍、含量最多、危害最为严重的一类是有机污染物。目前去除废水中溶解态有机物最经济有效的方法是生物化学法，简称生物法。生物法主要依靠微生物的新陈代谢将废水中的有机物转化为自身细胞物质和简单化合物，使水质得到净化。废水的好氧生物处理是在有游离氧存在的条件下，好氧微生物（包括兼性微生物，但主要是好氧细菌）降解有机物使其稳定、无害化的处理方法。好氧生物处理在废水处理工程中主要采用的有活性污泥法和生物膜法两大类。

4.1.1.1 有机物的好氧分解

好氧生物处理是微生物利用废水中存在的有机污染物（以溶解状与胶体状的为主），作为营养源进行好氧代谢，将其分解成稳定的无机物质，达到无害化的要求，以便返回自然环境或进一步处置。废水好氧生物处理的最终过程可用图 4.1 表示。

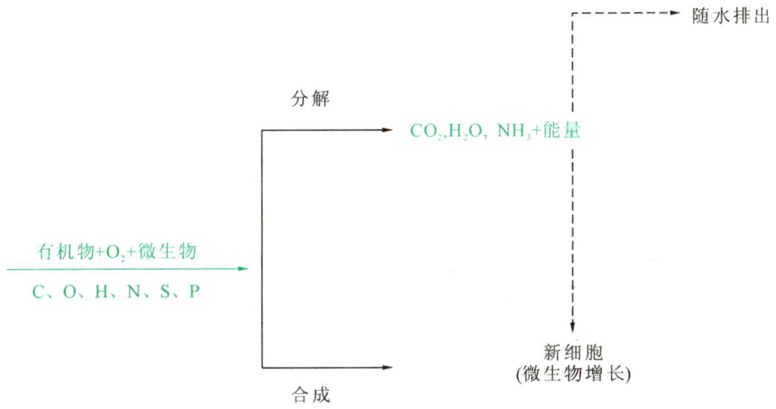

图 4.1 好氧生物处理过程中有机物转化示意图

图 4.1 表明，有机物被微生物摄取后，通过代谢活动，有机物部分被分解、稳定，并提供其生理活动所需的能量；另一部分被转化，合成为新的原生质（细胞质），即进行微生物自身生长繁殖。后者就是废水生物处理中的活性污泥或生物膜的增长部分，通常称其为剩余活性污泥，又称生物污泥。在废水生物处理过程中，生物污泥经固液分离后，需进行进一步处理和处置。

好氧生物处理的反应速度较快，所需的反应时间较短，故处理构筑物容积较小，且处理过程中散发的臭气较少。目前对中、低浓度的有机废水，基本上采用好氧生物处理法。

4.1.1.2 影响好氧微生物分解效果的因素

废水的好氧生物处理的主体是微生物，只有创造良好的环境条件让微生物大量繁殖才能获得令人满意的处理效果。好氧微生物对水质有下列要求：

(1)溶解氧

好氧微生物的代谢过程以分子氧为电子受体，并参与部分物质的合成。没有分子氧，好氧微生物就不能生长繁殖，所以，进行好氧生物处理时，要保持一定浓度的溶解氧(DO)。供氧不足，则会出现厌氧状态，分解有机物不彻底，处理效果下降。但溶解氧浓度过高时，不仅浪费能量，而且会使细胞氧化和死亡。为取得良好的处理效果，好氧生物处理时应控制溶解氧在 0.5～2 mg/L 为宜，保证好氧菌和兼性菌都能进行好氧呼吸。

(2)温度

微生物的种类不同生长温度不同，各种微生物的总体温度范围是 0～80 ℃。根据适应的温度范围，微生物可分为低温性、中温性和高温性三类。低温性微生物的生长温度为 20 ℃以下，中温性微生物的生长温度为 20～45 ℃，高温性微生物的生长温度为 45 ℃以上。好氧生物处理以中温为主，微生物的最适生长温度为 20～40 ℃。对于有些温度太高的工业废水，需要采取降温措施才能进行好氧生物处理。

(3)pH 值

pH 值是影响酶活性的重要因素之一。不同的微生物具有不同的酶系统，从而有不同的 pH 值适应范围。好氧生物处理的适宜 pH 值为 6.5～8.5，在生物处理过程中保持最适 pH 值范围非常重要。否则，微生物酶的活性降低或丧失，微生物生长缓慢甚至死亡，导致处理失败。所以进入好氧生物处理系统的废水 pH 值变化较大时，应先进行中和处理来调整 pH 值，保证系统稳定运行。

(4)营养

营养是微生物生长的物质基础，生命活动所需的能量和物质来自于营养。微生物除需要 C、H、O、N、P 外，还需要 S、Mg、Fe、Ca、K 等元素，以及 Mn、Zn、Co、Ni、Cu、Mo、V、I、Br、B 等微量元素。生活污水具备上述所列的全部成分，而有些工业废水成分则可能缺少，特别是氮和磷。不同微生物细胞的组成不尽相同，对碳氮磷比的要求也不完全相同。为达到预期的净化效果，控制合适的 C∶N∶P 比显得十分重要。根据试验，好氧生物处理宜维持的比例为 BOD_5∶N∶P = 100∶5∶1(N、P 为氮和磷的用量，BOD_5 用来间接表示碳的用量)。

(5)有毒物质

对微生物有抑制和毒害作用的化学物质叫有毒物质。它能破坏细胞的结构，使生物酶变性而失去活性。这些有毒物质包括重金属 、氰化物、H_2S、卤族元素及其化合物、酚、醇、醛和蛋白质的沉淀剂等。

在不同条件下有毒物质的毒性相差很大，不同的微生物对同一毒物的耐受能力也不同，具体情况应根据实验而定。

在废水生物处理过程中，应严格控制有毒物质浓度，但有毒物质浓度的允许范围尚无统一的标准，表 4.1 的数据仅供参考。

表 4.1 废水生物处理有毒物质允许浓度

毒物名称	允许浓度(mg/L)	毒物名称	允许浓度(mg/L)
砷(亚砷酸盐、砷酸盐)	5～20	氨	100～1000
铅	1	硫酸根	5000
锌	5～20	硝酸根	5000
镉	1～5	乙酸根	100～150
铜	5～10	苯	100
铬(铬酸盐)	5～20	酚	100
硫化物(以 S 计)	10～30	甲醛	100～150
CN	5～20	甲醇	200
游离氯	0.1～1	油脂	30～50

(6)废水的可生化性

废水的可生化性指的是废水中污染物被微生物降解的难易程度，即废水生物处理的难易程度。废水的可生化性取决于废水的水质，即废水所含污染物的性质。若废水的营养比例适宜，污染物易被生物降解，有毒物质含量低，则废水的可生化性强，反之亦然。

污水的可生化性常用 BOD_5/COD 的值来评价。一般情况下，BOD_5/COD 值越大，污水的可生化性越强，具体评价标准参照表 4.2。

表 4.2 污水可生化性评价标准

BOD_5/COD	<0.3	0.3～0.45	>0.45
可生化性	难生化	可生化	易生化

4.1.2 活性污泥法

活性污泥法是处理城市污水最广泛使用的方法，它能从污水中去除溶解的和胶体的可生物降解有机物以及能被活性污泥吸附的悬浮固体和其他一些物质。无机盐类(磷和氮的化合物)也能部分地被去除。类似的工业废水也可用活性污泥法处理。活性污泥法本质上与天然水体(江、湖等)的自净过程相似，二者都为好氧生物过程，只是它的净化强度大，因而活性污泥法是天然水体自净作用的人工化和强化。

1912 年英国的克拉克和盖奇发现，对污水长时间曝气会产生污泥，同时水质会得到明显的改善。1914 年艾登和罗克特开创了废水的活性污泥处理法。1916 年，在英国建成了第一个活性污泥法污水处理厂。

传统活性污泥法的特点：① 处理效率高，出水水质好。②处理的水量范围广，运行工艺灵活。③反应速度快，氧化彻底。

但传统活性污泥法也有不足之处：① 运行费用高，能耗大。②不适合处理高浓度有机废水。③污泥容易发生膨胀，影响处理效果。

4.1.2.1 活性污泥

活性污泥是指曝气池繁殖的含有各种好氧微生物群体的絮状体。废水经过一段时间曝气(向水中通入空气)后，水中会产生一种呈黄褐色的絮凝体，该黄褐色的絮凝体即为活性污泥。活性污泥主要是由细菌、真菌、原生动物、后生动物等微生物组成。此外活性污泥内还夹杂着一些微生物自身氧化残留物、惰性有机物及一定数量的无机物。好氧活性污泥为褐色，稍有土腥味，具有良好的絮凝吸附性能。在活性污泥的微观生态系统中，细菌占主导地位。细菌等微生物的新陈代谢作用，以及菌胶团的吸附絮凝作用使废水中的污染物(有机物等)得以去除。

4.1.2.2 活性污泥法基本流程

活性污泥法是由曝气池、二次沉淀池、曝气系统、污泥回流系统和剩余污泥排放系统所组成，见图4.2。

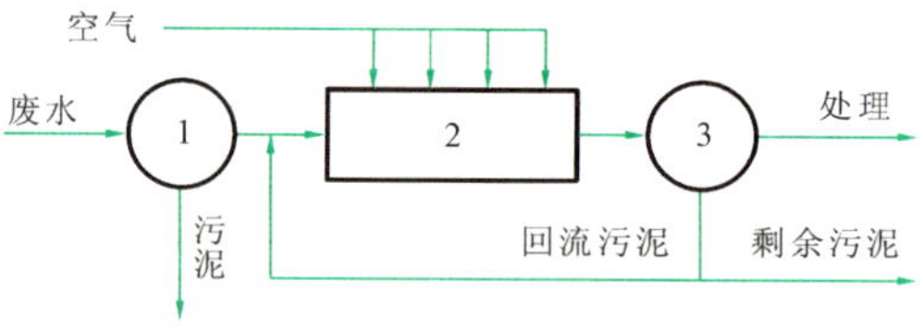

图4.2 活性污泥法基本流程

1—初次沉淀池；2—曝气池；3—二次沉淀池

废水和回流的活性污泥一起进入曝气池形成混合液。曝气池是一个生物反应器，通过曝气系统充入空气，空气中的氧溶入废水使活性污泥混合液产生好氧代谢反应。曝气系统不仅向混合液传递氧气，而且使混合液得到足够的搅拌而呈悬浮状态。这样，废水中的有机物、氧气同微生物能充分接触和反应。随后混合液流入二次沉淀池，混合液中的悬浮固体在沉淀池中沉淀下来和水分离。沉淀池出水就是净化水。沉淀池中的污泥大部分回流，称为回流污泥。回流污泥的目的是使曝气池内保持一定的悬浮固体浓度，也就是保持一定的微生物浓度。曝气池中的生化反应引起了微生物的增殖，增殖的微生物通常从沉淀池中排除，以维持活性污泥系统的稳定运行。这部分污泥叫剩余污泥。剩余污泥中含有大量的微生物，排放环境前应进行处理，防止污染环境。

4.1.2.3 活性污泥法常用运行参数

(1)污泥浓度(*MLSS*)

曝气池混合液污泥浓度(*MLSS*)又称混合液悬浮固体浓度，它表示的是混合液中的活性污泥浓度，即单位体积混合液含有的悬浮固体量，单位为mg/L。在其他条件不变的情况下，污泥浓度越高，活性微生物浓度也越高，净化效果越好。根据长期的运行经验，采用鼓风曝气的传统活性污泥曝气池中，一般控制*MLSS*至2000 mg/L为宜。

(2)污泥沉降比(*SV*)

污泥沉降比是指混合液在量筒中静置沉淀30 min后所形成的沉淀污泥的容积占原混合液容积的百分率，以$m:n$表示：

$$\text{污泥沉降比} = \frac{\text{混合液静置 30 min 所得污泥层体积}}{\text{原混合液体积}} \times 100\% \qquad (4.1)$$

污泥浓度(*MLSS*)相同的混合液，污泥沉降比越大，说明絮体越松散，污泥的沉降性能就越差。活性污泥沉降比反映污泥的沉淀性能，能及时发现污泥膨胀现象，防止污泥流失，是评定污泥数量和质量的指标。通常，污泥沉降比的正常范围为15%～30%。

(3)污泥容积指数(*SVI*)

污泥容积指数简称污泥指数(*SVI*),是从曝气池出口处取出的混合液,经过 30 min 静置沉淀后,烘干得到干污泥,每克干污泥所需沉淀污泥的容积,单位为 mL/g。即

$$SVI = \frac{SV}{MLSS} \tag{4.2}$$

式中 *SVI*——污泥指数(mL/g);

SV——污泥沉降比(%);

MLSS——污泥浓度(g/mL)。

SVI 的单位为 mL/g,习惯上,只说出数字,而把单位略去。污泥指数反映了活性污泥的密实性和沉降性能。如果 *SVI* 过高,说明污泥松散,不易沉淀,已经发生或即将发生污泥膨胀;如果 *SVI* 过低,说明污泥细小密实,含无机物较多,已经老化,此时虽然有较好的沉淀性能,但活性和吸附性能都较差。

处理城市污水时,*SVI* 一般控制在 50～150 为宜。不同性质废水的正常 *SVI* 范围差异较大,适宜 *SVI* 值应由实验和运行情况确定。污泥指数能较全面地反映污泥的浓缩性能和沉淀性能。

(4)泥龄

活性污泥分解有机物的结果,使曝气池内的污泥量增加。此外,在污泥增长的同时,伴随着微生物的老化和死亡,若不及时排出就会导致活性下降。所以,每天必须从系统中排除与增长量相等的活性污泥量,即剩余污泥,以保持污泥的量和活性的稳定。

微生物在曝气池中的平均停留时间,即生物固体停留时间(SRT),又称为污泥泥龄,用 θ_C 表示,单位为 d。泥龄越短,曝气池中的活性污泥更新越快,微生物越有活力。

污泥浓度与泥龄有关,而泥龄与剩余污泥排量有关,工程实践中常通过调节剩余污泥排量来控制污泥浓度。剩余污泥排量越大,泥龄 θ_C 越短,污泥浓度就越低,反之亦然。处理后的出水水质与泥龄有关。θ_C 常取为 3～15 d。

常采用泥龄作为设计参数。如果需要较高的基质去除率,则应选用较小的 θ_C 值;如果要使微生物的净增量很小,则应选用较长的 θ_C 值。

除上述四个评价指标,对活性污泥的生物相观察也是反映活性污泥性能的重要方法,通常用光学显微镜及电子显微镜观察活性污泥中的细菌、真菌、原生动物及后生动物等不同状况下的优势物种。微生物的种类、数量、活性及代谢情况,在一定程度上可反映曝气系统的运行状况。

4.1.2.4 活性污泥法系统的运行管理

(1)活性污泥的培养与驯化

活性污泥处理系统在正式投产之前的首要工作是培养和驯化活性污泥。培养的目的是使微生物增殖,达到一定的污泥浓度;驯化则是对混合微生物群进行淘汰和诱导,使已培养成熟的活性污泥,逐步具有处理特定工业废水的能力。

活性污泥的培养与驯化可归纳为异步培驯法、同步培驯法和接种培驯法。异步法为先培养后驯化。同步法为培养和驯化同时进行,同步培驯法一般分为间歇式培驯和连续式培驯。接种法是利用其他污水处理厂的剩余污泥,再进行适当的培驯,接种培驯法可

以明显缩短活性污泥的培驯时间。城市污水一般采用同步培驯法或接种培驯法。

① 间歇式培驯法

先将曝气池注满新鲜污水，然后停止进水，闷曝（即只曝气而不进水）2～3 d后，停止曝气，静置沉淀1 h，然后排出池内约1/5的上层污水，然后注入相同量的新鲜污水。如此反复进行闷曝、静沉和进水三个过程，但每次的进水量要比上次有所增加，而闷曝时间要比上次缩短。当曝气池混合液污泥浓度达到1000 mg/L左右时，就可连续进水和曝气。培养初期污泥浓度较低，沉淀池内积累的污泥也较少，回流量要少一些，随着污泥量的增多，回流污泥量也要相应增加。当污泥浓度达到工艺所需的浓度后，即可开始正常运行，按工艺要求进行控制。

② 连续式培驯法

先将曝气池注满新鲜污水，然后停止进水，闷曝半天至一天后可连续进水，连续曝气。进水量从小到大逐渐增加，连续运行一段时间，就会有活性污泥出现并逐渐增多。曝气池污泥量达到工艺所需的浓度时，按工艺要求进行控制。

③ 接种培驯法

接种培驯法培养时间较短，是常用的活性污泥培驯方法。接种污泥可以为同类污水厂的剩余污泥。接种培驯法常用的有如下两种：

a. 浓缩污泥接种培驯。采用附近污水处理厂的浓缩污泥作为接种污泥来培养。向所要处理的污水中加入接种污泥进行曝气，直至污泥转棕黄色后就可连续进污水（进水量应逐渐增加），此时沉淀池也投入运行，让污泥在系统内循环。为了加快培养进程，可在培养过程中投加营养物。活性污泥浓度达到工艺要求值即完成了培驯过程。从经济上讲，接种污泥的量应尽可能少，一般情况下控制在稀释后使混合液污泥浓度在500 mg/L以上。

b. 脱水污泥接种培驯。经过脱水后的泥饼，其含水率为70%～80%。本法适用于边远地区和取接种污泥运输距离较远的情况。脱水污泥接种培驯的过程与浓缩污泥接种培驯基本相同。接种污泥要选用刚脱水不久的新鲜泥饼，投加至曝气池前需加少量水并捣成泥浆。脱水污泥的投加量一般为池容积的2%～5%。脱水污泥中可能含有一定浓度的化学药剂（用于污泥调理），如药剂含量过高、毒性较大，则不宜用作接种的污泥。鉴定污泥能否作为接种污泥使用，可将少量泥块捣碎后放入小容器（如烧杯或塑料桶）内加水曝气，经过一段时间后如果泥色能转黄，就可用于接种。

(2)活性污泥法运行中常见的问题及对策

① 污泥膨胀问题

正常的活性污泥沉降性能好，其 *SVI* 为50～150之间为正常。当 *SVI*>200并继续上升时，将出现污泥膨胀，随着污泥膨胀的发生，污泥的结构松散，沉降性能发生恶化，不能在二次沉淀池内进行正常的泥水分离，澄清液稀少，污泥容易随出水流失。污泥膨胀分为两大类：丝状菌膨胀和非丝状菌膨胀。

a. 丝状菌膨胀　活性污泥絮体中的丝状菌过度繁殖导致的膨胀称为丝状菌膨胀。丝状菌增长过快的主要原因有：溶解氧过低；pH值过低；有机物超出正常负荷；氮、磷含量不平衡；含有有毒物质；硫化氢含量高。

b. 非丝状菌膨胀　非丝状菌膨胀是由于菌胶团生理活动异常，代谢出大量高黏性多糖类物质(易吸附表面水)，而使污泥含有大量表面附着水，密度减轻，压缩性能恶化而引起的膨胀。造成非丝状菌膨胀的主要原因为C/N比失调或水温过低。

解决的办法：通过临时控制措施和工艺运行调节控制措施控制污泥膨胀。

临时控制措施包括污泥助沉法和灭菌法两类。污泥助沉法是指向发生膨胀的污泥中加入助凝剂，增大活性污泥的密度，使之在二次沉淀池内易于分离。常用的药剂有聚合氯化铁、硫酸铝和聚丙烯酰胺等。

灭菌法是指向发生膨胀的污泥中投加化学药剂，杀灭或抑制丝状菌，从而达到控制丝状菌污泥膨胀的目的。常用的灭菌剂有 $NaClO$，ClO_2，Cl_2，H_2O_2 和漂白粉等。但是灭菌剂对微生物是无选择性的杀伤剂，应严格控制投加的浓度。另外，灭菌法只适用于控制丝状菌污泥膨胀，控制非丝状菌污泥膨胀一般用助沉法。

临时控制措施不能从根本上解决污泥膨胀问题，污泥膨胀问题必须依靠工艺运行调节控制措施来解决。例如由于DO低导致的污泥膨胀，可以增加供氧来解决；pH值过低导致的污泥膨胀可以调节进水水质或加强上游工业废水排放的管理；由于污水"腐化"产生的污泥膨胀，可以通过增加预曝气来解决；由于氮磷等营养物质的缺乏导致的污泥膨胀，可以投加营养物质。

②污泥上浮

在二次沉淀池中，污泥不沉降而随水流失，或沉于池底的污泥呈块状浮起，这种现象就是污泥上浮，产生污泥上浮的原因及解决办法如下。

a. 污泥脱氮上浮　污水在二次沉淀池中停留时间过长导致缺氧(DO在0.5 mg/L以下)，则反硝化菌会使硝酸盐转化成氨和氮气，即产生反硝化过程。氨和氮逸出时，附于污泥上，从而使污泥密度降低，整块上浮。

解决的办法：减少在二次沉淀池中的停留时间，及时排泥，增加回流比。

b. 污泥腐化上浮　沉淀池内污泥由于缺氧而引起厌氧分解，产生甲烷、二氧化碳气体，污泥吸附气体上浮。

解决的办法：加大曝气池供氧量，提高出水溶解氧，减少污泥在二次沉淀池中的停留时间，及时排走剩余污泥。

③污泥解体

曝气池上清液浑浊，污泥絮体解散，处理效果下降，这就是污泥解体现象。污泥解体主要有以下两方面原因：

a. 污泥中毒

解决的办法：污泥因中毒而解体时，应降低系统进水负荷，减少剩余污泥排放量，适当增加曝气量，恢复污泥活性，同时对污染源进行调查，堵住毒物来源。

b. 曝气过度，污泥过度氧化

解决的办法：减小曝气量，缩短污水在曝气池中的停留时间。

④泡沫问题

曝气池中产生大量泡沫的主要原因是污水中存在大量表面活性剂或其他起泡物质。

解决的办法：曝气池安喷洒清水管网，用自来水或处理过的污水喷洒；适当投加消泡剂，如活化硅、机油、煤油等。

4.1.3 生物膜法

生物膜法是利用附着生长于某些固体物表面的微生物（即生物膜）进行有机污水处理的方法。生物膜是由高度密集的好氧菌、厌氧菌、兼性菌、真菌、原生动物以及藻类等组成的生态系统，其附着的固体介质称为滤料或载体。生物膜法与活性污泥法在去除机理上有一定的相似性，但又有区别，其中，生物膜法主要依靠固着于载体表面的微生物膜来净化有机物，而活性污泥法是依靠曝气池中悬浮流动着的活性污泥来分解有机物的。

生物膜法是一大类生物处理的统称，包括生物滤池、生物转盘、生物接触氧化池和生物流化床等工艺形式。它们的共同特点是微生物附着在滤料或填料表面生长，形成生物膜，降解污水中的有机物。

4.1.3.1 基本原理

（1）生物膜的净化机理

生物膜法主要是依靠滤料或填料表面的生物膜来吸附分解水中的有机物。如图 4.3 所示。

当污水通过滤料或填料时，污水中悬浮物和胶体物质被截留或被吸附在滤料的表面，当溶解氧存在时，水中微生物吸收分解这些污染物并在滤料表面生长繁殖起来，经过一段时间之后滤料表面形成一层生物膜。污水流过生物膜时，有机物等经附着水层向膜内扩散。膜内的微生物将有机物转化为细胞物质和代谢产物。代谢产物（CO_2、H_2O、NO_3^-、SO_4^{2-}、有机酸等）从膜内向外扩散进入水相和大气。

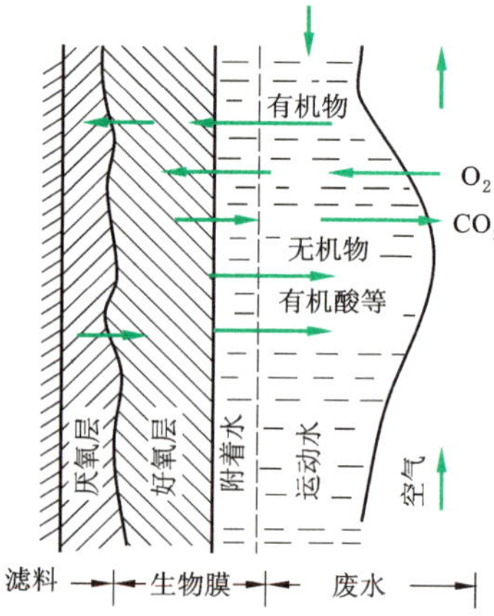

图 4.3 生物膜结构

随着污水不断流过，微生物膜的厚度将不断增加。当生物膜增加到一定厚度之后，深处供氧不足，在深处的好氧微生物死亡，厌氧微生物生长加快，厌氧产物向外扩散，生物膜出现厌氧层，老化的生物膜附着力减小，在水力冲刷和厌氧产物的共同作用下脱落，完成一个生长周期，好氧微生物重新附着生长，产生高活性的好氧生物膜。从污水处理的要求来看，生物膜的这种脱落更新的过程是非常必要的。

一般认为生物膜厚度 2～3 mm 比较理想。如果生物膜太厚，处理效果及抗水力负荷冲击能力较差，并且容易脱落。

（2）生物膜法特点

与活性污泥法相比生物膜法有以下特点：

① 微生物相复杂，能去除难降解有机物。固着生长的生物膜受水力冲刷影响较小，所以生物膜中存在各种微生物，包括细菌、原生动物等，形成复杂的生物相。这种复杂的生物相，能去除各种污染物，尤其是难降解的有机物。世代时间长的硝化细菌在生物膜上生长良好，所以生物膜法的硝化效果较好。

② 微生物量大,净化效果好。生物膜含水率低,微生物浓度是活性污泥法的 5～20 倍。所以生物膜反应器的净化效果好,有机负荷高,容积小。

③ 剩余污泥少。生物膜上微生物的营养级高,食物链长,有机物氧化率高,剩余污泥量少。

④ 污泥密实,沉降性能好。填料表面脱落的污泥比较密实,沉降性能好,容易分离。

⑤ 耐冲击负荷,能处理低浓度污水。固着生长的微生物耐冲击负荷,适应性强。当受到冲击负荷时,恢复得快。有机物浓度低时活性污泥生长受到影响,所以活性污泥法对低浓度污水处理效果差。而生物膜法对低浓度污水的净化效果很好。

⑥ 操作简单,运行费用低。生物膜反应器生物量大,无须污泥回流,有的为自然通风,所以操作简单,运行费用低。

⑦ 不易发生污泥膨胀。微生物固着生长时,即使丝状菌占优势也不易脱落流失而引起污泥膨胀。

⑧ 由于载体材料的比表面积小,故设备容积负荷有限,空间效率较低。

国外的运行经验表明,在处理城市污水时,生物滤池处理厂的处理效率比活性污泥法处理厂略低。50%的活性污泥法处理厂 BOD_5 去除率高于 91%,50%的生物滤池处理厂 BOD_5 去除率为 83%,相应的出水 BOD_5 分别为 14 mg/L 和 28 mg/L。

⑨ 投资费用较大。生物膜法需要填料和支撑结构,投资费用较大。

4.1.3.2 生物滤池

生物滤池一般包括普通生物滤池、高负荷生物滤池、塔式生物滤池以及近年来发展起来的曝气生物滤池。

(1)生物滤池的构造

图 4.4 为生物滤池的构造示意图,其构造由池壁、滤料、布水设备和排水系统组成。

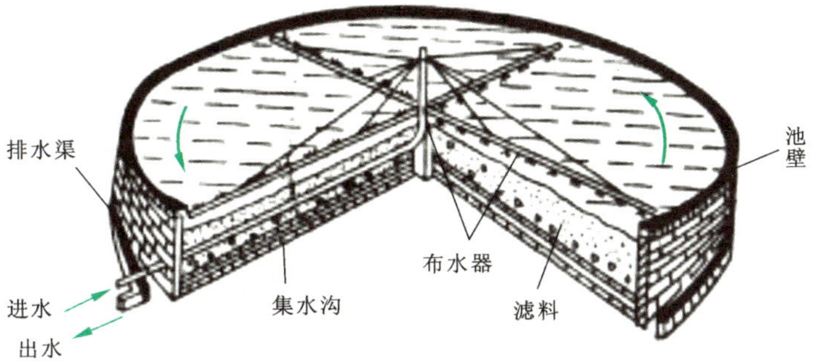

图 4.4　生物滤池的构造示意图

① 池壁

生物滤池的池壁起围护滤料、减少污水飞溅的作用,应能承受水压和滤料压力。一般用钢筋混凝土结构或砖混结构。形状有方形、矩形和圆形等,常用圆形。池壁应高出滤料 0.5 m,以防风吹影响污水在滤池表面的均匀分布。

② 滤料

滤床是生物滤池工作的核心,由滤料组成。滤料是微生物生长栖息的场所,理想的滤料应具备下述特性：能为微生物提供大量的表面面积；使污水以液膜状态流过生物膜；有足够的孔隙率，保证通风（即保证氧的供给），使脱落的生物膜能随水流出滤池；不被微生物分解，也不抑制微生物生长，有较好的化学稳定性；有一定机械强度；价廉易得。早期主要以拳状碎石为滤料，此外，碎钢渣、焦炭等也可作为滤料，其粒径在 3～8 cm，孔隙率在 45%～50%。理论上，滤料粒径越小，其比表面积越大，生物膜的面积越大，滤床的工作能力也愈大，但粒径越小，孔隙也就越小，滤床的通风也愈差且滤床愈易被生物膜堵塞，因此要求单位体积滤料的比表面积和孔隙率大。

20 世纪 60 年代中期塑料工业发展起来以后，塑料滤料开始被采用。塑料滤料多用聚氯乙烯、聚苯乙烯、聚丙烯等制成；形状有波纹板式、斜管式和蜂窝式等。特点为质轻、强度高、耐腐蚀、比表面积和孔隙率都较大。国内目前采用的玻璃钢蜂窝状块状滤料，孔隙率在 95% 左右，比表面积高达 200 m^2/m^3，且质轻、高强度、耐腐蚀，这就使滤床的通风情况大大改善，处理能力亦大为提高。

滤床高度同滤料的单位质量有密切关系。塑料滤料为 100 kg/m^3 左右，孔隙率高达 93%～95%，则较之石质拳状滤料滤床高度不但可以提高，而且可以采用双层或多层构造。国内常采用多层的塔式构造，高度常在 10 m 以上。

③ 布水设备

生物滤池布水设备的目的是使污水能够均匀地分布在整个滤床上。因为只有在滤床表面均匀地布水，才能充分发挥每一部分滤床的作用，提高滤池的工作效率。另外，布水器还应不受风力的影响，不易堵塞和易于清除。生物滤池的布水设备分为两类：旋转式布水器和固定式布水系统。

旋转式布水器主要由进水竖管和可转动的布水横管组成，见图 4.5。废水在池底以一定压力流入位于池中央的固定竖管，再流入布水横管，布水横管有 2 根或 4 根，距离池面 0.15 m，可绕竖管旋转。在布水横管的同一侧开有喷水孔口，孔口直径 10～15 mm。

图 4.5　生物滤池的布水设备

④ 排水系统

滤池底部的排水系统的作用是收集、排出处理后的污水，保证良好的通风和支撑滤料。排水系统由渗水顶板、集水沟和排水渠所组成；池底中心轴线上设有集水沟，池底和集水沟的坡度为 0.01～0.02。渗水顶板用于支撑滤料，其排水孔的总面积应不小于滤池底面积的 20%；渗水顶板的下底与池底之间的净空高度一般应在 0.6m 以上，以利通风。

(2)影响生物滤池性能的因素

滤床高度、负荷、回流和供氧情况对滤池的工作性能有显著的影响。

① 滤床高度

在生物滤池内，填料层不同高度的微生物数量和种类各不相同。滤层上部污水中有机物浓度高，微生物单一，主要是低等的细菌，生物膜量大，有机物去除速度快。从上往下，随着滤床深度的增加，生物量逐渐减少，微生物的种类逐渐增多，生物相趋于复杂。处理城市污水时，普通生物滤池的经济高度为 2.0～3.0 m，塔式滤池的经济高度在 7～10 m。

② 负荷

生物滤池的负荷是集中反映生物滤池工作性能的参数。负荷直接影响生物滤池的工作，应将生物滤池的进水浓度和水力负荷率控制在适宜的范围内。处理城市污水时，普通生物滤池的适宜表面水力负荷为 1～4 $m^3/(m^2 \cdot d)$，高负荷生物滤池为 10～30 $m^3/(m^2 \cdot d)$。

为了使生物滤池在高负荷下运行时不发生堵塞，应采用回流工艺，这样既增大了水力冲刷作用，又不额外增加有机负荷，保证良好的出水水质。

③ 回流

利用污水厂的出水或生物滤池的出水稀释进水称为回流，回流可以改善进水水质，调节和稳定进水水量，改善卫生状况，促使生物膜脱落等。

在下列三种情况下应考虑回流：进水有机物浓度高时；水量小无法维持最低水力负荷时；污水中存在高浓度有毒物质时。

④ 供氧

生物滤池一般靠自然通风供氧。影响自然通风效果的主要因素是滤池内外的气温差和滤层高度。温差越大，滤床的气流阻力越小（孔隙率大），通风量也就越大。滤床越高（塔滤）抽风效果就越好。

一般情况下，自然通风即能满足生化反应的需要。有机物浓度高时，需氧量大，易出现供氧不足，则可用回流水稀释或采用强制通风。

(3)曝气生物滤池

曝气生物滤池（BAF）是 20 世纪 70 年代末 80 年代初出现的一种生物膜法处理工艺。曝气生物滤池具有体积小，且不需二次沉淀池，占地面积小，自动化程度高，运行管理方便等优点。目前我国曝气生物滤池主要用于城市污水处理、某些工业废水处理和污水回用深度处理。

曝气生物滤池分为上向流式和下向流式，曝气生物滤池由池体、布水系统、布气系统、承托层、滤层、反冲洗系统组成。池底设承托层，上部为滤料层（见图 4.6）。

污水从上部进入滤池，通过滤层，在滤料的表面形成生物膜。当污水通过滤层时，空气由滤料底部进入，通过滤料的间隙上升，与下向流的污水接触，空气中的氧转移到污水中，在生物膜上的微生物的代谢作用下，污水中的有机污染物被降解，污水被净化。

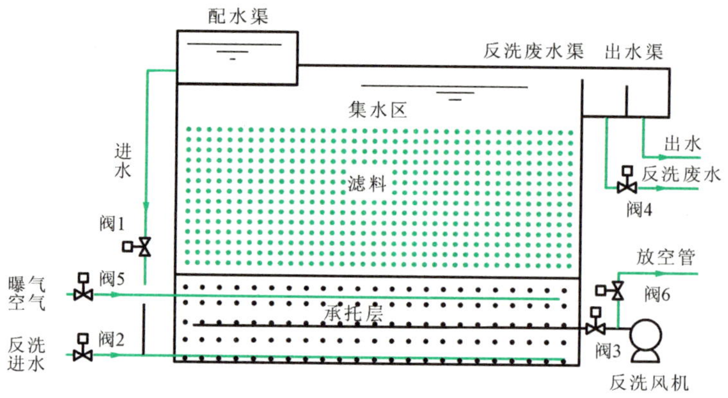

图 4.6　曝气生物滤池结构示意图

滤料是生物膜的载体，同时兼有截留悬浮物的作用，根据资料和工程运行经验，粒径5 mm的均匀陶瓷及塑料球颗粒能达到较好的处理效果。运行一定时间后，需对滤池进行反冲洗，以释放截留的悬浮物并更新生物膜，一般采用气水联合冲洗。

曝气生物滤池的主要缺点是对进水SS要求较高，水头损失较大，反冲洗不充分会导致工艺运行失效。

4.1.3.3　生物转盘

(1)生物转盘的净化机理

生物转盘的净水机理(见图4.7)和生物滤池类似。废水处于半静止状态，而微生物则在转动的盘面上；转盘40%的面积浸没在废水中，盘面低速转动。盘片作为生物膜的载体，当生物膜处于浸没状态时，废水有机物被生物膜吸附，而当它处于水面以上时，大气中的氧向生物膜传递，生物膜内所吸附的有机物氧化分解，生物膜恢复活性。这样，生物转盘每转动一圈即完成一个吸附-氧化的周期。由于转盘旋转及水滴夹带氧气，所以氧化槽也被充氧，起一定的氧化作用。增厚的生物膜在盘面转动时形成的剪切力作用下，从盘面剥落下来，悬浮在氧化槽的液相中，并随废水流入二次沉淀池进行分离。二次沉淀池排出的上清液即为处理后的废水，沉泥作为剩余污泥排入污泥处理系统。

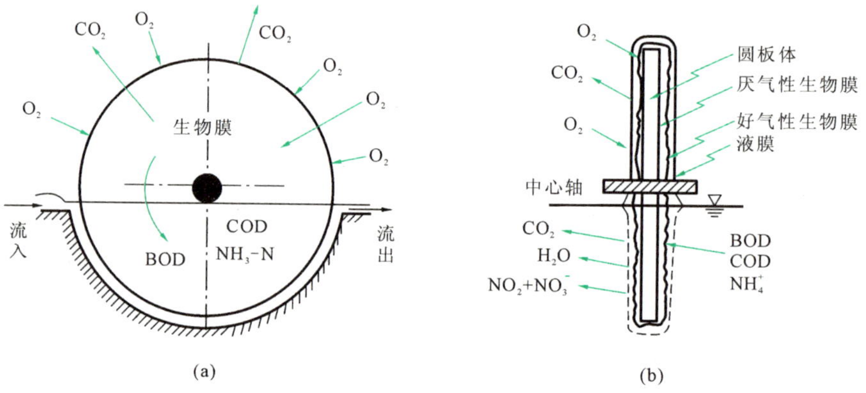

图 4.7　生物转盘净化机理图

(a)侧面；(b)断面

与生物滤池相同，生物转盘也无污泥回流系统，为了稀释进水，可考虑出水回流，但是，生物膜的冲刷不依靠水力负荷的增大，而是通过控制一定的盘面转速来达到。

(2)生物转盘的构成

生物转盘的主要组成单元有：盘片、接触反应槽、转轴与驱动装置等。生物转盘在实际应用上有各种构造类型，最常见的是多级转盘串联，以延长处理时间、提高处理效果。但级数一般不超过四级，级数过多，处理效率提高不大。根据圆盘数量及平面位置，可以采用单轴多级或多轴多级形式。

①盘片

生物转盘是由固定在一根轴上的许多间距很小的圆盘或多角形盘片组成。盘片可用聚氯乙烯、聚乙烯、泡沫聚苯乙烯、玻璃钢、铝合金或其他材料制成。盘片可以是平板，也可以是点波波纹板等形式，也有用平板和波纹板组合的，因为点波波纹板盘片的比表面积比平板大一倍。盘片有接近一半的面积浸没在半圆形、矩形或梯形的氧化槽内。在电机带动下，盘片组在水槽内缓慢转动，废水在槽内流过，水流方向与转轴垂直，槽底设有排泥管或放空管，以控制槽内废水中悬浮物浓度。

生物转盘的盘片直径一般为1～3 m，最大的达到4.0 m。过大时可能导致转盘边缘的剪切力过大。盘片间距(净距)一般为20～30 mm，原水浓度高时，应取上限，以免生物膜堵塞。盘片厚度一般为1～5 mm，视盘材而定。

②接触反应槽

接触反应槽应呈与盘材外形基本吻合的半圆形，槽的构造形式与建造方法，随设备规模大小、修建场地条件不同而异。

小型设备转盘台数不多、场地狭小者，可采用钢板焊制。中大型的设备可以修建成地下或半地下式，可用毛石混凝土做砌体，水泥砂浆抹面，再涂以防水耐磨层。

③转轴与驱动装置

转轴是支承盘片并带动其旋转的重要部件。转轴两端安装固定在接触反应槽两端的支座上。转轴一般采用实心钢轴或无缝钢管。转轴的长度一般应控制在0.5～7.0 m之间，不能太长，否则往往由于同心度加工欠佳，易于挠曲变形，发生磨轴或扭断，其强度和刚度必须经过力学的计算。其直径一般介于50～80 mm。

驱动装置包括动力设备、减速装置以及传动链条等。动力设备有电力机械传动、空气传动及水力传动等。我国一般多采用电力传动。对大型转盘，一般一台转盘设一套驱动装置，对于中、小型转盘，可由一套驱动装置带动3～4级转盘转动。

(3)生物转盘的特点

生物转盘是一种较新型的生物膜法废水处理设备，国外使用比较普遍，国内主要用于工业废水处理。

与活性污泥法相比，生物转盘在使用上具有以下优点：

①操作管理简便，无活性污泥膨胀现象及泡沫现象，无污泥回流系统，生产上易于控制。

②剩余污泥数量小，污泥含水率低，沉淀速度快，易于沉淀分离和脱水干化。根据已有的生产运行资料，转盘污泥形成量通常为每千克污泥去除BOD_5 0.4～0.5 kg，污泥沉

淀速度可达4.6～7.6 m/h。开始沉淀，底部即开始压密。所以，一些生物转盘将氧化槽底部作为污泥沉淀与贮存用，从而省去二次沉淀池。

③设备构造简单，无通风、回流及曝气设备，运转费用低，耗电量低。一般每千克BOD_5耗电量为0.024～0.03 kW·h。

④可采用多层布置，设备灵活性大，可节省占地面积。

⑤可处理高浓度的废水，承受BOD_5可达1000 mg/L，耐冲击能力强。根据所需的处理程度，可进行多级串联，扩建方便。国外还将生物转盘建成去除BOD-硝化-厌氧脱氮-曝气充氧组合处理系统，以提高废水处理水平。

⑥废水在氧化槽内停留时间短，一般为1～1.5 h，处理效率高，BOD_5去除率一般可达90%以上。

生物转盘同一般生物滤池相比，也具有一系列优点：

①无堵塞现象。

②生物膜与废水接触均匀，盘面面积的利用率高，无沟流现象。

③废水与生物膜的接触时间较长，而且易于控制，处理程度比高负荷滤池和塔式滤池高。可以调整转速改善接触条件和充氧能力。

④同一般低负荷滤池相比，它占地较小，如采用多层布置，占地面积可同塔式生物滤池相媲美。

⑤系统的水头损失小，能耗省。

但是，生物转盘也有它的缺点：

①盘材较贵，投资大。从造价考虑，生物转盘仅运用于小水量、低浓度的废水处理。

②因为无通风设备，转盘的供氧依靠盘面的生物膜接触大气，这样，废水中挥发性物质将会产生污染。采用从氧化槽的底部进水可以减少挥发物的散失，比从氧化槽表面进水好，但是，挥发物质污染依然存在。因此，生物转盘最好作为第二级生物处理装置。

③生物转盘的性能受环境气温及其他因素影响较大，所以，在北方设置生物转盘时，一般置于室内，并采取一定的保温措施。建于室外的生物转盘都应加设雨篷，防止雨水淋洗，使生物膜脱落。

4.1.3.4 生物接触氧化法

生物接触氧化法是生物膜法和活性污泥法结合的产物。生物接触氧化法既有生物膜法工作稳定、耐冲击负荷和操作简单的特点，又有活性污泥法混合接触效果好的特点。目前，生物接触氧化法在国内污水处理中，特别是有机工业废水、小型生活污水处理中得到广泛应用，成为污水处理的主流工艺之一。

(1)生物接触氧化法的原理

生物接触氧化池内设置填料，填料淹没在废水中，填料上长满生物膜。废水与生物膜接触过程中，水中的有机物被微生物吸附、氧化分解而转化为新的生物膜。生物膜不断生长，并不断脱落。脱落的生物膜随水流到二次沉淀池后被去除，同时废水得到净化。在生物接触氧化中，生物膜中微生物所需要的氧气来自反应池底部的曝气管道送入的空气。生物接触氧化法基本流程见图4.8，生物接触氧化池的废水中还存在着悬浮生长的微生物。接触氧化主要靠生物膜净化污染物，但悬浮态微生物对污染物的净化也有一定的作用。

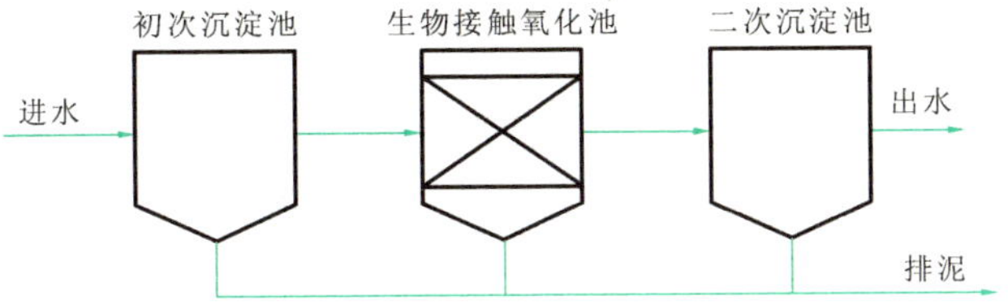

图 4.8 生物接触氧化法基本流程示意图

(2)生物接触氧化池的构造

目前，国内常用的生物接触氧化池如图 4.9 所示。由池体、填料、布水系统和布气系统等组成，空气直接从填料底部进入，充氧和生物接触氧化在填料层内同时进行，气泡在填料层内上升，引起较强的紊流和水力冲刷作用。所以充氧效率高，生物膜更新快，动力消耗低。

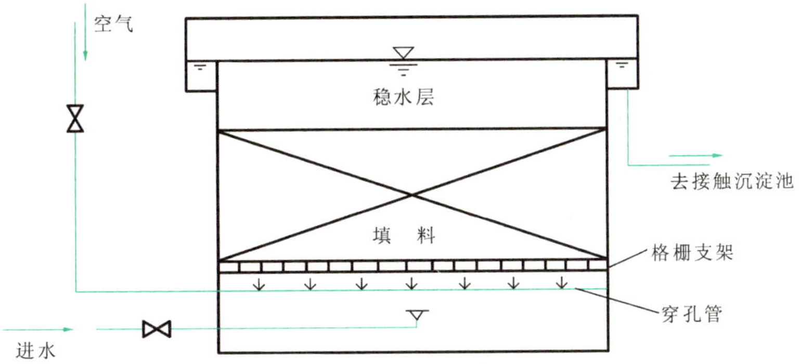

图 4.9 生物接触氧化池构造示意图

① 池体　池体呈圆形、矩形或方形，用钢板焊接或为钢筋混凝土结构。池体内设置填料、布水布气系统和支撑填料的栅板和格栅。

② 填料　填料是微生物的载体，填料高度一般为 3.0 m 左右，填料层上部水层高约为 0.5 m，填料层下部布水区的高度一般为 0.5～1.5 m。目前常用的填料材料有聚氯乙烯塑料、聚丙烯塑料、环氧玻璃钢等做成的比表面积大的填料。

③ 布气布水系统　目前国内生物接触氧化法多采用接触氧化池池底鼓风曝气方式，该法可充分利用池容，填料间紊流激烈，生物膜更新快，活性高，不易堵塞，但是检修较困难。

4.1.3.5 生物流化床

(1)净化机理

如果使附着生物膜的固体颗粒悬浮于水中做自由运动而不随出水流失，悬浮层上部保持明显的界面，这种悬浮态生物膜反应器叫生物流化床。生物流化床是使废水通过流化的颗粒床，流化的颗粒表面生长有生物膜，废水在流化床内同分散十分均匀的生物膜相接触而获得净化。生物流化床综合了介质的流化机理、吸附机理和生物化学机理，过程比较复杂。由于它兼顾物理化学法和生物法的优点，又兼顾了活性污泥法和生物膜法的优点，所以，这种方法颇受人们重视。目前在许多部门正积极研究和应用这种方法处理废水，在试验和生产中已取得一些经验。

(2)生物流化床结构

生物流化床由床体、载体、布水装置、充氧装置和脱膜装置等部分组成。床体用钢板焊制或钢筋混凝土浇制，平面形状一般为圆形或方形，其有效高度按空床流速计算。床底布水装置是关键设备，既使布水均匀，又承托载体。常用多孔板、圆锥底加喷嘴或泡罩布水。

生物流化床的基本构造如图 4.10 所示。由于载体颗粒一般很小，比表面积非常大(2000～3000 m^2/m^3 载体)，所以单位容积反应器的微生物量很大。由于载体呈流化状态，与水充分接触，紊流剧烈，所以传质效果很好。因此，生物流化床的处理效率高。

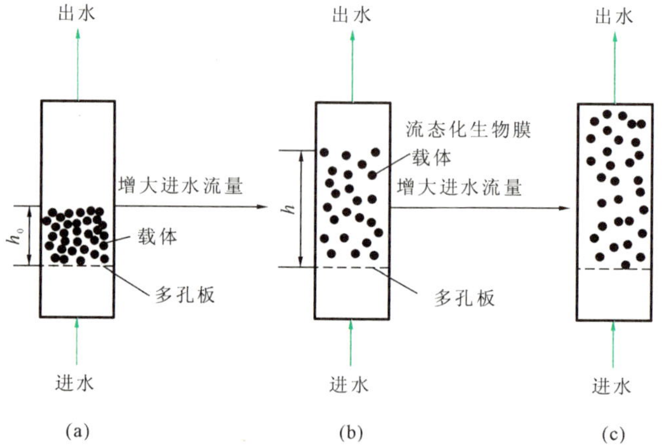

图 4.10　生物流化床的基本构造

(a)生物固定床；(b)生物流化床；(c)生物移动床

(3)生物流化床特征

①耐冲击负荷

生物流化床内载有生物膜的流化介质能均匀分布在全床，同上升水流接触条件良好。因此，它兼备有活性污泥法均匀接触条件所形成的高效率和生物膜法能承受负荷变动冲击的优点。

②降解速率较高

由于比表面积大，对废水污染物的吸附能力强，尤其是采用活性炭作为流化介质时，吸附作用更为显著。在这样一个强吸附力场作用下，废水中有机物和微生物、酶都将在流化的生物膜表面富集，使表面形成微生物生长的良好场所。像活性炭这样的介质，其表面官能团(—COOH、—OH、 >C=O)能与微生物的酸结合，所以在表面的浓度很高，炭粒实际上已成为酶的载体。因此，一些难以分解的有机物或分解速度较慢的有机物，能够在介质表面长期停留，对表面吸附着的生物膜进行长时间的驯化和诱导，使之能够顺利降解，同时也能在高浓度的作用下，提高降解的速度。

在流化床中，支承生物膜的固相物是流化介质，为了获得足够的生物量和良好的接触条件，流化介质应具有较高的比表面积和较小的颗粒直径，通常流化介质采用砂粒、焦炭粒、无烟煤粒或活性炭粒等。一般颗粒直径为 0.6～1.0 mm，所提供的比表面积是十分大的。例如，用直径 1 mm 的砂粒作载体，其比表面积为 3300 m^2/m^3，是一般生物滤池的 50 倍，比采用塑料滤料的塔式生物滤池高约 20 倍，比平板式生物转盘高 60 倍。因此，在流化床中能维持相当高的微生物浓度，可比一般的活性污泥法高 10～20 倍，因此，废水底物的降解速度很快，停留时间很短，废水负荷相当高。

4.1.3.6 生物膜法系统的运行管理

(1)挂膜

生物膜法的培养与驯化，其关键阶段是生物膜的挂膜。挂膜过程就是使微生物在填料上生长蓄积的过程。挂膜分为直接挂膜法与间接挂膜法。生物接触氧化池与塔式生物滤池一般采用直接挂膜法；普通的生物滤池和生物转盘等设施需要使用间接挂膜法。

①直接挂膜法

在适合的溶解氧、营养物质等条件下，连续进水，正常运行处理系统，使污水中的微生物能大量繁殖并且附着生长在填料上。这种挂膜方法类似于活性污泥培养，可以参考活性污泥培养的步骤。生活污水可以采用直接挂膜法，一般经过 7～10 d 就可以完成挂膜。

②间接挂膜法

对于不易降解的工业废水，多数采用间接挂膜的方式。通常先利用生活污水与少量的工业废水(20%左右)的混合液培驯出活性污泥(或从污水处理厂接种污泥)，再投入到生物膜的处理系统中曝气、沉淀分离，循环运行，待发现填料上生长出黏状污泥，即开始连续进水，挂膜初期进水流量应该小于设计流量，待挂膜成功之后再逐渐增加工业废水的比例，直到处理废水全为工业废水。目前生物膜挂膜多数采取间接挂膜法。

(2)生物膜法运行中常见的问题及对策

①生物膜严重脱落

生物膜大量脱落，不但会造成处理效果下降，还会导致二次沉淀池的运行效果下降。出现这种现象的主要原因有：

A. 进水中含有大量有毒物质，如重金属、氯或其他有机毒物。

解决办法：及时查明毒物来源、浓度、排放的频率与时间，控制毒物进入，立即将反应池的水排空，用其他废水稀释。

B. pH 值的突然变化。在 pH 值小于 5 或大于 10.5 时，将导致生物膜大量脱落。

解决办法：投加化学药剂予以中和，使进水 pH 值保持在 6.5～8.5 的范围内。

②产生白色生物膜

当进水发生腐败或含有高浓度的硫化物，或负荷过高混合液缺氧时，生物膜中硫细菌大量繁殖；或进水偏酸性，膜中丝状真菌大量繁殖。此时，生物膜会呈白色，处理效果大大下降。

解决办法：提高体系的溶解氧；对污水进行脱硫处理；降低负荷。

4.2 废水的厌氧生物处理

4.2.1 概述

厌氧生物处理过程是指在厌氧条件下由多种微生物的共同作用，使有机物分解并生成 CH_4 和 CO_2 的过程。

人类开始利用厌氧法处理废水，迄今已有 100 多年历史，目前，厌氧生物处理技术的理论和实践都有了很大进步，并在处理高浓度有机污水方面取得了良好的效果，得到广泛的应用。一系列新型厌氧生物处理工艺和设备，如厌氧生物滤池、升流式厌氧污泥床、厌氧膨胀床和厌氧流化床、厌氧挡板式反应器等也随之诞生。与好氧生物处理技术相比较，厌氧生物处理技术具有诸多的优点，具有十分广阔的发展空间和应用前景。

4.2.1.1 厌氧生物处理机理

有机物在厌氧条件下的消化降解过程可分为三个阶段，即水解酸化阶段、产氢产乙酸阶段和产甲烷阶段，如图 4.11 所示。

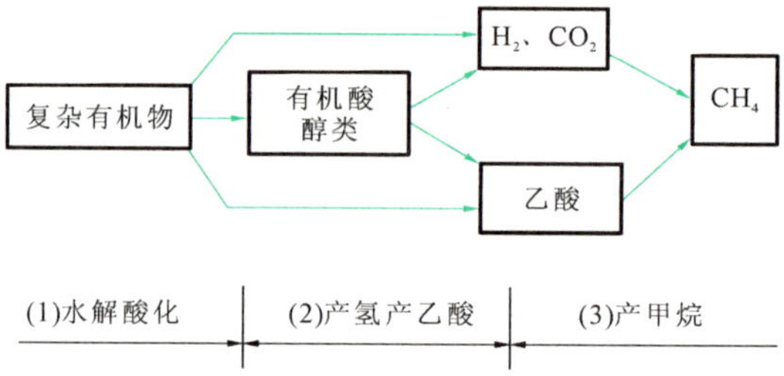

图 4.11 厌氧消化过程示意图

第一阶段为水解酸化阶段。复杂的大分子、不溶性有机物先在细胞外酶作用下水解为小分子、溶解性有机物，然后渗入细胞体内分解产生挥发性有机酸、醇、醛类等，同时产生氢气和二氧化碳。

第二阶段为产氢产乙酸阶段。在产氢产乙酸细菌的作用下，第一阶段产生的各种有机酸、醇、醛类等被分解转化成乙酸和 H_2，在降解有机酸时还形成 CO_2。

第三阶段为产甲烷阶段。产甲烷细菌将乙酸、乙酸盐、CO_2 和 H_2 等转化为甲烷。此过程中，产甲烷细菌可以分别通过下列两种途径之一生成甲烷。其一是在二氧化碳存在时，利用氢气生成甲烷。其二是利用乙酸产生甲烷。

厌氧反应虽然由这三个步骤组成，但在实际的反应过程中，这三个阶段是同时进行的，并保持一定的动态平衡。这种动态平衡受到 pH 值、温度、有机负荷等外在因素的影响。这些外在因素通过影响厌氧细菌的生物活性而影响整个厌氧消化过程。

4.2.1.2 影响厌氧生物处理的主要因素

因产甲烷阶段控制整个厌氧消化过程，所以，厌氧处理工艺的各项影响因素也以对甲烷菌的影响因素为准。

(1)温度

温度是影响厌氧生物处理的主要因素。根据不同消化细菌适应的温度不同,消化过程可以在三种不同的温度范围内进行,即:低温消化 5～15 ℃;中温消化 30～35 ℃;高温消化 50～55 ℃。

由于高温消化加热费用大,操作管理复杂,而低温消化效率太低,通常采用的厌氧处理一般选择在中温。只有在卫生要求较高时,或处理某些高温废水,或有废弃余热的企业才考虑采用高温消化。

(2)pH 值

甲烷细菌适宜的 pH 值范围在 6.8～7.2 之间,若 pH 值低于 6 或高于 8,正常的消化系统就会遭到破坏。因此有机污水进入厌氧消化系统之前,应调整 pH 值在 7 左右,系统运行中应密切关注 pH 值的变化,找出原因,并采取适当的控制措施。

在实际运行中,如 pH 值低,可投加适量的石灰或碳酸钠调整 pH 值。应注意投加石灰过多会产生 $CaCO_3$ 沉淀。

(3)营养与 C/N 比

厌氧微生物的生长繁殖需按一定的比例摄取碳、氮、磷以及其他微量元素。工程上主要控制污泥或污水的碳、氮、磷比例通常为(200～300) : 5 : 1 为宜。在碳、氮、磷比例中,碳氮比对厌氧消化的影响更为重要,一般 C/N 比达到(10～20) : 1 为宜。

粪便单独厌氧消化,含氮量过高,C/N 太低,厌氧消化效果受到影响,如能投加一些杂草、秸秆提高碳氮比,不仅可提高消化效果,还能提高沼气产量。

(4)负荷

负荷是影响厌氧消化效率的一个重要因素,直接影响产气量和处理效率,是厌氧消化的重要控制参数。在厌氧消化中,负荷通常指容积有机负荷,简称容积负荷,即厌氧反应器单位有效容积每天接受的有机物量[kgCOD/(m^3 · d)]。在污泥厌氧消化中,负荷习惯上用污泥投配率表示,即每天所投加的生污泥体积占污泥消化器有效容积的百分数。一般城市污水处理厂污泥中温消化的投配率以 5%～8% 为宜。污泥投配率也是消化时间的倒数,例如,当投配率为 5% 时,新鲜污泥在消化池中的平均停留时间为 20 d。

厌氧处理系统正常运转取决于产酸与产甲烷反应速率的相对平衡。若负荷过高,则挥发酸将累积而使 pH 值下降,破坏消化,产气率降低。相反,若负荷过低,消化完全,产气率提高,但容积利用效率降低,投资和运行费用提高。因此,控制合适的负荷对厌氧生物反应器的设计和运行是十分重要的。

在通常的情况下,上流式厌氧污泥床反应器、厌氧滤池、厌氧流化床等新型厌氧工艺的有机负荷在中温下为 5～15 kgCOD/(m^3 · d),甚至可高达 30 kgCOD/(m^3 · d)。在处理具体污水时,最好通过试验来确定其最适宜的有机负荷。

(5)搅拌

搅拌有利于新投入的新鲜污泥(或污水)与熟污泥(或称消化污泥)的充分接触,使反应器内的温度、有机酸、厌氧菌分布均匀,并能防止消化池表面板结,以利于沼气的释放。搅拌可提高沼气产量和缩短消化时间。消化搅拌有沼气搅拌、机械搅拌等形式。

(6)有毒物质

有毒物质会对厌氧微生物产生不同程度的抑制作用,使厌氧消化过程受到影响甚至停止。

4.2.2 升流式厌氧污泥床法(UASB)

升流式厌氧污泥床反应器(Upflow Anaerobic Sludge Blanker)简称 UASB,是荷兰 Lettinga 教授等在 1972 年研制,1977 年开发的。在国外,这种技术很受关注,成为近年来国外发展最快的厌氧生物处理技术,我国从 20 世纪 80 年代初开始 UASB 反应器的研究与应用,据不完全统计,目前我国厌氧生物处理项目中,有 60%左右的项目用 UASB 反应器。

4.2.2.1 UASB 反应器的工作原理

在反应器的底部是浓度较高的污泥层,称污泥床,在污泥床上部是浓度较低的悬浮污泥层,通常把污泥层和悬浮层统称为反应区,在反应区上部设有气、液、固三相分离器。如图 4.12 所示,污水从污泥层底部进入,与污泥层中的污泥进行混合接触,微生物分解污水中的有机物产生沼气,微小沼气泡在上升过程中不断合并逐渐形成较大的气泡。由于气泡上升产生较强烈的搅动,在污泥层上部形成污泥悬浮层。气、水、泥的混合液上升至三相分离器内,沼气气泡碰到分离器下部的反射板时,折向气室而被有效地分离排出;污泥和水则经孔道进入三相分离器的沉降区,在重力作用下,水和泥分离,清液从沉降区上部排出,沉降区下部的污泥沿着斜壁返回到反应区内。在一定的水力负荷下,绝大部分污泥颗粒能保留在反应区内,使反应区具有足够的污泥量。

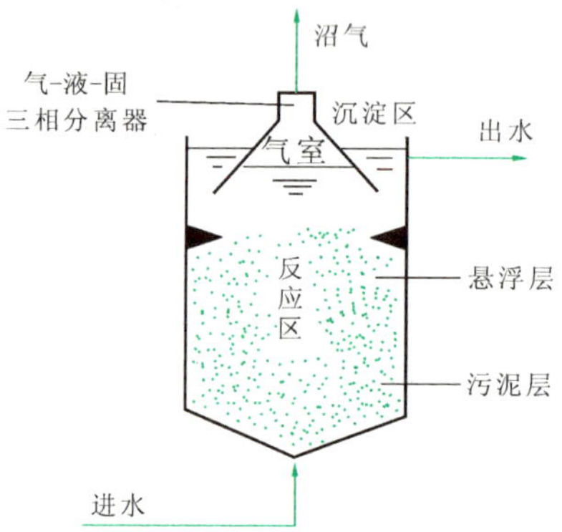

图 4.12 UASB 反应器

4.2.2.2 UASB 反应器的构造

升流式厌氧污泥床的池形有圆形、方形、矩形。小型装置常为圆柱形,底部呈锥形或圆弧形。大型装置为便于设置气、液、固三相分离器,则一般为矩形,高度一般为 3~8 m,其中污泥层 1~2 m,污泥悬浮层 2~4 m,多用钢结构或钢筋混凝土结构。反应器主要由以下几部分组成。

(1)污泥层

反应器下层为高浓度、高活性的污泥层。污泥层的污泥浓度一般为 40000 mg/L~

80000 mg/L，这一层的集聚污泥主要为颗粒状，具有沉淀效果好的特点。污泥层的体积一般只占整个反应器的 20%左右，但该层污泥却是反应器中降解污染物的主要部分，这一层污泥降解的有机物量占整个反应器污泥降解有机物的 70%～90%。

(2)污泥悬浮层

由于进水与产生气体的剧烈搅动，在污泥层上部形成污泥悬浮层。这个区域的污泥浓度为 15000～30000 mg/L，污泥呈絮凝状。布水系统进水水流与厌氧反应产生的气泡使这个区域的污泥混合均匀。这一层污泥降解的有机物量占了整个反应器降解有机物的 10%～30%。

(3)三相分离器

分离区在反应器的顶部，该区域有一个三相分离器，其作用是使处理后的污水、固体污泥颗粒、产生的气体实现分离。三相分离器的基本构造如图 4.13 所示。

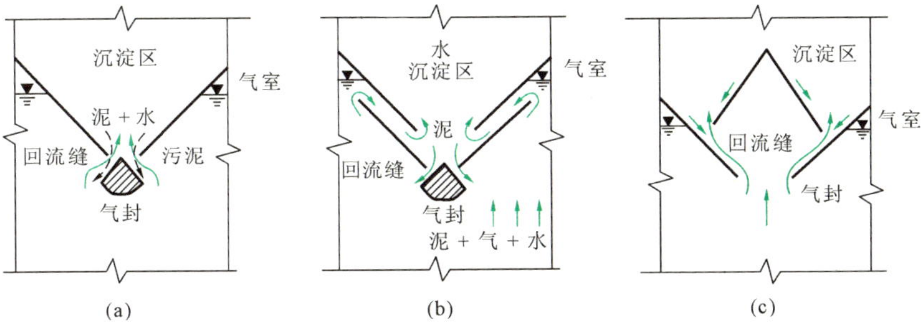

图 4.13　三相分离器的基本构造

(4)进水配水系统

进水配水系统是反应器相当关键的一个部分。进水配水系统的主要功能有两个：① 使污水均匀地分配到整个反应器的底部，并均匀上升；② 起到水力搅拌的作用。一般采用多点进水，使进水较均匀地分布在污泥床断面上。

UASB 反应器的进水方式一般有间歇式进水、脉冲式进水、连续均匀进水、连续进水与间歇进水结合几种进水方式。进水方式应根据进水水质与水量而定。一般进水都采取连续进水的方式，但如果进水浓度过高，应该考虑延长水力停留时间。

4.2.2.3　UASB 反应器的启动

UASB 反应器能有良好的去除效果，关键在于 UASB 反应器内有沉降性能好与活性度高的颗粒状污泥。UASB 启动过程也就是将接种的絮状污泥变成颗粒污泥的过程。此过程非常缓慢，但一经启动成功之后，反应器可以迅速完成停运一段时间后的再次启动。

UASB 的接种污泥来源有污泥消化池中的污泥，废弃水塘及化粪池底泥等，这些污泥多为絮状，在污水的试运行中，依靠反应器中不断增长的微生物，使污泥不断地积累起来。反应器开始启动期间的水力停留时间很长，在 10～32 d 里，HRT 为 25 h，在 33～66 d 里，HRT 为 16 h，此后为 12 h，逐步缩短水力停留时间，提高负荷。开始阶段 COD 去除率较低，随着污泥层的形成，系统运转效果逐渐改善，当反应器形成足够的污泥层后，即可认为反应器已完成了初次启动。

在 UASB 反应器启动阶段，进水 COD 浓度不宜过大。如果进水的 COD 小于 5000 mg/L，不需要对污水进行稀释。但如果废水的 COD 过高，有必要将废水的 COD 稀释到 5000 mg/L 以下。启动过程中注意观察反应器内的 pH 值，并且注意调整反应器中的 pH 值在 6.5～7.5 之间。启动 UASB 反应器的最初进水污染负荷为 0.5～1.5 kg COD/(m^3·d)，当 COD 的去除率达到 80%并且稳定之后，增加反应器容积负荷，负荷每次增加量不大于原负荷的 20%。将反应器的负荷增加到 2 kgCOD/(m^3·d)以后，应注意根据实际情况调整与控制。当反应器的污染负荷升至 5 kgCOD/(m^3·d)时，反应器中污泥颗粒化会在此负荷作用下很快形成。

升流式厌氧污泥床反应器不仅适于处理高、中浓度的有机污水，也适用于处理城市污水，是目前应用最多和最有发展前景的厌氧生物处理装置。同时，以 UASB 为基础的其他高效能反应器也在发展中，例如厌氧复合床、厌氧膨胀床和流化床等。

4.2.3 厌氧复合床反应器(UBF)

厌氧复合床反应器(UBF)是加拿大人 Guiot 在厌氧滤池(AF)和升流式厌氧污泥床(UASB)的基础上开发的新型复合式厌氧反应器，是处理高浓度有机废水的一种有效的、经济的技术。其示意图见图 4.14。

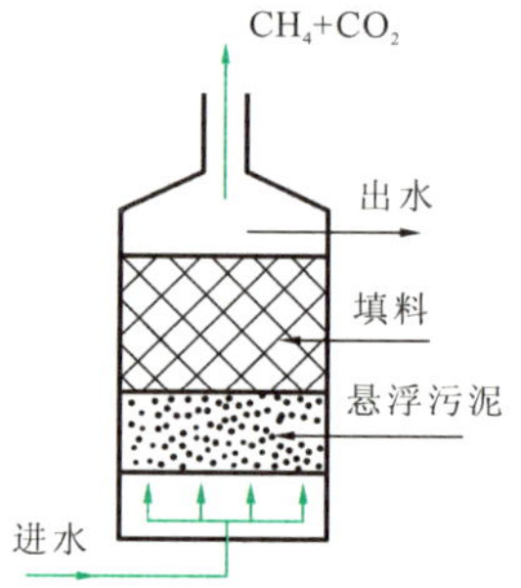

图 4.14 厌氧复合床反应器示意图

厌氧复合床反应器下部为污泥悬浮层，而上部则装有填料。当污水依次通过悬浮泥层及填料层，有机物将与污泥层颗粒污泥及填料生物膜上的微生物接触并得到稳定。与厌氧生物滤池相比，减少了填料层的高度，也就减少了滤池被堵塞的可能性；与升流式厌氧污泥床相比，可不设三相分离器，使反应器构造与管理简单化。填料层既是厌氧微生物的载体，又可截留水流中的悬浮厌氧活性污泥碎片，从而能使厌氧反应器保持较高的微生物量，并使出水水质得到保证。厌氧复合床反应器中填料层高度一般为反应区总高度的 2/3，而污泥层的高度为反应区总高度的 1/3。

4.2.4 内循环厌氧反应器(IC)

内循环厌氧反应器(IC)是目前世界上公认的处理效能最高的厌氧反应器，适合中高浓度有机废水的高效处理和沼气规模化生产，现已成功应用于啤酒废水、造纸废水、淀粉废水、柠檬酸废水等多种高浓度有机废水的处理，其示意图见图 4.15。IC 反应器具有很大的高径比，一般可达 4～8，反应器的高度可达 16～25 m。

IC 反应器按功能划分，反应器由下而上共分为 5 个区：混合区、第一厌氧区、第二厌氧区、沉淀区和气液分离区。

①混合区　反应器底部进水、颗粒污泥和气液分离区回流的泥水混合物有效地在此区混合。

②第一厌氧区　混合区形成的泥水混合物进入该区，在高浓度污泥作用下，大部分

有机物转化为沼气。混合液上升流和沼气的剧烈扰动使该反应区内污泥呈膨胀和流化状态，加强了泥水表面接触，污泥由此而保持着高的活性度。随着沼气产量的增多，一部分泥水混合物被沼气提升至顶部的气液分离区。

图 4.15　内循环厌氧反应器示意图

③气液分离区　被提升的混合物中的沼气在此与泥水分离并导出处理系统，泥水混合物则沿着回流管返回到最下端的混合区，与反应器底部的污泥和进水充分混合，实现了混合液的内部循环。

④第二厌氧区　经第一厌氧区处理后的废水，除一部分被沼气提升外，其余的都通过三相分离器进入第二厌氧区。该区污泥浓度较低，且废水中大部分有机物已在第一厌氧区被降解，因此沼气产生量较少。沼气通过沼气管导入气液分离区。

⑤沉淀区　第二厌氧区的泥水混合物在沉淀区进行固液分离，上清液由出水管排走，沉淀的颗粒污泥返回第二厌氧区污泥床。

IC 反应器实际上是由两个上下重叠的 UASB 反应器串联组成的。由下面第一个 UASB 反应器产生的沼气作为提升的内动力，使升流管与回流管的混合液产生密度差，实现下部混合液的内循环，使废水获得强化预处理。上面的第二个 UASB 反应器对废水继续进行后处理(或称精处理)，使出水达到预期的处理要求。

4.3　自然条件下的生物处理

自然条件下的生物处理法主要有稳定塘和土地处理两类。自然条件下的生物处理法不但费用低廉、运用管理简便，而且可同时去除 BOD、病原菌、重金属、有毒有机物及氮、磷营养物质。在一定条件下，生物稳定塘还能作为养殖塘加以利用，土地处理则可将废水和其中的营养物质作为水肥资源利用，获得除害兴利、一举两得的效果。我国的环境保护政策规定“城市废水处理，应推行废水处理厂与氧化塘、土地处理系统相结合的政策”。近十多年来，这类古老的废水处理技术在国内外得到迅速发展。

4.3.1 生物稳定塘

生物稳定塘又称氧化塘或生物塘，是一种利用天然净化能力对污水进行处理的天然或人工池塘的总称，其净化过程与自然水体的自净过程相似。通常是将土地进行适当的人工修整，建成池塘，并设置围堤和防渗层，依靠塘内生长的微生物来处理污水。

4.3.1.1 生物稳定塘净化原理

在生物稳定塘中，有机物主要是通过两类微生物的新陈代谢作用去除的。一类是异养微生物，将有机物氧化降解，同时产生能量和合成自己新的细胞；另一类则是藻类，通过光合作用固定二氧化碳，合成新的细胞并释放出氧。藻类释放出的氧，供好氧和兼性菌氧化有机物生成二氧化碳和水，而产生的二氧化碳又可满足藻类光合作用的需要，以此循环，相辅相成。

生物稳定塘内的生态系统，较人工生物处理系统复杂。该系统包括菌类、藻类、浮游生物、水生植物、底栖动物以及鱼、虾、水禽等高级动物，形成了互相依赖的食物链。使废水中的有机污染物得到分解并稳定，从而转化为鱼、虾、水禽等人类可以食用的物质，净化后的废水还可用于灌溉农田。

4.3.1.2 生物稳定塘类型

生物稳定塘的分类常按塘内的微生物类型、供氧方式和功能等进行划分，可分为好氧塘、兼性塘、厌氧塘和曝气塘。

(1)好氧塘

深度较浅，一般小于 0.5 m，以使阳光能够穿透全部深度。在其整个深度中都保持有溶解氧，由藻类的光合作用和风力搅动提供溶解氧，全部塘水呈好氧状态，由塘内好氧微生物对有机物进行降解。好氧塘水力停留时间较短，通常为 3～5 d。

好氧塘包括高负荷好氧塘、普通好氧塘和深度处理好氧塘。好氧塘应该建在温度适宜、光照充分、通风条件良好的地方，既可以单独使用，又可以串联在其他处理系统之后，进行深度处理。

好氧塘实际工程中多采用经验数据进行设计，即 BOD_5 表面负荷法。好氧塘多采用矩形塘，长宽比为(3∶1)～(4∶1)；塘深 0.3～1.5 m，超高为 0.6～1.0 m；堤坡坡度为(1∶2)～(1∶3)。

好氧塘适用于去除营养物及溶解性有机物，投资省，管理方便。但是处理水中含有大量的藻类，需要对出水进行除藻处理，同时对细菌的去除效果较差。

(2)兼性塘

兼性塘是一种最常用的稳定塘，其水深通常为 1.0～2.0 m，从上到下分为三层：上层好氧层，中层兼性层(也叫过渡层)，塘底厌氧层。如图 4.16 所示，好氧层的净化原理与好氧塘基本相同，藻类进行光合作用，产生氧气，溶解氧充足，有机物在好氧性异养菌的作用下进行氧化分解。兼性层的溶解氧的供应比较紧张，含量较低，且时有时无，其中存在着异养型兼性细菌，它们既能利用水中的少量溶解氧对有机物进行氧化分解，同时，在无分子氧的条件下，还能以 NO_3^-、CO_3^{2-} 作为电子受体进行无氧代谢。厌氧层内不存在溶解氧，进入水中的悬浮固体物质以及藻类、细菌、植物等死亡后所产生的有机固体下沉到塘底，形成 10～15 cm 厚的污泥层，厌氧微生物在此进行厌氧发酵和产甲烷发酵过程，对其中的有机物进行分解。在厌氧层一般可以去除 30% 的 BOD。兼性塘的水力停留时间一般为 5～30 d。

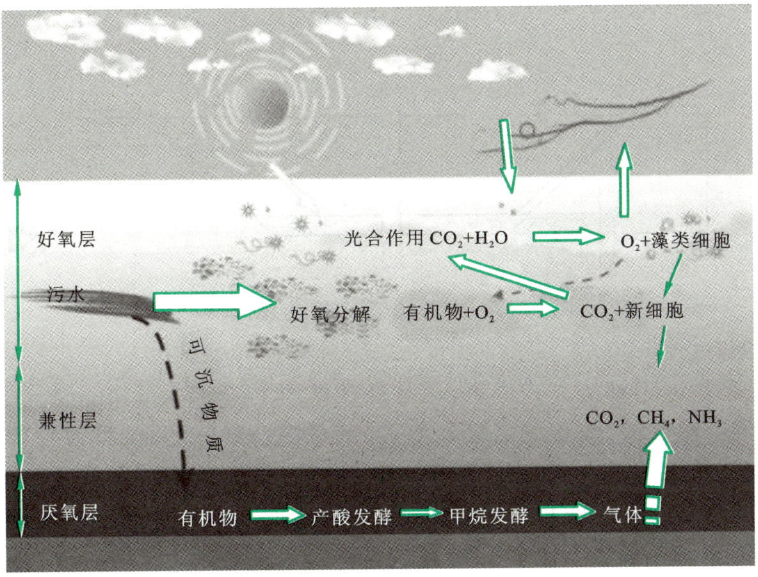

图 4.16　兼性塘净化过程示意图

兼性塘应用非常广泛。常用于处理小城镇的污水以及大城市污水处理的一级或二级出水。还可应用于工业废水的处理，接在曝气塘和厌氧塘之后，使处理水在排放前得到更进一步的稳定。兼性塘最容易操作和维护管理，出水 BOD_5 值范围为 20～60 mg/L，而 SS 值通常在 30～150 mg/L 的范围内，但池容大，占地多。

兼性塘多采用矩形，长宽比为(3∶1)～(4∶1)，塘的四角宜做成圆形，以避免死区；塘有效水深 1.2～2.5 m，储泥厚度不小于 0.3 m，超高 0.6～1.0 m；塘内坡度为(1∶2)～(1∶3)；塘外坡度为(1∶2)～(1∶5)；进水口宜采用扩散管或多点进水，保证塘的横断面上配水均匀。系统中兼性塘一般不少于 3 座，多串联。其中第一塘的面积比较大，约占总面积的 30%～60%，单塘面积一般介于 $(0.8\sim4)\times10^4$ m^2。

(3)厌氧塘

厌氧塘的原理与其他厌氧生物处理过程一样，依靠厌氧菌的代谢功能，使有机底物得到降解。反应分为两个阶段：首先由产酸菌将复杂的大分子有机物进行水解，转化成简单的有机物(有机酸、醇等)；然后产甲烷菌将这些有机物作为营养物质，进行厌氧发酵反应，产生甲烷和二氧化碳等。厌氧塘深度通常为 2.0～5.0 m，水力停留时间为 20～50 d。

厌氧塘通常用来处理高浓度工业和农业废水，或在工厂排入城市污水系统的有机负荷太大时，作为预处理步骤。厌氧塘由于温度无法控制，工作条件难以保证；臭味大；净化速率低，污水停留时间长，一般置于塘系统的首端，作为预处理设施，在其后再设兼性塘、好氧塘甚至深度处理塘做进一步处理，这样可以大大减少后续兼性塘和好氧塘的容积。

如图 4.17 所示，厌氧塘容积负荷一般为 0.2～0.4 $kgBOD_5/(m^3 \cdot d)$，有效水深 2.0～5.0 m，超高为 0.6～1.0 m，坡度(1∶1)～(1∶3)；厌氧塘进口设在底部，高出塘底 0.6～1.0 m，以便使进水与塘底污泥相混合。出水管应在水面以下，淹没深度不小于 0.6 m，并要求在浮渣层或冰冻层以下。一般进口和出口均不得少于两个；储泥厚度大于或等于 0.5 m。城市污水厌氧塘污泥清除的周期一般为 5～10 年。

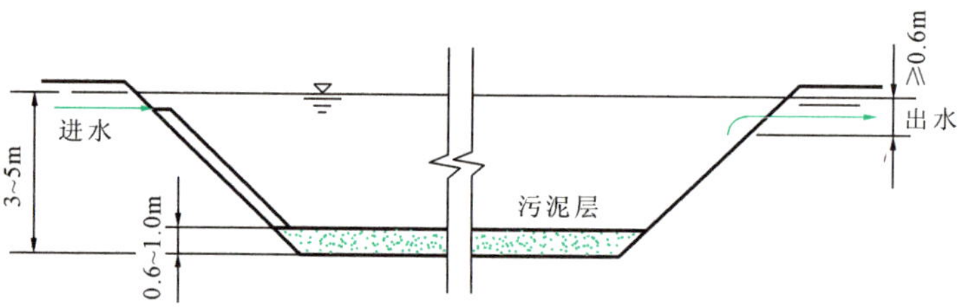

图 4.17　厌氧塘示意图

(4)曝气塘

曝气塘是采用人工补给方式供氧，通常是在塘面上安装曝气机。曝气塘可以分为两种类型：完全混合曝气塘(或称好氧曝气塘)和部分混合曝气塘(或称兼性曝气塘)。曝气塘一般宜采用表面曝气机进行曝气，但北方冬季存在结冰问题，应采用鼓风曝气。

曝气塘是由超负荷兼性塘安装曝气机增加供氧而发展起来的。曝气塘通常深 2～6 m，水力停留时间为 3～10 d 。曝气塘的主要优点是所需的占地面积较小，处理程度高，无臭味。缺点主要是运行维护费用高；由于采用了人工曝气，所以能耗高，容易起泡沫，出水中含固体物质浓度高。

曝气塘也采用 BOD_5 表面负荷法进行计算。BOD_5 表面负荷为 1～30 $kgBOD_5/(10^4 m^2 \cdot d)$。

4.3.2　废水的土地处理

4.3.2.1　概述

土地处理系统是在人工控制的条件下，将污水投配在土地上，通过土壤—生物系统，进行一系列化学、物理、物化及生化的净化过程，使污水得到净化的一种污水处理工艺。对我国一些城市污水的测定结果表明，污水中含 T-N 为 30～90 mg/L，NH_3-N 为 20～50 mg/L，P 为 3～4 mg/L，K 为 5～40 mg/L。利用废水灌溉，不仅解决了农牧林业对水、肥两大要素的需求，而且提高了土壤肥力和地温，获得十分显著的增产效果，而且能除去 N、P 营养物和难生化降解有机物，进一步降低 COD、SS 和病原菌，使废水资源得到再生。废水土地处理系统就是在废水灌溉基础上发展起来的，但二者既有密切的联系，又有显著的差别。废水土地处理系统是以控制水污染、净化污水为目标，具备有效的管理与维护的环境生态工程系统。

废水土地处理系统一般由以下几部分组成：① 废水的预处理设施；② 废水的调节与贮存设施；③ 废水的输送、布水及控制系统；④ 土地净化田；⑤ 净化出水的收集与利用系统。其中核心部分是净化田，处理的主要过程就发生在这里。

4.3.2.2 净化机理

(1)物理过滤作用

土壤颗粒间的孔隙能截留、滤除废水中的悬浮颗粒。土壤颗粒的大小、孔隙的分布等，均影响土壤过滤的净化效率。在使用过程中应注意防止堵塞，通过灌水与休田的交替轮换，保证土壤的截污过滤能力。

(2)化学净化作用

土壤中黏土矿物具有吸附功能，废水中的部分重金属离子可能会由于被吸附、被置换或与土壤中某些胶体反应生成螯合化合物、沉淀物而沉积于土壤中。如生成金属磷酸盐，有机重金属盐类及难溶硫化物等。

(3)微生物的代谢和有机物的分解

土壤中含有大量微生物，能对土壤颗粒中的悬浮有机固体及溶解性有机物进行生物降解。土壤表层微生物的活性极强，周期性地向其中投配污水，可以为好氧菌提供充足的氧气。

(4)植物的净化作用

土地处理系统中，农作物或其他植物对污水起着重要的净化作用。农作物从进入土地的污水中吸收大量的氮、磷化合物，使污水得到净化。植物通过根系吸取一定量的污水，不仅能吸收污水中的氮、磷等营养物质，并通过根系作用，增加土壤的透气性能，又可起到增加土壤中微生物的作用。

此外，在污水土地处理系统中，最重要的病原体为致病菌、病毒和寄生虫卵。致病生物能污染农作物、牧草、地表水及地下水等，具有一定的危险性。在最适宜的条件下，有些寄生虫卵可在土壤中存活多年。因此，在污水土地处理系统中应加强过程控制，使这些病原微生物在处理系统中，通过吸附、干燥、辐射、过滤、捕食、pH 值变化等作用而逐渐被消除。

4.3.2.3 基本工艺类型

根据土壤渗透能力的大小，污水土地处理系统主要分为土地渗滤系统和湿地系统两大类，其中土地渗滤系统包括慢速渗滤、快速渗滤、地表漫流及地下渗滤系统四种基本工艺类型。近年来，各类型的湿地系统获得迅速发展，使用日益广泛。土地渗滤系统作为农村生活污水处理系统，其发展也极为迅速。

(1)土地渗滤系统

① 慢速渗滤系统

慢速渗滤系统是将污水投配到种有作物的土壤表面，污水在流经该系统时，依靠土壤—微生物—植物复合系统被净化，同时部分污水被蒸发和渗滤的一种土地处理工艺，见图 4.18。污水的投配方式可采用漫灌、喷灌和垄沟灌的方式。

适用于村镇生活污水和季节性排放的有机工业废水(特别是干旱地区)，既可以利用水和营养物质生产农作物，又能节省优质清洁水。慢速渗滤系统以处理污水为目标时，可选多年生牧草，其生长期长，对氮的利用率高，可耐受更高的水力负荷；若种植谷物则应以利用、生产为主，对污水的调蓄应加强管理。

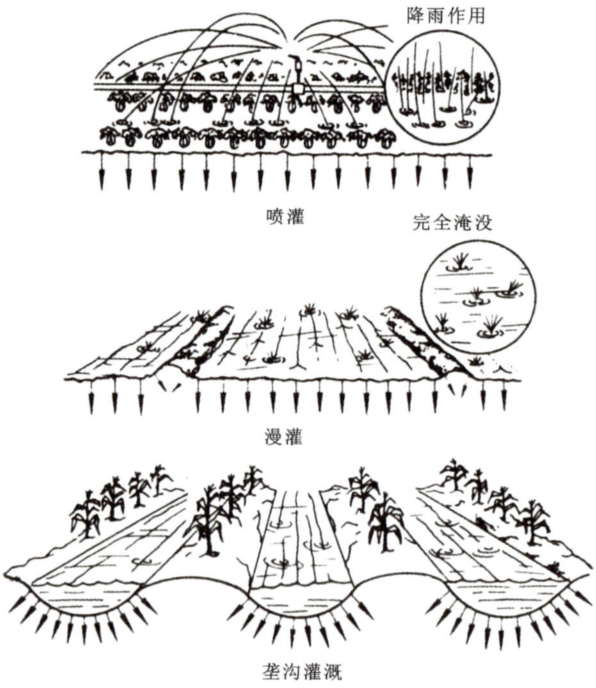

图 4.18　慢速渗滤系统

② 快速渗滤系统

快速渗滤系统是将污水有控制地投配到透水性非常良好的土壤，如砂土、壤土砂或砂壤土等表面，进行污水净化处理的土地处理工艺，见图 4.19。系统淹水期（投配或灌入）和干化期（休灌）交替运行，使快速渗滤池的表层土壤处于厌氧、好氧交替运行的状态，依靠不同种群的微生物分解降解废水中的有机物，这样可以使渗滤土壤表面好氧条件周期性地再生，同时使截留在土壤表层的有机悬浮物有效地分解而不致引起土壤孔隙的堵塞。一般淹水期 1～3 d，干化期 5～10 d。

快速渗滤系统是一种集过滤与生物处理于一体的方法，一般情况下，快速渗滤系统要求一级预处理即可；若对出水水质要求高或滤速高，则应以二级处理作为预处理。

③ 地表漫流系统

地表漫流系统是将污水有控制地投配到生长有多年生牧草、坡度缓和、土壤渗透性低的坡面上，污水在坡面表层以薄层沿坡面缓慢流动过程中得以净化的土地处理系统，见图 4.20。适用于土壤渗透性低的黏土和壤土。

污水要求预处理（如初次沉淀、筛滤）后进入系统，一般要求 pH 值为 6～9，控制污水含盐量及对土壤、作物有毒性作用的物质的浓度（如镉、汞、铅等），出水水质相当于传统生物处理后的出水；对 BOD、SS、N 的去除率较高；在处理污水的同时，可收获作物。

污水地表漫流处理系统由预处理、布水、坡面处理田及作物、贮存、监测与管理、出水与牧草利用等部分组成。布水系统的设计，主要注意防止因布水不均匀而产生短路、沟流。布水方式可采用表面布水（用穿孔管或平顶堰槽布水）与喷灌，见图 4.21。

④ 地下渗滤系统

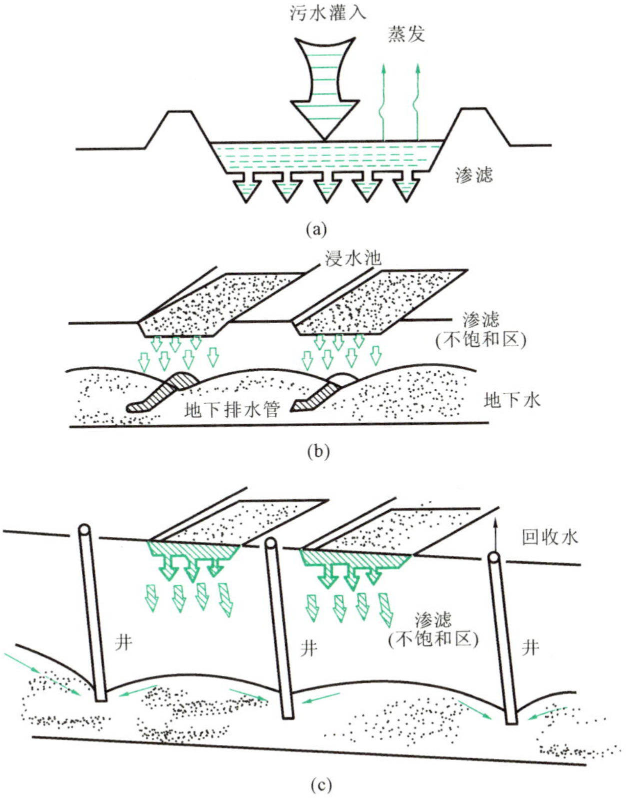

图 4.19 快速渗滤系统

(a)污水灌入;(b)由地下水管道回收处理水;(c)由井群回收处理水

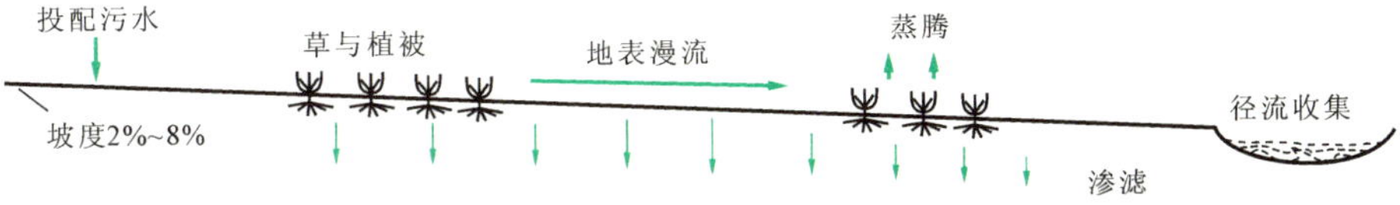

图 4.20 地表漫流系统

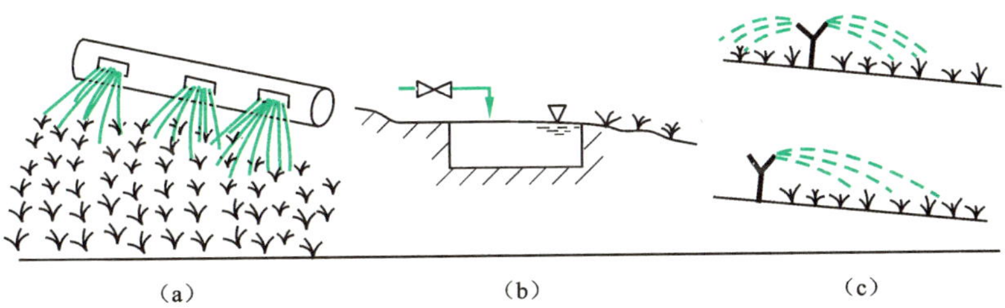

图 4.21 布水方式示意图

(a)穿孔管;(b)平顶堰槽;(c)喷灌

地下渗滤系统是将污水有控制地投配到具有一定构造、距地面约 0.5 m 深、有良好渗透性土地层中,借毛管浸润和土壤渗滤作用,使废水向四周扩散,通过过滤、沉淀、吸附、生物降解等过程使污水得到净化的土地处理工艺。

地下渗滤系统适用于无法接入城市排水管网的小水量污水处理，如分散的居民点住宅、度假村、疗养院等。污水进入处理系统前需经化粪池或酸化（水解）池预处理，预处理后的污水经过水泵提升通过管道输送至渗滤沟。在配水系统控制下，污水经布水管分配到每条渗滤沟中。污水在渗滤沟中通过砾石层的再分布，在土壤毛细管虹吸作用下上升至植物根区。污水经过土壤的物理、化学作用和微生物的生化作用以及植物吸收利用后得到处理和净化。

(2)湿地系统

人工湿地系统是将污水有控制地投配到人工建造的湿地上，利用土壤、人工介质、植物、微生物组成的生态系统的共同作用来实现对污水的净化的处理工艺。

人工湿地污水处理技术是 20 世纪 70—80 年代发展起来一种污水生态处理技术，由于它能有效地处理多种多样的废水，如生活污水、工业废水、垃圾渗滤液、地面径流雨水、合流制下水道暴雨溢流水等，且能高效地去除有机污染物，氮、磷等营养物，重金属、盐类和病原微生物等多种污染物，具有出水水质好，氮、磷处理效率高，运行维护管理方便，投资及运行费用低等特点，近年来获得迅速的发展和推广应用。这种经济、简易和高效率的污水处理技术被称为 21 世纪污水处理的新技术、新工艺、新概念与新理论。

人工湿地系统根据水流的形式可建成自由水面流人工湿地、潜流人工湿地和垂直流人工湿地。人工湿地根据湿地中主要植物形式又可以分为：浮生植物系统、挺水植物系统和沉水植物系统。

① 自由水面流人工湿地

如图 4.22 所示，自由水面流人工湿地的水面位于湿地基质以上，其水深一般为 0.3～0.5 m，这种人工湿地中，污水从进口以一定深度缓慢流过湿地表面，部分污水蒸发或渗入湿地，出水经溢流堰流出。自由水面流人工湿地接近水面的部分为好氧层，较深部分及底部通常为厌氧层，因此具有某些与兼性塘相似的性质。但是，由于湿地植物（尤其是挺水植物）对阳光的遮挡，一般不会存在兼性塘中藻类大量繁殖的情况。自由水面流人工湿地淹没于水中的植物茎、叶，其表面上形成的生物膜，对污水的净化，尤其是有机物和营养物的净化，起着主要作用。

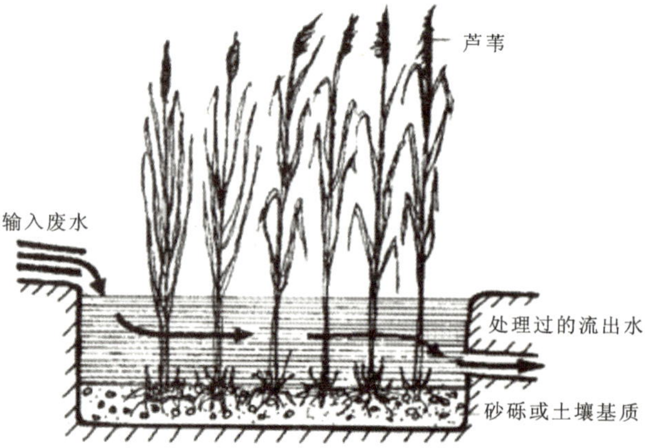

图 4.22　自由水面流人工湿地

② 潜流人工湿地

潜流人工湿地没有暴露的自由水面，污水在介质表面下渗流。这种湿地系统是目前广泛研究及应用的处理系统，主要形式为采用各种填料的芦苇床系统。

潜流人工湿地主要由植物（芦苇、美人蕉、灯芯草等）、填料床（介质）和布水系统三部分组成。自下而上依次为防渗层、卵石层、砾砂层、黏土层等，见图4.23。防渗层可以防止污水进入地下污染地下水，并具有一定的坡度；卵石层和砾砂层对进入此层的污水起到过滤作用，还可以通过滤料上的生物膜对污水中的污染物质进行降解；黏土层存在大量的耐水植物根系、微生物和土壤矿物对污水中污染物质产生吸收、降解置换等物理化学及生物作用，达到净化污水的目的。

与自由水面流人工湿地相比，潜流人工湿地的水力负荷和污染负荷大，BOD、COD、重金属等污染指标的去除效果好，污水基本上在地面下流动，保温效果好，适合寒冷地区，且很少有恶臭和滋生蚊蝇现象，是目前国际上较多研究和应用的一种湿地处理系统。它的缺点是控制相对复杂，建造费用比自由水面流人工湿地建造费用高。

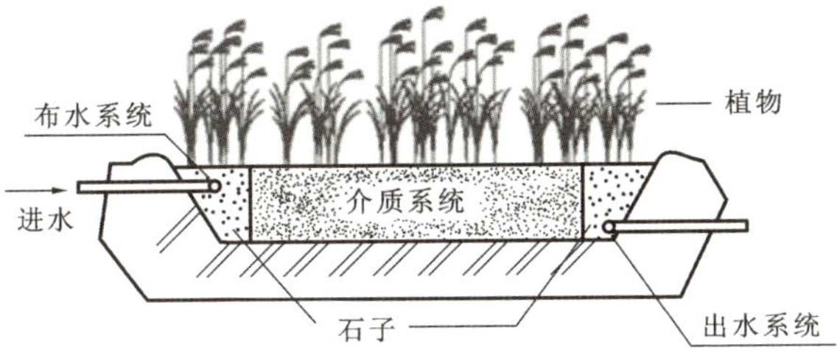

图 4.23　潜流人工湿地

③ 垂直流人工湿地

垂直流人工湿地的水流方向和根系层呈垂直状态，其出水装置一般设在湿地底部，这种湿地主要作用是提高氧向污水及基质中的转移效率。如图4.24所示，其表层通常为渗透性能良好的砂层，间歇进水，进水配水区和出水集水区的填料（介质）一般采用粒径为60～100 mm的砾石，分布于整个床宽。污水被投配到砂石床上后，淹没整个表面，然后逐步垂直渗流到底部，由底部的排水管网予以收集。在下一次进水间隙，允许空气填充到床体的填料间，这样下一次投配的污水能够和空气有良好的接触条件，提高氧转移效率，由此来提高BOD去除和氨氮硝化的效果。植物也会通过根向根区转移一部分氧。

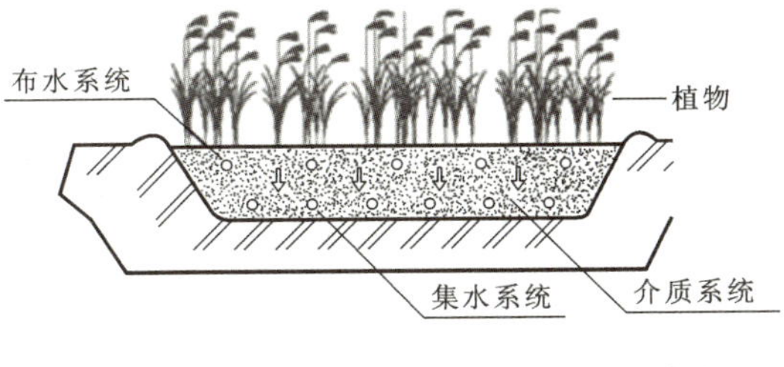

图 4.24　垂直流人工湿地

(3)污水土地系统的联合处理

各类土地处理类型工艺性能不完全相同，各有优缺点，利用不同类型的处理工艺联合处理可以发挥各自的优点，提高处理效率，常见的组合有以下几种：

① 筛滤—地表漫流—快速渗滤；

② 预处理—快速渗滤—慢速渗滤；

③ 预处理—湿地处理—地表漫流。

土地处理系统不仅能有效而经济地净化水质，而且能利用污水中的营养物质和水，促进农作物、牧草和森林的生长，促进畜牧业的发展，也可用于绿化大地，建立良性生态环境。因此，它也是一种环境生态工程，具有广阔和美好的发展前景。土地处理已成为发达国家对废水进行治理方案选择的首推项目。

4.4 生物处理典型工艺简介

4.4.1 缺氧-好氧生物处理法

在 20 世纪 80 年代后期产生了前置反硝化工艺，即将反硝化反应器放置在系统之首，如图 4.25 所示。

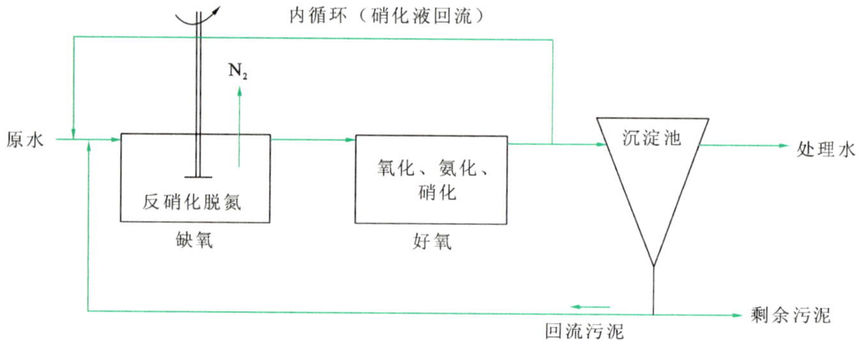

图 4.25 缺氧-好氧脱氮流程(A/O 法)

缺氧-好氧(A/O)工艺的工作过程为：原污水、回流污泥同时进入系统之首反硝化的缺氧池，与此同时，后续反应器内已进行充分反应的硝化液的一部分回流至缺氧池，在缺氧池内将硝态氮还原为气态氮，完成生物脱氮。之后，混合液进入好氧池，完成有机物氧化、氨化、硝化反应。

由于原污水直接进入缺氧池，为缺氧池的硝态氮反硝化提供了足够的碳源有机物，不需外加。缺氧池在好氧池之前，由于反硝化消耗了一部分碳源有机物，有利于减轻好氧池的有机负荷，减少好氧池的需氧量。反硝化反应所产生的碱度可以补偿硝化反应消耗的部分碱度，因此，一般情况下可不必另行投碱以调整 pH 值。该流程简单，省去了中间沉淀池，构筑物少，节省基建费用，同时运行费用低，电耗低，占地面积小。A/O 脱氮系统的好氧池和缺氧池可以合建在同一构筑物内，用隔墙将两池分开，也可以建成两个独立的构筑物。

4.4.2 厌氧-好氧生物除磷工艺

A/O 法是由厌氧池和好氧池组成的同时去除污水中有机污染物及磷的处理系统，见图 4.26。活性污泥中的聚磷菌在厌氧的不利状态下，将体内积聚的聚磷分解成无机磷释放回污水中，分解产生的能量一部分供聚磷菌生存，另一部分能量供聚磷菌主动吸收易降解的有机物储藏于体内。进入好氧状态后，聚磷菌将储存于体内的有机物进行好氧分解并释放出大量能量供聚磷菌增殖等生理活动，部分供其主动过量吸收污水中的磷酸盐，以聚磷的形式积聚于体内。剩余污泥中包含过量吸收磷的聚磷菌，通过排出剩余污泥而达到除磷的目的。

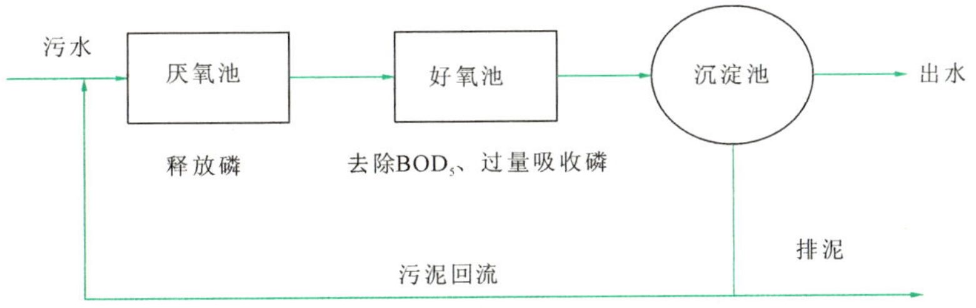

图 4.26 厌氧-好氧除磷流程(A/O 法)

4.4.3 厌氧-缺氧-好氧生物脱氮除磷工艺

城市污水处理厂通常需要在一个流程中完成脱氮、除磷功能，依据生物脱氮除磷的理论产生的最基本的工艺是同步脱氮除磷工艺 A^2/O(Anaerobic-Anoxic-Oxic)工艺，即厌氧-缺氧-好氧法，如图 4.27 所示。

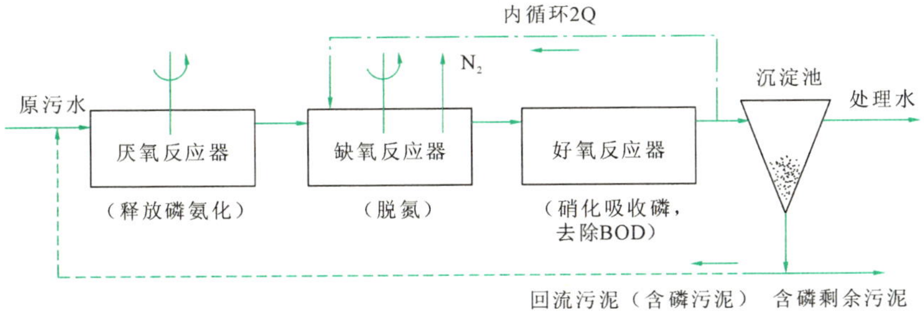

图 4.27 厌氧-缺氧-好氧脱氮除磷流程(A^2/O 法)

原废水与含磷回流污泥一起进入厌氧池。除磷菌在这里完成释放磷和摄取有机物。混合液从厌氧池进入缺氧池，本段的首要功能是脱氮，硝态氮是通过内循环由好氧池送来的，循环的混合液量较大，一般为 2 倍的进水量。然后，混合液从缺氧池进入好氧池——曝气池，这一反应池单元是多功能的，去除 BOD，硝化和吸收磷等项反应都在本反应器内进行。最后，混合液进入沉淀池，进行泥水分离，上清液作为处理水排放，沉淀污泥的一部分回流厌氧池，另一部分作为剩余污泥排放。

在系统上本工艺可以称为最简单的同步脱氮除磷工艺，总的水力停留时间少于其他同类工艺，而且在厌氧、缺氧、好氧交替运行条件下，不易发生污泥膨胀。运行中无须投药，厌氧池和缺氧池只用轻缓搅拌，运行费用低。

A^2/O 工艺发展到今天，为了进一步提高脱氮、除磷效果和节约能耗，有了多种变形和改进，有改良的 Bardenpho 工艺、UCT 工艺及改良的 UCT 工艺、倒置 A^2/O 生物脱氮除磷工艺等。其中倒置 A^2/O 生物脱氮除磷工艺在我国一些大、中型城镇污水厂中得到广泛应用。如图 4.28 所示，系统避免了回流污泥中硝酸盐对厌氧释磷的影响，是经过完整的厌氧和好氧过程，活性污泥能充分地吸收磷。

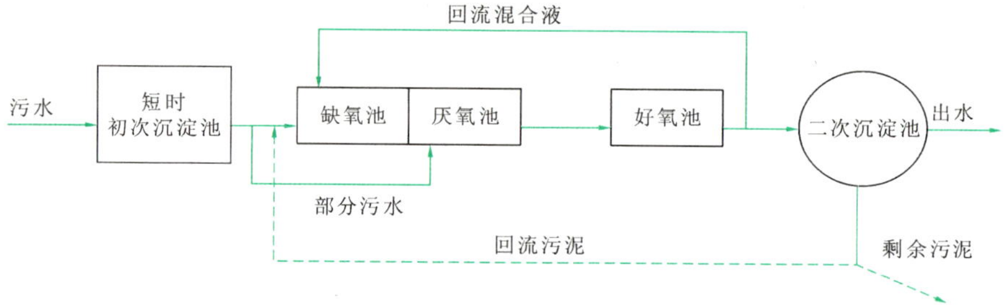

图 4.28 倒置 A^2/O 法脱氮除磷流程

4.4.4 吸附-生物降解法

吸附-生物降解(Adsorption-Biodegradation，AB)工艺，由德国亚琛大学 Bohnke 教授于 20 世纪 70 年代中期开创。A 段以高负荷或超高负荷运行，B 段以低负荷运行，A 段曝气池停留时间短，为 30～60 min，B 段停留时间为 2～4 h。该系统不设初次沉淀池，A 段曝气池是一个开放性的生物系统，有利于利用原污水中的活性微生物。A、B 两段各自有独立的污泥回流系统，两段的污泥互不相混，有利于在 A 段和 B 段生物处理池中保持各自的优势微生物种群，见图 4.29。

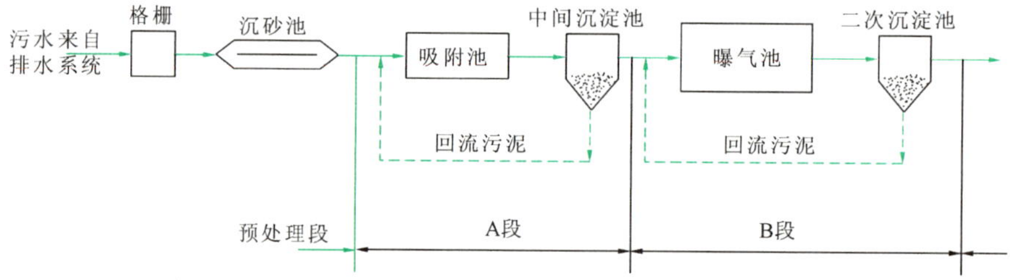

图 4.29 吸附-生物降解法工艺流程

在 A 段系统中，主要利用活性污泥的吸附、絮凝能力将污水中有机物吸附于活性污泥上，部分降解后在 A 段中间沉淀池中进行分离，大部分有机物质以剩余污泥方式被排出，可除去 50%～60%的有机物。A 段产生的污泥量较大，约占整个处理系统污泥产量的 80%，这在一定程度上给污泥的处理和处置带来一定的困难。AB 法工艺中的 A 段，可根据原污水水质等情况的变化而采用好氧或缺氧的运行方式。B 段为低负荷段，经 A 段处理后残留于污水中的有机物在该段被氧化甚至硝化，以保证较高的运行稳定性和污水处理效率。

AB 法处理效果稳定，具有抗冲击负荷能力、pH 值变化的能力，特别适用于处理浓度较高、水质水量变化较大的污水，该工艺适合超负荷污水处理厂的改造，也可以根据经济实力进行分期建设。其主要缺点为产泥量较大，污泥问题是 AB 工艺推广应用的主要障碍。

4.4.5 氧化沟活性污泥法

氧化沟(又叫氧化渠或循环曝气池)是延时曝气法的一种特殊形式，如图 4.30 所示。氧化沟在国内外发展都很快。欧洲的氧化沟污水厂已有上千座。在国内，从 20 世纪 80 年代末开始在城市污水和工业废水处理中引进国外氧化沟的先进技术，从原来的日处理量 3000 m^3 到目前的日处理量 100 000 m^3 以上的污水处理厂已比较普遍，氧化沟工艺已成为我国城市污水处理的主要工艺。

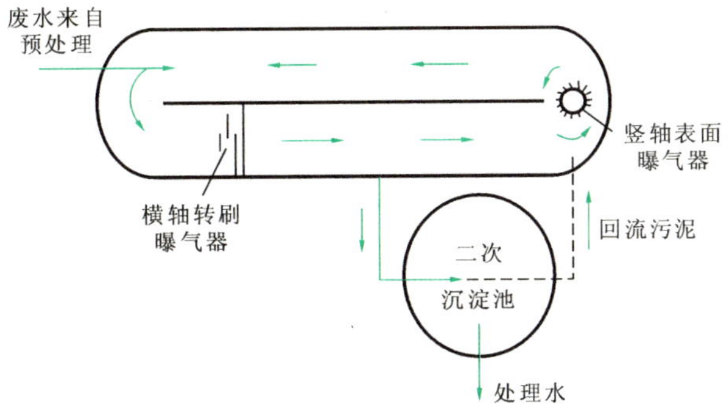

图 4.30 氧化沟处理系统

曝气池呈封闭的沟渠形，在沟渠中设有表面曝气装置，沟渠的局部区域采用水下推动器的运行方式。曝气装置通常为转刷、转碟、垂直轴曝气机、射流曝气器等。曝气装置起到充氧和使混合液快速混合的作用。沟内液体的快速流动(0.3～0.5 m/s)使污泥呈悬浮状态。

污水一经进入池中，立即与池内混合液完全混合，经几十圈的循环，各点的污染物浓度基本一致。某时刻高浓度或有毒工业废水进入沟内后，其浓度会很快被稀释，使其影响降低至最小。这是氧化沟工艺抗冲击负荷能力强的主要因素。沟渠中表面曝气装置不是沿池长均匀分布，而是安装在某几处，因而形成了靠近曝气器下游的富氧区和曝气器上游以及外环的缺氧区，使沟中形成交替循环的好氧区和缺氧区，从而达到脱氮的目的。

典型的氧化沟包括卡鲁塞尔式、奥贝尔式、交替工作式和曝气-沉淀池合建式等。

(1)卡鲁塞尔(Carrousel)氧化沟

卡鲁塞尔(Carrousel)氧化沟是 1967 年由荷兰的 DHV 公司开发研制的，见图 4.31。它是一个多沟串联系统，进水与活性污泥混合后在沟内不停地循环流动。设计有效水深 4.0～4.5 m，宽深比为 2∶1，沟中水流平均速度为 0.3 m/s。BOD_5 的去除率可达 95%～99%，脱氮效率约为 90%，除磷效率约为 50%，如投加铁盐，除磷效率可达 95%。

由于污水处理标准中对除磷脱氮的要求越来越严格，Carrousel 氧化沟也得到了进一步的发展。例如卡鲁塞尔 2000 系统，在氧化沟前设置了一个独立的缺氧段区，保证混合液处于缺氧状态,为反硝化创造良好环境。在卡鲁塞尔 2000 系统基础上增加前置厌氧区,可以达到脱氮除磷的目的。

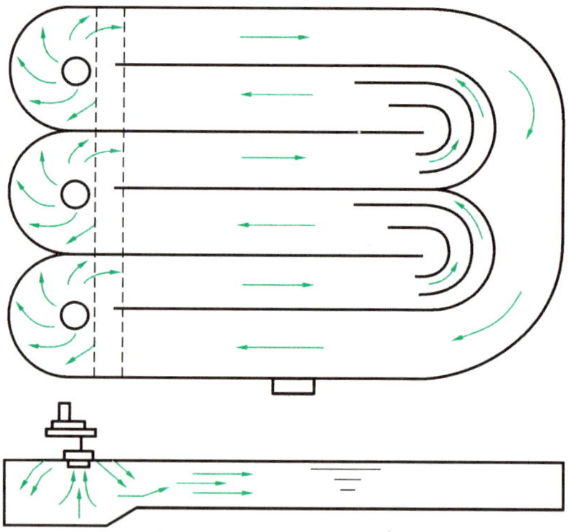

图 4.31　卡鲁塞尔氧化沟

目前,研究及应用较多的包括以下两种类型:微孔曝气型 Carrousel 2000 系统、Carrousel 3000系统。微孔曝气型 Carrousel 2000 系统采用微孔曝气,供氧设备为鼓风机。Carrousel 3000 系统是在 Carrousel 2000 系统前再加上一个生物选择区,抑制丝状菌的增长,提高各污染物的去除率。

(2)奥贝尔(Orbal)氧化沟

奥贝尔(Orbal)氧化沟由三个相对独立的同心椭圆形沟道组成,污水由外沟道进入沟内,然后依次进入中间沟道和内沟道,最后经中心岛流出,至二次沉淀池,见图 4.32。三个环形沟道相对独立,溶解氧分别控制在 0、1、2(mg/L),有利于脱氮除磷。其中外沟道容积达 50%~60%,处于低溶解氧状态,污水在外沟道循环 150~250 圈(由水力停留时间决定)才进入中沟道,主要的有机物氧化及 80%的脱氮均在外沟道完成。内沟道体积为 10%~20%,维持较高的溶解氧(2 mg/L),保证出水水质。水深一般在 4.0~4.5 m,其动力效率与转刷接近,在各沟道横跨安装有不同数量转碟曝气机,进行供氧并兼有较强的推流搅拌作用。

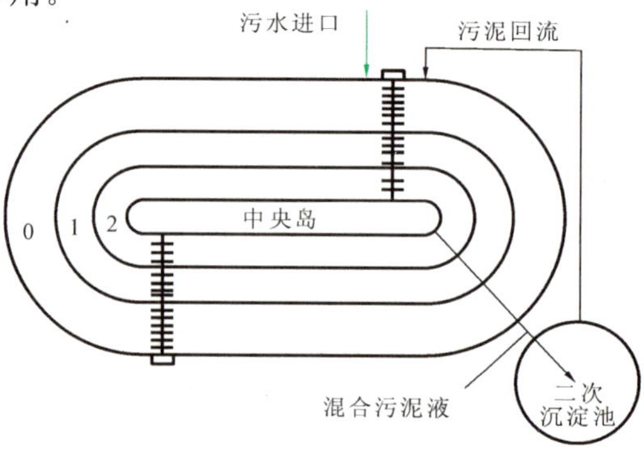

图 4.32　奥贝尔氧化沟

氧化沟具有处理效果稳定，出水水质好，抗冲击负荷能力强，污泥产量少，污泥性质稳定，能耗省，便于自动化控制等优点。但是，在实际的运行过程中，仍存在一系列的问题，如污泥膨胀问题、泡沫问题和污泥上浮问题等。

4.4.6 间歇式活性污泥法

间歇式活性污泥法又称序批式活性污泥法，简称 SBR，SBR 是活性污泥法的一种变形，它的反应机理和污染物去除机制与传统活性污泥法相同，只是运行操作不同。

SBR 工艺与连续流活性污泥工艺相比具有如下优点：

①工艺流程简单。无二次沉淀池和污泥回流系统，构成简单，投资运行费用低。

②耐冲击负荷大，净化效果好。

③操作灵活，自动化操控。

④脱氮除磷效果好。SBR 的运行方式可灵活变动，使其交替处于厌氧、缺氧、好氧状态，有利于氮、磷的脱除。

⑤抑制污泥膨胀。SBR 反应池内 DO、BOD 浓度变化大，能有效抑制污泥膨胀。

由于 SBR 具有以上优点，所以近年来在我国得到了广泛应用。SBR 工艺非常适合处理小水量，间歇排放的工业废水与分散点源污染的治理。对于用地紧张、需要较高出水水质（不但要去除有机物，还要求出水中除磷脱氮）的地方，SBR 工艺具有其他工艺不可比拟的优势。

SBR 是在单一的反应器内，在不同时间内进行各种目的的不同操作，它集调节池、曝气池、沉淀池为一体，不需设污泥回流系统。运行时，污水分批进入池中，依次经过进水、反应、沉淀、排水和闲置完成一个操作周期，每个周期的 5 个过程都在同一反应器内进行，实现自动化控制，如图 4.33 所示。

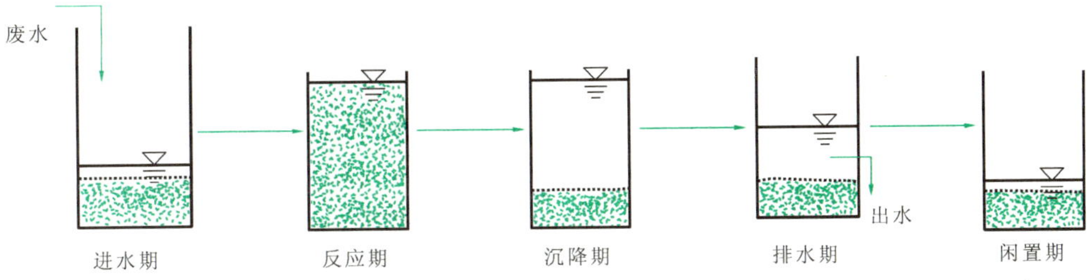

图 4.33 SBR 示意图

(1)进水期

污水流入反应池的方式应根据具体的水质及设计要求来确定。主要有单纯进水、曝气、缓慢搅拌等三种形式。

单纯进水：污水注满反应池后再进行曝气操作，反应池起调节池作用。

曝气：污水流入反应池的同时进行曝气，对污水起到预曝气的作用。

缓慢搅拌：污水流入时不曝气，仅缓慢搅拌，创造缺氧和厌氧环境，促进反硝化和磷的释放。

当污水处理要求脱氮除磷时，采用缓慢搅拌进水，进水工序的 DO 应控制在 0.3～

0.5 mg/L，NO_3-N 浓度小于 1.5 mg/L 以满足释磷要求。

进水时间一般取 1～4 h，当进水中污染物的浓度较高时，进水时间应适当取长一些；当进水中污染物的浓度较低时及采用曝气方式进水时，进水时间可适当取短一些。

(2)反应期

污水注满反应池后开始曝气反应，曝气反应是最重要的环节，好氧曝气工序 DO 应控制在 2.5 mg/L 以上，主要满足 BOD 降解和硝化需氧以及聚磷菌摄磷过程的高氧环境。曝气时间一般在 2～8 h。对曝气好氧反应阶段应采取灵活的运行控制，如要求脱氮除磷时，可采取曝气(去除 BOD、硝化、摄磷)→停止曝气(缺氧，投加少量碳源，进行反硝化脱氮)→再曝气(去除剩余有机物)的运行方式，提高脱氮效率，减少下一周期进水工序厌氧状态时 NO_3-N 浓度。

(3)沉淀期

使混合液处于静止状态，进行泥水分离，沉淀时间一般为 1～1.5 h。

(4)排水期

排除反应池沉淀后的上清液，目前 SBR 比较普遍采用滗水器排水，它可以沉淀排水同时进行，一般沉淀排水时间按 2～4 h 设计。

(5)闲置期

反应池处于空闲状态，等待下一个操作周期的开始。闲置时间一般按 0.5～2 h 设计。

SBR 反应池的形式为完全混合型，反应池十分紧凑，占地很少。形状以矩形为准，池宽与池长之比为(1∶1)～(1∶2)，水深 4～6 m。目前普遍采用的排水装置为滗水器，见图 4.34。滗水器是一种能随水位变化而调节的出水堰，排水口淹没在水面下一定深度，可防止浮渣进入。

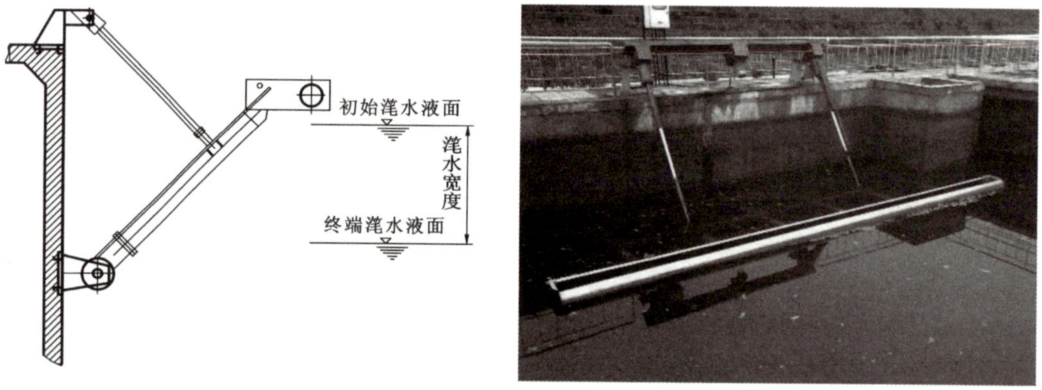

图 4.34　滗水器构造图

传统 SBR 工艺在工程应用中存在一定的局限性，首先是在进水流量较大的情况下，需多套 SBR 反应器并联运行，阀门切换频繁，操作程序复杂。如果处理出水要求同时除磷脱氮，则更需对工艺流程进行必要的改造，因而在实际应用中 SBR 逐渐发展了各种新形式。主要有连续进水周期循环延时曝气活性污泥法(ICEAS)、连续进水分离式周期循环活性污泥法(IDEA)和不完全连续进水周期循环活性污泥法(CASS、CAST 或 CASP)、

UNITANK、改良式序列间歇反应器(MSBR)等。

CASS是SBR工艺的一种新形式,称为循环式活性污泥法。通常CASS池分三个反应区:生物选择区、缺氧区和主反应区,容积比一般为1∶5∶30,见图4.35。生物选择区是污水和从主反应区内回流的活性污泥在此相互混合接触的地方,污泥在此实现磷的有效释放及反硝化,同时能抑制丝状菌的大量繁殖,克服污泥膨胀,提高系统的稳定性。缺氧区起到辅助生物选择区对进水水质水量的缓冲作用,同时促进磷的进一步释放和强化反硝化。主反应区则是最终去除有机物的主要场所。主反应区中同时发生有机污染物的降解以及同步硝化和反硝化。

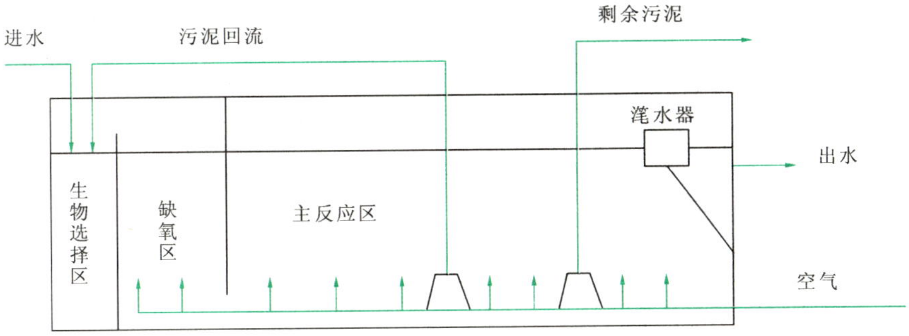

图4.35 CASS反应器的工艺构造示意图

CASS工艺整个过程连续间歇运行,进水、曝气、沉淀、滗水并污泥回流,能在沉淀阶段不进水,以保证污泥沉降无水力干扰,可以进一步保证系统有良好的分离作用。该处理系统具有脱氮除磷功能。

思考题与习题

1. 活性污泥法的基本概念和基本流程是什么?
2. 活性污泥法有哪些运行参数?各代表什么意义?
3. 什么是生物膜法?生物膜法具有哪些特点?
4. 比较生物膜法与活性污泥法的不同。
5. 简述厌氧生物处理的原理及影响因素。
6. 画出UASB反应器结构图,说明UASB反应器降解污水的过程。
7. 废水好氧生物处理和厌氧生物处理各有什么优缺点?
8. 目前国内的厌氧处理工艺有哪些?
9. 生物稳定塘有几种类型?各有何特点?
10. 土地处理系统由哪些部分组成?可以分为哪些类型?
11. 简述土地处理系统净化污水的机理。
12. 人工湿地系统有哪些类型?各有何特点?
13. AB法工艺的特点是什么?
14. 序批式活性污泥法如何实现脱氮除磷?

知识拓展

1. UCT 工艺

UCT 是南非开普敦大学开发的类似于 A^2/O 工艺的一种脱氮除磷工艺。UCT 工艺与 A^2/O 工艺不同之处在于沉淀池污泥回流到缺氧池而不是回流到厌氧池，这样可以防止由于硝酸盐进入厌氧池，破坏厌氧池的厌氧状态而影响系统的除磷率。最早是三池型，将污泥回流到缺氧池前端，通过缺氧池反硝化去除硝酸盐，然后从缺氧池出水混合液分流一部分进入厌氧池，作为厌氧池的污泥回流。但是运行中发现，内循环回流至缺氧池的硝酸盐去除率无法达到 100%，所以缺氧池出水混合液回流到厌氧池的量仍然很高。因此又开发了改良型的 UCT 工艺（即四池型 UCT 工艺），如图 4.36 所示，改造后的 UCT 工艺，缺氧池分为两部分，第一缺氧反应池接纳回流污泥，然后由该反应池将混合液回流至厌氧池；硝化混合液回流到第二个缺氧池，使大部分 NO_3^- 回流至第二缺氧池进行反硝化。流程为厌氧→缺氧 1→缺氧 2→好氧，污泥回流至缺氧 1，缺氧 1 出水混合液回流至厌氧，好氧出水混合液回流至缺氧 2。

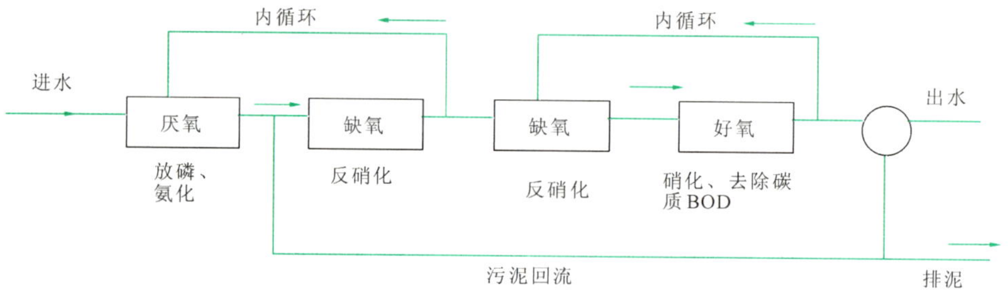

图 4.36　改良型的 UCT 工艺

改造后的 UCT 工艺基本解决了 UCT 工艺原来存在的问题，最大限度地消除了向厌氧段回流液中的硝酸盐量对聚磷菌所产生的不利影响。但由于增加了回流系统，使运行费和工程造价升高。

2. UNITANK 工艺

UNITANK 工艺单元水池活性污泥处理系统是比利时 SEGHERS 公司提出的，它是 SBR 工艺的又一种变形。它集合了 SBR 工艺和氧化沟工艺的特点，一体化设计使整个系统连续进水、连续出水，而单个池子相对为间歇进水、间歇排水。此系统可以灵活地进行时间和空间控制，适当地增大水力停留时间，可以实现污水的脱氮除磷。UNITANK 的通用形式是采用三个池子的标准系统，这三个池子通过共壁上的开孔实现水力连接，无需用泵输送。每个池中都装有曝气系统，同时外面的两个池子都装有溢流堰用于排水，既可以用作反应区也可以用作沉淀池。每个池子都可以进水，剩余污泥也是从边缘两个作沉淀池的池子排出。与传统活性污泥法一样，UNITANK 系统是连续运行的，但是其单个池子是按一定周期运行的，其工艺流程如图 4.37 所示。

UNITANK 系统可在恒定水位下连续运行，此时从整个系统来看它已经不属于 SBR 了，与交替运转的三沟式氧化沟非常相似，更接近于传统的活性污泥法，这是该工艺最为显著的一个特点；UNITANK 也可在恒水位下交替运行，出水采用固定堰而不是滗水器，在任一时刻总有一个池子作为沉淀池，这个沉淀池相当于平流式沉淀池，所以在设计上需要满足平流沉淀池的功能，这是UNITANK的第二个特点；标准的UNITANK系统是由三个正方形池所组成，弥补了单个反应器完全混合的不足，这是其第三个特点。

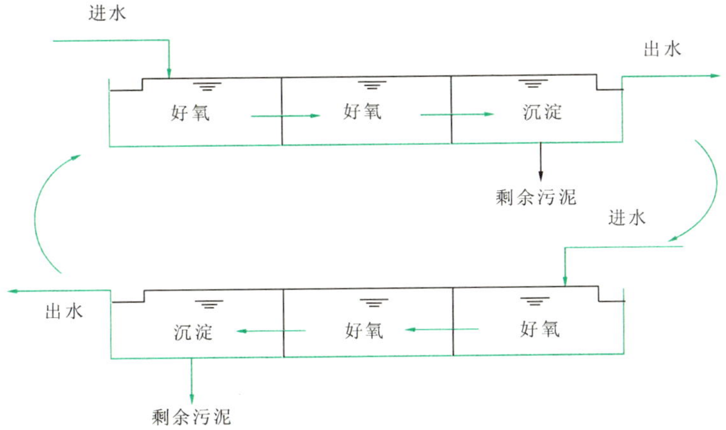

图4.37 UNITANK工艺图

3. MSBR工艺

改良式序列间歇反应器（MSBR法）是根据SBR技术特点结合A^2/O工艺，研究开发的一种更为理想的污水处理系统，如图4.38所示。采用单池多方格方式，在恒定水位下连续运行。通常MSBR池分为主曝气池、序批池1、序批池2、厌氧池A、厌氧池B、缺氧池、泥水分离池。每个周期分为6个时段，每3个时段为一个半周期。一个半周期的运行状况：污水首先进入厌氧池A脱氮，再进入厌氧池B除磷，进入主曝气池好氧处理，然后进入序批池，两个序批池交替运行（缺氧—好氧/沉淀—出水），脱氮除磷能力更强。

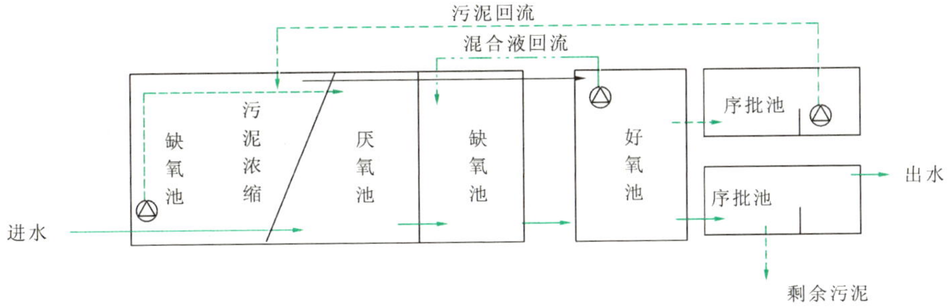

图4.38 MSBR系统原理图

5 污泥处理与处置

学习目标

1. 了解污泥的基本性质；
2. 了解污泥处理与处置的基本方法；
3. 了解污泥处理的性质和指标；
4. 掌握污泥浓缩的主要方法；
5. 掌握污泥脱水的主要方法。

案例导入

在废水处理过程中，会产生大量的污泥，污泥是废水处理过程中的必然产物。污泥含水率为91%时，污泥占处理水量的0.3%～0.5%。例如一座10×10^4 m^3/d的城市污水处理厂，每日产生的污泥量为230 m^3左右。这些污泥集聚了废水中的污染物，并且很不稳定，其中含有很多细菌、病原微生物、寄生虫卵和金属离子等有毒物质，以及植物营养素、微量元素、有机物等有用物质，污泥问题将直接影响污水处理厂的正常运行和环境卫生。所以只有对这些污泥进行及时处理和处置，才能确保污水处理效果，防止二次污染，使容易腐化发臭的有机物得到稳定处理，使有毒有害物质得到妥善处理或利用，使有用物质得到综合利用，变害为利。

5.1 污泥处理与处置概述

污水污泥的成分很复杂，它是由多种微生物形成的菌胶团及其吸附的有机物和无机物组成的集合体，除含有大量的水分外，还含有难降解的有机物、重金属和盐类以及少量的病原微生物和寄生虫卵等。污水污泥的处理处置费用较高，大量未经处理的污泥任意堆放和排放，不但会对环境造成新的污染，而且还会浪费污泥中的有用资源。因此，如何将产量大、成分复杂的污泥安全、经济、合理地处置和利用，已成为我国乃至全世界环境界广泛关注的课题之一。

污泥处理的目的主要有四个：一是稳定化，通过处理使污泥停止降解，消除恶臭，从而避免二次污染；二是无害化，杀灭污泥中的寄生虫卵和病原微生物，去除或转化其中的有毒有害物质，如合成有机物及重金属离子等；三是减量化，减少污泥最终处置的体积，使之易于运输与处置，降低污泥处理及最终处置费用；四是资源化，在处理污泥的同时实现化害为利、循环利用、保护环境的目的。

污泥处理通常包括图 5.1 的几个步骤。污泥的处理与处置是两个不同的概念。污泥的处理方法主要包括浓缩、消化、脱水、干燥等，是为了实现污泥的稳定化、无害化和减量化；而其处置方法主要包括填埋、肥料农用、焚烧等，主要是实现污泥的利用与资源化。从流程上来看，处理在前，处置在后。

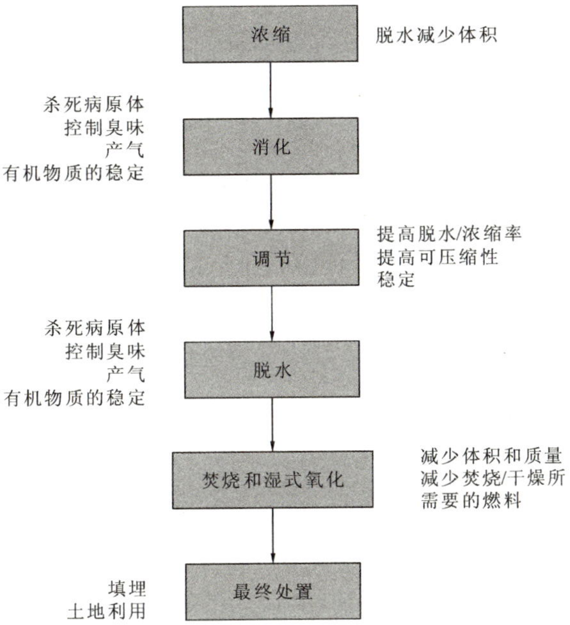

图 5.1 污泥处理过程及其作用

5.1.1 污泥的分类

5.1.1.1 根据污泥组成成分分类

根据污泥中物质的成分和某些性质，污泥可分为：

(1)有机污泥：以有机物为主要成分，典型的有机污泥是剩余生物污泥，如活性污泥和生物膜、厌氧消化处理后的消化污泥等，此外还有油泥及废水固相有机污染物沉淀后形成的污泥。具有易腐化发臭、颗粒较细、相对密度较小、含水率高且不易脱水的特性，是呈胶状结构的亲水性物质。

(2)无机污泥：通常称为沉渣，以无机物为主要成分，如废水利用石灰中和沉淀、混凝沉淀和化学沉淀的沉淀物等，主要成分是金属化合物。这种污泥密度大；固相颗粒大，易于沉淀、压密和脱水，颗粒持水能力差，含水率低，流动性差，污泥稳定不腐化，但是可能出现重金属离子再溶出。

(3)亲水性污泥：主要由亲水性物质构成，这类污泥往往不易于浓缩和脱水。

(4)疏水性污泥：主要由疏水性物质构成，这类污泥的浓缩和脱水性能较好。

5.1.1.2 按污泥处理工艺分类

根据废水处理工艺的不同，即污泥来源的不同，污泥又可分为以下几类：

(1)初次沉淀污泥：主要来自初次沉淀池，又称初沉污泥。初沉污泥以无机物为主，数量较大，易腐化发臭，可能含有虫卵和病变菌，是污泥处理的主要对象。正常情况下为棕褐色略带灰色，当发生腐蚀时，则为灰色或黑色，一般情况下，有难闻的气味。当工业废水比例较大时，气味会有所降低。初沉污泥的 pH 值一般在 5.5～7.5 之间，典型值在 6.5 左右，略显酸性，含固量一般在 2%～4%之间，具体取决于初沉池的排泥操作。初沉污泥的有机成分一般在 55%～70%之间。

(2)腐殖污泥和剩余污泥：腐殖污泥来自生物膜法后的二次沉淀池，剩余污泥来自活性污泥法后的二次沉淀池。这两种污泥含有大量微生物及被吸附的有机物质，因此也是以有机物为主要成分。

(3)熟污泥或消化污泥：熟污泥或消化污泥是经消化处理后的污泥。初次沉淀池污泥、腐殖污泥和剩余污泥在有条件时常做消化处理。

(4)化学污泥：是采用混凝、化学沉淀等化学方法处理废水过程中产生的污泥。其性质取决于采用的混凝剂种类。当采用铁盐混凝剂时，可能略显暗红色。一般来说，化学污泥气味较小，且极易浓缩或脱水。由于其中有机成分的含量不高，所以一般不需要消化处理。

5.1.2 污泥的性质及指标

污泥的种类是多种多样的，污泥的组成、性质和数量主要取决于废水的来源，同时也和废水处理工艺有密切关联。废水来源不同，污泥的物理、化学和微生物学特性就截然不同。同一种废水采用不同的处理工艺，其污泥的物理、化学和微生物学特性也会有所差异。正确地了解污泥的各种性质是选择合适的污泥处理方法和处理工艺的基础。

5.1.2.1 污泥的含水率

污泥的含水量以含水率来表示。它的意义是：单位质量污泥所含水分的质量分数。当处理生活污水及性质与之相近的生产废水时，初次沉淀污泥的含水率为 95%～97%，腐殖污泥的含水率为 96%左右，而剩余污泥含水率可达 99%以上，相对密度接近 1。因此，污泥的体积、质量及污泥所含固体物浓度之间的关系可用公式(5.1)来表示。

$$\frac{V_1}{V_2}=\frac{m_1}{m_2}=\frac{100-P_2}{100-P_1}=\frac{\rho_2}{\rho_1} \tag{5.1}$$

式中 V_1, m_1, ρ_1——污泥含水率为 P_1 时的污泥体积、质量与固体物浓度；

V_2, m_2, ρ_2——污泥含水率为 P_2 时的污泥体积、质量与固体物浓度。

式(5.1)适用于含水率大于 65%的污泥。因含水率低于 65%以后，污泥颗粒之间不再被水填满，污泥内有气体出现，体积与质量不再符合式(5.1)关系。如果污泥含水率从99%降低到96%时，污泥体积可以减少3/4。

$$V_2 = V_1 \frac{100 - P_1}{100 - P_2} = V_1 \frac{100 - 99}{100 - 96} = \frac{1}{4} V_1 \tag{5.2}$$

城市污泥的含水率见表5.1。

表5.1 城市污泥的含水率

污泥种类		含水率(%)	污泥种类		含水率(%)
初次沉淀池污泥	原污泥	95～97.5	活性污泥	原污泥	99～99.5
	浓缩污泥	90～92		浓缩污泥	97～97.5
	消化污泥	85～90		消化污泥	97～98
高负荷生物滤池污泥	原污泥	90～95	活性污泥和初沉池污泥	原污泥	95～96
	消化污泥	90～93		浓缩污泥	90～95
				消化污泥	92～94
高负荷滤池和沉淀池污泥	原污泥	94～97	化学凝聚污泥	原污泥	90～95
	消化污泥	91～93			

5.1.2.2 挥发性固体和灰分

污泥中的总固体包括溶解物质和不溶解物质两部分，前者叫溶解固体。又可分为稳定体和挥发性固体。挥发性固体是指在600 ℃下能被氧化，并以气体产物逸出的那部分固体，它通常用来表示污泥中的有机物含量，又叫灼烧减重。挥发性固体质量浓度常用mg/L表示，也有用质量分数表示的。

灰分代表无机物含量，又叫灼烧残渣。通过烘干、高温(550 ℃、600 ℃)焚烧称重求得。

通常有机物的含量越高，污泥的稳定性就越差。

5.1.2.3 污泥密度

(1)污泥相对密度

密度是指单位体积污泥的质量，其数值通常以污泥相对密度，即污泥质量与同体积水的质量之比来表示。污泥相对密度的计算公式为：

$$\gamma = \frac{P + (100 - P)}{P + \dfrac{100 - P}{\gamma_s}} = \frac{100\gamma_s}{P\gamma_s + (100 - P)} \tag{5.3}$$

式中 γ——污泥相对密度；

P——污泥含水率(%)；

γ_s——污泥中干固体相对密度。

(2)污泥干固体相对密度

污泥干固体包含有机物(即挥发性固体)和无机物(即灰分)。污泥干固体相对密度与其中的有机物和无机物比例有关，这两者的比例不同，则污泥干固体相对密度也不同。污泥干固体相对密度可用如下公式表示：

$$\frac{100}{\gamma_s}=\frac{p_v}{\gamma_v}+\frac{100-P_v}{\gamma_f}$$

则有：

$$\gamma_s=\frac{100\gamma_f\gamma_v}{100\gamma_v+P_v(\gamma_f-\gamma_v)} \tag{5.4}$$

式中 γ_s——污泥干固体相对密度；
P_v——污泥干固体中挥发性固体(有机物)所占比例；
γ_v——污泥干固体中挥发性固体(有机物)的相对密度；
γ_f——灰分(无机物)的相对密度。

一般有机物的相对密度约等于1，无机物的相对密度平均值为2.5，将其代入式(5.4)后，可简化为：

$$\gamma_s=\frac{250}{100+1.5P_v} \tag{5.5}$$

确定湿污泥相对密度和干污泥相对密度，对于浓缩池的设计、污泥运输及后续处理都有实用价值。

5.1.2.4 污泥体积

污泥的体积为污泥中水的体积与固体体积两者之和，即

$$V=\frac{W}{\rho_w}+\frac{S}{\rho_s} \tag{5.6}$$

式中 V——污泥体积(cm^3)；
S——污泥中总固体质量(g)；
W——污泥中水分质量(g)；
ρ_w——污泥中水的密度(g/cm^3)，数值与相对密度相同；
ρ_s——污泥中干固体密度(g/cm^3)，数值与相对密度相同。

5.1.2.5 污泥的脱水性能与污泥比阻

污泥的含水率一般都很高，为了使污泥便于输送、处理和处置，必须对污泥进行脱水处理。污泥脱水性能是指污泥脱水的难易程度，不同性质的污泥，其脱水性能的差别也很大，脱水的难易程度也不同。几种污泥的外观特征及脱水性能见表5.2。

表5.2 几种污泥的外观特征及脱水性能

污泥种类	特征及脱水性能
初池原污泥	气味恶劣，灰色至棕色，干化场脱水不良，能机械脱水
消化的初次污泥	有霉味，黑色，产生气味，干化场脱水良好
腐殖质污泥	气味少，绒毛状，黄色至棕色，难脱水，生物活性很强
消化的混合污泥(初次污泥+活性污泥)	气味少，绒毛状，黄色至棕色，难脱水，生物活性很强
剩余活性污泥	绒毛状，棕色
好氧消化污泥	黄色至棕色，有时难脱水，有生物活性

污泥比阻是指单位过滤面积上，单位干质量滤饼所具有的阻力。污泥比阻常用来衡量污泥的脱水性能，它反映了水分通过污泥颗粒所形成的泥饼时，所受阻力的大小。

$$r = \frac{2pA^2}{\mu g} \cdot \frac{b}{\omega} \tag{5-7}$$

式中 r——比阻(m/kg)，1 m/kg = 9.81×10³ s²/g；

p——过滤压力(kgf/m²)，1 kgf/m² = 9.8 Pa(按 g=9.8 m/s² 计)；

A——过滤面积(m²)；

μ——滤液的动力黏度(kg·s/m²)；

ω——滤过单位体积的滤液在过滤介质上截留的干固体质量(kg/m³)；

b——污泥性质系数(s/m⁶)。

5.1.2.6 可消化程度

可消化程度表示污泥中挥发性固体被消化降解的百分数。污泥中的有机物，是消化处理的对象。有一部分易于分解(或称可被气化，无机化)，另一部分不易或不能被分解，如纤维素、橡胶制品等。可消化程度用 R_d 表示，用下式计算：

$$R_d = \left(1 - \frac{\omega_{v2}\omega_{s1}}{\omega_{v1}\omega_{s2}}\right) \times 100 \tag{5.8}$$

式中 R_d——可消化程度(%)；

ω_{s1}，ω_{s2}——生污泥及消化污泥的无机物的质量分数(%)；

ω_{v1}，ω_{v2}——生污泥及消化污泥的有机物的质量分数(%)。

5.1.2.7 pH 值和酸碱度

我国大部分的污水污泥的 pH 值在 6～7 之间，总碱度约为 20 mg/L，基本属于正常范围。

5.1.2.8 污泥肥分

污泥中含有大量的植物营养素(包括碳、氢、氮、磷、钾、钙、锰、硫等)和微量元素，因此可以以肥料的形式添加到土壤中。它们可以提供给土壤所需要的各种营养元素，其中氮、磷和钾在污泥的资源化利用方面起着非常重要的作用。表 5.3 给出了污泥所含有的植物营养元素的存在形式。

表 5.3 污泥中植物营养元素的存在形式

元素	符号	离子或分子	元素	符号	离子或分子
氮	N	NO_3^-，NH_4^+(铵，硝酸盐)	镁	Mg	Mg^{2+}
钾	K	K^+	锰	Mn	Mn^{2+}
磷	P	$H_2PO_4^-$，HPO_4^{2-}(磷酸盐)	铜	Cu	Cu^{2+}
硫	S	SO_4^{2-}(硫酸盐)	锌	Zn	Zn^{2+}
钙	Ca	Ca^{2+}	钼	Mo	MoO_4^-(钼酸盐)
铁	Fe	Fe^{2+}，Fe^{3+}(二价铁和三价铁)	硼	B	H_2BO_2，$H_2BO_3^-$，$B(OH)_4^-$

污泥中含有的有机物质对土壤的物理性质起到很大的影响，如土壤的肥效、腐殖质的形成、孔隙率和持水性等。高有机碳含量的污泥可以为土壤微生物的生长提供直接能量来源。污泥中含有可生物利用有机成分包括多糖(如纤维素)、脂肪、树脂、有机氮、硫和磷化合物等，这些物质有利于土壤腐殖质的形成，腐殖质是一种生物分解非常缓慢的

水不溶性物质，它是细菌分解植物物质的一种产物。污泥中的有机腐殖质是良好的土壤改良剂。

5.1.2.9 污泥的臭气

污泥本身是有气味的，如果处理不当可释放出难闻的臭气和其他有害污染物。污泥中的臭味化合物的主要构成是有机物分解的副产物。因此，控制臭气的最有效方法是阻止或者控制有机物的分解循环。

污泥中的臭味化合物很难分类，其原因是它们的浓度低、分子结构复杂、在空气中的保留时间短、来源和存在条件多变等。它们大体上可以分为两类：含硫有机化合物和含氮有机化合物。大多数臭气污染物（除胺和氨以外）的臭味阈值浓度都非常低。

5.1.2.10 污泥的热值与可燃性

污泥的主要成分是有机物，可以燃烧。由于污泥的含水率因生产与处理状态的不同有着较大差异，故其热值一般均以干基或干燥无灰基形式给出。干基热值是指单位质量的干固体所具有的燃烧热值。有机固体的干基热值大于或等于 6000 kJ/kg 时，可稳定燃烧供热或发电。城市污水处理的各类污泥中，新鲜污泥的热值较高，消化污泥热值较低，但其干基热值均大大超过 6000 kJ/kg，所以干污泥具有很好的可燃性，在一定含水率以下，可以自持燃烧（不需要添加辅助燃料），因此可将干污泥用做能源。

5.1.2.11 污泥中重金属离子含量

在污水处理过程中，70%～90%的重金属元素通过吸附或沉淀而转移到污泥中。一些重金属元素主要来源于工业排放的废水，如镉、铬等，一些重金属来源于家庭生活的管道系统，如铜、锌等重金属。重金属是限制污泥大规模土地利用的重要因素，因为污泥施用于土壤后，重金属将积累于地表层。另外，重金属一般溶解度很小，性质较稳定，难去除，所以其潜在毒性易在作物和动物以及人类中积累。所以，当污泥用作肥料时，必须注意污泥中重金属离子含量是否超过国家有关标准。

5.1.2.12 污泥的卫生学指标

卫生学指标是指污泥中微生物的数量，尤其是病原微生物的数量。从废水生物处理系统排出的污泥含有大量的微生物，包括病原体和寄生虫卵。这些物质对环境和人类以及动物健康有可能造成较大的危害。污水中的病原微生物和寄生虫经过处理还会进入污泥。新鲜污泥中检测得到的病原体多达千种，其中危害较大的是寄生虫。污泥中病原体对人类或动物的污染途径大致有 4 条：① 直接与污泥接触；② 通过食物链与污泥直接接触而感染；③ 水源被病原体污染；④ 病原体首先污染了土壤，然后污染水体。污泥农用引起的潜在疾病的流行，被认为主要与沙门氏菌和绦虫卵有关。因此污泥需经卫生处理后才能排放到环境或施用于农田。

5.1.3 污泥量

5.1.3.1 不同污水处理工艺的污泥产量

污水污泥的产生主要受到污水水质及污水处理工艺的各个工艺环节运行状况的影响。各种污水处理工艺产生的污泥量见表 5.4。

表 5.4 不同污水处理工艺的污泥产量(干污泥/污水) (单位:g/m^3)

处理工艺	产量范围	典型值
初次沉淀	110～170	150
活性污泥法	70～100	85
深度曝气	80～120	100
氧化塘	80～120	100
过滤	10～25	20
化学除磷:低剂量石灰(350～500 mg/L)	240～400	300
高剂量石灰(800～1600 mg/L)	600～1350	800
反硝化	10～30	20

5.1.3.2 污泥量的计算

污水污泥的产生主要集中在初次沉淀池和二次沉淀池,这两个阶段的污泥产量计算方法如下:

(1)初次沉淀池污泥量

$$V_1 = \frac{100C\eta Q}{10^3(100-P_1)\rho} \tag{5.9}$$

式中 V_1——初次沉淀池污泥量(m^3/d);

Q——污水流量,取污水厂的平均日流量(m^3/d);

C——进入初次沉淀池污水中悬浮物浓度(kg/L);

η——初次沉淀池沉淀效率,城市污水厂一般取 50%;

P_1——污泥含水率,一般取 95%～97%;

ρ——初次沉淀池污泥密度,以 1000 kg/m^3 计。

或者按下面公式计算:

$$V_1 = \frac{SNT}{1000} \tag{5.10}$$

式中 S——每人每日污泥量,L/(人·d),按每人每日产生的初沉污泥量为 14～27 g,初沉污泥含水率以 95%～97%计,则每人每日产生的初沉污泥量一般采用 0.3～0.8 L/(人·d);

N——设计人口数,包括城市人口数和设计当量人口数;

T——初次沉淀池两次排泥的间隔时间,d。

应注意 V_1 是计算公式中所取含水率为 P_1 时的污泥量。

(2)剩余污泥量

①剩余污泥干质量 ΔX_T

每日排放剩余污泥干质量 ΔX_T(kg/d)等于活性污泥系统中每日产生的活性污泥干质量。

$$\Delta X_T = \frac{\Delta X}{f} = \frac{(aQL_R - bX_vV)}{f} \tag{5.11}$$

式中 ΔX——每日产生的挥发性剩余污泥量(kg/d)；

Q——平均体积流量(m^3/d)；

a——污泥产率系数，以生活污水为主的城市污水，a 一般为 0.5～0.65；

b——污泥自身氧化率，以生活污水为主的城市污水，b 一般为 0.05～0.1 d^{-1}；

X_v——混合液挥发性悬浮固体浓度(mg/L)；

V——曝气池容积(m^3)；

f——曝气池挥发性悬浮固体和悬浮固体浓度之比。即 $f=\frac{MLVSS}{MLSS}$(城市污水一般取 f 为 0.75)。

②剩余污泥的体积量 V_2(m^3/d)。

$$V_2 = \frac{\Delta X_T}{(1-P)\times 1000} \tag{5.12}$$

式中 P——剩余污泥含水率，一般取 99.2%～99.6%。

③剩余污泥浓缩后的体积量 V_3(m^3/d)。

$$V_3 = V_2\frac{(100-P)}{(100-P_1)} \tag{5.13}$$

式中 V_2——浓缩前的污泥量；

P——浓缩前的污泥含水率，一般取 99.2%；

P_1——浓缩后的污泥含水率，一般取 96%。

5.1.3.3 总的污泥量 V(m^3/d)

总的污泥量应是 V_1 和 V_3 之和，但计算 V_1 和 V_3 时所取污泥的设计含水率应该相同。所以：

$$V = V_1 + V_2 \tag{5.14}$$

5.1.4 污泥处理工艺

典型的污泥处理工艺流程如图 5.2 所示，包括四个处理或处置阶段。第一阶段为污泥浓缩，主要目的是使污泥初步减容，缩小后续处理构筑物的容量或设备容量，常采用的工艺有重力浓缩、离心浓缩和气浮浓缩等；第二阶段为污泥消化，主要目的是分解污泥中的有机物，减小污泥的体积，并杀死污泥中的病原微生物和寄生虫卵，污泥消化可分为厌氧消化和好氧消化两大类；第三阶段为污泥脱水，使污泥进一步减容，使污泥由液态转化为固态，方便运输和消纳，污泥脱水可分为自然干化和机械脱水两大类；第四阶段为污泥处置，目的是最终消除污泥造成的环境污染并回收利用其中的有用成分，主要方法有污泥填埋、污泥干燥与焚烧、污泥堆肥、用作生产建筑材料等。以上各阶段产生的清液或滤液中仍含有大量的污染物质，因而应送回污水处理系统中处理。

污泥处理的一般方案有以下三种：

(1)生污泥—浓缩—消化—机械脱水—最终处置；

(2)生污泥—浓缩—机械脱水—最终处置；

(3)生污泥—浓缩—消化—机械处理—干燥焚烧—最终处置。

上述生污泥指未经消化的初沉污泥和剩余污泥，由于初沉污泥含水率相对较低，一般不经浓缩直接进入消化池，但剩余污泥含水率高，需经过浓缩以降低含水率，减少污泥的容积，然后与初沉污泥混合，一并进入消化池，但在常规的污水处理流程中，有时将剩余污泥回流到初次沉淀池，与初沉污泥一起排除，称为混合污泥，然后再进行浓缩。

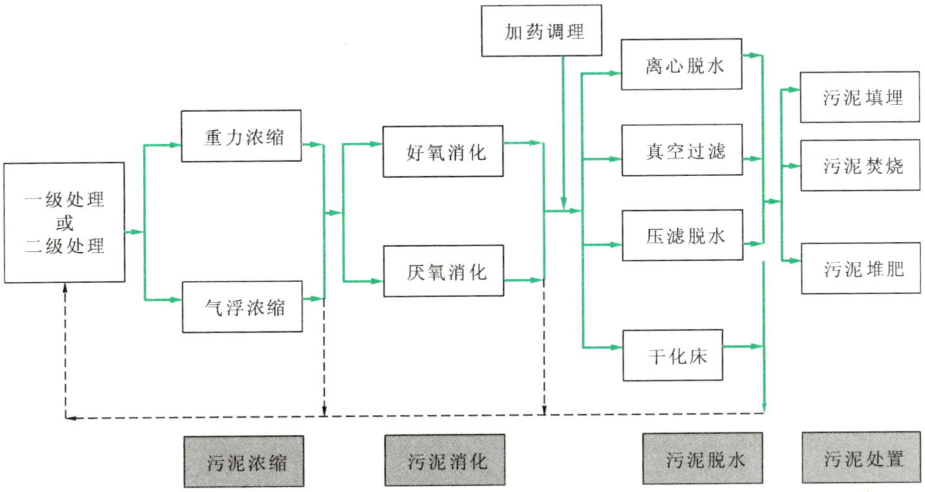

图 5.2 污泥处理与处置的基本流程

上面污泥处理的第一方案是目前国内城市污水常用的污水处理设计方案，而第二方案重点在脱水减容，节省了基建费用，但污泥未经消化稳定和无害化处理，所以应用较少。第三方案为最为完整的方案，但能耗大，目前国内城市污水厂未见采用。

5.2 污泥浓缩

污泥浓缩的主要目的和意义在于减少污泥的体积，降低后续构筑物或处理单元的压力，如减小消化池的容积和加热污泥所需的热量。

污泥的含水率很高，初次沉淀池污泥含水率介于 95%～97%，剩余活性污泥含水率达 99%，体积庞大，因而对污泥的处理、利用及输送都造成困难，故必先进行浓缩。浓缩后的污泥近似糊状，含水率降低，体积缩小，但仍可保持其流动性，可以用泵输送，运输方便，大大降低运输及后续处理费用。因此，污泥浓缩是减少污泥体积最经济有效的方法，特别是对剩余活性污泥的处理，尤其不可缺少。

污泥中所含水分大致分为四类：颗粒间的空隙水，即污泥包围着并不直接与固体结合的那部分水，约占总水分的 70%；颗粒间毛细管内的毛细水，指由于产生毛细现象而密集附着在细小污泥固体颗粒周围的水，约占总水分的 20%；污泥颗粒的吸附水，即包围在微生物细胞膜周围的水；内部水，即细胞内的含水。吸附水和内部结合水大约占总水量的 10%。污泥中所含水分如图 5.3 所示。污泥浓缩主要是用来降低污泥颗粒间的空隙水，因为它占污泥含水总量的 70%左右，故浓缩是减少污泥体积最经济有效的方法。

污泥浓缩的方法主要有重力浓缩、气浮浓缩、离心浓缩。其中重力浓缩应用较为广泛。在选择浓缩方法时，除了各种方法本身的特点外，还应考虑污泥的性质、来源、整个污泥处理流程及最终处置方式等。如重力浓缩用于浓缩初沉污泥和剩余活性污泥的混合污泥时效果较好；而单纯的剩余活性污泥一般用气浮浓缩。

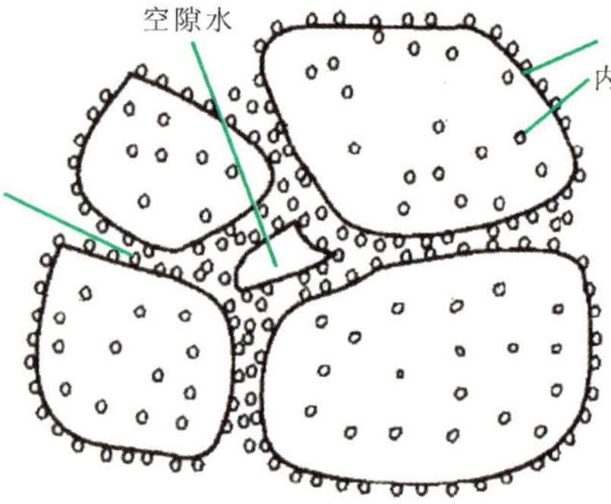

图 5.3　污泥水分示意图

5.2.1　重力浓缩

5.2.1.1　重力浓缩概述

重力浓缩法是利用重力作用的自然沉降分离方式，不需要外加能量，是一种最节能的污泥浓缩方法。重力浓缩本质上是一种沉淀工艺，属于压缩沉淀。根据悬浮物质的性质、浓度及絮凝性能，沉淀可分为四种类型。

第一类为自由沉淀，当固体颗粒浓度不高时，在沉淀过程中，颗粒之间互不碰撞，呈单颗粒状态，各自独立地完成沉淀过程。沉降的粒子与上清液之间不形成清晰的界面，但可以见到澄清区域。不过，所含胶体粒子如果不失稳，还是得不到清澈的上清液。粒子的沉降速度不受固体颗粒浓度的影响，而决定于粒子的大小和密度。典型例子是砂粒在沉砂池中的沉淀，以及悬浮物浓度较低的污水在初次沉淀池中的沉淀过程。

第二类为絮凝沉淀，当固体颗粒浓度为 50～500 mg/L 时，在沉淀过程中，颗粒与颗粒之间可能互相碰撞产生絮凝作用，使颗粒的粒径与质量逐渐加大，沉淀进度不断加快。这类沉淀的典型例子是活性污泥在二次沉淀池中的沉淀。

第三类为区域沉淀，当悬浮物质浓度大于 500 mg/L 时，在沉淀过程中，相邻颗粒之间互相妨碍、干扰，沉速大的颗粒也无法超越沉速小的颗粒，各自保持相对位置不变，并在聚合力的作用下，颗粒群结合成一个整体向下沉淀，与澄清水之间形成清晰的液固界面，沉淀显示为界面下沉。典型例子是二次沉淀池下部的沉淀过程及浓缩池的开始阶段。

第四类为压缩沉淀，这是区域沉淀的延续。颗粒间互相交承，上层颗粒在重力作用下，挤出下层颗粒的间隙水，粒子之间相互接触更紧密，使污泥得到浓缩。典型例子是活性污泥在二次沉淀池的污泥斗中及浓缩池中的浓缩过程。

活性污泥在二次沉淀池及浓缩池的沉淀与浓缩过程中，实际上都顺次存在着以上四种类型的沉淀过程，只是产生各类沉淀的时间长短不同而已。图 5.4 所示的沉淀曲线，即为活性污泥在二次沉淀池中的沉淀过程。

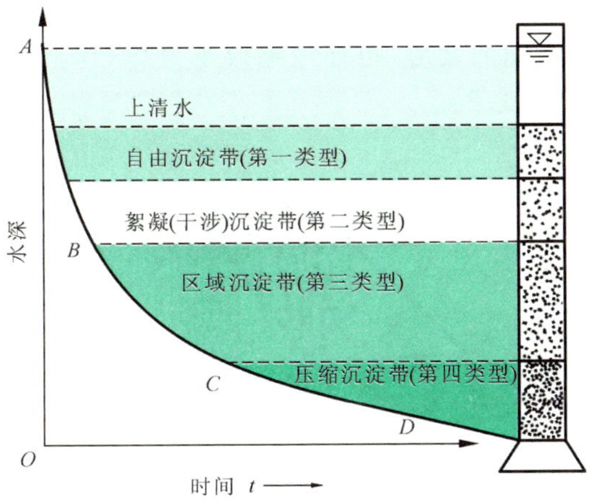

图 5.4　污泥在二次沉淀池中的沉淀过程

重力浓缩池根据运行方式不同,可分为间歇式重力浓缩池和连续式重力浓缩池两种,当污泥量较少时,可采用间歇式重力浓缩池,这种形式的浓缩池运转管理较容易。当污泥量较多时,排泥池中的污泥连续排出,可采用连续式重力浓缩池。

5.2.1.2　间歇式重力浓缩池

间歇式重力浓缩池见图 5.5,在浓缩池不同深度上设置上清液排除管,运行时应先排除浓缩池中的上清液,腾出池容,再投入待浓缩的污泥。

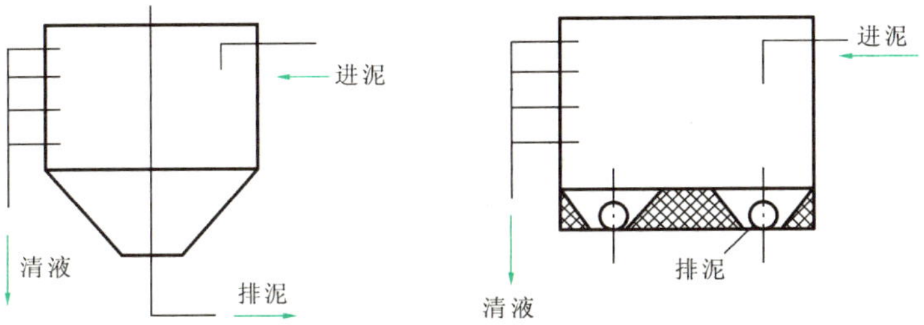

图 5.5　间歇式重力浓缩池

间歇式重力浓缩池设计的主要参数是停留时间。停留时间最好经过试验决定,一般取 8～12 h。如果停留时间太短,浓缩效果不好;如果停留时间太长,不仅占地面积大,还可能造成有机物厌氧发酵,还会破坏浓缩过程。间歇式重力浓缩池多用于小型污水处理厂,池形一般为矩形或圆形。

5.2.1.3　连续式重力浓缩池

连续式重力浓缩池可采用沉淀池的形式,一般为竖流式(或辐流式)。连续式重力浓缩池的合理设计与运行取决于对污泥沉降特性的确切掌握。污泥的沉降特性与固体浓度、性质及来源有密切关系。设计参数主要包括:浓缩池的固体通量,即单位时间内,通过浓缩池任一断面的干固体量;水力负荷,即单位时间内,通过单位浓缩池的上清液溢流量;以及水力停留时间。

图 5.6 为连续式重力浓缩池的基本构造,污泥由中心管 1 连续进泥,上清液由溢流堰 2 出水,浓缩污泥用刮泥机 4 缓缓刮至池中心的污泥斗,并从排泥管 3 排除,刮泥机 4

上装有垂直搅拌栅 5，随着刮泥机转动，周边线速度为 1 m/min 左右，每条栅条后面，可形成微小涡流，有助于颗粒之间的絮凝，可使浓缩效果提高 20%以上。浓缩池底坡坡度采用(1/100)～(1/12)，一般用 1/20。

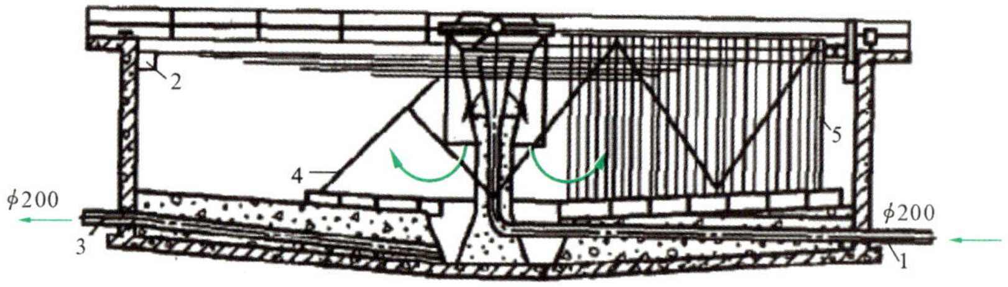

图 5.6　连续式重力浓缩池基本构造

1—中心进污泥管；2—上清液溢流堰；3—排泥管；4—刮泥机；5—搅拌栅

目前应用最多的连续式重力浓缩装置有悬挂式中心传动浓缩池、垂架式中心传动浓缩池和周边传动浓缩池。另外，为了减少设备的占地面积，开发了多层辐流式浓缩池，如图 5.7 所示，它实际上是将单层浓缩池重叠，所以多层的结构与单层浓缩池相同。

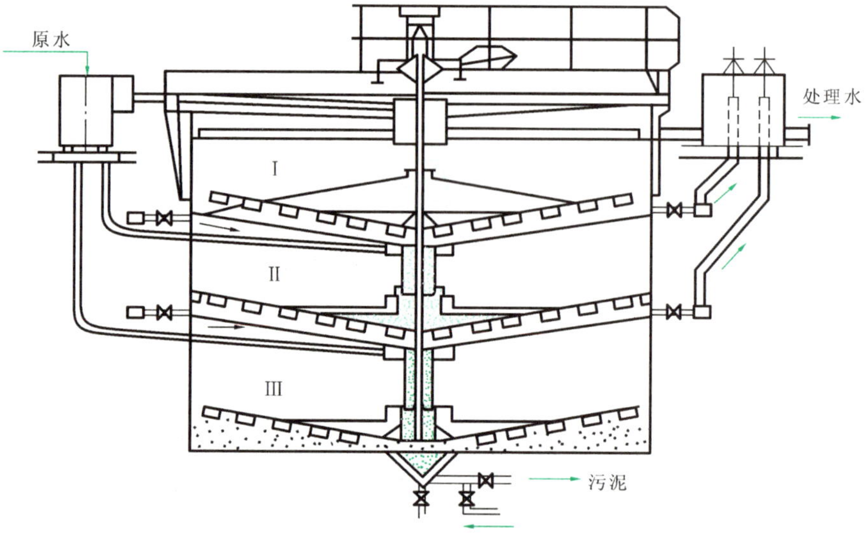

图 5.7　多层辐射式浓缩池

5.2.2　气浮浓缩

气浮浓缩与重力浓缩的根本差别是促使固液分离的原动力不一样，气浮浓缩是利用固体与水的密度差而产生的浮力，使固体上浮以达到固液分离，实现固体浓缩的目标。一般来说，固体与水的密度差愈大，浓缩效果愈好。对密度小于 1 g/cm^3 的固体，可以直接进行上浮分离。对于密度大于 1 g/cm^3 的固体，则可以通过改变其密度，使其密度小于 1 g/cm^3，从而实现固液分离。改变固体密度的方法有很多，但最经济的方法就是将空气附着在固体颗粒的表面，改变固体密度，产生上浮的原动力。

空气从水中释放的过程中会形成许多微细的气泡，黏附在污泥絮体的周围，使污泥絮体密度减小，而被强制上浮。气体对固体颗粒的附着泡也容易附着在疏水性固体颗粒的表面。活性污泥虽然是亲水性的，但由于能形成絮体，污泥颗粒在絮凝过程中能捕集气泡。絮体的捕集作用和吸附作用，足以使污泥颗粒表面附着大量气泡，从而使絮体的密度减轻而达到气浮的目的。

在一定温度下，空气在水中的溶解度与压力成正比，压力愈高，溶解在水中的空气量愈多。当压力降低时，溶解的空气会从水中释放出来，达到与该压力相应的溶解度后处于平衡，空气不再释放出来。

气浮可分为分散空气气浮和加压气浮两种。分散空气气浮是将空气直接吹入悬浮液中，形成的气泡直径比较大，一般在 1000 μm 左右，这种方法一般在矿物、煤炭浮选中使用。加压气浮是在一定压力下使空气溶解在水中，压力恢复到常压，溶解在水中的过饱和空气从水中释放出来，产生大量微气泡，直径只有 10～100 μm，固液分离效率高，污泥浓缩效果好，目前污泥浓缩一般都采用这种方法。

气浮浓缩装置如图 5.8 所示。一般由三部分组成，即压力溶气系统、溶气释放系统及气浮分离系统。压力溶气系统主要包括水泵、空压机、压力溶气罐及其他附属设备，其中压力溶气罐是影响溶气效果的关键设备。溶气释放系统主要由溶气释放器(或穿孔管、减压阀)及溶气水管路组成，溶气释放器的功能是将压力溶气水通过消能、减压，使溶入水中的气体以微气泡的形式释放出来，并能迅速又均匀地附着到污泥絮体上。气浮分离系统，一般可分为平流式和竖流式两种类型。

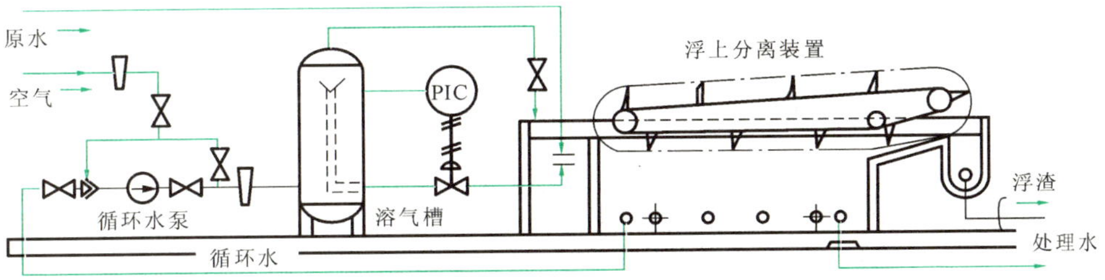

图 5.8　气浮浓缩装置

平流式加压气浮浓缩装置如图 5.9 所示。在气浮浓缩池的一端设置进水室，污泥和加压溶气水在这里混合，释放出来的微气泡附着在污泥絮体上，上浮后从上方以平流方式流入分离池，在分离池中，固体与澄清液分离。用刮泥机将上浮到表面的浮渣送到浮渣室。澄清液则通过设置在池底部的集水管汇集，越过溢流堰，经处理水管排出。在分离池中沉淀下来的污泥将被集中到污泥斗之后排出。

竖流式加压气浮浓缩装置如图 5.10 所示，在浓缩装置的中间设置圆形进泥室，对流入的污泥悬浮液所具有的能量进行衰减的同时起到均化作用。加压溶气水与污泥悬浮液一同进入进泥室，释放出的微气泡附着在污泥絮体上后，污泥絮体上浮，然后借助刮泥板把浮渣排出。未上浮而沉淀下来的污泥，依靠旋转耙收集起来，从排泥管排出。澄清液则从底部收集后排出。刮泥板、进泥室和旋转耙等都安装在中心旋转轴上，从结构上使整个装置变成一体，依靠中心轴的旋转，使这些部件以同样的速度旋转。

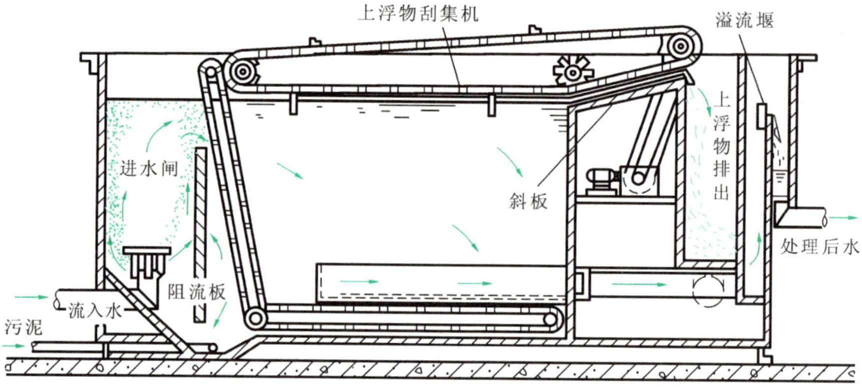

图 5.9　平流式加压气浮浓缩装置

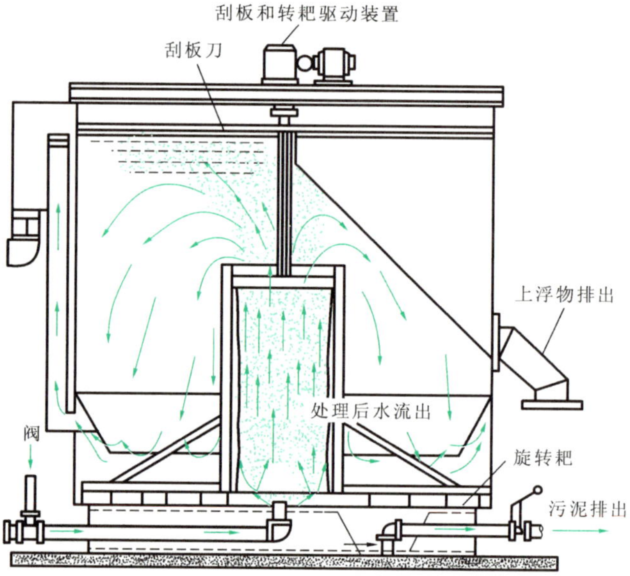

图 5.10　竖流式加压气浮浓缩装置

5.2.3　离心浓缩

污水做高速旋转时，由于悬浮固体和水的质量不同，所受的离心力也不同，质量大的悬浮固体被抛向外侧，质量小的水被推向内侧，这样悬浮固体和水从各自出口排出，从而使污水得到处理。离心浓缩法就是利用污泥中的固体颗粒与液体的相对密度差及惯性差，在离心力场所受到的离心力不同而被分离。由于离心力远远大于重力或浮力，分离速度快，浓缩效果好，占地面积小，造价低，但运行费用与机械维修费用较高，经济性差。

按产生离心力的方式不同，离心分离设备可分为离心机和水力旋流器两类。

5.2.3.1　离心机

目前，常用的离心浓缩机有螺旋滗水型卧式离心机和笼形立式离心机两种。前者浓缩污泥从转筒中由螺旋将其排出；而后者则通过集泥管排出。图 5.11 为卧式螺旋浓缩机的一种。以污泥供给管为中心，外筒和内筒保持一定的转速差而旋转。污泥通过污泥供给管连续输送到高速旋转的外筒内，由于离心力的作用，污泥絮体在外筒内壁沉降堆积。内筒中设置有螺杆，内筒的转速比外筒低，发生螺旋输送作用，螺杆把外筒内壁堆积的污泥向左推送，作为浓缩污泥排出，上清液从外筒侧面的排出口溢流出来。

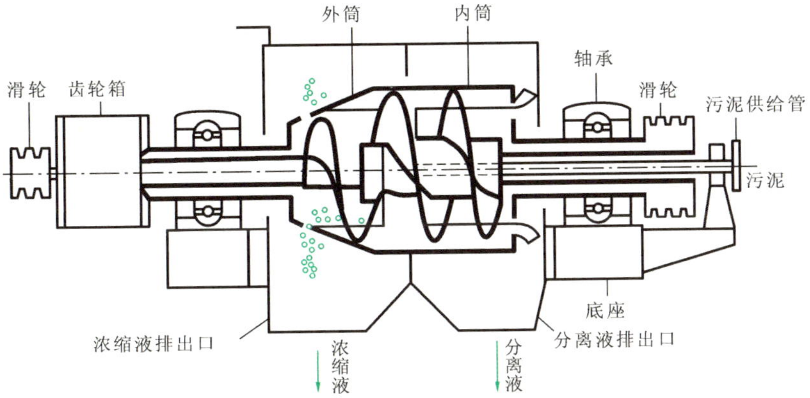

图 5.11 卧式螺旋浓缩机

笼形立式离心浓缩机的结构示意图见图 5.12。圆锥形笼框内侧铺上滤布，驱动电机通过旋转轴带动笼框旋转。污泥从笼框底部流入，其中的水分通过滤布进入滤液室，然后排出。污泥中的悬浮固体被滤布截留，从而实现固液分离，污泥被浓缩。浓缩的污泥沿笼框壁徐徐向上，从上端进入浓缩室再排出。由于具有离心和过滤双重作用，这种离心浓缩机大大提高了过滤效率，实现了浓缩装置小型化，减少了占地面积。该装置低速运行、操作安全方便、臭气散发少又卫生，已在许多小规模污水处理厂广泛应用。

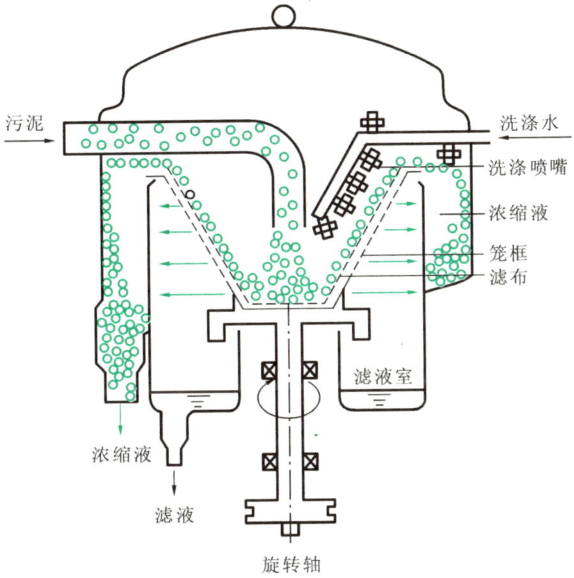

图 5.12 笼形立式离心浓缩机结构示意图

5.2.3.2 水力旋流浓缩

水力旋流器根据产生水流旋转的能量来源，可分为压力式旋流器和重力式旋流器两种。

压力式旋流器先用泵或利用水压差将污泥从进泥管以切线方向高速送入圆筒内，使污泥形成旋流，并沿圆锥体沉降成为浓缩悬浮液，并从排泥管排出。而含细小颗粒的上清液沿旋流器中央形成的漩涡上升，经中心管上升，再从出水管溢流出去。

重力式旋流器靠进出水的水压差做推动力，离心力的作用并不重要，固体的分离基本上由重力决定，分离因素较小，污泥浓缩很少使用。

水力旋流器是利用旋流产生的离心沉降分离现象，代替机械旋转体的离心沉降分离，达到浓缩的目的。虽然理论上可以认为水力旋流器作为污泥浓缩装置是合适的，但因难以适应流量的变动，单台处理量小，往往需要将小型旋流器并联成集合体使用，操作复杂，又容易引起被浓缩污泥堵塞等，所以大型污泥浓缩装置较少应用。

5.3 污泥消化

污泥消化的目的，就是对污泥进行稳定，以消除污泥中散发的臭味和减少或杀灭污泥中诸如肠道寄生虫和病毒等病原体的数目。其方法有厌氧消化、好氧消化、药剂氧化、药剂稳定等。其中厌氧消化、好氧消化是利用微生物的作用将污泥中可生物降解的有机物分解，药剂氧化是利用氧化剂的作用将污泥中的有机物分解，药剂稳定是利用化学药剂的作用抑制微生物对污泥中有机物的分解，杀灭污泥中的病原微生物，使之不散发臭味。在污泥的稳定处理中最常用的是厌氧消化法。典型的厌氧消化时间为 2～3 周以上，在污水处理厂一个大的有盖池子里进行。这个过程产生甲烷，甲烷可以作为一种能源被重新利用。

5.3.1 厌氧消化

污泥厌氧消化也称为污泥厌氧生物稳定，它的主要目的是减少原污泥中以碳水化合物、蛋白质、脂肪形式存在的高能量物质的含量，也就是通过降解使高分子物质转变为低分子氧化物。在实现这一主要目的的同时，还要求改善污泥脱水性质、减少病原菌和减少产生异味物质的含量。厌氧生物稳定是一个多步骤的过程，各步骤之间既互相联系又相互影响，每一个步骤又用到不同种类的生物体。完全厌氧生物稳定过程的最终产物是甲烷。污泥厌氧消化可分为 4 个步骤，如图 5.13 所示。

第一步水解过程：高分子物质，通常是非溶解性物质在酶的作用下水解为溶解性的物质。

第二步酸化过程：水解后的物质在兼性菌和厌氧菌的作用下转变成为短链的有机酸（如丁酸、丙酸、醋酸等）、乙醇、H_2、CO_2。在这些中间产物中，甲烷菌仅能将醋酸和 H_2、CO_2 转变成为甲烷。

第三步醋酸化过程：将第二步过程产生的有机酸、乙醇转变成为醋酸，在这一过程中醋酸菌与甲烷菌是共生的。

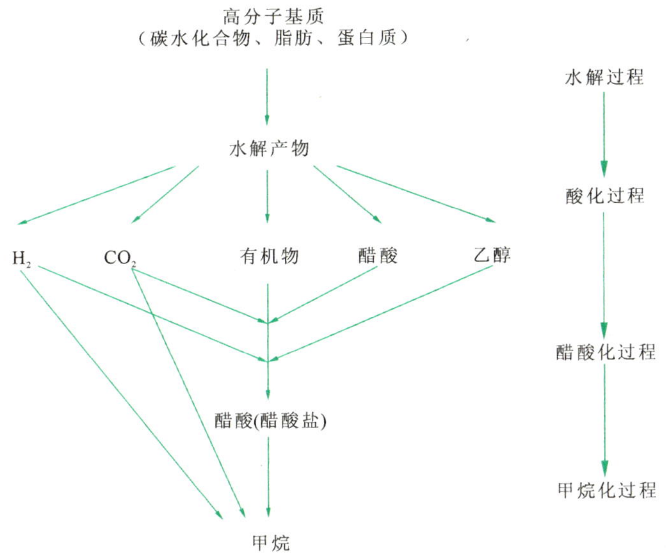

图 5.13 厌氧稳定过程示意图

第四步甲烷化过程：将醋酸及 H_2、CO_2 转化为甲烷。

污泥厌氧消化工艺主要有一级消化、二级消化、二相消化三种工艺，一级消化工艺的污泥消化为单级过程，污泥在单级（单个）消化池内进行搅拌和加热，完成消化目的。目前一级消化工艺很少采用；而普遍采用二级消化工艺，如图 5.14 所示；二相消化工艺为新工艺，现处于研究中试阶段。

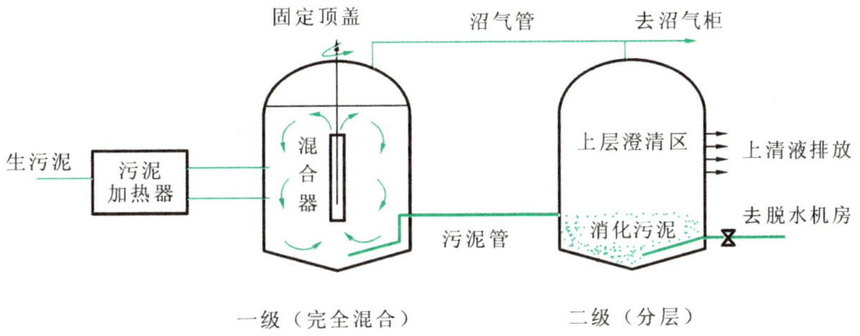

图 5.14 二级消化工艺流程

二级消化工艺为两个消化池串联运行，生污泥首先进入一级消化池中，池内污泥应搅拌与加热，消化温度 33～35 ℃，并应有集气设备，不排出上清液。污泥中的有机物分解主要在一级消化池中进行，产气量占总产气量的 80%。一级消化池消化的污泥重力排入二级消化池，池内污泥不加热和搅拌，而是利用一级消化池排出污泥的余热继续消化，其消化温度可保持在 20～26 ℃。二级消化池应设有集气设备并排出上清液，产气量仅占总产气量的 20%。二级消化池还起着污泥浓缩池的作用。

消化池的基本形状有龟甲形、传统圆形、卵形、平底圆柱形四种，其主体是由集气罩、池盖、池体、下锥体四部分组成，圆柱形消化池池径一般为 6～35 m，池总高与池径之比取 0.8～1.0，池底、池盖倾角一般取 15°～20°，池顶集气罩直径取 2～5 m，高 1～3 m。消化池还包括污泥投配、排泥及溢流系统，消化气排出、收集与贮气设备，搅拌设备，加温设备等。

好的消化池池形应具有结构条件好、防止沉淀、没有死区、混合良好、易去除浮渣及泡沫等优点。但常用的基本形状有以下四种。

(1)龟甲形消化池

龟甲形[见图5.15(a)]消化池在英、美国家采用得较多，此种池形的优点是土建造价低、结构设计简单。但要求搅拌系统具有较好的防止和消除沉积物效果，因此相配套的设备投资和运行费用较高。

(2)传统圆柱形消化池

在中欧及中国，常用的消化池的形状是圆柱状中部，圆锥形底部和顶部的消化池池形[见图5.15(b)]。这种池形的优点是热量损失比龟甲形小，易选择搅拌系统。但底部面积大，易造成粗砂的堆积，因此需要定期进行停池清理。更重要的是在形状变化的部分存在尖角，应力很容易聚集在这些区域，使结构处理较困难。底部和顶部的圆锥部分，在土建施工浇筑时混凝土难密实，易产生渗漏。

(3)卵形消化池

卵形消化池[见图5.15(c)]在德国从1956年就开始采用，并作为一种主要的形式推广到全国，应用较普遍。

卵形消化池最显著的特点是运行效率高，经济实用。其优缺点可以总结为以下几点：

① 其池形能促进混合搅拌的均匀，单位面积内可获得较多的微生物。用较小的能量即可达到良好的混合效果。

② 卵形消化池的形状有效地消除了粗砂和浮渣的堆积，池内一般不产生死角，可保证生产的稳定性和连续性。

根据有关文献介绍，德国有的卵形消化池已经成功地运转了50年而没有进行过清理。

③ 卵形消化池表面积小，耗热量较低，很容易保持系统温度。

④ 生化效果好，分解率高。

⑤ 上部面积小，不易产生浮渣，即使生成也易去除。

⑥ 卵形消化池的壳体形状使池体结构受力分布均匀，结构设计具有很大优势，可以做到消化池单池池容的大型化。

⑦ 池形美观。

卵形消化池的缺点是土建施工费用比传统消化池高。然而卵形消化池运行上的优点直接提高了处理过程的效率，因此节约了运行成本。如果需要设置2个以上的卵形消化池，运行费用比较下来则更具有优势。节省下的运行费用，很容易弥补造价的差额，用户从高效的运行中受益更多。对大体积消化池采用卵形池更能体现其优点。

(4)平底圆柱形

平底圆柱形池[见图5.15(d)]是一种土建成本较低的池形。圆柱部分的高度/直径比≥1。这种池形在欧洲已成功地用在不同规模的污水厂。它要求池形与装备和功能之间要有很好的相互协调。当前可配套使用的搅拌设备较少，大都采用可在池内多点安装的悬挂喷入式沼气搅拌技术。

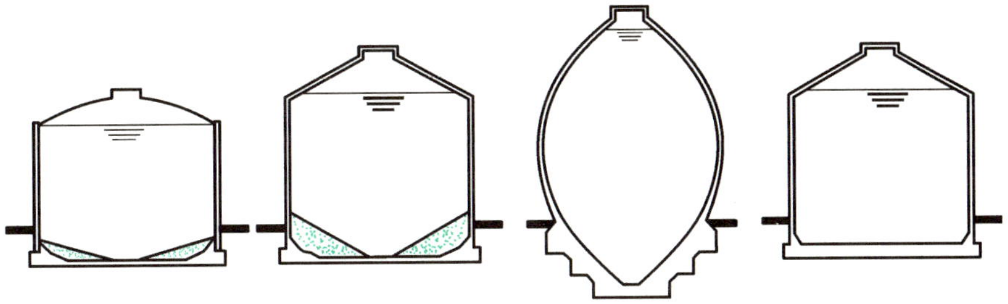

图 5.15　消化池池形

(a)龟甲形；(b)传统圆柱形；(c)卵形；(d)平底圆柱形

在我国，消化池的形状多年来大都采用传统的圆柱形，随着搅拌设备的引进，我国污泥消化池的池形也变得多样化。近几年中我国先后设计并施工了多座卵形消化池，改变了国内消化池池形单一状况。

5.3.2　好氧消化

污泥好氧消化同样可以稳定污泥。它实质上是活性污泥法的继续，微生物在外源底物耗尽后，即进入内源呼吸期，依靠代谢自身物质来维持生命活动所需的能量。其反应式为：

$$C_5H_7NO_2+7O_2 \longrightarrow 5CO_2+3H_2O+H^++NO_3^-$$

从反应式可以看出，污泥中可降解物质完全被分解为无机物，反应彻底，氧化 1 kg 细胞物质需氧 224/113 kg≈2 kg。

好氧消化池如图 5.16，其构造主要包括好氧消化室，进行污泥消化；泥液分离室，使污泥沉淀回流并排出上清液；消化污泥排出管；曝气系统，由压缩空气管、中心导流筒组成，提供氧气并起搅拌作用。消化池底坡度不小于 0.25，水深取决于鼓风机的风压，一般为 3～4 m。好氧消化法的操作较灵活，可以间歇运行操作，也可连续运行操作。

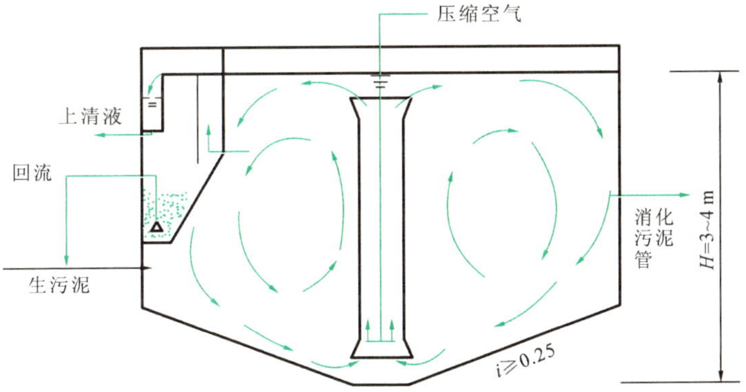

图 5.16　好氧消化池

污泥厌氧消化运行管理要求高，消化池需密闭、池容大、池数多。因此当污泥量不大时可采用好氧消化，即在不投加底物的条件下，对污泥进行较长时间的曝气，使污泥中微生物处于内源呼吸阶段进行自身氧化。因此微生物机体的可生物降解部分(约占MLVSS的80%)可被氧化去除。

污泥好氧消化的优点如下：

(1)污泥中可生物降解有机物的降解程度高。

(2)上清液BOD浓度低。

(3)消化污泥量少，无臭、稳定、易脱水，处置方便。

(4)消化污泥的肥分高，易被植物吸收。

(5)好氧消化池运行管理方便简单，构筑物基建费用低。因此，特别适合于中、小污水处理厂的污泥处理。

污泥好氧消化的缺点如下：

(1)因氧化1 kg细胞质约需氧2 kg，所以运行能耗多，运行费用高。

(2)不能回收沼气。

(3)因好氧消化不加热，所以污泥有机物分解程度随温度波动大。

(4)消化后的污泥进行重力浓缩时，上清液SS浓度高。

5.4 污泥脱水

污泥脱水和干化的目的是除去污泥中的大量水分，缩小其体积，减轻其质量。一般经过脱水、干化处理后，污泥含水量能从90%左右下降到60%～80%，体积减小到原来的(1/10)～(1/5)。污泥脱水的主要方法有自然脱水和机械脱水等。

5.4.1 自然脱水

自然脱水，即自然干化。利用自然下渗和蒸发作用脱除污泥中的水分，其主要构筑物是干化场。污泥经过浓缩或消化后含水率为95%～97%，通过干化场内蒸发或渗透，2～3 d后含水率下降到85%，数周后可以降至75%。采用干化场一般要注意场地，要根据面积负荷设计场地面积，同时考虑气候条件、污泥性质、加药等情况的影响。

自然脱水主要采用的是污泥干化床。一般经过自然干化处理后的出泥含水率可接近65%。但由于自然干化床的占地面积较大，一般仅适用于中小规模的污水处理厂。

5.4.1.1 干化场的分类与构造

干化场分为自然滤层干化场与人工滤层干化场两种。前者适用于自然土质渗透性能好、地下水位低的地区。人工滤层干化场的滤层是人工铺设的，又可分为敞开式干化场和有盖式干化场两种。

人工滤层干化场的构造见图5.17，它由不透水底层、排水系统、滤水层、输泥管、隔墙及围堤等部分组成。有盖式的，设有可移开(晴天)或盖上(雨天)的顶盖，顶盖一般用弓形复合塑料薄膜制成，移置方便。

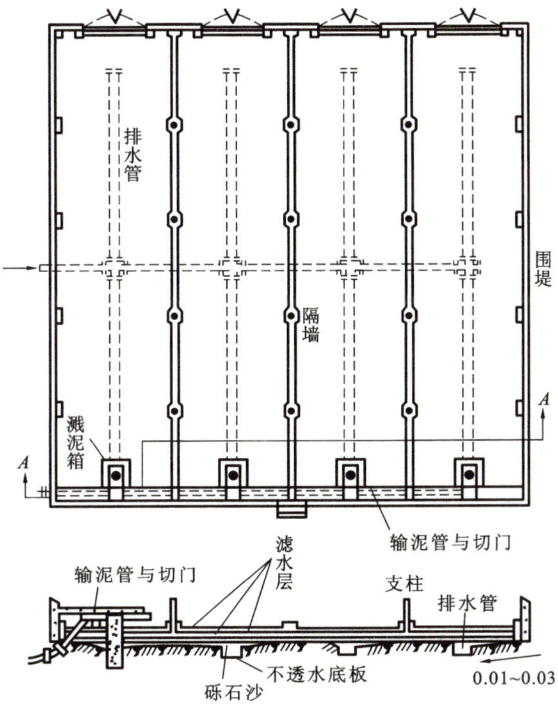

图 5.17 人工滤层干化场

滤水层的上层用细矿渣或沙层铺设，厚度 200～300 mm；下层用粗矿渣或砾石铺设，层厚 200～300 mm。排水管道系统用 100～150 mm 的陶土管或盲沟铺成，管道之间中心距4～8 m，纵坡坡度 0.002～0.003，排水管起点覆土深(至沙层顶面)为 0.6 m。不透水底板由 200～400 mm 厚的黏土层或 150～300 mm 厚三七灰土夯实而成，也可用 100～150 mm 厚的素混凝土铺成，底板有 0.01～ 0.02 的坡度坡向排水管。

隔墙与围堤，把干化场分隔成若干分块，通过切门的操作轮流使用，以提高干化场利用率。在干燥、蒸发量大的地区，可采用由沥青或混凝土铺成的不透水层而无滤水层的干化场，依靠蒸发脱水。这种干化场的优点是泥饼容易铲除。

5.4.1.2 干化场的脱水特点及影响因素

干化场脱水主要依靠渗透、蒸发与撇除。渗透过程约在污泥排入干化场最初的 2～3 d内完成，可使污泥含水率降低至 85%左右。此后水分依靠蒸发脱水，约经 1 周或数周(取决于当地气候条件)后，含水率可降低至 75%左右。

影响干化场脱水的因素主要是气候条件和污泥性质。气候条件包括当地的降水量、蒸发量、相对湿度、风速和年冰冻期。污泥性质对脱水影响较大，例如初沉污泥或浓缩后的活性污泥，由于比阻较大，水分不易从稠密的污泥层中渗透下去，往往会形成沉淀，分离出上清液，故这类污泥主要依靠蒸发脱水，可在围堤或围墙的一定高度上开设撇水窗，撇除上清液，加速脱水过程。而消化污泥在消化池中承受着高于大气压的压力，污泥中含有许多沼气泡，排到干化场后，由于压力的降低，气体迅速释出，可把污泥颗粒夹带到污泥层的表面，使水的渗透阻力减小，提高了渗透脱水性能。

5.4.1.3 干化场的设计

干化场设计的主要内容是确定总面积与分块数。

干化场总面积一般按面积污泥负荷进行计算。面积污泥负荷是指单位干化场面积每年可接纳的污泥量，单位 $m^3/(m^2 \cdot a)$ 或 m/a。面积负荷的数值由试验确定。

干化场的分块数最好大致等于干化天数，以使每次排入干化场的污泥有足够的干化时间，并能均匀地分布在干化场上以及方便铲除泥饼。如干化天数为 8 d，则分为 8 块，每天铲泥饼和进泥用 1 块，轮流使用。每块干化场的宽度与铲泥饼的机械与方法有关，一般采用 6～10 m。

5.4.2 机械脱水

5.4.2.1 机械脱水前的预处理

预处理的目的在于改善污泥脱水性能，提高机械脱水效果与机械脱水设备的生产能力。初沉污泥、活性污泥、腐殖污泥、消化污泥均由亲水性带负电荷的胶体颗粒组成，有机质含量高，比阻值大，脱水困难。而消化污泥的脱水性能与其搅拌方法有关，若用水力或机械搅拌，污泥受到机械剪切，絮体被破坏，脱水性能恶化；若采用沼气搅拌，脱水性能可改善。

污泥的比阻值在 $(0.1\times10^9)\sim(0.4\times10^9)\ s^2/g$ 之间进行机械脱水较为经济与适宜。但是污泥的比阻值均大于此值，初沉污泥的比阻值在 $(4.7\times10^9)\sim(6.2\times10^9)\ s^2/g$，活性污泥的比阻值高达 $(16.8\times10^9)\sim(28.8\times10^9)\ s^2/g$，所以在机械脱水前，必须进行预处理。预处理的方法主要有化学调理法、热处理法、冷冻法及淘洗法等。

(1)化学调理：就是在污泥中投加混凝剂、助凝剂一类的化学药剂，使污泥颗粒产生絮凝，比阻降低。

常用的污泥化学调理混凝剂有无机、有机和微生物混凝剂三类。无机混凝剂是一种电解质化合物，主要包括铝盐、铁盐及其高分子聚合物。有机混凝剂是一种高分子聚合电解质，按基团带电性质可分为阳离子型、阴离子型、非离子型和两性型。废水处理中常用阳离子型、阴离子型和非离子型三种有机混凝剂。混凝剂种类的选择及投加量的多少与许多因素有关，应通过试验确定。

(2)热处理：这种方法可使污泥中有机物分解，破坏胶体颗粒的稳定性，污泥内部水与吸附水被释放，比阻值可降至 1.0× 108 s^2/g，脱水性能大大改善。同时，寄生虫卵、致病菌与病毒等也可被杀灭。因此污泥热处理兼有污泥稳定、消毒和除臭等功能。热处理后的污泥进行重力浓缩，可使其含水率从 97%～99%以上浓缩至 80%～90%；如果直接进行机械脱水，泥饼含水率可达 30%～45%。

热处理法分为高温加压热处理法与低温加压热处理法两种，适用于各种污泥。高温加压热处理法的控制温度为 170～200 ℃，低温加压热处理法的控制温度则低于 150 ℃，可在 60～80 ℃时运行，其他条件相同，如压力为 1.0～1.5 MPa，反应时间为 1～2 h。由于高温加压法能耗较多，且热交换器与反应釜容易结垢影响热处理效率，故一般采用低温加压法。热处理法的主要缺点是能耗较多，运行费用较高，分离液的 BOD_5、COD_{Cr} 高(分别为 4000～5000 mg/L、2000～3000 mg/L)，设备易受腐蚀。

(3)冷冻:将污泥进行冷冻处理,随着冷冻过程的进行,污泥中胶体颗粒被向上压缩浓集,水分被挤出,再进行融化,使污泥颗粒的结构被彻底破坏,脱水性能大大提高,颗粒沉降与过滤速度可提高几十倍,可直接进行机械脱水。冷冻—融解是不可逆的,即使再用机械或水泵搅拌也不会重新成为胶体。

(4)淘洗:用于消化污泥的预处理。是用污水处理厂的出水或自来水、河水把消化污泥中的碱度洗掉以节省混凝剂的用量,但增加了淘洗池及搅拌设备,一增一减基本上可抵消。该法已逐渐被淘汰。

5.4.2.2 机械脱水原理

污泥的机械脱水是以过滤介质两面的压力差作为推动力,使污泥水分被强制通过过滤介质,形成滤液;而固体颗粒被截留在介质上,形成滤饼,从而达到脱水的目的。过滤基本过程见图5.18。

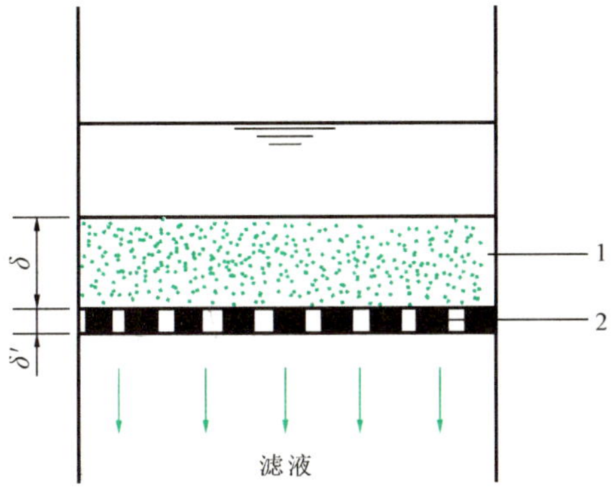

图5.18 过滤基本过程

1—滤饼;2—过滤介质

过滤开始时,滤液仅需克服过滤介质的阻力。当滤饼逐渐形成后,还必须克服滤饼本身的阻力。

常用的污泥机械脱水方法有真空吸滤法、压滤法和离心法等。其基本原理相同,不同点仅在于过滤推动力的不同。真空吸滤脱水是在过滤介质的一面造成负压;压滤脱水是加压污泥把水分压过过滤介质;离心脱水的过滤推动力是离心力。

5.4.2.3 真空过滤脱水

真空过滤脱水使用的机械是真空过滤机,主要用于初沉污泥及消化污泥的脱水。真空过滤设备一般是由一部分浸在污泥中、同时不断旋转的圆筒转鼓构成,过滤面分布在转鼓周围。转鼓被分割成许多小室,为过滤区段和干燥区段。首先,滤鼓和滤布被抽成真空,污泥中的水分在过滤和干燥区段被过滤,泥饼在滤布上形成。各种过滤机的不同之处在于泥饼的剥离方式不同,目前常用的是转鼓式真空过滤机和履带式真空过滤机两种。

转鼓式真空过滤机如图5.19所示。

在长度/直径较小的圆筒内表面布置滤材进行内部供液式真空过滤。圆筒兼做母液槽。滤材随圆筒旋转进入母液中,滤饼由减压过滤作用形成,然后依次进行滤饼脱水和洗涤,滤饼转到料斗上方时,靠滤材反面吹入空气,或脉冲吹入压缩空气剥离后,经皮带运输机或螺旋输送机排出。如果悬浊液的粒度比较大(大于10%),需要形成15 mm/min的滤饼。转鼓真空过滤机适用于沉降速度较大的母液,不适用于滤饼易脱落或是必须洗涤的场合。其有效过滤面积较小,滤布紧包在转鼓上,容易堵塞,影响过滤效率。

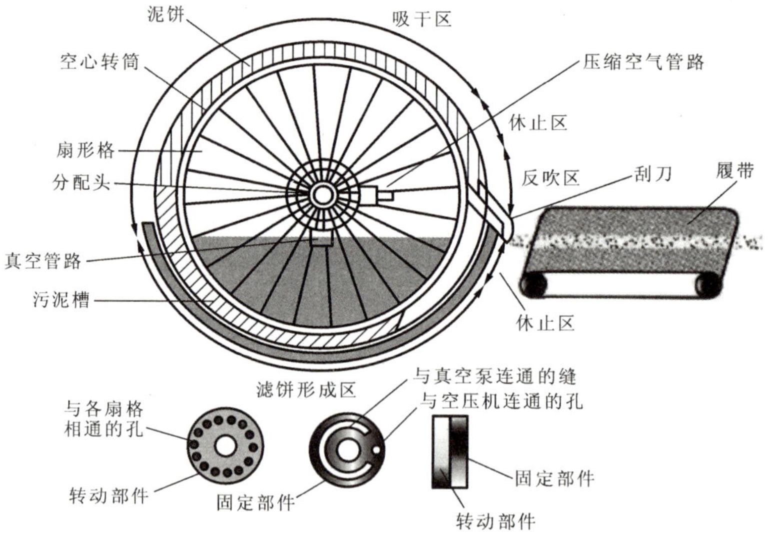

图 5.19　转鼓真空过滤机

转鼓真空过滤机脱水系统的工艺流程见图5.20。

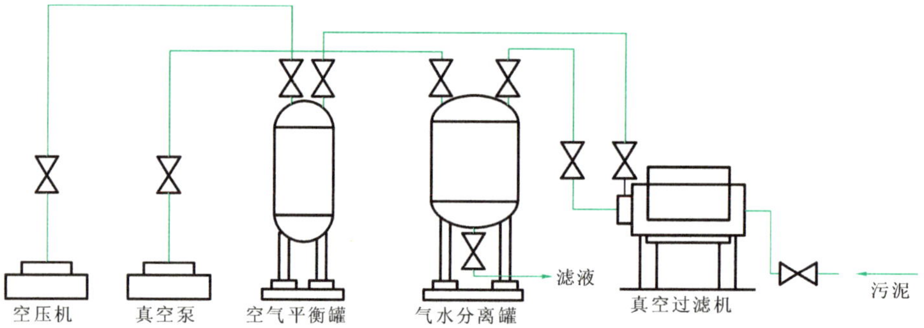

图 5.20　转鼓真空过滤机工艺流程

履带式真空过滤机的结构如图5.21所示。

履带式真空过滤机的滤布大部分没有紧贴在转鼓上而呈环形,随着旋转滤布离开转鼓被卷到直径小的滚筒上。由于曲率发生急剧变化,运动角速度剧增,滤饼从滤布上被剥离下来,滤布堵塞得到改善。相对于转鼓真空过滤机来说,扩大了适用范围,提高了脱水性能,泥饼含水率为70%～75%。

真空过滤机的滤布种类很多,实际应用中应根据污泥的性质和调理药剂的性质来选择,最好先进行滤布实验,滤布先洗涤3～5次,便于发现问题。

真空过滤脱水的特点是能够连续生产,运行平稳,可自动控制。主要缺点是附属设备较多,工序较复杂,运行费用较高。真空过滤脱水所需的附属设备包括真空泵、空压机、气水分离罐等。

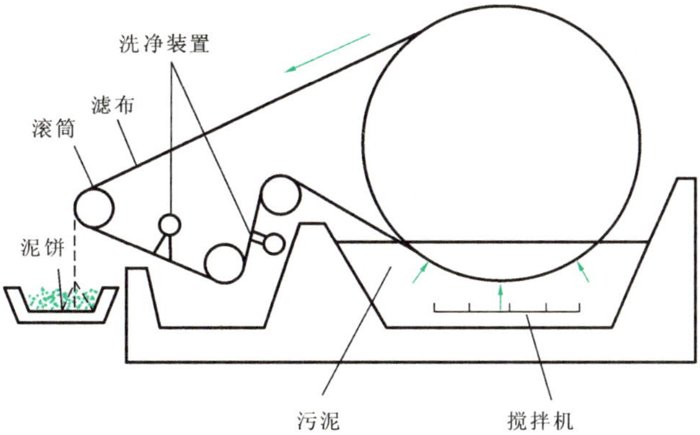

图 5.21 履带式真空过滤机

5.4.2.4 加压过滤脱水

加压过滤脱水是利用液压泵和空压机形成 4～8 MPa 的压力来增加过滤的推动力的污泥脱水方式，其基本原理与真空过滤相同，区别在于加压过滤采用正压，真空过滤采用负压。其优点为过滤效率高、滤饼的固体含量高、滤液中固体含量低，前处理时可不加或加少量的调理剂，滤饼的剥离方式简单，因此，加压过滤方式被广泛使用。加压过滤经历了由间歇操作到连续操作的发展，根据不同的压滤形式又分不同的类型。目前广泛使用的为板框压滤机和带式压滤机。

板框压滤机的结构如图 5.22 所示。

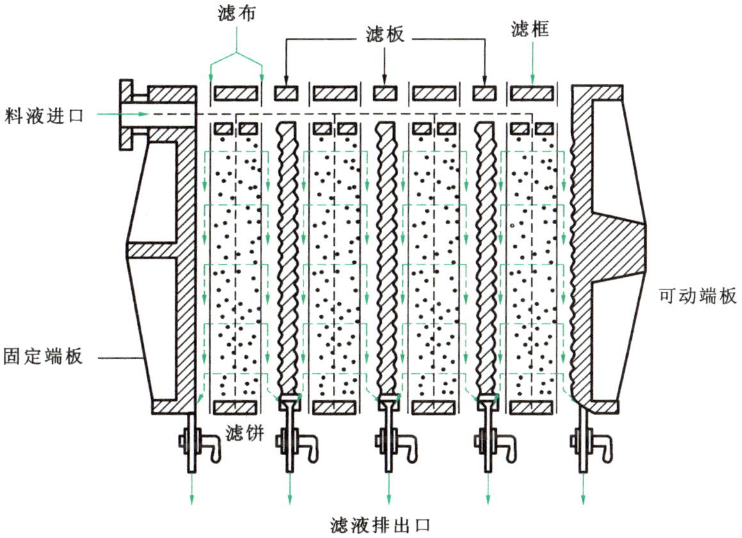

图 5.22 板框压滤机的结构

板框压滤机的滤板和滤框平行交替排列，在滤板和滤框中间布置滤布，用可动端把滤板和滤框压紧，这样在滤板与滤板之间形成了压滤室。压滤机工作时污泥从进液口流入，水通过滤板从滤液排出口流出，滤布上过滤出滤饼，将滤板和滤框松开就可以将泥饼剥离下来。板框压滤机的工作周期为：滤板、滤框关闭→污泥压入过滤脱水→滤板、滤框开启→泥饼剥离→滤布洗净。

板框压滤机的优点为滤材使用寿命长，滤饼的厚度可通过改变滤框的厚度来改变，且滤饼厚度均一，结构较简单，操作容易，运行稳定，故障少，过滤面积选择范围灵活，且单位过滤面积占地较少，过滤推动力大，所得滤饼含水率低，对物料的适应性强，适用于各种污泥。其不足之处在于，滤框给料口容易堵塞，滤饼不易取出，不能连续运行，处理量小，滤布消耗大。因此，它适合于中小型污泥脱水处理的场合。

带式压滤机的结构如图 5.23 所示。

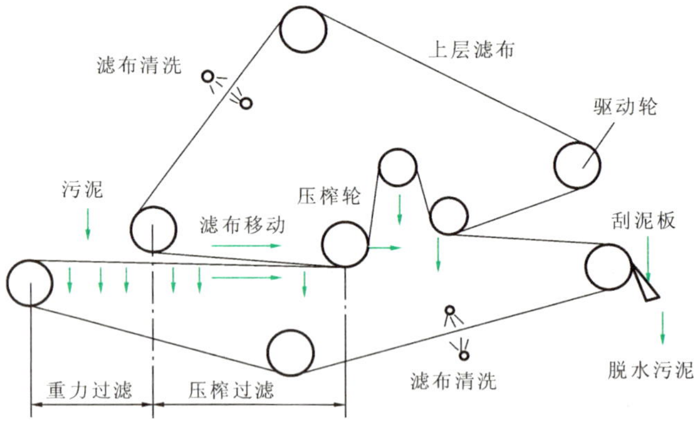

图 5.23　带式压滤机的结构

带式压滤机由滤布和辊压轴组成，利用辊压轴的压力和滤布的张力在滤布上榨去污泥中的水分。污泥进入在辊压轴之间连续转动的上下两块带状滤布上后，利用滤布的张力和滚压筒的压力及剪切力来对两块滤布之间的污泥进行加压脱水。污泥先后经过重力脱水、压榨脱水和剪切脱水三个过程。脱水污泥由刮泥板剥离，滤布用水清洗以防止堵塞，影响过滤速度。

带式压滤机的压滤方式有两种：一种是辊压轴上下相对，几乎是瞬时压榨，压力大；另一种是辊压轴上下错开，依靠辊压轴施于滤布的张力压榨污泥，压榨的压力受张力限制，压力较小，压榨时间较长，主要依靠辊压对污泥剪切力的作用，促进泥饼的脱水。

采用带式压滤机时，只需加入少量高分子絮凝剂，便可使污泥脱水后的含水率降到80%左右，不增加泥饼质量，操作简单，运转稳定。由于其关键控制参数为滤布的速度和能力，运行负荷范围广，无噪声和振动，易实现密闭操作，适宜于活性污泥和有机亲水污泥的脱水。

压滤脱水的设计主要是根据污泥量、污泥性质、调节方法、脱水泥饼浓度、压滤压力等计算过滤产率及所需压滤机面积与台数。压滤机的产率一般为 2～4 kg/(m^2 · h)，压滤脱水的过滤周期为 1.5～4 h。

5.4.2.5　离心脱水

离心脱水是利用离心力代替重力和压力进行污泥脱水的操作。污泥离心脱水采用的设备一般是离心过滤机。

离心过滤机适用于非压缩性物料的过滤、洗涤和脱水；离心脱水机适用于黏度小的液体的分离和洗涤；离心沉降机的原理为利用固液或液液密度差而进行分离。前两者可用于乳状液和固体物质较少的悬浮液；后者用于沉降速度较大、浓度较高的悬浊液和泥浆。实际工艺中常用到的为卧式倾析离心机(卧式圆筒形倾析离心)和碟倾片式离心机(分离板型离心机)。卧式倾析离心机的结构如图 5.24 所示。

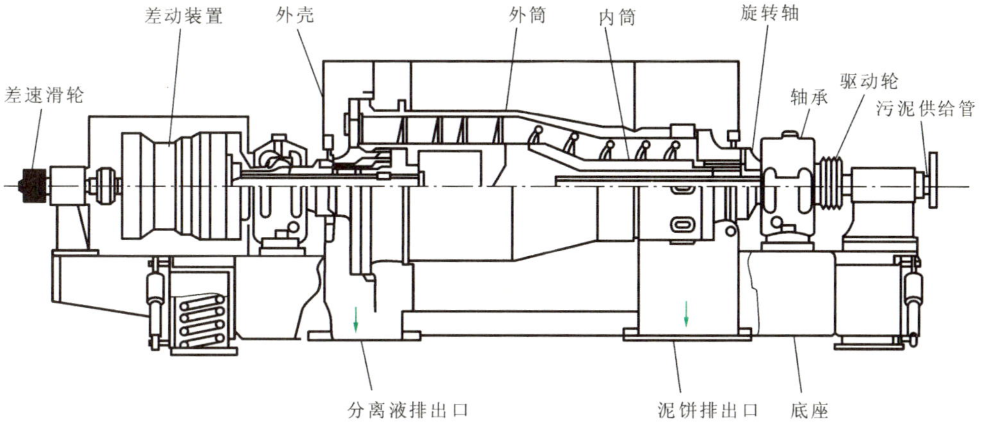

图 5.24 卧式倾析离心机

卧式倾析离心机可以实现污泥连续供给,连续脱水,泥饼和分离液连续排出。离心机工作时,污泥从供给管流到内筒,由分散装置分散均匀,到达外筒,污泥随内外筒同时高速旋转,在离心力的作用下,在外筒的内层,沿转轴形成一定厚度的料液层,液面为外筒圆锥形斜面高度的一半。污泥在外筒的溢流孔处固液分离,泥饼留在外筒壁上,液体从溢流孔流出。积聚在外筒壁上的污泥在离心力的作用下不断被浓缩压实。由于内外筒的转速不同,一般相差 0.2%~3%,浓缩压实的污泥由内筒上的螺旋慢慢推到外筒的圆锥部分,形成泥饼,由排出口排出。此时的污泥在离心力的作用下飞散排出,需经收集罩收集起来。

通常,污泥颗粒沉降速度与离心力大小成正比,离心力越大,固态物质回收率越高,但同时存在污泥打滑、凝聚物破裂、脱水效率下降等问题,还会导致机械磨损,动力消耗大,形成噪声。

碟片式离心机的结构如图 5.25 所示。

碟片式离心机主要用于分离密度非常接近的液体,细微粒径的乳浊液或悬浊液等高度分散的液体。这些液体中的颗粒组成相近,粒径小,沉降速度低,需分离因数高的离心机才能将其分开。碟片式离心机的处理能力一般为 120 ~10000 L/h,沉降距离较小的悬浮颗粒容易被捕捉,通过转筒上的细孔连续排出,其密度浓缩了 5~20 倍。由于转筒上细孔的直径为 1.27~2.54 mm,该离心机对污泥的浓度和粒径有一定的要求,通常的方法是对污泥进行筛分。

碟片式离心机也可以进行固体、油、水的三相分离。目前主要用于一般离心机难分离的悬浊液或者三相分离的液体,其脱水能力不是很强。

叠螺脱水机的结构如图 5.26 所示。

叠螺脱水机的螺旋主体是由固定环和游动环相互层叠而成,螺旋轴贯穿其中。前段为浓缩部,后段为脱水部。固定环和游动环之间形成的滤缝以及螺旋轴的螺距从浓缩部到脱水部逐渐变小。螺旋轴的旋转在推动污泥从浓缩部输送到脱水部的同时，也不断带动游动环清扫滤缝，防止堵塞。

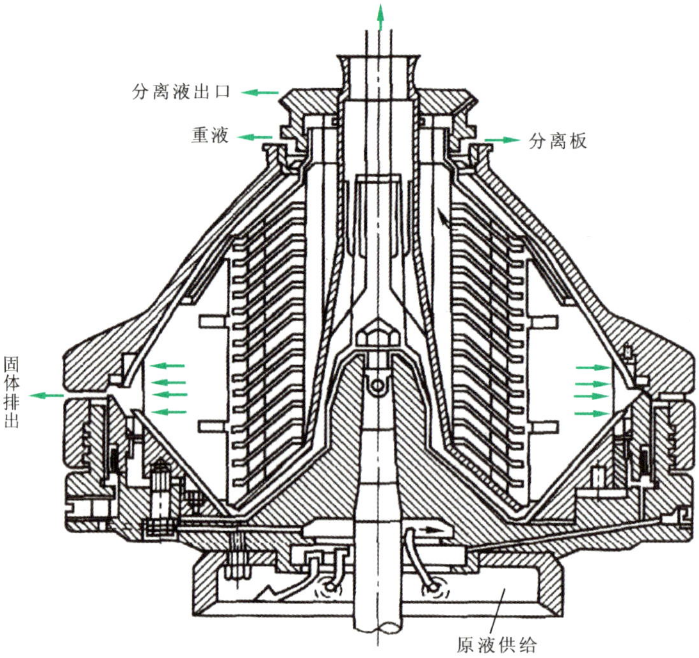

图 5.25　碟片式离心机

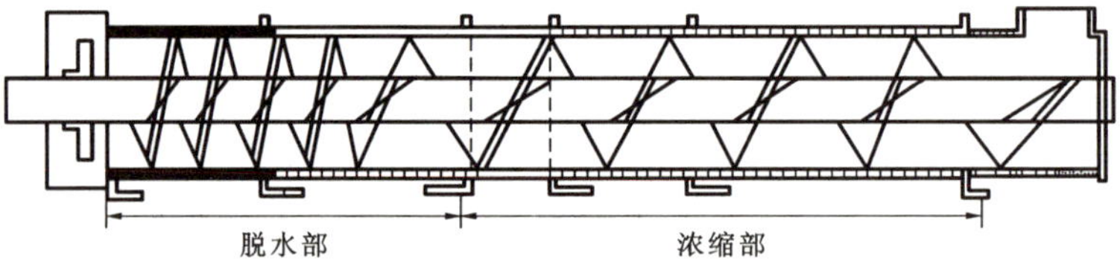

图 5.26　叠螺脱水机

叠螺脱水机工作时，污泥在浓缩部经过重力浓缩后，被运输到脱水部，在前进的过程中随着滤缝及螺距的逐渐变小，以及在背压板的阻挡作用下，产生极大的内压，容积不断缩小，达到充分脱水的目的。

从表 5.5 中可以看出叠螺脱水机与传统脱水机械相比的优势所在。

表 5.5　脱水机械的比较

种类	叠螺脱水机	带式脱水机	板框式脱水机	离心式脱水机
脱水方式	游动环叠螺形层叠脱水	重力和剪切脱水	加压脱水	离心脱水
低浓度污泥脱水	可以	不可以	不可以	不可以
污泥浓缩池	不需要	需要	需要	需要
污泥贮存槽	不需要	需要	需要	需要
用电量	非常少	大	中	最大

续表 5.5

种类	叠螺脱水机	带式脱水机	板框式脱水机	离心式脱水机
清洗冲淋水用量	非常少	非常大	少	少
运转噪声，震动	小	大	大	极大
维修管理	操作时间短	操作时间长	操作时间长	操作时间长
污泥黏性要求	低（更适合含油污泥）	要求高	要求低	中
絮凝剂	使用	使用	使用	使用
泥饼含水率(%)	约 80	>80	<80	约 80
污泥处理率(%)	>95	90～95	85～95	90～95
24 h 无人连续运行	可以	不可以	不可以	不可以

5.5 污泥的最终处置

污泥的处置是以脱水（减小体积，有利运输）及防止二次污染（可能的情况下进行综合利用，变害为利）为主要目的。污泥的最终处置方法可以分为三种：综合利用、卫生填埋和干燥与焚烧。

5.5.1 综合利用

污泥的综合利用视其性质而定。大致有以下几类利用方式。

5.5.1.1 农业利用

污泥经消化、干化、脱水后，可用于农业肥料或制作饲料，但多用于肥料。污泥用作肥料或饲料，必须满足卫生要求，即不得含有致病微生物和寄生虫卵，有毒物质含量也必须在限量之内，应满足作为农业用或饲料用的有关规定。有毒物质包括有机成分（如油脂等）与无机成分（如重金属离子）等。

有机有毒物质会破坏土壤结构或毒害作物。无机有害物质（重金属离子）可分为两部分：一部分为水溶性的，可被作物吸收；另一部分为非溶性的，不易被作物吸收。微量重金属离子对动、植物生长都必不可少，但浓度过高又会造成对动、植物的毒害。其毒害作用表现在：抑制动、植物生长，使土壤贫瘠；在动、植物体内积累与富集，构成对人、畜的潜在危险。因此在把污泥用作农田肥料前，应首先进行稳定化处理，使病菌、寄生虫和病原体等减少或死亡，稳定有机物和减少臭气。此外，对于其中重金属离子的含量，也必须符合我国农业部制定的《农用污泥中污染物控制标准》的要求。

污泥肥料与化学肥料相比较，其中的氮、磷、钾含量虽较低，但有机物含量高，肥效持续时间长，可以改善土壤结构，对农业增产有重要作用。所以将污泥用作肥料应该受到充分的重视。

污泥作为肥料，使用的方法有三种：①直接使用，仅适用于消化污泥；②使用干燥污泥，这种用法方便卫生，但成本较高；③制成复合肥料，即把污泥与化学肥料混合后使用。

5.5.1.2 工业利用

利用污泥作为各种类型工业建筑材料，主要有制砖和制纤维板材等。

污泥制砖可以采用干化污泥直接制砖，也可以利用污泥焚烧灰制砖。制成的污泥砖强度与红砖基本相同。用干化污泥直接制砖，要对污泥的成分进行适当调整，使其成分与制砖黏土的成分相当。利用污泥焚烧灰制砖，其化学成分与黏土接近。焚烧灰还可用来填充洼地和充作筑路材料使用，也可以投弃于废矿井中。值得注意的是焚烧灰浓缩了金属离子，处置应加以控制。

污泥制生化纤维板材，主要利用活性污泥中所含粗蛋白与球蛋白，在一定条件下加热、干燥、加压后，会发生一系列的物理、化学性质的改变，即蛋白质的变性作用，从而制成活性污泥树脂（又称蛋白胶），再与经过漂白、脱脂处理的废纤维（可利用棉、毛纺厂的下脚料）一起压制成板材，即生化纤维板。

5.5.2 卫生填埋

污泥卫生填埋始于 20 世纪 60 年代，是一项比较成熟的污泥处置技术，污泥既可单独填埋，也可与生活垃圾和工业废物一起填埋。

填埋场地应符合一定的设计规范。其中需注意的是：①填埋场地的渗沥水属高浓度有机污水，污染性非常强，必须加以收集并进行处理，以防止对地下水和地表水的污染。②应注意填埋场地的卫生，防止鼠类和蚊蝇等的滋生，并防止臭味向外扩散。③除焚烧灰的挥发分在 15%以下时，可进行不分层填埋，其他情况均需进行分层填埋。生污泥进行填埋时，污泥层的厚度应小于 0.5 m，其上面铺砂土层厚 0.5 m，交替进行填埋，并设置通气装置；消化污泥进行填埋时，污泥层厚度应不超过 3 m，其上面铺砂土层厚 0.5 m，交替进行填埋。④如在海边进行填埋，需严格遵守有关法规的要求。

这种处置方法简单、易行、成本低，污泥又不需要高度脱水，适应性强。填埋场一般为废弃的矿坑或天然的低洼地。但是污泥填埋也存在一些问题，尤其是填埋渗滤液和气体的形成。渗滤液是一种被严重污染的液体，如果填埋场选址或运行不当，这种液体就会进入地下水层，污染地下水环境。填埋场产生的气体中主要成分之一是甲烷，若不采取适当措施会引起爆炸和起火。另外，适合污泥填埋的场所也因城市污泥的大量产生而越来越有限，这也限制了该法的进一步发展。

5.5.3 干燥与焚烧

污泥的干燥即是污泥的低温热解，城市污泥低温热解是一种发展中的能量回收型污泥热化学处理技术。它通过在催化剂作用下无氧加热干燥污泥至一定温度（小于 500 ℃），由干馏和热分解作用使污泥转化为油、反应水、不凝性气体和炭四种可燃产物，最大转化率取决于污泥的组成和催化剂的种类，正常产率为 200～300 L（油）/t（干泥），其性质与柴油相似。由于污泥热干燥技术要求和处理成本较高，管理较复杂，污泥低温热处理技术无害化和减量化彻底，其地位已经逐渐增强。低温热解是能量净输出过程，成本低于直接焚烧。污泥干燥能使污泥显著减容，体积减小，产品稳定，无臭且无病原生物。干燥处理后的污泥产品用途多，可以用作肥料、土壤改良剂、替代能源等。

湿污泥干化后再直接焚烧处理的技术应用较为普遍。以焚烧为核心的污泥处理方法是目前最彻底的污泥处理方法，它能使有机物全部碳化，杀死一切病原体，并最大限度地减少污泥体积。当污泥自身的燃烧热值很高，或城市卫生要求高，或污泥有毒物质含量高，不能被利用时，可采用焚烧处理。污泥在焚烧前，应先进行脱水处理以减少负荷和能耗。焚烧在焚烧炉内进行，首先借助辅助燃料引火，使焚烧炉内温度升至燃点以上，然后使得污泥自燃，所产生的废气和炉灰，再分别进行处理。焚烧所需热量，主要靠污泥含有的有机物燃烧。如污泥的燃烧热值不足以使污泥自燃，则需补充辅助燃料。

但是其缺点在于处理设施投资大，处理费用高，有机物焚烧会产生剧毒物质。而且没有经过干化的污泥直接进行焚烧不仅十分困难，而且在能耗上也是极不经济的。焚烧后产生的焚烧灰可以改良土壤、筑路、制砖瓦、制作陶瓷、做混凝土填料等。

从一些发达国家污泥处理处置的发展趋势分析，今后污泥处理处置的方向将会是土地利用和热能利用，污泥填埋的比例将大幅度降低。污泥土地利用将会向更安全、更经济的利用方向发展。污泥焚烧和热能利用将是污泥处理处置的发展方向之一，今后污泥焚烧的比例将会进一步增加。

思考题与习题

练习

1. 污泥可分为哪几类？分别具有哪些特点？

2. 污泥中水分的存在形式有哪几种？去除方式分别有哪些？

3. 污泥最终处置的方法有哪些？污泥在进行最终处置前，需进行哪些处理？

4. 污泥在厌氧消化的过程中包含哪几个阶段？各阶段的产物有哪些？

5. 机械脱水前，污泥常需进行预处理的原因是什么？如何进行预处理？

6. 有 600 m^3、含水率为 98% 的污泥，经浓缩后其含水率降至 96 %，求浓缩后的污泥体积是多少？

7. 含水率为 90% 的污泥中有 35% 的固体物质是由无机物组成，而 65% 由有机物组成，求污泥干固体的相对密度和污泥的相对密度是多少？

第二篇 大气污染防治工程基础篇

6 大气污染防治概述

学习目标

1. 了解主要大气污染物的来源与性质；
2. 了解大气污染对环境和人体健康的不良影响；
3. 了解主要气象要素对污染物扩散的影响；
4. 了解国家大气污染控制方面的法规、大气环境质量标准和主要行业、主要污染源的排放标准，建立大气污染综合控制的概念。

案例导入

2022年中国生态环境状况通报，全国339个地级及以上城市(以下简称339个城市)中，213个城市环境空气质量达标，占62.8%；126个城市环境空气质量超标，占37.2%。339个城市中，86个城市细颗粒物(PM 2.5)超标，占25.4%；55个城市可吸入颗粒物(PM 10)超标，占16.2%；92个城市臭氧(O_3)超标，占27.1%；无二氧化氮(NO_2)、一氧化碳(CO)和二氧化硫(SO_2)超标城市。从污染物超标项数看，57个城市1项污染物超标，31个城市2项超标，38个城市3项超标。

339个城市环境空气质量优良天数比例在24.9%～100%之间，平均为86.5%，比2021年下降1.0个百分点；平均超标天数比例为13.5%(由沙尘天气导致的平均超标天数比例为1.9%)，以PM 2.5、O_3、PM 10和NO_2为首要污染物的超标天数分别占总超标天数的36.9%、47.9%、15.2%和0.1%，未出现以SO_2和CO为首要污染物的超标天数。

339个城市PM 2.5年均浓度在6～62 $\mu g/m^3$之间，平均为29 $\mu g/m^3$，比2021年下降3.3%。

339 个城市 PM 10 年均浓度在 10～125 μg/m^3 之间，平均为 51 μg/m^3，比 2021 年下降 5.6%。

339 个城市日最大 8 h 平均值第 90 百分位数浓度在 90～194 μg/m^3 之间，平均为 145 μg/m^3，比 2021 年上升 5.8%。

339 个城市 SO_2 年均浓度在 2～30 μg/m^3 之间，平均为 9 μg/m^3，与 2021 年持平。

339 个城市 NO_2 年均浓度在 5～40 μg/m^3 之间，平均为 21 μg/m^3，比 2021 年下降 8.7%。

339 个城市 CO 日均值第 95 百分位数浓度在 0.5～31 mg/m^3 之间，平均为 1.1 mg/m^3，与 2021 年持平。

6.1 大气与大气污染

6.1.1 大气污染的基本概念

大气污染是指由于人类活动或自然过程引起某些物质介入大气中，呈现出足够的浓度，达到了足够的时间，并因此而危害了人体舒适、健康和福利或危害了环境。

6.1.2 大气污染物的种类及其性质

大气污染物主要有气态污染物（如二氧化硫和一氧化碳）与颗粒态污染物（如烟尘、飞灰、气雾），其中颗粒分为液体和固体两种，以固体颗粒污染物为主，如粉尘、烟、飞灰、黑烟等，液体颗粒污染物如水雾、油雾、碱雾、酸雾等。

6.1.2.1 气态污染物种类及其性质

气态的污染物是以分子状态存在的污染物。最重要的气态污染物有：碳氧化物（主要是一氧化碳、二氧化碳）、含硫化合物（主要是硫化氢、二氧化硫、三氧化硫）、氮氧化物（主要是一氧化氮、二氧化氮）和碳氢化合物。

大气污染物按其形成过程可分为一次污染物和二次污染物。由污染源直接排入大气环境中的原始污染物称为一次污染物。这些污染物包括从各种排放源排出的气体、蒸汽和颗粒物，如 SO_2、CO、NO、颗粒物、碳氢化合物等。二次污染物是指排入大气的一次污染物在物理、化学等因素的作用下发生变化，或与环境中的其他物质发生反应所形成的理化性质不同于一次大气污染物的新的污染物。常见的有：SO_2 在大气中氧化遇水形成的硫酸盐；汽车尾气中的氮氧化物（NO_x）和挥发性有机物在日光紫外线的照射下，经过一系列的光化学反应生成的臭氧、醛类以及各种过氧酰基硝酸酯（PANS）。一般来说，二次大气污染物对环境和人体的危害比一次污染物要大。

6.1.2.2 颗粒态污染物的种类及其性质

颗粒污染物是指沉降速度可以忽略的固体或液体颗粒在气体介质中的悬浮体。从大气污染防治的角度，将颗粒污染物分为以下三种形式。

(1)粉尘(dust)

粉尘是指分散悬浮于气体介质中的较小固体颗粒,尺寸为1～200 μm,它的形状往往是不规则的。粉尘是在破碎加工,运输,建筑施工,农业活动,或土壤、岩石风化,火山喷发过程中形成的,在重力作用下能发生沉降,但在某一段时间内能保持悬浮状态。粉尘的种类很多,如煤粉、水泥、金属粉尘、黏土粉尘、石棉等。

(2)烟尘

颗粒污染物中由燃烧、冶炼或化工过程中形成的细微颗粒物称为烟尘,通常包括三种类型:

① 烟炱(fume):在冶金过程中形成的固体粒子的气溶胶。它是熔融物质的挥发过程产生的气态物质的冷凝物,在生成过程中总是伴有诸如氧化之类的化学反应。如金属铝、锌、铅的冶炼过程中,氧化生成氧化铝、氧化锌和氧化铅等烟尘。

② 飞灰(flyash):燃料燃烧中产生的呈悬浮状的非常分散的细小灰粒,在炉窑中产生,尤以粉煤为燃料燃烧时排出的飞灰比较多。

③ 黑烟(smoke):燃烧产生的能见气溶胶。主要是化石燃料燃烧时,在高温缺氧条件下,烃类物质热分解生成的炭黑颗粒。

(3)雾(fog)

雾是大气中微小液体颗粒悬浮体的总称,泛指蒸气凝结、液体雾化和化学反应而形成的液滴,如水雾、油雾、酸雾、碱雾等。

颗粒污染物粒径尺寸大于100 μm的颗粒易于沉降,对大气造成的危害较小。在大气污染防治中,对小于100 μm的颗粒污染物,按粒径大小又分为以下几种:

① 飘尘(PM 10)　大气中粒径小于10 μm的固体颗粒物,它的粒度小,质量轻,不易沉降,能长期飘浮于空气中。

② 降尘　大气中粒径大于10 μm的固体颗粒物,靠重力作用,能在较短时间内沉降到地表面上。

③ 总悬浮微粒(TSP)　大气中粒径小于100 μm的所有固体颗粒物。

④ 细颗粒物(PM 2.5)　大气中粒径小于2.5 μm的固体微粒。

6.1.3　大气污染源

自然界和人类每天都向大气中排放许多物质,都可能是大气的污染源。

自然界自身活动过程所产生的颗粒物质如植物花粉、真菌的孢子、森林起火产生的烟雾、火山爆发产生的尘埃以及风将裸露土壤的表层浮土吹起而导致灰尘和微生物细胞向大气中转移等,在一定情况下都有可能成为污染大气、危害人体健康的污染源。另外,自然界中由于微生物活动产生的硫化氢、氨气、二氧化氮和甲烷以及二氧化碳也是大气污染物的重要组成。

大气的人为污染源主要有工业源、生活源、农业源三类,其中交通运输具有移动性的特征。

由于人口增加、工农业生产的迅速发展等原因,自工业革命以来人类的活动成为大气的重要污染源。可以说,大气污染控制就是怎样削减由于人类活动排放到大气中的污染物量以及对排放的大气污染物进行净化。表 6.1 显示了几种工业生产向大气中排放的主要污染物。

表 6.1 几种工业生产向大气中排放的主要污染物

行业	工厂	排放的主要污染物
电力	火力发电厂	烟尘、二氧化硫、氮氧化物
冶金	钢铁厂	烟尘、二氧化硫、一氧化碳、氧化铁尘、氧化锰尘
	有色金属冶炼厂	粉尘(含各种重金属)、二氧化硫
	炼焦厂	烟尘、二氧化硫、一氧化碳、硫化氢、酚类、苯、萘、烃类
建材	水泥厂	水泥尘、烟尘
机械	机械加工	烟尘
轻工	造纸厂	烟尘、硫尘、硫化氢
	仪表厂	汞、氰化物
	灯泡厂	烟尘、汞
化工	石油化工厂	二氧化硫、硫化氢、氰化物、氮氧化物、氯化物、烃类
	氮肥厂	烟尘、氮氧化物、一氧化碳、氨气、硫酸酸雾
	氯碱厂	氯气、氯化氢、汞蒸气
	化学纤维厂	烟尘、硫化氢、氨气、二硫化碳、甲醇、丙酮等
	合成橡胶厂	丁间乙烯、苯乙烯、乙烯、异丁烯、异戊二烯、丙烯腈、二氯乙烷
	农药厂	砷、汞、氯气、农药

工业生产过程中产生的主要大气污染物有：

(1)二氧化硫：化石燃料的燃烧、火力发电厂、有色金属冶炼厂、硫酸厂、炼油厂等排放的氮氧化物和二氧化硫是形成酸雨的前体物。通常无污染的降雨 pH 值大约为 5.6，但酸雨的 pH 值能够降低到 2 甚至更低。低 pH 值不仅影响水体中鱼类的生存，也将导致重金属的溶解释放，加剧了问题的严重性。酸雨降落到附近的土壤，使得植物枯死。酸雨使得原本酸性的土壤更加不适用于作物的生长，从而成为不毛之地。

(2)氮氧化物：机动车尾气和化工生产中以及微生物发酵、农产品加工中都产生大量的氮氧化物。氮氧化物的污染危害性主要来自于二氧化氮，当二氧化氮参与大气的光化学反应时，形成光化学烟雾。

(3)碳氢化合物：包括烷烃、烯烃、苯以及多环芳烃等，主要来自于石油化工业、有机合成工业。另外，作物生长过程中也向大气中排放大量的甲烷，作物焚烧过程中产生大量的二氧化碳和烟雾等。许多碳氢化合物具有明显的致癌性，如多环芳烃。碳氢化合物还参与大气的光化学反应，生成光化学烟雾。

(4)碳氧化物：属于气体污染物中排放量最大的一类污染物，排放源主要有燃料燃烧和机动车以及微生物对有机碳化合物的氧化分解等。其中，二氧化碳是“温室效应”气体。

(5)重金属：从汽车排放出来的尾气含有铅颗粒。铅的排放与含铅汽油(使用四乙醚铅作为防爆剂)有关。从运输中来的气体污染物(包括一氧化碳、氮氧化物和碳氢化合物)主要是由于曲轴箱、化油器和油箱的不完全燃烧及蒸发所产生的。

(6)氟化物:冶矿行业排放大量的氟化物、烟尘、粉尘、氯气、氯化氢和铅等污染物。

(7)恶臭物质:生活、产业等活动产生恶臭物质成为大气污染的一个新的和重要的来源。

6.1.4 大气环境标准

6.1.4.1 概述

大气环境标准按其用途可分为大气环境质量标准、大气污染物排放标准、大气污染控制技术标准及大气污染警报标准等。按其适用范围可分为国家标准、地方标准和行业标准。

(1)大气环境质量标准

大气环境质量标准是以保障人体健康和一定的生态环境为目标而对各种污染物在大气环境中的容许含量所作的限制规定。它是进行大气环境质量管理及制订大气污染防治规划和大气污染物排放标准的依据,是环境管理部门的执法依据。

(2)大气污染物排放标准

大气污染物排放标准是以实现大气环境质量标准为目标,而对从污染源排入大气的污染物容许含量所做的限制规定。它是控制大气污染物的排放量和进行净化装置设计的依据,同时也是环境管理部门的执法依据。大气污染物排放标准可分为国家标准、地方标准和行业标准。

(3)大气污染控制技术标准

大气污染控制技术标准是根据污染物排放标准引申出来的,如燃料、原料使用标准,净化装置选用标准,排气筒高度标准及卫生防护带标准等。它们都是为保证达到污染物排放标准而从某一方面做出的具体技术规定,目的是使生产、设计和管理人员容易掌握和执行。

(4)大气污染警报标准

大气污染警报标准是为保护大气环境不致恶化或根据大气污染发展趋势,预防发生污染事故而规定的污染物含量的极限值。超过这一极限值时就发出警报,以便采取必要的措施。大气污染警报标准的制订,主要建立在对人体健康的影响和生物承受限度的综合研究基础之上。

6.1.4.2 环境空气质量标准

2012 年 2 月,原环境保护部批准发布了新修订的《环境空气质量标准》(GB 3095—2012),自该标准实施之日起,《环境空气质量标准》(GB 3095—1996)、《〈环境空气质量标准〉(GB 3095—1996)修改单》(环发〔2000〕1 号)和《保护农作物的大气污染物最高允许浓度》(GB 9137—88)废止。

新标准一是调整了环境空气功能区分类方案,将环境空气三类功能区并入二类区:一类区为自然保护区,风景名胜区和其他需要特殊保护的区域;二类区为居住区,商业交通居民混合区,文化区,工业区和农村地区。一、二类环境空气功能区质量要求见表 6.2、表 6.3。调整了污染物项目,确定了二氧化硫、二氧化氮、一氧化碳、臭氧、PM 10、PM 2.5 等基本项目,以及总悬浮颗粒物、氮氧化物、铅和苯并芘等其他项目,其中 PM 2.5为新增污染物,原有的氟化物项目则不再纳入要求。

表 6.2 环境空气污染物基本项目浓度限值

序号	污染物项目	平均时间	浓度限值		单位
			一级	二级	
1	二氧化硫(SO_2)	年平均	20	60	μg/m³
		24 小时平均	50	150	
		1 小时平均	150	500	
2	二氧化氮(NO_2)	年平均	40	40	
		24 小时平均	80	80	
		1 小时平均	200	200	
3	一氧化碳(CO)	24 小时平均	4	4	mg/m³
		1 小时平均	10	10	
4	臭氧(O_3)	日最大 8 小时平均	100	160	μg/m³
		1 小时平均	160	200	
5	颗粒物(粒径小于或等于 10 μm)	年平均	40	70	
		24 小时平均	50	150	
6	颗粒物(粒径小于或等于 2.5 μm)	年平均	15	35	
		24 小时平均	35	75	

表 6.3 环境空气污染物其他项目浓度限值

序号	污染物项目	平均时间	浓度限值		单位
			一级	二级	
1	总悬浮颗粒物(TSP)	年平均	80	200	μg/m³
		24 小时平均	120	300	
2	氮氧化物(NO_x)	年平均	50	50	
		24 小时平均	100	100	
		1 小时平均	250	250	
3	铅(Pb)	年平均	0.5	0.5	
		季平均	1	1	
4	苯并[a]芘(BaP)	年平均	0.001	0.001	
		24 小时平均	0.0025	0.0025	

二是增设了 PM 2.5平均浓度限值(24 小时平均浓度二级标准为 75 μg/m³,年均浓度二级标准为 35 μg/m³)、臭氧日最大 8 小时平均浓度限值(二级标准为 160 μg/m³)和苯并芘年平均浓度限值(0.001 μg/m³);增设了空气中镉、汞、砷、六价铬和氟化物的参考浓度限值。

三是收紧了PM 10等污染物的浓度限值。PM 10年均浓度二级标准由100 μg/m³ 收紧至70 μg/m³，二氧化氮年均浓度二级标准由80 μg/m³ 收紧至40 μg/m³、24小时平均浓度二级标准由120 μg/m³ 收紧至80 μg/m³、1小时平均浓度二级标准由240 μg/m³ 收紧至200 μg/m³，铅年均浓度二级标准由1.0 μg/m³ 收紧至0.5 μg/m³、季平均浓度二级标准由1.5 μg/m³ 收紧至1 μg/m³，苯并芘24小时平均浓度二级标准由0.01 μg/m³ 收紧至0.0025 μg/m³。

四是严格了监测数据统计的有效性规定，将有效数据要求由原来的50%～75%提高至75%～90%。

五是更新了二氧化硫、二氧化氮、臭氧、颗粒物等污染物项目的分析方法，增加了自动监测分析方法。

《关于实施〈环境空气质量标准〉(GB 3095—2012)的通知》明确了新标准分期实施的规定：2012年，京津冀、长三角、珠三角等重点区域以及直辖市和省会城市；2013年，113个环境保护重点城市和国家环保模范城市；2015年，所有地级以上城市；2016年1月1日，全国实施新标准。

6.1.4.3 大气污染物综合排放标准

1996年4月，根据《中华人民共和国大气污染防治法》第七条规定，在原有《工业“三废”排放试行标准》废气部分及其他行业性国家大气污染物排放标准的基础上，制定了《大气污染物综合排放标准》(GB 16297—1996)正式制定并发布，并于1997年1月起实施。

标准规定了33种大气污染物的排放限值，同时规定了标准执行中的各种要求。

(1)指标体系

标准设置下列三项指标：①通过排气筒排放废气的最高允许排放浓度；②通过排气筒排放的废气，按排气筒高度规定的最高允许排放速率；③无组织排放的监控点及相应的监控浓度限值。任何一个排气筒必须同时遵守上述①和②两项指标，超过其中任何一项均为超标排放。

(2)标准分级

按照标准规定的最高允许排放速率，现有污染源分为一、二、三级，新污染源分为二、三级。按污染源所在的环境空气质量功能区类别，执行相应级别的排放速率标准，即：

①位于一类区的污染源执行一级标准(一类区禁止新、扩建污染源，一类区现有污染源改建执行现有污染源的一级标准)。

②位于二类区的污染源执行二级标准。

③位于三类区的污染源执行三级标准。

(3)标准实施

污染源以建设项目环境影响报告书(表)批准日期作为其设立日期，分时段(1997年1月1日前/即日起)分别执行大气排放标准中规定的现有污染源和新污染源排放限值。

位于国务院批准划定的酸雨控制区和二氧化硫污染控制区的污染源，其二氧化硫排放除执行本标准外，还应执行总量控制标准。

大气排放标准中无组织排放监控浓度限值，由省、自治区、直辖市人民政府环境保护行政主管部门决定是否在本地区实施，并报国务院环境保护行政主管部门备案。

在我国现有的国家大气污染物排放标准体系中，除大气排放标准为综合性排放标准外，还有若干行业性排放标准共同存在，按照综合性排放标准与行业性排放标准不交叉执行的原则，有行业标准的行业执行各自的行业性国家大气污染物排放标准。

国家在控制大气污染物排放方面，还有若干行业执行各自的行业性国家大气污染物排放标准。主要有：

①《锅炉大气污染物排放标准》(GB 13271—2014)。

②《工业炉窑大气污染物排放标准》(GB 9078—1996)。

③《火电厂大气污染物排放标准》(GB 13223 —2011)。

④《水泥工业大气污染物排放标准》(GB 4915—2013)。

⑤《炼焦化学工业污染物排放标准》(GB 16171—2012)。

⑥《恶臭污染物排放标准》(GB 14554—1993)。

⑦《危险废物焚烧污染控制标准》(GB 18484—2020)。

⑧《生活垃圾焚烧污染控制标准》(GB 18485—2014)。

⑨《加油站大气污染物排放标准》(GB 20952—2020)。

⑩《油品运输大气污染物排放标准》(GB 20951—2020)。

⑪《储油库大气污染物排放标准》(GB 20950—2020)。

⑫《印刷工业大气污染物排放标准》(GB 41616—2022)。

⑬《玻璃工业大气污染物排放标准》(GB 26453—2022)。

各标准可查阅相关文件。

6.2 大气污染与气象

6.2.1 气象要素

低层大气的主要成分有干洁空气、水汽、气溶胶粒子等，表示大气状态和物理现象的物理量在气象上称为气象要素(因子)。气象要素的数值是直接观测获得的，主要有：气温、气压、风向、风速、云况、能见度、降水、蒸发、日照时数、太阳辐射、地面辐射、大气辐射等，下面分别介绍其中几个重要的要素。

6.2.1.1 气温

(1)气温的垂直分布

① 温度层结：温度随高度的分布情况称之温度层结。它影响了大气中垂直方向的流动情况。

② 温度层结类型：

a. 温度随高度的增加而降低，一般情况是这种递减规律。

b. 温度梯度等于或近似于 1 ℃/100 m 称中性。

c. 温度随高度增加而升高，称为逆温。温度不随高度变化，称为等温。

③ 温度层结日变化(见图 6.1)。

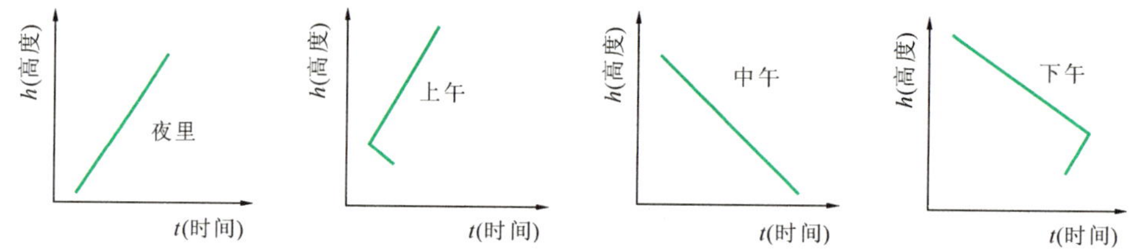

图 6.1　温度层结日变化图

(2)逆温

温度随高度的增加而增加，逆温的最危险状况是逆温层正好处于烟囱排放口。形成逆温的过程多种多样，最主要有辐射逆温(较常见)、平流逆温、锋面逆温、湍流逆温、下沉逆温等。

① 辐射逆温(见图 6.2)

白天由于太阳射来的辐射能是地面收入的能量比支出的多，地面温度升高；夜间，地面支出的能量比收入的多，地面温度下降。由于大气是直接吸收从地面来的辐射能，愈靠近地面的空气受地表的影响越大，所以接近地面的空气层在夜间也随之降温，而上层空气的温度下降得不如近地层空气快，因此，使近地层气温形成上高下低的逆温层，这种因地面辐射冷却而形成的气温随高度增加而递增现象叫辐射逆温。

辐射逆温开始于日落[图 6.2(a)]，随着夜深，地面消失的热量越多，逆温逐渐向上扩展，黎明时[图 6.2(b)]达最强。日出后[图 6.2(c)]，太阳辐射逐渐加强，地面很快升温，逆温便自下而上逐渐消失。

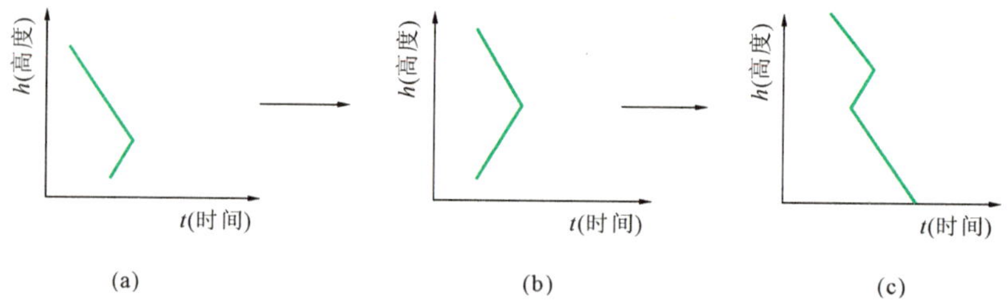

图 6.2　辐射逆温

(a)日落；(b)黎明；(c)日出

辐射逆温在大陆常年出现，以冬季最强。因夏季夜短，逆温层较薄，消失也快；冬季夜长，逆温层较厚，消失也慢。在山谷与盆地区域，由于冷却的空气沿斜坡流入低谷和盆地，因而常使低谷和盆地的辐射逆温得到加强，往往持续数天而不消失。辐射逆温对污染物质的扩散稀释极不利。

② 平流逆温

因空气的平流而产生的逆温，称平流逆温。

形成：暖空气平流到冷的地面或冷的水面上会发生接触冷却的作用，下层空气受地面影响大，降温较多，而上层空气受冷地面的影响小，降温较少，产生逆温现象。

平流逆温的形成还与湍流和辐射作用有关。湍流愈强，逆温层底部气温降得愈低，逆温愈明显。

③ 湍流逆温

低层空气的湍流混合而形成的逆温叫湍流逆温。

④ 下沉逆温

由于空气下沉压缩升温形成的逆温称为下沉逆温。

6.2.1.2 湿度

空气湿度是反映空气中水汽含量和空气潮湿程度的一个物理量，常用的表示方法有：绝对湿度、水蒸气压力、体积百分比、含湿量、相对湿度、露点等。

6.2.1.3 风

空气水平方向的流动叫风。风主要是由于气压的水平分布不均匀而引起的，而气压的水平分布不均匀是由于湿度分布不均匀造成的。风的特性可用风向与风速表示，它是一向量。风的大小叫风速：在单位时间内，空气水平流动的距离，单位为 m/s。通常，气象台站测得的风向、风速都是指一定时间的平均值。风向：分为 16 个方位，见图 6.3，还有一种表示方法，以北为零点，沿顺时针方向旋转。

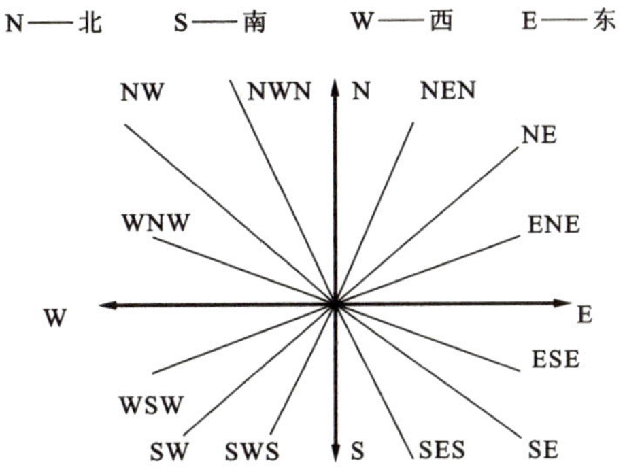

图 6.3 风玫瑰图

6.2.1.4 云

云是发生在高空的水汽凝结现象。云对大气环境的影响主要由云离地高度和云量大小两个要素来表征，按离地面高度的不同，云可分为高云、中云、低云。高云：离地面 5000 m 以上，由冰晶构成；中云：离地面 2500～5000 m 间，由过冷的微小水滴及冰晶构成；低云：离地面 2500 m 以下，由微小水滴和冰晶构成。云的多少可用云量表示，云量是指云遮蔽天空的成数。将天空分为十份。这十份中被云所遮盖的成数称为云量。如在云层中还有少量空隙（空隙总量不到天空的 1/20）记为 10 ；当天空无云或云量不到 1/20 时，云量为 0。

6.2.1.5 能见度

在当时的天气情况下，正常人的眼睛所能看到的最大距离叫能见度。能见就是能把目标物的轮廓从它的天空背景上分辨出来，为了知道能见距离的远近，首先必须选择若干固定的目标物，量出它们距测点的距离。能见度的大小反映了大气的混浊程度，反映出大气中杂质的多少。

6.2.1.6 太阳辐射

太阳的辐射能是地球表面和大气的唯一能量来源，地面和大气获得辐射能增热的同时，本身放出热辐射而冷却，所以大气内部始终存在着冷与暖的变化，冷、暖在某种意义上讲决定着空气的干湿与降水，决定着低气压的分布，影响着大气的运动，也就影响了排放至大气的污染物质的扩散稀释。

6.2.2 污染物排入大气后发生的物理和化学变化

6.2.2.1 概述

正如废水排放到天然水体中那样，污染物排放到大气后，在各类气象条件的影响下将发生一系列的物理和化学过程，主要是指污染物在大气中的扩散(稀释)、沉降以及污染物和污染物之间、污染物与大气中其他物质之间发生化学反应。这些物理和化学过程综合的结果使得污染物的浓度发生改变，化学反应产生许多新的化学物质，这些过程可能使得污染的危害性减弱，也有可能使得污染的危害性加剧。同时大气本身的特殊性(空间容量、雷电、物质组成等)，造成了污染物在大气中变化过程的独特性。另外，大气不是微生物的良好生存场所，因此大气中微生物对污染物的吸收和转化作用也远不及水体、土壤环境。

污染物排入大气后是否引起严重大气污染，除取决于污染物的排入量外，与污染物在大气中的扩散稀释速度关系极大。各区域常常进行环境监测，测定各污染物的情况，会发现在同天大气监测值差别很大。而同一污染源不可能差别很大，但有时监测值会相差几百倍，造成这种现象的原因是与污染物的传输扩散与气象条件有着密切的关系。

6.2.2.2 污染物在大气中的扩散和稀释

大气对污染物的稀释和扩散是大气环境容量的一个重要方面。在废气浓度较低、危害性相对较小或排放总量小的场合下，常用烟囱将废气或烟尘排放到一定高度的空中，使得污染物向更广范围进行扩散，达到稀释并降低污染危害的目的，这种做法是实用而且合理的。废气或烟尘在烟囱中借助于烟囱对气流的动力和废气本身的热浮力的作用从烟囱口排出，进而继续上升，然后在大气中扩散。废气或烟尘在大气扩散过程中，与周围大气发生能量交换和物质转移，直到与周围大气的速度、温度等基本相近时废气或烟尘便随着大气运动而浮沉和扩散，最后与大气融为一体。

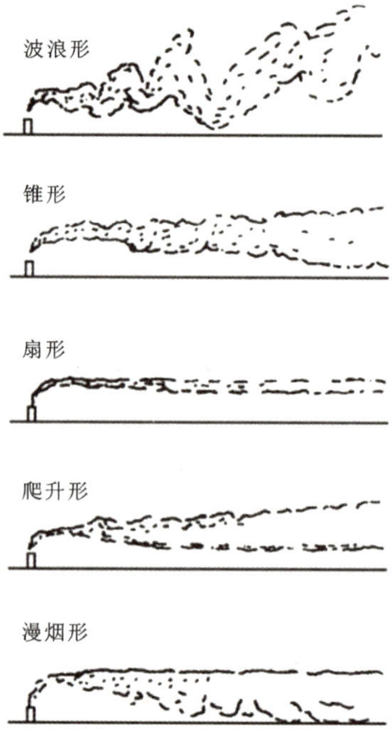

图 6.4 烟羽形状

废气或烟尘在大气中的扩散与许多因素有关，如废气或烟尘的性质(相对密度、温度)、气象条件(风力、风向、气温、湿度)、烟囱高度等，其中气象条件是最重要和难以人工控制的因素。

图 6.4 是五种典型烟流。在大气中扩散，废气

或烟尘在外观上往往具有一定的几何形状，此称为烟羽。典型的烟羽的形状通常有五种：波浪形、锥形、扇形、爬升形、熏烟形。烟羽形状主要与气象条件有关。以一个高架源连续排放烟云为例进行说明。

废气或烟尘中污染物在大气中的稀释和扩散受气象条件（大气稳定度、大气温度和湿度）、烟气性质（相对密度、温度、排出速度）以及障碍物情况所影响。

(1)大气稳定度概念

大气稳定度是表示空气是否安于原来的层次，是否易于发生垂直运动。即指大气沿铅直方向稳定的程度。

根据气块受力后的运动状态，大气稳定度可进行如下分类：

① 如果气块受力离开原来的位置，仍加速前进，这时，大气是不稳定的。

② 如果气块受力离开原来的位置，气块逐渐减速并有返回原来高度的趋势，这时，是稳定状态。

③ 如果气块受力离开原来的位置，就停在某一位置，既不加速也不减速，这时，是中性状态。

(2)大气稳定度影响

大气处于稳定状态时，污染物不易稀释扩散，污染物会积聚在地面造成污染；大气处于不稳定状态时，污染物易于稀释扩散，污染物对地面的影响得以缓减。对烟气的大气扩散形成障碍的主要有：山谷和街谷将导致烟气中烟尘降落、地面浓度增高，加剧污染危害。因此，为创造良好的扩散稀释条件，设计中应使得烟囱高于 200 m 半径范围内的障碍物 5 m 以上。

烟囱有效高度可按下式计算：

$$h_{效} = h_{囱} + h_{动} + h_{浮} \tag{6.1}$$

式中 $h_{囱}$——烟囱高度(m)；

$h_{动}$——烟气动能引起的上升高度(m)；

$h_{浮}$——烟气浮力引起的上升高度(m)。

最大落地浓度和距离按下两式计算：

$$C_{最大} = \frac{0.23QC_z}{V_{风} \cdot h_{效}^2 \cdot C_y} \tag{6.2}$$

$$X_{最大} = (h_{效}/C_z)^{2/(2-n)} \tag{6.3}$$

式中 $C_{最大}$——最大落地浓度(g/m^3)；

$X_{最大}$——最大落地浓度处距烟囱的距离(m)；

Q——污染物排放量(g/s)；

C_z，C_y——水平和垂直方向上的扩散系数；

$V_{风}$——平均风速(m/s)；

n——随大气稳定性而变的萨顿扩散系数。

6.2.2.3 污染物在大气中的化学反应

大气污染过程中，原污染物或初级污染物在大气中往往由于一系列的化学反应而形成二次污染物。众所周知的洛杉矶光化学烟雾就是二次污染物形成的结果。光化学烟雾中的重要化学反应，可用下列化学式表述。

$$NO_2 + 光 \longrightarrow NO + O \tag{6.4}$$

$$O + O_2 \longrightarrow O_3 \tag{6.5}$$

$$O + NO \longrightarrow NO_2 + O_2 \tag{6.6}$$

$$O + HC \longrightarrow HCO \tag{6.7}$$

$$HCO + O_2 \longrightarrow HCO_3 \tag{6.8}$$

$$HCO_3 + HC \longrightarrow 醛、酮等 \tag{6.9}$$

$$HCO_3 + NO \longrightarrow HC_2 + NO_2 \tag{6.10}$$

$$HCO_3 + O_2 \longrightarrow O_3 + HCO_2 \tag{6.11}$$

$$HCO_x + NO_2 \longrightarrow 过氧化硝酸盐 \tag{6.12}$$

上述反应的步骤说明了在汽油和其他燃料的燃烧过程中所形成并排放到大气中的 NO_x 因为阳光的作用而产生了臭氧，臭氧就是二次污染物，它与碳氢化合物反应形成一系列的化合物，包括醛类、有机酸和环氧化合物。这样，大气就能够被看作为一个巨大的反应器，反应过程中不断有新的污染物形成，使得污染情况越来越复杂。

6.3 大气污染的综合防治

从防止大气污染的角度考虑，理想的建厂位置是污染物背景浓度小、大气扩散稀释能力强、排放的污染物被输送到城市或居民区的可能性很小的地方。大气污染综合防治主要考虑以下几个方面：

(1)在背景浓度已经超过大气环境质量标准规定的浓度限值的地区，显然不宜建设新厂，有时背景浓度虽未超标，但建设新厂后将超标，因此也不宜建设新厂。

(2)风向、风速：污染严重的工业企业应远离城市或居民区，并布置在下风侧。

(3)温度层结：正常情况下，大气温度随着高度的增加而下降。每升高 100 m，气温下降 0.6 ℃。由于下暖上寒，污染物容易垂直上升并向高空扩散。离地面几百米范围内的温度层结对污染物的扩散稀释影响很大。最不利于扩散的是近地面逆温(主要是辐射逆温)和上部逆温。因此应收集逆温层的高度、厚度、强度、出现频率和持续时间等资料。近地层 200～300 m 以下的逆温层对地面源的影响很大，加重近距离地面污染。当烟囱排出口位于逆温层中时，由于垂直扩散微弱，污染源近距离的地面浓度较低，但较远距离的地面浓度可能比没有逆温时的高，有时会造成漫烟。当排放口位于逆温层以上时，将产生爬升形扩散，最为有利。

(4)降水和云雾：降水会冲洗和溶解大气中部分污染物；低云和雾会加重污染。

(5)地形：山谷较深、走向与盛行风向交角 45°～135°时，谷内风速很小，不利于污染物的扩散。高山围绕的深谷内不宜建厂。烟流虽然能够越过山头，仍然会在背风面造成污染时，居民区不宜建在背风坡的污染区。

(6)减少污染物的排放量：改变生产工艺，采取无害化工艺将污染消灭在生产之中；

改变能源结构（采用无污染或污染小的能源，如太阳能、水电、地热、天然气等）；严格选择原料和燃料（使用低硫少灰的煤或对煤或油进行脱硫预处理）；集中供热（将分散的小锅炉合并为大锅炉，提高热效率，减少污染）。

要从根本上防治大气污染，必须采取综合防治措施，大气污染综合防治措施主要包括以下方面：全面规划，合理布局，调整工业结构；按功能区实行总量控制；以源头控制为主，推行清洁生产；实施末端治理；合理利用大气的自净能力；绿化造林，发展植物净化。

思考题与习题

1. 主要的大气污染物有哪些？
2. 大气污染源的分类有哪些？
3. 大气污染物的来源有哪些？
4. 主要的大气污染物的危害有哪些？
5. 大气污染的综合防治的基本方法是什么？

知识拓展

全球气候变暖

全球气候变暖是一种人为现象。由于人们焚烧化石燃料，如石油、煤炭等，或砍伐森林并将其焚烧时会产生大量的二氧化碳等温室气体，这些温室气体对来自太阳辐射的可见光具有高度透过性，而对地球发射出来的长波辐射具有高度吸收性，能强烈吸收地面辐射中的红外线，导致地球温度上升，即温室效应。而当温室效应不断积累，导致地气系统吸收与发射的能量不平衡，能量不断在地气系统累积，从而导致温度上升，造成全球气候变暖这一现象。全球变暖会使全球降水量重新分配，冰川和冻土消融，海平面上升等，既危害自然生态系统的平衡，更威胁人类的生存。2012 年 10 月 14 日，英国《周日邮报》假借英国气象局名义宣称全球已停止变暖 16 年，再次引发热议。

一、背景介绍

1981—1990 年全球平均气温比 100 年前上升了 0.48 ℃。导致全球变暖的主要原因是人类在近一个世纪以来大量使用矿物燃料（如煤、石油等），排放出大量的 CO_2 等多种温室气体。这些温室气体导致全球气候变暖。在 20 世纪全世界平均温度约攀升0.6 ℃。北半球春天冰雪解冻期比 150 年前提前了 9 天，而秋天霜冻开始时间却晚了约 10 天。20 世纪 90 年代是自 19 世纪中期开始温度记录工作以来最温暖的十年，在记录上最热的几年依次是：1998 年，2002 年，2003 年，2001 年和 1997 年。

为阻止全球变暖趋势，1992 年联合国专门制订了《联合国气候变化框架公约》，该公约于同年在巴西城市里约热内卢签署生效。依据该公约，发达国家同意在 2000 年之前将他们释放到大气层的二氧化碳及其他“温室气体”的排放量降至 1990 年时的水平。另外，这些每年二氧化碳合计排放量占到全球二氧化碳总排放量 60％的国家还同意将相关技术和信息转让给发展中国家。发达国家转让给发展中国家的这些技术和信息有助于后者积极应对气候变化带来的各种挑战。截至 2004 年 5 月，已有 189 个国家正式批准了上述公约。

二、历史温度

在人类近代历史中才有一些温度记录。这些记录的来源不同，精确度和可靠性也参差不齐。在 1850 年前的一两千年中，虽然曾经出现中世纪温暖时期与小冰河时期，但是大众一直相信全球温度是相对稳定的。在 1860 年才有类似全球温度的仪器记录，当年的记录很少考虑城市热岛效应的影响。但是根据仪器记录，1860—1900 年期间，全球陆地与海洋的平均温度上升了 0.75 ℃；自 1979 年开始，陆地温度上升幅度约为海洋温度上升幅度的两倍(陆地温度上升了 0.25 ℃，而海洋温度上升了 0.13 ℃)。同年，人类开始利用卫星温度测量来量度对流层的温度，发现对流层的温度每十年上升 0.12 ℃至 0.22 ℃。2000 年之后，多方组织对过去 1000 年的全球温度进行了研究，对这些研究成果进行对比和讨论后发现，自 1979 年开始的气候转变的过程是十分清晰的。此外，其他的研究报告显示，从 20 世纪初开始至今，地球表面的平均温度增加了约 1.1 ℉(0.6 ℃)；在过去的 40 年中，平均气温上升约 0.5 ℉(0.2～0.3 ℃)；在 20 世纪，全球变暖的程度是更超过过去 400～600 年中任何一段时间。

美国国家航空航天局戈达德太空研究所的研究报告显示，自 19 世纪广泛地用仪器测量并记录温度开始，2005 年是最温暖的年份，比 1998 年的温度记录还要高。世界气象组织和英国气候研究单位也有类似的估计，相反的是，他们测量时显示，2005 年是仅次于 1998 年第二温暖的年份。

在 2000 年后，各地的高温纪录经常被打破。譬如：2003 年 8 月 11 日，瑞士格罗诺镇温度达 41.5 ℃，破 139 年来的纪录。同年，8 月 10 日，英国伦敦的温度达到 38.1 ℃，破了 1990 年的纪录。同期，巴黎南部晚上测得最低温度为 25.5 ℃，破了 1873 年以来的纪录。8 月 7 日夜间，德国也打破了百年最高气温纪录。在 2003 年夏天，台北、上海、杭州、武汉、福州都破了当地高温纪录，而中国浙江省更快速地屡破高温纪录，67 个气象站中 40 个都刷新纪录。2004 年 7 月，广州的罕见高温打破了 53 年来的纪录。2005 年 7 月，美国有两百个城市都创下历史性高温纪录。2006 年 8 月 16 日，重庆最高气温高达 43 ℃。台湾宜兰在 2006 年 7 月 8 日温度高达 38.8 ℃，破了 1997 年的纪录。2006 年 11 月 11 日是香港整个 11 月最热的一日，最高气温高达 29.2 ℃，比 1961 年至 1990 年的平均最高温 26.1 ℃还要高。

三、危害

气温升高所带来的热能，会提供给空气和海洋巨大的动能，从而形成大型甚至超大型台风、飓风、海啸等灾难。每年所遭受和面临的灾难越来越多，损失的生命和金钱数目越来越大，越来越让人难以接受。

台风海啸等灾难不单直接破坏建筑物和威胁人类生命安全，也会带来次生灾难，尤其是台风、飓风等灾难所带来的大量降雨，会导致泥石流、山体滑坡等，严重威胁交通安全和居民生活安全。

气温升高不单会从海洋直接吸取水分，还会从陆地吸取水分，使得内陆地区大面积干旱，从而粮食减产，饲料也同样减产。粮食和肉类食品将面临匮乏，直接威胁国家稳定。为食物而引起的恐慌和争斗，将不再是落后村落中才会发生的事。

气温升高所融化的冰山，正是我们赖以生存的淡水最主要的来源。我们的地下淡水储备很大部分来自冰山融水。在气温平衡正常时，冰山的冰雪循环系统，即冰山夏天融化，流向山下，流入地下，给平原地区积累淡水，并起到过滤作用。冬天水分以水蒸气的形式回到山上，通过大量降雪重新积累冰雪，也是过滤过程。整个循环过程使得我们的淡水有了稳定平衡保障。而如今全球变暖使得冰山冰雪的积累速度远没有融化速度快，甚至有些冰山已不再积累，这就断绝了当地的饮用淡水。这将会带来因缺水而产生的冲突和战争。

气温升高使得自然界食物链逐渐断裂。

大气中二氧化碳含量上升，会导致海洋中二氧化碳含量上升，使海洋碳酸化，这会杀死大量微生物。海洋温度上升也会破坏大量以珊瑚为中心的生物链。最底层的食物消失，使海洋食物链从最底层开始，向上迅速断裂，并蔓延至海洋以外。由于没有了食物，将有大量海洋生物和以海洋生物为食的其他生物死亡。海洋中大量生物死亡，将会污染海洋，加速其他生物的死亡；同时释放大量温室气体，加速全球变暖，形成恶性循环。

温度上升，无脊椎类动物，尤其是昆虫类生物提早从冬眠中苏醒，而靠这些昆虫为生的长途迁徙动物却无法及时赶上，错过捕食的时机，从而大量死亡。昆虫们提前苏醒，因为没有了天敌，将会肆无忌惮地吃掉大片森林和庄稼。没有了森林，等于无形当中增加了二氧化碳的含量，加速全球变暖，形成恶性循环；没有了庄稼，就等于人类没有了食物。

蜜蜂数目的大量减少，也是自然界食物链彻底崩溃的前兆。没有了蜜蜂帮助传播花粉，植物将无法繁殖。也就是说，庄稼无法繁殖，无法结果，人类将没有食物。全球人类将面临食物短缺，为争夺食物而引发的战争将越来越多，越来越近。而供人类争夺的食物，也将越来越少。

全球变暖导致陆地水分大量流失，随时会有“星星之火可以燎原”。不光是森林中的山火，城市中的火灾也将会非常频繁。

全球变暖所能确定并公开的最大威胁，是冰河时代的突然降临。就像《后天》这部电影所描述的。

气温升高会给人类生理机能造成影响，生病概率将越来越大，各种生理疾病将快速蔓延，甚至滋生出新疾病。眼科疾病、心脏类疾病、呼吸道系统类疾病、消化系统类疾病、病毒类疾病、细菌类疾病……社会在医疗上所支付的金钱将越来越多，死于非命的人将越来越多。

气温升高，冰川消融，海平面升高，引起海岸滩涂湿地、红树林和珊瑚礁等生态群丧失，海岸侵蚀，海水入侵沿海地下淡水层，沿海土地盐渍化等，造成海岸、河口、海湾自然生态环境失衡，给海岸带生态环境带来灾难。

水域面积增大。水分蒸发也更多了，雨季延长，水灾正变得越来越频繁。遭受洪水泛滥的机会增大、遭受风暴影响的程度和严重性加大，水库大坝寿命缩短。

温度升高，会影响人的生育，精子的活性随温度升高而降低。

病菌通过极端天气和气候事件（厄尔尼诺现象，干旱，洪涝，热浪等），扩大疫情的流行，对人体健康造成危害。

7 颗粒污染物的净化技术

学习目标

1. 了解各类除尘器的工作原理、结构及性能；

2. 掌握各类除尘器的应用范围、操作条件变化对除尘器的影响，为选择、设计和有效运行各类除尘器打下基础，能够进行一般除尘器性能的比较。

案例导入

2013年以来，"雾霾"成为我国当之无愧的年度热词之一，国内25个省100多个大中城市被雾霾所困扰，全国平均雾霾天数达到29.9天，较往年同期偏多9.43天，创52年之最，且持续性雾霾过程增加显著。从空间分布看，华北、长江中下游和华南地区呈增加趋势，其中珠三角地区和长三角地区增加最快，广东深圳和江苏南京平均每年增加4.1天和3.9天。中东部大部地区年雾霾日数为25～100天，局部地区超过100天。此外，大城市比小城镇的增加趋势更为明显，还呈现雾霾天气持续时间多、范围广、影响大、污染重等特点。雾霾的首要污染物是PM 2.5，又称细颗粒物，指粒径小于2.5 μm的悬浮颗粒物，它是大气污染的首要污染物。由于这样的颗粒物直径不到人头发丝的1/20大小，被吸入人体后会直接进入支气管，干扰肺部的气体交换，容易引发包括哮喘、支气管炎和心血管等方面的疾病。相关研究表明，大气PM 2.5浓度增高可显著增加人体致癌和非致癌风险，广州的一项调查显示，PM 2.5大气浓度每增加10 g/m^3，居民日均总死亡率将增加0.9%，心血管疾病死亡率将增加1.22%，呼吸系统死亡率将增加0.97%。

7.1 除尘技术基础

除尘技术，更广义地说是非均相分离技术，它涉及粉尘的捕集、净化、回收等问题。

许多烟气中含有固体颗粒状污染物，使用除尘设备将它们从烟气中分离出来，达到净化烟气、减少排放量的目的。用以实现除尘过程的设备称为除尘装置或除尘器。

由于除尘过程的处理对象是流动状态的颗粒物质，其许多物理性质都与除尘过程有着密切联系，因此，充分了解固体颗粒物的性质，是研究除尘器除尘机理和特性，正确设计、选择和使用除尘器的重要基础。本节仅就粉尘的性质、除尘器的性能指标及除尘器的分类做简要介绍。

7.1.1 粉尘的性质

(1)粉尘的粒径

粒径是粉尘的基本特性之一，粉尘颗粒大小不同，它的物理性质也不同。通常粒径可分为代表单个粒子大小的单一粒径和代表各种不同大小粒子组成的粒子群的平均粒径，单位一般用 μm 表示。

某一粒子群中不同粒径的粒子所占比例称为粒径分布，即指粒子的分散度。

(2)粉尘的密度

单位体积粉尘的质量称为粉尘的密度，单位为 kg/m^3。粉尘的密度分为真密度和堆积密度。粉尘的真密度是指将吸附在粉尘粒子间的空气排除以后测得颗粒自身的密度，用符号 ρ_p 表示；堆积密度是指包括粉尘粒子之间气体空间在内的粉尘密度，用符号 ρ_b 表示。粉尘的真密度与堆积密度之间存在如下关系：

$$\rho_b = (1-\varepsilon)\rho_p \tag{7.1}$$

式中 ε——空隙率，是指粉尘之间的空隙体积与包含空隙和粉尘在内的总体积之比。

(3)粉尘的安息角和滑动角

粉尘通过小孔连续落到水平板上，堆积成的锥体的母线与水平面小于90°的夹角称为粉尘的安息角，也叫静止角或堆积角。安息角是粉尘的动力特性之一，用于评价粉尘的流动特性。安息角愈小，粉尘的流动性愈好，粉尘的安息角一般为35°～55°。粉尘的滑动角指自然堆放在光滑平板上的粉尘，随平板做倾斜运动，粉尘开始发生滑动时的平板倾斜角，也称静安息角，一般为40°～55°。

(4)粉尘的含水率

粉尘中的水分含量，一般用含水率表示，是指粉尘中所含水分质量与粉尘总质量(包括干粉尘与水分)之比。

粉尘的含水率的大小，会影响到粉尘的其他物理性质，如导电性、黏附性、流动性等，在设计除尘装置时都必须加以考虑。

(5)粉尘的润湿性

粉尘粒子与液体相互附着或附着难易程度称为粉尘的润湿性。当尘粒与液滴接触时，如果能扩大接触面而相互附着，说明能润湿。容易被水润湿的粉尘称为亲水性粉尘(如锅炉飞灰、石英粉末等)；反之，接触面趋于缩小而不能相互附着的粉尘则称为疏水性粉尘(如石墨粉末、炭黑等)。

在选用除尘设备时，粉尘的润湿性是重要依据之一，如亲水性粉尘，可选用湿式除尘器；而对于润湿性差的疏水性粉尘，则不宜采用湿法除尘。

还有一类水硬性粉尘，如水泥、熟石灰和白占石粉尘等，虽然是亲水性的，但一旦吸水后就形成了不溶于水的硬垢。这种水硬性粉尘容易在管道、设备内结垢，造成堵塞，所以不宜采用湿式除尘装置。

(6)粉尘的荷电性

粉尘在其产生和运动过程中，由于相互碰撞、摩擦、照射、电晕放电、接触带电体等原因而会带有一定电荷，粉尘的这种性质称为粉尘的荷电性。电除尘器就是利用粉尘的荷电性进行工作的。随着除尘器的不断发展，这一性质被日益广泛地应用。

(7)粉尘的导电性

粉尘的导电性通常用粉尘层的比电阻来表示。比电阻是指电流通过面积为 1 cm^2、厚度为 1 cm 的粉尘层时所具有的电阻值，单位为 Ω·cm。粉尘的比电阻对电除尘器的工作性能有重要影响，其值过低或过高都会使除尘效率下降，最适宜的范围为 $10^4 \sim 2\times 10^{10}$ Ω·cm。

(8)粉尘的自燃性和爆炸性

可燃物形成粉尘(如硫矿粉、煤尘等)后，由于总表面积增加，粉体的表面自由能相应增加，从而提高了粉尘的化学活性。当粉尘达到自燃温度时，在一定的条件下会燃烧甚至爆炸。

7.1.2 除尘器的性能指标和分类

除尘装置的性能指标，包括技术指标和经济指标两方面内容。技术指标主要有除尘装置的处理能力、净化效率、压力损失三类；经济指标主要有基建投资与运行管理费、占地面积等。在此主要讨论除尘器的技术指标。

7.1.2.1 处理能力

除尘装置的处理能力是指除尘装置在单位时间内所能处理的含尘气体的流量，一般以体积流量 Q(m^3/s)表示。由于装置漏气等原因，往往进口与出口的气体流量不同，通常用二者的平均值作为除尘器的气体处理量，用 Q_N 表示，即：

$$Q_N = \frac{Q_{1N} + Q_{2N}}{2} \tag{7.2}$$

式中 Q_N——除尘器处理气体标准状态下的体积流量(m^3/s)；

Q_{1N}，Q_{2N}——除尘器进口、出口气体标准状态下的体积流量(m^3/s)。

除尘器严密程度可用指标漏风率 δ 衡量，δ 可用式(7.3)计算。

$$\delta = \frac{Q_{1N} - Q_{2N}}{Q_{1N}} \times 100\% \tag{7.3}$$

7.1.2.2 除尘效率

除尘效率是表示除尘器净化含尘气体效果的重要技术指标。除尘效率可用全效率和分级除尘效率两种方法表示。

(1)除尘器全效率

又称总效率，是指在同一时间内，被除尘器捕集的粉尘质量，占进入除尘器的粉尘质量的百分数，用 η 表示。

设除尘装置进口的气体流量为 Q_1、粉尘的质量流量为 S_1、气体含尘浓度为 C_1，出口的相应量为 Q_2、S_2 和 C_2，单位分别为 m^3/s、g/s 和 g/m^3，除尘装置捕集的粉尘质量流量为 S_3。则可得

$$S_3 = S_1 - S_2 \qquad S_1 = Q_1 C_1 \qquad S_2 = Q_2 C_2$$

根据除尘效率的定义：

$$\eta = \frac{S_3}{S_1} \times 100\% = \frac{S_1 - S_2}{S_1} \times 100\% = (1 - \frac{S_2}{S_1}) \times 100\% \tag{7.4}$$

$$\eta = (1 - \frac{Q_2 C_2}{Q_1 C_1}) \times 100\% \tag{7.5}$$

若装置不漏风，即 $Q_1 = Q_2$，则除尘效率为

$$\eta = (1 - C_2/C_1) \times 100\% \tag{7.6}$$

为方便除尘装置设计计算和对除尘装置进行评价，通常将工作状态下的含尘气体流量及含尘浓度，换算成标准状况下的流量及浓度，即 Q_{1N}、Q_{2N}、C_{1N}，单位为 m^3/s 和 g/m^3。

(2)分级效率

为全面、正确地评价除尘器的除尘效果，引入分级除尘效率的概念。分级除尘效率简称分级效率，是指除尘器对某一粒径或某一粒径范围内的粉尘的去除效率，即被捕集的某一粒径或某一粒径范围内的粉尘质量，占其进口质量的百分数，用 η_d 表示。

若装置不漏风，则：

$$\eta_d = (1 - \frac{C_2 g_{d2}}{C_1 g_{d1}}) \times 100\% \tag{7.7}$$

式中 g_{d1}，g_{d2}——除尘器进、出口某一粒径或某一粒径范围的粉尘的质量分数（即频率分布）；

C_1，C_2——除尘装置进出口气体含尘浓度。

对于同一台除尘器，分级除尘效率与总除尘效率有如下关系：

$$\eta = \sum_{i=1}^{n} g_{di} \eta_{di} \tag{7.8}$$

式中 g_{di}——除尘器进口中粒径为 d_i 的粉尘的质量分数；

η_{di}——粒径为 d_i 的粉尘的分级效率。

(3)多级串联除尘系统总效率

在实际除尘系统中，当进口气体含尘浓度很高，或要求出口气体含尘浓度较低时，用一种除尘器净化往往不能达到排放要求。此时，应考虑将两种或多种不同类型的除尘器串联起来使用，形成两级或多级除尘系统。

设第一级除尘器效率为 η_1，第二级除尘器效率为 η_2，第 n 级除尘器效率为 η_n，则多级除尘器串联使用时，除尘系统的总效率为

$$\eta_{1-n} = 1 - (1 - \eta_1)(1 - \eta_2)(1 - \eta_3)\cdots(1 - \eta_n) \tag{7.9}$$

7.1.2.3 除尘装置的压力损失

压力损失是表示除尘装置能耗的技术指标，用进出口气流的全压之差表示，单位为

Pa。压力损失的大小与装置的种类、结构类型、流体流速等因素有关。通常除尘装置的压力损失 Δp 的计算式为：

$$\Delta p = \zeta \frac{\rho u_1^2}{2} \tag{7.10}$$

式中 ζ——除尘装置的阻力系数；

ρ——气体的密度(kg/m³)；

u_1——装置进口气体流速(m/s)。

压力损失数值越大，动力消耗也越大，通风机的设备费用和运行费用就越高。多数除尘装置的压力损失在 2000 Pa 以下。

7.1.2.4 除尘器的分类

根据除尘机制的不同，可分为机械式除尘器、湿式除尘器、过滤式除尘器和静电除尘器四大类。

(1)机械式除尘器

机械式除尘器是利用质量力(重力、惯性力、离心力等)的作用使粉尘与气流分离的装置，包括重力沉降室、惯性除尘器和旋风除尘器等。这类除尘器的特点是结构简单，造价低，维护方便，但除尘效率不高。

(2)湿式除尘器

它是利用含尘气流与液滴或液膜接触，使粉尘与气流分离的装置，也称湿式洗涤器，包括各种喷雾洗涤器、旋风水膜除尘器和文丘里洗涤器等。它既可用于除尘，也可用于气态污染物的吸收净化。其特点是除尘效率高，特别是对微细粉尘的捕集效果显著，但会产生污水形成二次污染，需要进行处理。

(3)过滤式除尘器

它是利用含尘气流通过多孔滤料层或网眼物体进行分离的装置，包括颗粒层除尘器、袋式除尘器等。这类除尘器的特点是除尘效率很高，袋式除尘器的效率可高达 99.9%以上，但阻力也很大，能耗高。

(4)静电除尘器

静电除尘器是利用高压电场使尘粒荷电，受库仑力的作用使粉尘与气流分离的装置，分为干式电除尘器(干法清灰)和湿式电除尘器(湿法清灰)。这类除尘器的特点是除尘效率高，动力消耗小；但耗钢量大，投资高。

除尘器的分类及基本性能见表 7.1。

表 7.1 除尘器的分类及基本性能

类别	除尘设备型式	阻力(Pa)	除尘效率(%)	初投资	运行费用
机械式除尘器	重力除尘器	50～150	46～60	少	少
	惯性除尘器	100～500	50～70	少	少
	旋风除尘器	400～1300	70～92	少	中
	多管旋风除尘器	800～1500	80～95	中	中

续表 7.1

类别	除尘设备型式	阻力(Pa)	除尘效率(%)	初投资	运行费用
湿式除尘器	喷淋洗涤器	100~300	75~95	中	中
	文丘里除尘器	5000~20000	90~98	少	高
	自激式除尘器	800~2000	85~98	中	较高
	水膜除尘器	500~1500	85~98	中	较高
过滤式除尘器	颗粒层除尘器	800~2000	85~99	较高	较高
	袋式除尘器	800~2000	85~99.9	较高	较高
静电除尘器	干式静电除尘器	100~200	85~99	高	少
	湿式静电除尘器	125~500	90~99	高	少

7.2 重力除尘设备

重力除尘设备类似于污水处理中的沉淀池(如图 7.1 所示),其核心部分是重力沉降室,按气流方向分为:平流式沉降室和垂直式沉降室两种。烟气中的固体颗粒物由于密度相对较大,在重力沉降过程中逐渐与烟气主体分离开来,并沉淀到除尘设备的尘斗。

影响颗粒物重力沉降分离效率的因素主要有:烟气的过流速度、颗粒的大小和密度、布气效果等。烟气过流速度越小,则除尘效率越高,但过流速度太小则除尘设备的长度太大,投资费用增高。一般控制烟气过流速度为 1~2 m/s,除尘效率为 40%~60%。除尘设备的进气和出气口要注意防止气流的短流和偏流问题,必要时安装气流分布板,并控制设备的总阻力损失为 50~130 Pa 为合适。与污水处理的沉淀池相似,有时在重力沉降室的高度上增加几块水平隔板,以提高烟气过流量和除尘效率。特点:结构简单、投资少、压力损失小(50~150 Pa),维修管理容易;体积大、效率低,适用于除去 100 μm 以上的尘粒,一般作为预处理设备。

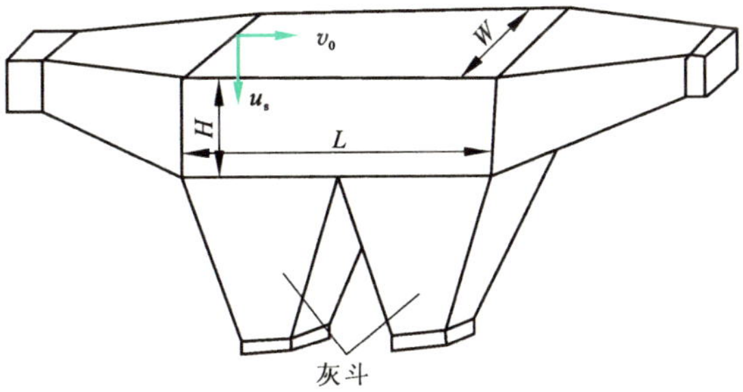

图 7.1 重力沉降室示意图

7.3 离心除尘设备

通过烟气在设备中的回转造成离心力场，尘粒由于离心力聚集在除尘器内壁，并在重力作用下沉降到灰斗，气流在除尘器中心形成内涡旋，从而将尘粒从烟气中分离出来，又称为离心除尘器、旋风除尘器。图 7.2 所示是通用型离心除尘器内气流状态。

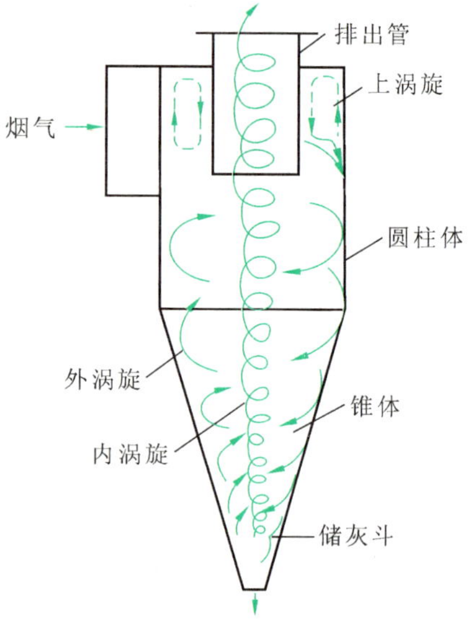

图 7.2 通用型离心除尘器

离心除尘器具有结构简单、造价较低、没有运动部件等特点，适用于去除粒径为 10 μm 以上的尘粒，许多情况下是作为预除尘装置出现的，除尘效率为 70%以上，压力损失为 500～1500 Pa，设备的入口速度为 10～25 m/s。适当增加筒体高度、减小筒体直径都有利于提高除尘效率(增加气流在圆筒内的旋转圈数和强化离心力场)，但直径过小，则除尘容易逃逸，高度太大，阻力损失加大。一般筒体总高度(包括灰斗)为直径的 5 倍为宜。离心除尘器的卸灰部分应保证严密无缝(保证灰斗部分处于负压状态)，否则将严重影响除尘效率(灰斗中尘粒被气流重新带走)。注意及时排灰，适当提高进气速度：防止细、软、潮、黏的颗粒在除尘器内壁结块，降低除尘效率、增加阻力损失。

7.4 惯性除尘设备

惯性除尘器是使含尘烟气急剧改变气流风向，尘粒因为惯性力而偏离流线(尘粒的惯性力对于气流的惯性力)并撞击在挡板上，实现尘粒与气流分离的一种除尘设备。主要有弯管式、百叶窗式和多层填料隔板式三种，图 7.3 所示是各种惯性除尘设备的工作原理示意图。

碰撞会造成阻力损失，故这种除尘设备的压力损失较大，为 200～1000 Pa(取决于设备类型)，除尘效率较重力沉降除尘法高，为 50%～70%。在实际应用中，这种设备一般作为预处理设备，用来分离较大、较重的颗粒，对 25 μm 以上的尘粒除尘效率为 65%～85%。对于黏结性和纤维性粉尘，因为易堵塞不宜使用惯性除尘器。

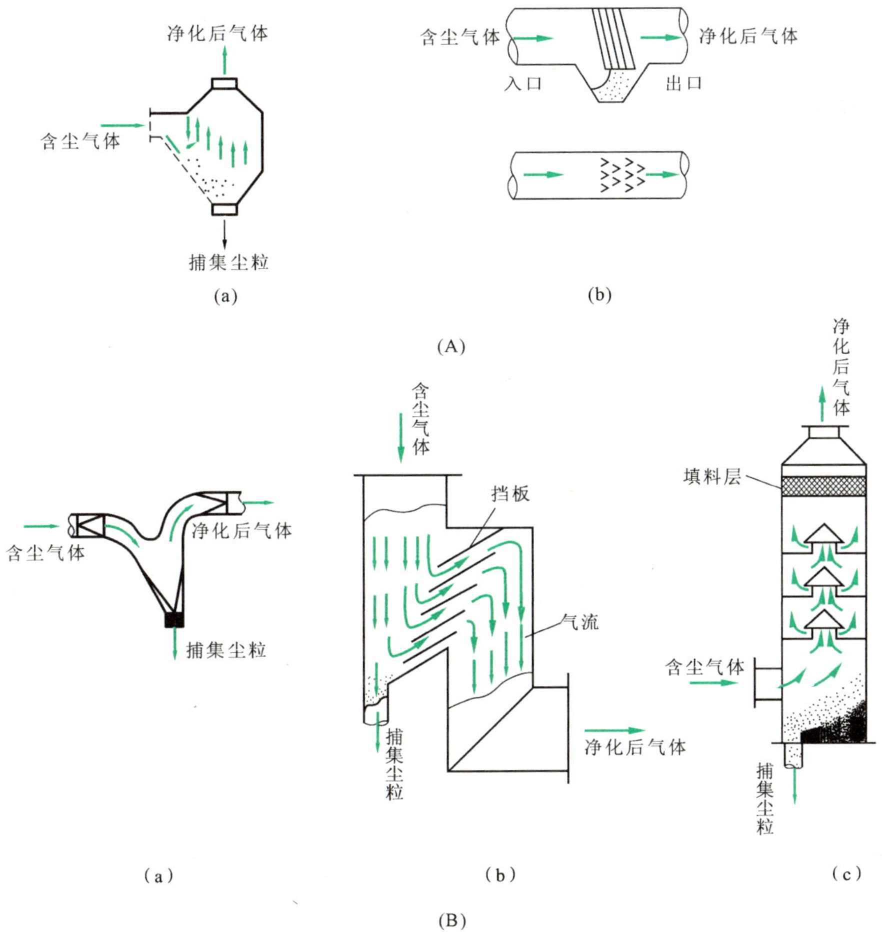

图 7.3 惯性除尘器工作原理

(A)冲击式惯性除尘器

(a)单级型;(b)多级型

(B)反转式惯性除尘器

(a)弯管型;(b)百叶窗型;(c)多层隔板型

7.5 湿式除尘设备

湿式除尘器是利用液体(通常为水)洗涤含尘气体,使粉尘从废气中分离出来的除尘装置,也称为湿式气体洗涤器或洗涤式除尘器。它既可用于气体除尘,也可用于气体吸收、降温、加湿等方面。

7.5.1 湿式除尘器的除尘机理

湿式除尘器的除尘方式主要有四种:液体介质与尘粒之间的惯性碰撞和拦截;微细

尘粒与液滴之间的扩散接触;加湿的尘粒相互凝聚;饱和态高温烟气降温时,以尘粒为凝结核凝结。

湿式除尘器的除尘过程是惯性碰撞、拦截、扩散、凝聚等多种效应的共同结果。其中惯性碰撞和拦截作用是湿式除尘器的主要机制。惯性碰撞主要取决于尘粒质量,拦截作用主要取决于粒径大小。其他作用在一般情况下是次要的,只有在捕集很小的尘粒时,才受到布朗运动引起的扩散作用的影响。

7.5.2 湿式除尘器的分类和特点

湿式除尘器类型包括喷淋式(水流自上向下喷成雾状,尘粒和液滴之间的碰撞、拦截和凝聚等作用使得尘粒随液滴降落下来)、旋风式(又称为水膜式除尘器,水流经喷嘴沿切线方向在圆筒内壁形成薄膜,含尘烟气也沿切线进入圆筒,但两种流体的方向相反,尘粒在离心力作用下紧贴筒壁运动并被水膜黏附,从烟气中分离出来),各种湿式除尘器的比较见表7.2。

表7.2 各种湿式除尘器的比较

类型	设备	比较
喷雾接触型	喷淋塔	用雾化喷嘴将液体雾化成细小液滴,气体是连续相,与之逆流运动。阻力损失小,液体消耗多,适用于去除几微米以上的微粒
	喷射洗涤器	高压喷嘴雾化,气液同向流,阻力损失大,适用于去除1 μm以上的微粒
	离心洗涤器	将离心分离与湿式除尘结合起来,可捕集1 μm以上的微粒,阻力损失中等
气体雾化型	文丘里管洗涤器	使用高速气流吸入液体并雾化成细小液滴,适用于齲齿1 μm以下的微粒和黏性粉尘
液膜型	填料塔	设置填料使得液体形成大面积的液膜,提高两相接触效果,适用于去除几微米以上的微粒。进气浓度太高将导致填料堵塞
	湍流塔	填料为轻质小球(由聚乙烯、聚丙乙烯材料制成)、玻璃球或卵石球,气流可以将球浮动起来,液体从上下双向喷入床层,两相接触强度高,适用于去除1 μm左右的微粒,阻力损失大
鼓泡接触型	泡沫洗涤器	筛板上保持一定高度的液体层,气流由下向上通过液层形成泡沫
	冲击泡沫洗涤器	气体鼓泡后又冲击到上面挡板上,两相接触强度高,适用于去除1 μm以上的微粒,离子损失较小

湿式除尘器的特点:除尘的同时也能清除废气中气态污染物;捕集的粉尘不会产生飞扬;设备结构简单、阻力小、操作方便;能够处理高湿和有爆炸危险的气体。缺点是设备庞大、效率较低,对高温烟气中的热能不能进行回收利用,造成能源的浪费,并且洗涤除尘后排放大量的含尘污水,需要进行妥善处置;设备腐蚀问题和冬季防冻问题。

各种湿式除尘设备的基本运行参数见表7.3。

在工业污染治理中，可以使用某些工业废水作为旋风水膜除尘器的洗涤介质，达到以废治废的目的。如某印染厂采用碱性精炼废水作为洗涤介质对锅炉废气进行消烟除尘处理，烟气流量为$2\times10^4\ m^3/h$，废水流量为50 t/d，除尘率达到85%以上，同时对废水起到了预调节（降低pH值）和预处理（降低COD）作用。

表7.3 各种湿式除尘设备的基本运行参数

名称	基本流速(m/s)	液气比(cm^3/m^3)	压力损失(Pa)	除尘效率(%)
喷淋式	0.1～2	2～3	100～500	70
旋风式	15～50	0.5～1.5	1000～1500	90～95
水浴式	10～20	1	1000～1500	80～95
泡沫式	5～15	1～3	500～800	95～99
填料式	0.5～1	2～3	500～2500	85～90
文氏管式	60～90	0.3～1.5	3000～8000	99
喷射式	10～20	10～50	1000～2000	90

7.5.3 常用湿式除尘器简介

7.5.3.1 喷雾塔洗涤器

喷雾塔洗涤器也称喷淋式洗涤器或喷雾式洗涤塔。

(1)喷雾塔洗涤器的工作原理

含尘气体从下部通过气流分布格栅均匀进入器内向上运动，液滴由上部分布成几层的多个喷嘴向下喷淋，含尘气体通过喷淋液形成液滴空间时，因尘粒与液滴之间的碰撞、截留和凝聚等作用，尘粒被液滴捕集与洗涤液一起从塔底排走，清净气体通过挡水板除去雾沫后排放。

(2)喷雾塔洗涤器的基本构造

根据器内气液流动方向不同，喷雾塔洗涤器可分为顺流、逆流和错流三种类型，通常采用逆流喷淋塔，如图7.4所示。它是最简单的湿式除尘器，主要由进气口、排气口、气流分配板、水管、喷嘴和挡水板组成。

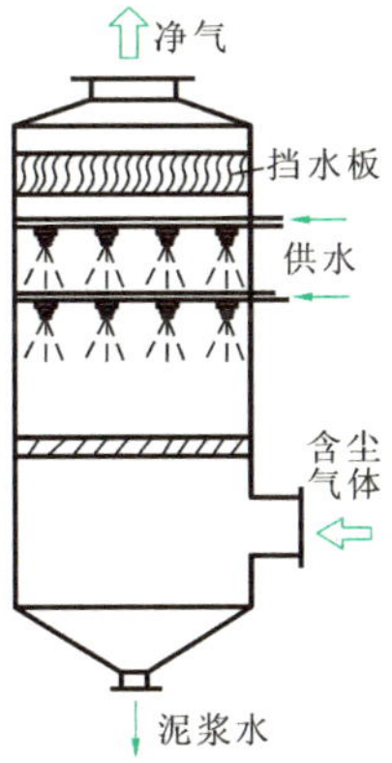

图7.4 喷雾塔洗涤器

(3)喷雾塔洗涤器的特点和适用场合

喷雾塔洗涤器具有结构简单、阻力小、性能稳定、操作方便等优点，但耗液量大、效率较低。喷雾塔洗涤器广泛用于净化粒径大于50 μm的尘粒，对小于10 μm的尘粒捕集效率较低，很少用于吸收、脱除气态污染物，而常与高效除尘器，如文丘里除尘器联用，起到预净化和降温、加湿等作用。

7.5.3.2 文丘里洗涤除尘器

(1)文丘里洗涤除尘器的基本构造

文丘里洗涤除尘器是一种高效、高能耗湿式除尘器。实际应用的文丘里洗涤除尘器由文丘里洗涤器(文氏管)、除雾器(气液分离器)、沉淀池和加压循环水泵等装置组成,如图 7.5 所示。

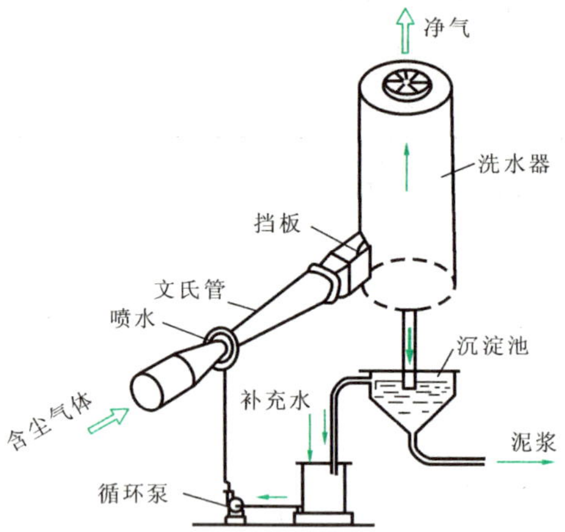

图 7.5　文丘里洗涤除尘器示意图

文丘里洗涤除尘器的主要装置是文氏管和除雾器。文氏管由进气管、收缩管、喷嘴、喉管、扩散管和连接管组成,除雾器也叫脱水器,作用是进行气液分离。

(2)文丘里洗涤除尘器的工作原理

文丘里洗涤除尘器的除尘过程可分为雾化、凝聚和脱水三个阶段。

含尘气体进入收缩管后流速增大,在喉管处气流速度达到最大值(60 m/s 以上)。洗涤液由设在收缩管或喉管处的喷嘴喷出,此时气液两相间的相对流速很大,液滴在高速气流的冲击下雾化,气体湿度达到饱和,尘粒被水润湿,尘粒与液滴或尘粒与尘粒之间发生激烈的碰撞和凝聚。进入扩散管后气流速度减小,压力回升,以尘粒为凝结核的凝聚作用加快,粒径较大的含尘液滴进入除雾器后,由下端排尘管道排至沉淀池,净化后的气体从上部的排气管排出。

(3)文丘里洗涤除尘器的特点和适用场合

文丘里洗涤除尘器是效率最高的一种湿式除尘器,除尘效率的高低取决于文氏管的结构形式,对 0.55 μm 的微细粉尘除尘效率可达 99%以上;同时,它也是动力消耗大、运转费用高的除尘器。常用于高温烟气的降温除尘。

7.5.4　湿式除尘器的运行管理

湿式除尘器运行中容易出现堵塞、腐蚀和磨损等问题,因此对湿式除尘器更要精心维护,其维护和检修的项目如下:

①对设备内的淤积物和黏附物进行清除;

②检查文丘里管、冲击式除尘器的喉部以及洗涤器内部的磨损、腐蚀情况,对磨损和腐蚀严重的部位进行修补,如维护有困难应及时更换设备;

③对喷嘴进行检查和清洗,磨损严重的喷嘴应进行更换;

④对从湿式除尘器排出的污泥要进行及时的处理,以防二次污染。

7.6 阻隔除尘设备

阻隔除尘设备又称为过滤式除尘设备，其基本工作原理与污水的过滤净化和污泥的过滤脱水基本相似。按照过滤介质的基本类型分，阻隔除尘设备主要有两种：布袋除尘器和颗粒层除尘器。

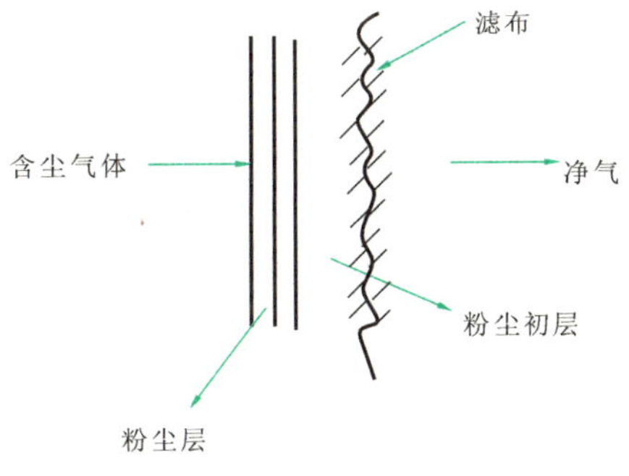

图 7.6 滤筒式除尘器工作原理图

含尘烟气在通过多孔介质时被截留，较大尘粒由于碰撞而被捕集，尘粒静电吸附（气流、介质和尘粒摩擦生电）。随着除尘的进行，介质表面积聚的尘粒越来越多，阻力损失越来越大，但除尘效率也越来越高。在实际应用中过滤材料可以制成袋、筒、抽屉、管状、平板等类型。图 7.6 是滤筒式除尘器工作原理图，滤筒式除尘器的起始阻力损失为 250～400 Pa，终了阻力损失为 1250～1500 Pa，对细小粉尘（1～5 μm）以上的粉尘除尘效率为 99.99%。

7.6.1 袋式除尘器

在袋式除尘器中，滤袋可以做成多种形状，如扁袋式、抽屉式、滤筒式等，其中布袋除尘器中以滤筒式除尘器使用最广泛，它具有受力均匀、除尘效果好的优点。

7.6.1.1 袋式除尘器的工作原理

袋式除尘器的结构一般由过滤袋、清灰装置、清灰控制装置等组成。过滤袋是过滤除尘的主体，它由滤布和固定框架组成。滤布（滤料）及所吸附的粉尘层构成过滤层。

含尘气流从下部进入圆筒形滤袋，在通过滤料（即布袋）的孔隙时，粉尘被捕集于滤料上，沉积在滤料上的粉尘，可在机械振动的作用下从滤料表面脱落，落入灰斗中，见图 7.7。

粉尘因截留、惯性碰撞、静电和扩散等作用，在滤袋表面形成粉尘层，常称为粉层初层。新鲜滤料的除尘效率较低，粉尘初层形成后，成为袋式除尘器的主要过滤层，提高了除尘效率。随着粉尘在滤袋上积聚，滤袋两侧的压力差增大，会把已附在滤料上的细小粉尘挤压过去，使除尘效率下降。除尘器压力过高，还会使除尘系统的处理气体量显著下降，因此除尘器阻力达到一定数值后，要及时清灰。

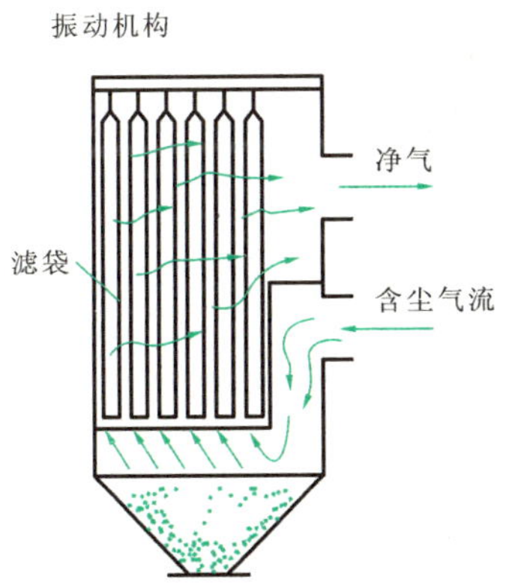

图 7.7 机械振动袋式除尘器

7.6.1.2 袋式除尘器除尘效率的影响因素

(1)过滤速度

过滤速度即烟气实际体积流量与滤布面积之比，也称气布比。过滤速度是一个重要的技术经济指标。选用高的过滤速度，所需要的滤布面积小，除尘器体积、占地面积和一次投资等都会减小，但除尘器的压力损失却会加大。一般来讲，除尘效率随过滤速度增大而下降。过滤速度的选取还与滤料种类和清灰方式有关。

(2)袋式除尘器的滤料

袋式滤料通常是由合成纤维（聚氯乙烯、尼龙、涤纶、聚丙烯、聚酯等）、天然纤维（棉布和纸等）或玻璃纤维织成的布或毡，滤料性能的要求：容尘量大、吸湿性小、效率高、阻力小；使用寿命长，耐温、耐磨，机械强度高等。一般地，在烟气温度低于 120 ℃，并要求具有耐酸性和耐久性场合，常选用涤纶绒布和涤纶针刺毡，针刺毡的容尘量大、效率高、阻力小，但清灰较难，必须及时清灰；对于高温烟气（小于 250 ℃），选用石墨化玻璃丝布以及碳素纤维滤料，甚至是金属纤维毡。

① 滤料要求

容尘量大、吸湿性小、效率高、阻力小；使用寿命长，耐温、耐磨、耐腐蚀，机械强度高；表面光滑的滤料容尘量小，清灰方便，适用于含尘浓度低、黏性大的粉尘，采用的过滤速度不宜过高；表面起毛（绒）的滤料容尘量大，粉尘能深入滤料内部，可以采用较高的过滤速度，但必须及时清灰。

② 滤料种类

天然纤维：棉毛织物，适于无腐蚀、350～360 K 以下气体。

无机纤维：主要指玻璃纤维，化学稳定性好，耐高温，质地脆。

合成纤维：性能各异，满足不同需要，扩大除尘器的应用领域。

7.6.1.3 袋式除尘器的清灰

清灰是袋式除尘器运行中十分重要的一环，多数袋式除尘器是按清灰方式命名和分类的。常用的清灰方式有三种：机械振动式清灰、逆气流清灰和脉冲喷吹清灰。

(1)机械振动式清灰

机械振动式清灰的袋式除尘器是利用机械装置（包括手动、电磁振动和气动）使滤袋产生振动。机械振动袋式除尘器的过滤风速一般取 1.0～2.0 m/min，压力损失为 800～1200 Pa。机械振动袋式除尘器的工作过程见图 7.8。

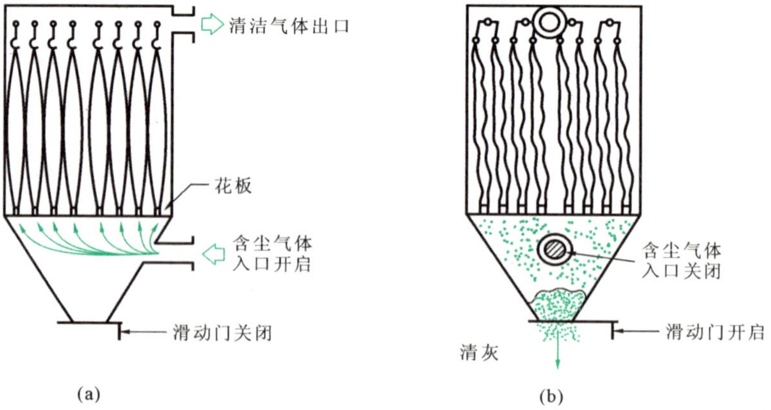

图 7.8 机械振动袋式除尘器工作过程

(a)过滤；(b)清灰

此类型袋式除尘器的优点是机械清灰简单、工作性能稳定，清灰效果较好。缺点是滤袋常受机械力作用损坏较快，滤袋检修与更换工作量大。

(2)逆气流清灰

逆气流清灰是采用室外或循环空气以与含尘气流相反的方向通过滤袋，使滤袋上的尘块脱落，掉入灰斗中。逆气流清灰有两种工作方式：反吹风清灰和反吸风清灰。前者以正压将气流吹入滤袋，后者则是以负压将气流吸出滤袋。逆气流清灰袋式除尘器工作过程见图 7.9。

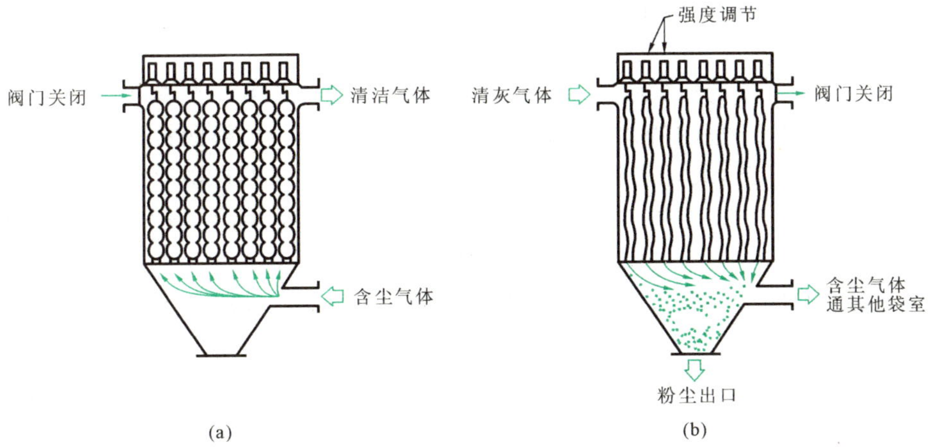

图 7.9　逆气流清灰袋式除尘器工作过程

(a)过滤；(b)清灰

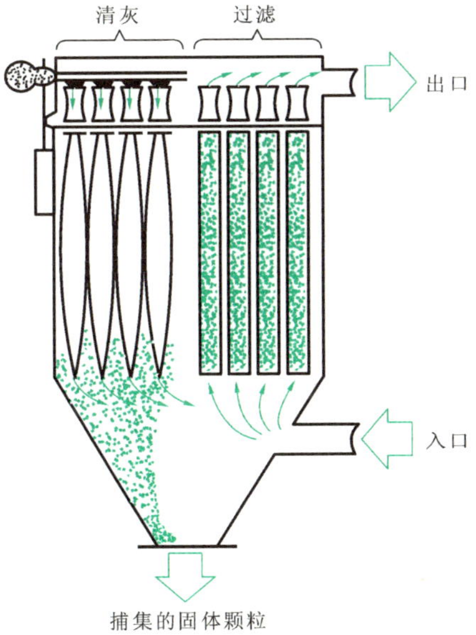

图 7.10　脉冲喷吹清灰袋式除尘器工作过程

过滤风速一般为 0.5～2.0 m/min，压力损失控制范围 1000～1500 Pa。这种清灰方式的除尘器结构简单，清灰效果好，滤袋磨损小，但清灰强度小，过滤风速不宜过大。特别适用于粉尘黏性小、玻璃纤维滤袋的情况。

(3)脉冲喷吹清灰

脉冲喷吹清灰以压缩空气通过文氏管诱导周围的空气在极短的时间内喷入滤袋，使滤袋产生脉冲膨胀振动，同时在逆气流的作用下，滤袋上的粉尘被剥落掉入灰斗。脉冲喷吹清灰袋式除尘器工作过程见图 7.10。

脉冲喷吹清灰的清灰强度大，可以在过滤工作状态下进行清灰，允许的过滤风速高，一般取 1.2～2.0 m/min。压力损失一般为 1200～1500 Pa。实现了全自动清灰，净化效率达 99%；过滤负荷较高，滤袋磨损轻，运行安全可靠。

7.6.2 颗粒层除尘器

颗粒层除尘器是指利用颗粒状物料（如硅石、砾石等）组成的颗粒层（即过滤层）作为滤料来净化含尘气体的设备。它的除尘机理与袋式除尘器相似，当含尘气体通过颗粒层时，由于碰撞、筛滤、扩散等作用，使粉尘沉积于颗粒层内。随着粉层不断积聚，对微细粉尘的捕集效果也越来越好。

颗粒层除尘器颗粒粒径为 2～5 mm，颗粒层高度为 100～200 mm，烟气过流速度为 0.1～2 m/s，效率为 99%左右，阻力损失为 800～1300 Pa。颗粒层除尘器通常有如下类型：振动反吹清灰型、交叉流碎石移动床型、耙式颗粒过滤型（清灰时，靠梳耙将含尘颗粒层搅动，以便于将阻留的粉尘吹走）和沸腾式颗粒过滤型。颗粒层除尘器在清灰时，反吹空气以一定速度和压力从颗粒层下部经过气流分布板鼓入，使得颗粒层呈流化状态，粉尘因碰撞、摩擦而脱落，被气流带走，进入一级除尘器收集。颗粒层除尘器具有耐高温、耐磨损、耐腐蚀，抗冲击，功率介质费用低廉，来源广等优点，但再生较为困难，同时对微细粉尘的捕集效率还不高。另外，需定期停风进行反吹，不能连续工作，因此往往多台并联运行，轮流进行除尘和反吹。图 7.11 是带梳耙的旋风式颗粒层除尘器结构示意图。

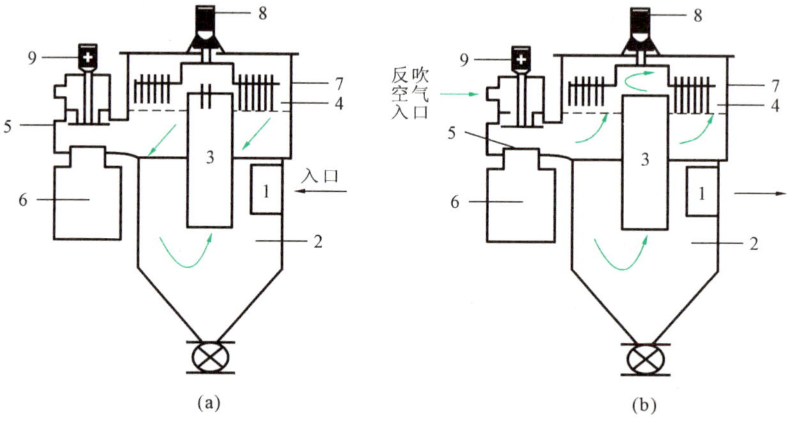

图 7.11　带梳耙的旋风式颗粒层除尘器结构示意图

(a)正常过滤状况；(b)清灰状况

1—含尘气体入口；2—旋风筒；3—中心管；4—颗粒填料层；5—切换阀；
6—净气出口；7—梳耙；8—驱动电动机；9—油缸

含尘气体沿切向进入下部旋风筒，分离粗颗粒粉尘，然后经插管进入分离室（亦称净化室），由上而下地通过砂滤层，在惯性碰撞、截留、筛分、扩散等作用下，细小的尘粒便沉积在砂滤层表面或留在颗粒层空隙中。气体通过净化室和打开的截流阀从净气出口排出。

反吹清灰时，把新鲜空气引向系统，反吹空气按相反方向通过颗粒层，同时梳耙开始搅动，使附着在砂粒上的粉尘脱落。粉尘随吹洗气流通过插管进入旋风筒中，由于突然降低速度和急转弯使大部分尘粒沉降下来。少量细尘粒随气流进入含尘气体总管中，与含尘气体混合进入其他单筒中被净化。

7.6.3 其他滤料除尘器

高温烟气的除尘为近年来过滤除尘技术的研究与应用热点，常用的耐高温过滤材料有金属纤维、覆膜滤料、波纹滚筒等。

(1)金属纤维滤管除尘器

金属纤维，一般用于 650 ℃左右的烟气除尘，如美国 Memtec 公司用 316、316L 等材料生产的 Fibermet 金属纤维滤管可用到 650 ℃，比利时研制的 Fecralloy 纤维工作温度甚至可达 1000 ℃，除尘效率为 99.999%以上，德国 Plansee 公司开发用铬粉和钼粉烧结成多孔金属滤管也可用于 1000 ℃以上的烟气除尘；陶瓷管、陶瓷纤维，可抗 700 ℃以上高温，能达到较高的除尘效率，出口浓度低于 10 mg/m^3，目前国外以真空成型陶瓷纤维管(刚性)和陶瓷编织袋发展较快，可耐温 800～1000 ℃，如德国的 Babcock 公司试管式陶瓷过滤器内装 60 根滤管用于 PFBC 装置中。但由于过滤器元件易损、易裂，除尘器的结构上连接困难，价格高，因此国外也还处于实验阶段，离广泛的工业应用尚有一定距离。

(2)覆膜滤料除尘器

这种除尘器表面极其光滑，靠微孔筛滤的原理除尘，效率高，对极细的粉尘也十分有效，粉尘剥离性好，膜的憎水性使得潮湿的黏性粉尘也难以黏附。在沥青焦冷却器烟气、石灰窑烟气等的净化中成功应用，解决了多年来在烟气中水分多、粉尘黏性大、粉尘浓度高等引起的结露、糊袋和阻力升高的问题。

(3)波纹滚筒除尘器

波纹滚筒除尘器是一种高效、低阻的节能型产品，过滤面积为滤袋的过滤面积，为普通的 30～40 倍，除尘器阻力较高及体积较大。即使降低过滤风速、降低运行阻力，除尘器的体积和占地面积也大大缩减。

上海化工研究院近年来开发出全滤饼式过滤除尘器，在这种除尘器中不锈钢滤材仅仅起到一个支撑滤饼的骨架作用，利用可编程序控制使得除尘器系统始终维持一个最佳的滤饼厚度对粉尘进行高效除尘。特点为：耐高温，采用特种不锈钢过滤材料，能够耐受 600℃以上高温；超高效，控制最优的滤饼厚度，除尘效率可以调节；适用于黏性强和吸湿性强的粉尘处理，不易结雾和堵塞；零压清灰，采用振打清灰或声波清灰，清灰效果好；阻力损失低；维修率低；价格低，过滤速度提高后价格与扁袋相近。高温表面过滤除尘器另一关键技术是开发了大通量的程控高温烟气换向阀。

7.7 静电除尘设备

工业规模的静电除尘器于 1907 年在美国加州诞生。在静电除尘器中，以金属筒体作为一个电极(集尘极)，在其内部悬挂许多根金属线作为另一极(电晕线)。电源输出 3 万～6 万伏直流或脉冲电压，在两极之间形成高压电场，在高压电场中烟气发生电离，气流中尘粒因为带负电荷在电场中向正极(集尘电极)做定向运动,从而与烟气主体相分离,达到除尘目的。

与其他除尘器相比,静电除尘器对细小粉尘的除尘效率高(99%),压力损失小(200～500 Pa),处理烟气的流量大,但一次性投资大、结构复杂、耗用钢材较多、占地大。

另外,静电除尘效率受粉尘的比电阻影响较大,当粉尘的比电阻低于 10^6 Ω·cm 或超过 10^{12} Ω·cm 时,静电除尘受到干扰。静电除尘器在高温下难以维持稳定的电晕,加之对粉尘的比电阻和气体成分等性质的敏感性及电极的腐蚀问题,因此不适用于较高温度。

静电除尘过程中,粉尘将聚集在电极上,必须及时去除,否则将严重影响电流的大小和均匀度。电极的清洁方法主要有电磁振打和锤式振打清灰,振打必须注意振打强度和频率,既达到清灰目的,又不至于使得粉尘重新飞扬。

静电除尘器类型很多:按照电极的形状划分有板式、管式两种;按电源类型划分为交流电式和直流电式两种;按照除尘器内烟气流向有卧式和立式;按照电极清灰方式有干式和湿式;按照电晕极性有正电晕型和负电晕型;按电晕区与收尘区的关系分为合建式和分建式两种。

7.7.1 静电除尘器的工作原理

静电除尘器的除尘原理如图 7.12 所示,包括电晕放电和气体电离、粒子荷电、荷电粒子的迁移与捕集以及清灰四个过程。

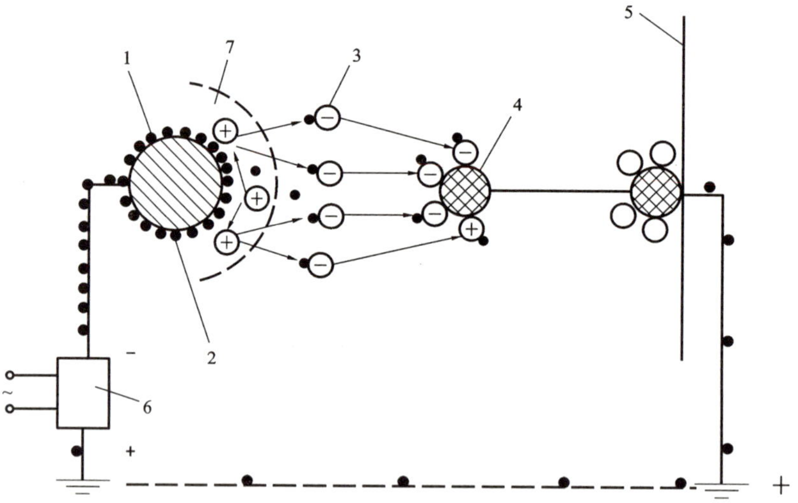

图 7.12 静电除尘器的除尘过程示意图

1—电晕极;2—电子;3—离子;4—尘粒;5—集尘极;6—供电装置;7—电晕区

(1)电晕放电和气体电离

在电晕极与集尘极之间施加直流高电压,使放电极发生电晕放电,气体电离生成大量的自由电子和正离子。

在一个由细导线与管状或板状集尘极形成的非均匀电场中,当直流电压足够高时,电晕极表面出现青紫色光点，并发出嘶嘶声，周围的气体发生电离，这种现象叫电晕放电。

电晕放电属于自激放电的一种，一般只发生在非均匀电场中放电极表面附近的小区域内，即所谓电晕区内。在电晕区外，电场强度迅速减小，不足以引起气体分子碰撞电离，因而电晕放电停止。

(2)粒子荷电

一般电晕极为负极，正离子被电晕极吸引失去电荷，负离子与进入电场空间的含尘气流的粉尘碰撞，使尘粒荷电。尘粒的荷电机制有两种。

①电场荷电：电场荷电是离子或自由电子在电场力的作用下做定向运动而与粒子碰撞后使其荷电。

②扩散荷电：扩散荷电是离子或自由电子做不规则热运动与尘粒表面接触使粒子荷电。

粒子的荷电机制主要取决于粒径大小。在通常的电除尘器运行条件下，粒径大于 5 μm的尘粒，以电场荷电为主；而小于 0.2 μm 的尘粒，以扩散荷电为主；在这中间粒径范围的粒子，两种荷电机制兼有。电除尘器中的荷电是两种荷电机制综合作用的结果。

(3)荷电粒子的迁移与捕集

荷电粒子在电场力作用下，向集尘极方向移动，在集尘极上释放电荷而沉积在集尘极表面被捕集。

(4)清灰

电晕极和集尘极上都会有粉尘沉积，为保持电晕极和集尘极表面清洁，应及时清除沉积的粉尘，即清灰。电晕极的清灰一般采用机械振打的方式。

7.7.2 静电除尘器的主要特点

(1)静电除尘器具有如下的优点：

①静电除尘器的除尘效率高，工业上应用的静电除尘器，除尘效率达到 99.9%以上已属多见，对于 0.1 μm 的粉尘粒子仍有较高的除尘效率。

②可以净化气量较大的烟气，在工业上净化 $10^5 \sim 10^8$ m^3/h 烟气的静电除尘器已得到普遍应用。

③使用范围广，可净化温度较高(350～400 ℃)的含尘烟气。

④静电除尘器结构简单，气流速度小，压力损失小，能耗比其他类型除尘器低，可以实现微机控制，远距离操作。

(2)静电除尘器具有如下缺点：

①建造静电除尘器一次投资费用高，钢材消耗量较大。

②静电除尘器的除尘效率受粉尘物理性质影响很大，特别是粉尘的比电阻的影响更为突出。

③静电除尘器不适宜直接净化高浓度含尘气体，干式静电除尘器不宜处理爆炸性粉尘。

④附属设备多，需要高压变电及整流控制设备。

⑤设备庞大，占地面积较大。

由于静电除尘器具有高效、低阻等特点，所以广泛地应用于各种工业部门中，特别是火电厂、冶金、化工、建材、水泥、造纸等工业部门。随着工业企业的日益大型化和自动化，对环境质量控制日益严格，静电除尘器的应用数量仍会不断增长，新型高性能的静电除尘器仍在不断研究、制造并投入使用。

7.7.3 静电除尘器的基本结构

静电除尘器多种多样，但从其结构来看，一般包括以下几个主要部分：电晕极、集尘极、清灰装置、气流分布装置、壳体、输灰装置及供电装置等。图 7.13 为典型的板式静电除尘器本体结构图。

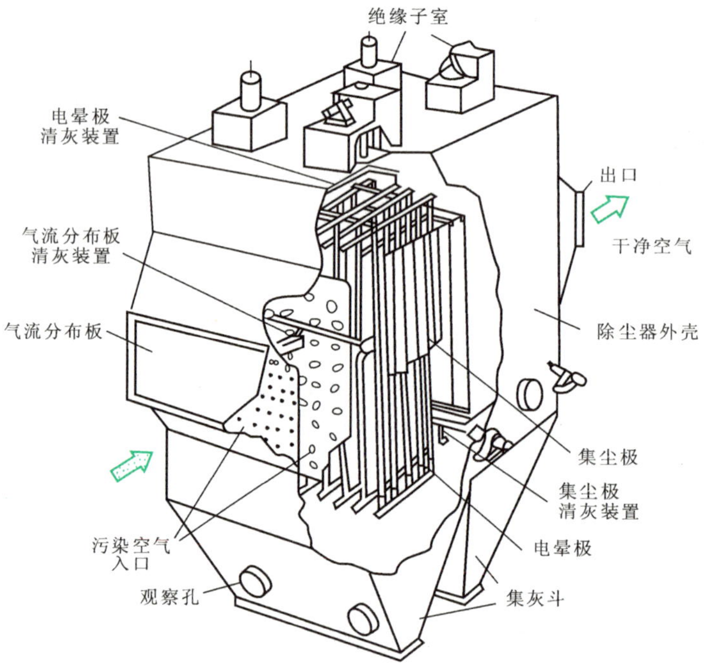

图 7.13　平板型干式静电除尘器的本体结构

(1)电晕极

电晕极是静电除尘器中使气体产生电晕放电的电极，包括电晕线、电晕框架、电晕框悬吊架、悬吊杆和支撑绝缘套管等。电晕线的种类很多，目前常用的有直径 3 mm 左右的圆形线、星形线、锯齿线及芒刺线等。电晕线的固定方式有重锤悬吊式和管框绷线式。

圆形线一般采用直径为 1.5～3.8 mm 的钢丝。星形线具有起晕电低、放电强度高、制作容易、耐用等特点，得到广泛应用。芒刺线有角钢芒刺、锯齿型、RS 型等多种，它比其他种类放电强度更高，特别适用于含尘浓度较大的场合。

电晕线之间的距离大小对放电强度影响较大。一般极距为 200～300 mm。

(2)集尘极

集尘极的结构有板式和管式两类。板式又可分为：①平板型，包括网状、棒帏式电极等；②型板式，包括 Z 型、C 型、CS 型、波型、槽型电极等。

平板型集尘极由于气流直接冲刷电极表面，易产生二次扬尘，使除尘效率下降。因此，为保证除尘效率，一般要求气流速度低于 0.8 m/s。

型板式集尘极是用厚 1.2～2 mm 钢板冷轧加工成一定形状的型板。极板两面通常设有沟槽和挡板，既能增大极板刚度，又能在板面附近的边界层中形成涡流区，以利于粒子沉降，减少二次扬尘。型板式电极在捕集效率、钢耗、振打清灰性能等方面，皆优于平板式。

极板的间距大小对除尘器的电场特性和捕集效率影响较大。通常采用 60～100 kV 供电压的情况下，板间距一般取 200～400 mm。近年来板式电除尘器开始发展宽间距超高压静电除尘器，板间距可增大到 400～1000 mm。该种静电除尘器起源于欧洲，但已广泛应用于日本，我国也已开始研究和应用。

(3)气流分布板

静电除尘器中气流分布的均匀性对除尘效率影响较大。为了减少涡流，保证气流分布均匀，在进出口处应设变径管道，进口变径管内设气流分布板。最常见的气流分布板有百叶窗式、多孔板、分布格子、槽型钢式和栏杆型分布板等，其中多孔板使用最为广泛，多孔板通常采用厚度为 3～3.5 mm 的钢板，孔径为 30～50 mm，分布板层数为 2～3 层，开孔率一般为 25%～50%，相邻分布板的间距与入口高度之比为 0.2～0.5。

静电除尘器对气流分布装置的基本要求是能使气流分布均匀，气压损失小。具体要求有两点：

①任何一点的流速不得超过该断面平均流速的±40%。

②任何一个测定断面上，85%以上测点的流速与平均流速不得相差±25%。

(4)电极清灰装置

静电除尘器清灰的主要方式有机械振打、电磁振打、刮板清灰、水膜清灰等，见图 7.14。

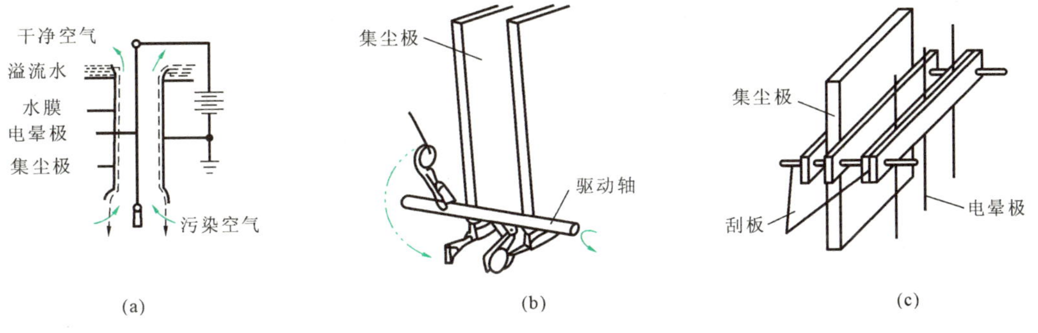

图 7.14 各种静电除尘器清灰装置

(a)水膜清灰；(b)挠臂振打电极框架的机械清灰；(c)刮板式清灰

集尘极板上粉尘沉积较厚时，将导致火花电压降低，电晕电流减小，有效驱进速度减小，除尘效率大大下降。因此，不断将集尘极板上沉积的粉尘清除干净，是维持静电除尘器高效稳定运行的重要条件。

(5)外壳

静电除尘器外壳必须保持严密，尽量减少漏风。若除尘器漏风较大，不但使风机负荷加大,除尘效率降低,而且在处理高温烟气时,冷空气渗入可能使局部烟气温度降至露点以下,导致各构件粘灰和腐蚀。

静电除尘器外壳的材料,根据烟气性质和操作温度来选择。常用材料有普通钢板、不锈钢板、铅板(捕集硫酸雾)、钢筋混凝土及砖等。

(6)供电装置

静电除尘器只有得到良好供电的情况下,才能获得高效率。为了充分发挥静电除尘器的作用,供电装置应能保证足够的高压并具有足够的功率。

为满足现场需要,供电设备操作必须十分稳定,工作寿命应在 20 年以上。通常高压供电设备的输出峰值电压为 70～100 kV,电流为 100～2000 mA。目前广泛应用可控硅高压硅整流设备。

7.8 电袋复合除尘设备

电除尘器和布袋除尘器都是高效除尘器,但是电除尘器和布袋除尘器都存在各自的缺点。电除尘器的除尘效率与集尘面积呈指数关系,要达到较高的排放效率,必须大大增加集尘面积,造成投资增加;除尘性能受粉尘物理和化学特性影响很大,对于高比电阻粉尘、细微粉尘及高黏性粉尘等应用效果不理想。而布袋除尘器的缺点则表现在:阻力损失大、运行维护费用高,滤袋寿命有限,更换滤袋费用高,化学纤维滤袋不能承受高温烟气通过,对烟气中的水分含量和油性含量也有较严格的要求。

电袋复合式除尘器有机结合了静电除尘和布袋除尘的特点,通过前级电场的预收尘、荷电作用和后级滤袋区过滤除尘,充分发挥电除尘器和布袋除尘器各自的除尘优势,以及两者相结合产生新的性能优点,弥补了电除尘器和布袋除尘器的除尘缺点。电袋复合式除尘器具有效率高、稳定、滤袋阻力低、寿命长、占地面积小等优点,是未来控制细微颗粒粉尘、PM 2.5 以及重金属汞等多污染物协同处理的主要技术手段。

电袋复合式除尘器适用于电力、建材、冶金、钢铁、化工等行业的工业烟气的粉尘治理,尤其适合于排放要求高的城市周边的工业除尘、高比电阻粉尘的除尘、循环流化床锅炉烟气除尘以及干法和半干法脱硫后高浓度烟气粉尘净化,同时由于其结构紧凑,也很适合于旧电除尘器的提效改造工程。

7.8.1 电袋复合式除尘器机理

电袋复合式除尘器是利用原电除尘器的外壳及储灰系统,保留电除尘器的前级电场,拆除后级电场,在被拆除的后级电场内安装布袋除尘器。在电袋复合式除尘器中,烟气先通过前级电除尘区,烟气中的大部分粉尘通过电除尘方式被收集下来,未被捕集的已荷电粉尘,再均匀进入后级袋式除尘区,见图 7.15。通常在电场区收尘效率在 80%～90%之间,剩余 10%～20%的细粉尘随烟气经电场出口、布袋入口的多孔板均流后,一部分烟气水平进入布袋除尘器,一部分烟气由水平流动折向滤袋下部,然后从下向上运动,进入布袋收尘器。这种水平与垂直烟气同时进入布袋收尘区的优点是，保证布袋区域合理的上升速度，含尘烟气通过布袋外表面，粉尘被阻留在滤袋的外部，干净气体从布袋的内腔流出，进入上部净化室，然后汇入排风管，流经出口喇叭、管道、风机从烟囱排出。其中，一级除尘电场的预除尘作用和荷电作用为提高电袋复合式除尘器的性能起到了重要作用。

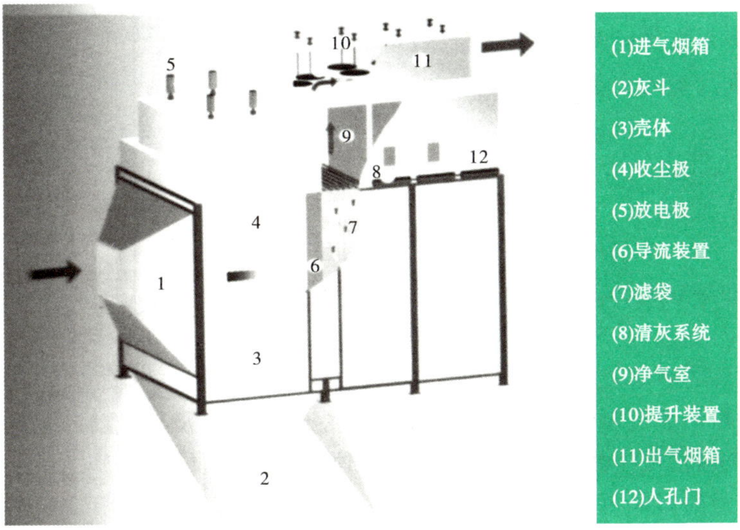

图 7.15　电袋复合式除尘器结构示意图

7.8.2　电袋复合式除尘器性能特点

(1)除尘性能高效稳定

电袋复合式除尘器除尘效率不受煤种、烟气特性、飞灰比电阻影响，对细微颗粒和超细颗粒的捕集效果大大优于其他除尘装置，排放浓度长期稳定在 30 mg/(N·m^3)以下，具有长期的高效性和稳定性。

(2)运行阻力低

滤袋阻力约占电袋复合式除尘器整体阻力的 70%，而滤袋的阻力主要由滤袋表面沉积的粉尘层产生。从电场区区域进入滤袋区域的粉尘绝大部分为带负电的粉尘，由于滤袋区含尘浓度降低，以及荷电效应的作用，粉尘在滤袋表面形成的粉尘层颗粒排列有序，缝隙率高，对气流的阻力小，结构疏松易于清灰，在运行过程中电袋复合式除尘器可以保持较低运行阻力。

(3)滤袋清灰周期时间长、使用寿命长

电袋复合式除尘器滤袋的粉尘负荷量小，再加上粉尘荷电效应作用，因此滤袋形成的粉尘层对气流的阻力小，易于清灰，比常规布袋除尘器低 500 Pa 以上的运行阻力，清灰周期时间是常规布袋除尘器 4～10 倍，大大降低设备的运行能耗。由于滤袋清灰周期大大延长，所以清灰次数减少，且滤袋粉尘透气性强、阻力低，滤袋的强度负荷小，从而延长滤袋使用寿命。

思考题与习题

1. 什么是除尘器？
2. 除尘装置的分类有哪些？
3. 简述袋式除尘器机理。
4. 简述静电除尘器机理。
5. 简述除尘器的发展进展。

知识拓展

PM 2.5

PM 2.5 即细颗粒物，指环境空气中空气动力学当量直径小于或等于 2.5 μm 的颗粒物。它能较长时间悬浮于空气中，其在空气中含量浓度越高，就代表空气污染越严重。虽然 PM 2.5 只是地球大气成分中含量很少的组分，但它对空气质量和能见度等有重要的影响。与较粗的大气颗粒物相比，PM 2.5 粒径小，面积大，活性强，易附带有毒、有害物质（例如，重金属、微生物等），且在大气中的停留时间长、输送距离远，因而对人体健康和大气环境质量的影响更大。

2013 年 2 月，全国科学技术名词审定委员会将 PM 2.5 的中文名称命名为细颗粒物。细颗粒物的化学成分主要包括有机碳（OC）、元素碳（EC）、硝酸盐、硫酸盐、铵盐、钠盐（Na^+）等。

（1）生成来源

颗粒物的成分很复杂，主要取决于其来源。主要有自然源和人为源两种，但危害较大的是后者。在学术界分为一次气溶胶（primary aerosol）和二次气溶胶（secondary aerosol）两种。

① 自然源

自然源包括土壤扬尘（含有氧化物矿物和其他成分）、海盐（颗粒物的第二大来源，其组成与海水的成分类似）、植物花粉、孢子、细菌等。自然界中的灾害事件，如火山爆发向大气中排放了大量的火山灰，森林大火或裸露的煤原大火及尘暴事件都会将大量细颗粒物输送到大气层中。

② 人为源

人为源包括固定源和流动源。固定源包括各种燃料燃烧源，如发电、冶金、石油、化工、纺织印染等各种工业过程及供热、烹调过程中燃煤与燃气或燃油排放的烟尘。流动源主要是各类交通工具在运行过程中使用燃料时向大气中排放的尾气。

PM 2.5 可以由硫和氮的氧化物转化而成。而这些气体污染物往往是人类对化石燃料（煤、石油等）和垃圾的燃烧造成的。在发展中国家，煤炭燃烧是家庭取暖和能源供应的主要方式。没有先进废气处理装置的柴油汽车也是颗粒物的来源。燃烧柴油的卡车，排放物中的杂质导致颗粒物较多。

在室内，二手烟是颗粒物最主要的来源。颗粒物的来源是不完全燃烧，因此只要是靠燃烧的烟草产品，都会产生具有严重危害的颗粒物，使用品质较佳的香烟甚至可能因为臭味较低，而造成更大的危害；同理也适用于金纸燃烧、焚香及燃烧蚊香。

(2)指数标准

细颗粒物的标准，是由美国在 1997 年提出的，主要是为了更有效地监测随着工业化日益发达而出现的、在旧标准中被忽略的对人体有害的细小颗粒物。细颗粒物指数已经成为一个重要的测控空气污染程度的指数。

到 2010 年底为止，除美国和欧盟一些国家和地区将细颗粒物纳入国家标准并进行强制性限制外，世界上大部分国家都还未开展对细颗粒物的监测，大多实行对 PM 10 进行监测。

根据 PM 2.5 检测网的空气质量新标准，24 小时平均值标准值分布如表 7.4 所示。

表 7.4　空气质量标准

空气质量等级	24 小时 PM2.5 平均值标准值($\mu g/m^3$)
优	0～35
良	35～75
轻度污染	75～115
中度污染	115～150
重度污染	150～250
严重污染	大于 250 及以上

(3)危害影响

细颗粒物对人体健康的危害很大，因为直径越小，进入呼吸道的部位越深。10 μm 直径的颗粒物通常沉积在上呼吸道，2 μm 以下的可深入到细支气管和肺泡。细颗粒物进入人体到肺泡后，直接影响肺的通气功能，使机体容易处在缺氧状态。

全球每年约 210 万人死于 PM 2.5 等颗粒物浓度上升。当空气中 PM 2.5 的浓度长期高于 10 $\mu g/m^3$，就会带来死亡风险的上升。浓度每增加 10 $\mu g/m^3$，总死亡风险上升 4%，心肺疾病带来的死亡风险上升 6%，肺癌带来的死亡风险上升 8%。此外，PM 2.5 极易吸附多环芳烃等有机污染物和重金属，使致癌、致畸、致突变的概率明显升高。

据悉，2012 年联合国环境规划署公布的《全球环境展望》指出，每年有 70 万人死于因臭氧导致的呼吸系统疾病，有近 200 万人的过早死亡病例与颗粒物污染有关。《美国国家科学院院刊》(PNAS)也发表了研究报告，报告中称，人类的平均寿命因为空气污染很可能已经缩短了 5 年半。

世界银行发布的报告表明，由室外空气污染导致的过早死亡人数，平均为每天 1000 人，每年有 35 至 40 万人面临着死亡。

人们一般认为，PM 2.5 只是空气污染。其实，PM 2.5 对整体气候的影响可能更糟糕。PM 2.5 能影响成云和降雨过程，间接影响着气候变化。大气中雨水的凝结核，除了海水中的盐分，细颗粒物 PM 2.5 也是重要的来源。有些条件下，PM 2.5 太多了，可能“分食”水分，使天空中的云滴都长不大，蓝天白云就变得比以前更少；有些条件下，

PM 2.5会增加凝结核的数量，使天空中的雨滴增多，极端时可能发生暴雨。

(4)应对措施

① 雾霾天气少开窗，最好不出门或晨练

雾霾天气不主张早晚开窗通风，最好等月亮出来再开窗通风。雾霾天气是心血管疾病患者的“危险天”，尤其是有呼吸道疾病和心血管疾病的老人，雾天最好不出门，更不宜晨练，否则诱发病情，甚至心脏病发作，引起生命危险。专家指出，之所以说雾天是心血管疾病患者的“危险天”，是因为起雾时气压高，空气中的含氧量有所升高，人们很容易感到胸闷，早晨潮湿寒冷的雾气还会造成冷刺激，很容易导致食管痉挛、血压波动、心脏负荷加重等。同时，雾中的一些病原体会导致头痛，甚至诱发高血压、脑溢血等疾病。因此，患有心血管疾病的人，尤其是年老体弱者，不宜在雾天出门，更不宜在雾天晨练，以免发生危险。

② 外出戴专业防尘口罩

一般常规口罩不会起到作用，因为颗粒物太细小，KN90、KN95、N95 级别的防尘口罩才能有效过滤这类细颗粒物，同时还要选择适合自己的口罩，避免不密合导致周围泄漏。另外，外出归来，应立即清洗面部及裸露的肌肤。比较好的防 PM 2.5 的口罩主要是滤片而不是口罩，比如有活性炭滤片的口罩以及医用口罩是无法防 PM 2.5 的。

③ 多喝桐桔梗茶、桐参茶、桐桔梗颗粒、桔梗汤等“清肺除尘”茶饮

桐桔梗茶有清火滤肺尘功能，能加强肺泡细胞排出有毒细颗粒物的能力，能协助人体排出体内积聚的 PM 2.5 颗粒物及其他有害物质。

④ 少量补充维生素 D

冬季雾多、日照少，由于紫外线照射太少，人体内维生素 D 生成不足，有些人还会产生精神压抑、情绪低落等现象，必要时可补充一些维生素 D。

⑤ 饮食清淡多喝蜂蜜水

雾天的饮食宜选择清淡易消化且富含维生素的食物，多饮水，多吃新鲜蔬菜和水果，这样不仅可补充各种维生素和无机盐，还能起到润肺除燥、祛痰止咳、健脾补肾的作用。少吃刺激性食物，多吃些梨、枇杷、橙子、橘子等食品。

⑥ 深层清洁

人体表面的皮肤直接与外界空气接触，很容易受到雾霾天气的伤害。尤其是在繁华喧嚣十面“霾”伏的都市中，除了随时要应对雾霾危“肌”外，由于建筑施工、汽车尾气、工业燃料燃烧、燃放烟花爆竹等原因造成悬浮颗粒物多，难免会堵塞毛孔并形成黑头，造成毛孔阻塞、角质堆积、肌肤起皮等肌肤问题，所以自我保护的首要措施就是深层清洁肌肤表层，清洁毛孔。

⑦ 尽量减少吸烟甚至不吸烟

烟雾中有大量 PM 2.5，会对人体有着直接和间接的危害。如果无法阻止周边的人吸烟，那么应该尽量远离烟雾。

8 气态污染物的净化

学习目标

1. 了解吸收操作在环境工程中的重要应用，熟悉工程上常见的气体吸收与解吸方案；

2. 掌握吸收的基本原理，能根据生产任务确定合理吸收操作参数；

3. 熟悉吸收与解吸过程中常用设备的结构、性能，会根据任务进行相关设备的选型；

4. 掌握吸附分离的概念、特点，熟悉工业常用的吸附剂；

5. 了解吸附分离的操作方式及其在工业生产中的应用；

6. 熟悉气体的催化转化法、燃烧法、生物净化法等气体净化方法，了解烟气脱硫技术。

案例导入

有关数据显示，室内空气污染的程度高出室外污染5～10倍，全球4%的疾病与室内空气质量相关。室内污染物主要分为甲醛、苯、氨和氡四种，其中甲醛在我国有毒化学品优先控制名单上高居第二位，已经被世界卫生组织确定为致癌和致畸形物质。甲醛主要来源于室内建筑材料和家具，如胶合板、刨花板、泡沫填料、木地板、壁纸、油漆和涂料等。相关数据显示，甲醛在新装修后的房间在其后5～15年的时间里缓缓释放。长期接触低剂量甲醛可引起各种慢性呼吸道疾病，引起青少年记忆力和智力下降，引起鼻咽癌、结肠肿瘤、细胞核基因突变、抑制DNA损伤修复、月经紊乱、妊娠综合征、新生儿染色体异常，甚至可能引起白血病。在所有接触者中，儿童、孕妇和老年人对甲醛尤为敏感，危害也就更大。

气态污染物的净化，就是利用化学、物理及生物等方法，将污染物从废气中分离或转化。气态污染物的净化有多种方法，广泛采用的有吸收法、吸附法、燃烧及催化转化法，其他的方法还有冷凝、生物净化、膜分离及电子辐射-化学净化等。本章重点介绍吸收法、吸附法、燃烧法、生物净化法等常用净化方法。

8.1 吸收净化法

吸收是分离气体混合物的最常用的单元操作。它利用混合气体中各组分在所选择的液体中溶解程度的差异，有选择地使混合气体中一种或几种组分溶于此液体而形成溶液，其他未溶解的组分仍保留在气相中，以达到从混合气体中分离出某组分的目的。

8.1.1 吸收基本原理

吸收是一个单向传质过程，即仅有气相中的易溶组分由气相向液相转移。在吸收操作过程中，能够溶解于液体中的气体组分称为吸收质（或溶质）；而不能溶解的气体组分称为惰性组分（或载体）；所用的液体称为吸收剂（或溶剂）；吸收操作所得到的液体称为溶液（或吸收液），其主要成分为吸收剂和溶质；被吸收后的气体称为吸收尾气，其主要成分应为惰性气体，还有残余的吸收质。

8.1.1.1 吸收平衡

在一定的温度下，使某一定量的可溶性气体溶质与一定量的液体溶剂在密闭的容器内相接触，溶质便向溶剂转移。经过足够长的时间以后，就会发现气体的压力和该气体在溶液中的浓度不再变化。此时并非没有气体分子进入液体，而是由于在任何瞬间内，气体进入液体的分子数与从液体中逸出并返回到气体中的气体分子数相等之故。所以宏观上，过程就像停止一样，这种状况称为相际动平衡，简称相平衡。在此平衡状态下，溶液上方气相中溶质的压力称为当时条件下的平衡压力，而液相中所含溶质气体的浓度即在当时条件下气体在液体中的溶解度。习惯上溶解度是以在一定的温度和溶质气体的平衡压力下，溶解在单位质量的液体溶剂中溶质气体的质量数表示，即 kg 气体溶质/kg 液体溶剂。

只有处于不平衡状态的气液相接触，才有可能发生吸收现象。在气液系统中，只要液相中吸收质的实际浓度小于平衡浓度或气相中吸收质的分压大于平衡分压，吸收质就从气相转入液相，吸收过程一直进行到相平衡为止。所以相平衡是物理吸收过程的极限，该极限取决于溶解度。溶解度的大小是随物系、温度和压力而异，通常由实验测定。图 8.1(a)、(b)、(c)分别表示出氨、二氧化硫和氧在水中溶解度与其气相平衡压力之间的关系。图中的关系线称为溶解度曲线。

将图 8.1(a)、(b)、(c)进行比较，可以发现：温度、压力一定时，氨的溶解度最大、二氧化硫的溶解度其次、氧溶解度最小。这说明氨易溶解于水、氧难溶解于水。如果要使一种气体在溶液中达到一定的浓度，必须在溶液上方维持较高的平衡压力，由图 8.1 可见，温度一定时，同样质量的氨、二氧化硫、氧各溶解于一定量的水，氨在其溶液上方的平衡压力最小，二氧化硫的平衡压力居中，氧在其溶液上方的平衡压力最大。

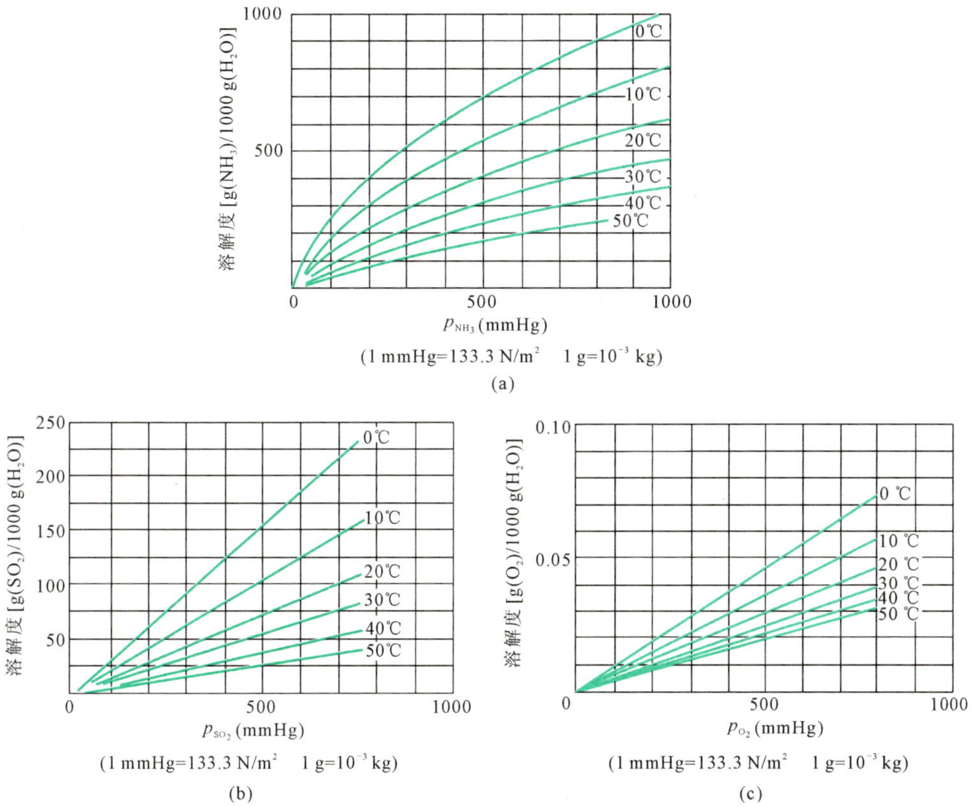

图 8.1 氨、二氧化硫、氧在水中的溶解度曲线

(a)氨在水中的溶解度;(b)二氧化硫在水中的溶解度;(c)氧在水中的溶解度

对应于同样浓度的气体溶液,易溶气体溶液上方的平衡压力小,而难溶气体溶液上方的平衡压力大。换言之,如欲获得一定浓度的气体溶液,对于易溶气体所需的平衡压力较低,而对于难溶气体所需的平衡压力则很高。

由图 8.1 还可发现,这三种物质的溶解度曲线表现出同样的变化趋势:当压力一定时,温度越低,溶解度越大;当温度一定时,压力越高,溶解度越大。这说明加大压力和降低温度可以提高溶解度,对吸收操作有利;反之,升温和减小压力则降低溶解度,对吸收操作不利。

溶解度是分析吸收操作过程的基础,关于气体在液体中的溶解度,至今已发表了许多数据,这些实测值载于有关手册之中以供查用。

8.1.1.2 亨利定律

随着对气液间相平衡关系大量实验数据的积累,人们发现当总压力不高时,在一定温度下,稀溶液上方的气体溶质平衡分压与溶质在液相中的摩尔分率之间存在着如下的关系:

$$p^* = Ex \tag{8.1}$$

式中 p^* —— 溶质在气相中平衡分压(kN/m^2);

x ——溶质在液相中的摩尔分率;

E——亨利系数，其单位与压力单位一致。

式(8.1)称为亨利定律。此式表明稀溶液上方的溶质分压与溶质在液相的摩尔分率成正比，比例常数称为亨利系数。E 值的大小表示气体溶于液体中的难易程度。E 值愈大，表示该气体的溶解度越小，即愈难溶，E 值随温度的升高而增大。各种气体的 E 值皆可由实验测得。

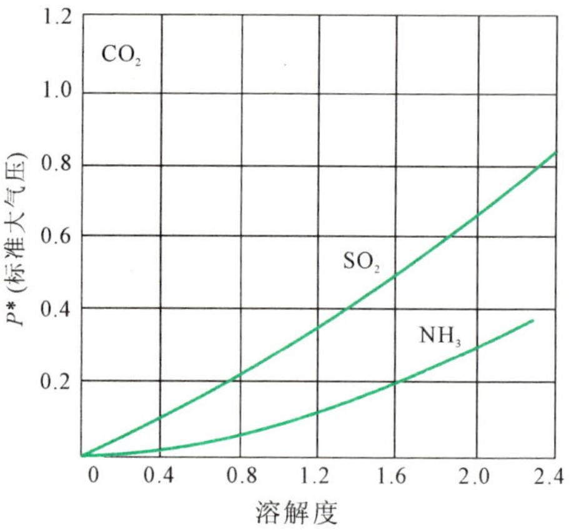

图 8.2　二氧化碳、二氧化硫及氨在水中的溶解度

亨利定律是一个稀溶液定律，因此它对常压或接近于常压下的难溶气体较为适合，对于易溶气体适用于低浓度的较小范围，如图 8.2 所示 NH_3-H_2O 系统的平衡线的直线部分是很短的，而对于难溶气体如 CO_2，则在较广的平衡压力范围内符合亨利定律。

在实际生产中被吸收的气体，往往是气体混合物的某组分，而不是单一的纯气体。当混合气体总压力不超过 5 个标准大气压的情况下，被吸收组分在液体中的溶解度，可以认为与总压无关，而只取决于溶质气体的分压和温度。

8.1.1.3　双膜理论

气液吸收一般遵循双膜理论。双膜理论是惠特曼(Whitman)在 1923 年提出的一个描述气液两相的物质传递理论，即溶质先从气相主体扩散到气液界面，穿过界面，再向液相主体扩散。如图 8.3 所示。

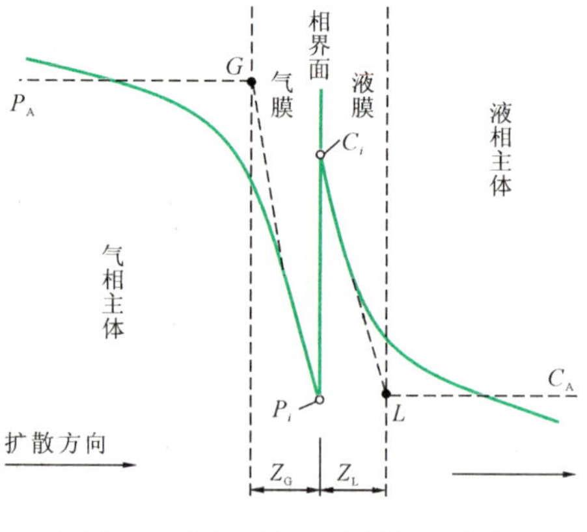

图 8.3　双膜理论吸收过程示意图

双膜理论的基本要点如下：

①相互接触的气、液两流体间存在着稳定的相界面，界面两侧各有一个静止膜，气相一侧称为气膜，液相一侧称为液膜，膜内流体为层流流动，吸收质以分子扩散方式通过气膜和液膜。薄膜内存在浓度梯度，物质传递主要依靠分子扩散；膜层的厚度主要随流速而变，流速越大厚度越小。

②在相界面处，气液两相在瞬间即可达到平衡，界面上没有传质阻力。

气液相质量传递过程如下：

吸收质从气相主体 $\xleftrightarrow{\text{湍流扩散}}$ 气膜表面 $\xleftrightarrow{\text{分子通过气膜扩散}}$ 相界面 $\xleftrightarrow{\text{分子通过液膜扩散}}$ 液膜表面 $\xleftrightarrow{\text{湍流扩散}}$ 液相主体

直至达到动态平衡为止。如果此时再增加被吸收组分的气相分压，或降低液相中该组分的浓度，传质继续进行。

③膜外的气液相主体中，气液两相流体都充分湍动，不存在浓度梯度，组成均一，没有传质阻力。

8.1.2 吸收剂的选择

8.1.2.1 吸收剂

吸收过程中具有吸收功能的物质称为吸收剂。吸收剂的性能往往是决定吸收效果的关键。常用的有水、氨水、氢氧化钠溶液、碳酸钠溶液、石灰水等。通常根据有害气体在液体中的溶解度的大小及发生的化学反应来选择适当的吸收剂。

8.1.2.2 吸收剂的选择

(1)吸收剂的选择原则

①吸收剂应对混合气体中被吸收组分具有良好的选择性和较大的吸收能力。

②饱和蒸气压低，以减少挥发损失，避免吸收液成分进入气相，造成浪费和新的污染。

③沸点高，热稳定性高。

④黏性小，能改善吸收塔内的流动状况，提高吸收速率，降低泵的功耗，减小阻力。

⑤化学稳定性高，腐蚀性小、无毒性、不易燃。

⑥价廉易得，易于解吸再生或产生的富液易于综合利用。

任何一种吸收剂很难同时满足以上要求，实际上可根据所处理的对象及目的，权衡各方面因素而定。

(2)吸收剂的选择方法

①对于物理吸收，要求溶解度大，可按照相似相溶规律选择吸收剂，即从与吸收质结构相近的物质中筛选吸收剂。

②对于化学吸收过程，可以选择容易与被吸收组分发生化学反应的物质做吸收剂。

③在水中溶解度较大的气体，用水作吸收剂是首选对象，优点是价廉易得，吸收流程、设备和操作都比较简单；缺点是设备庞大、净化效率低、动力消耗大。

④另一类常用的吸收剂是碱金属钠、钾或碱土金属钙、镁等的溶液。由于这一类吸收剂能与被吸收的气态污染物如 SO_2、HCl、HF、NO_2 等之间发生化学反应，因而使吸收能力大大增加。

⑤对于酸性气体，则优先选用碱或碱性盐溶液吸收。吸收碱性气体常用各种酸液作为吸收剂。

表 8.1 为某些气体选用的部分吸收剂的实例。

表 8.1　吸收剂选用实例

吸收质	可选用吸收剂	吸收质	可选用吸收剂
水汽	浓硫酸	H_2S	亚砷酸钠溶液
CO_2	水	H_2S	偏钒酸钠的碱性溶液
CO_2	碳酸丙烯酯	NH_3	水
CO_2	碱液	HCl	水
CO_2	乙醇胺	HF	水
SO_2	浓硫酸	CO	铜氨液
SO_2	水	丁二烯	乙醇、乙腈
H_2S	氨水		

选择完溶剂后就要考虑的是气、液两相的流向问题。图 8.4 是吸收塔内常见的两种流向示意图。

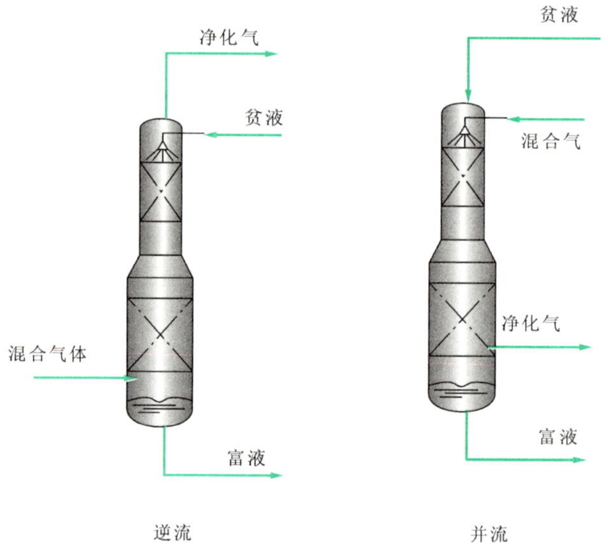

图 8.4　气-液两相逆流和并流接触示意图

吸收塔内，气、液两相可做逆流也可做并流流动。在气、液两相进出口浓度相同的情况下，逆流与并流相比有着显著优点：逆流时，传质平均推动力最大，这样可提高吸收速率、减小设备尺寸；逆流时，塔底引出的溶液在出塔前是与浓度最大的进塔气体接触，使出塔溶液浓度可达最大值，从而降低了吸收剂耗用量；逆流时，塔顶引出的气体出塔前是与纯净的或浓度较低的吸收剂接触，可使出塔气体的浓度能达最低值，这样可大大提高吸收率。但并流操作也有其自身优点：并流操作可以防止逆流操作时的纵向搅动现象；提高气速时不受液泛的限制，不会限制设备的生产能力。一般吸收操作均采用逆流，以使过程具有最大的推动力。特殊情况下，如吸收质极易溶于吸收剂，此时逆流操作的优点并不明显，为提高生产能力，可以考虑采用并流。

8.1.3 常用吸收设备及运行管理

8.1.3.1 吸收设备类型的确定

目前工业生产中使用的吸收塔的主要类型有填料塔(图 8.5)、板式塔(图 8.6)、湍球塔(图 8.7)、喷洒塔和喷射式吸收器等,其中填料塔与板式塔是广泛应用的两类传质设备,各有其一定特点,其主要特性为:

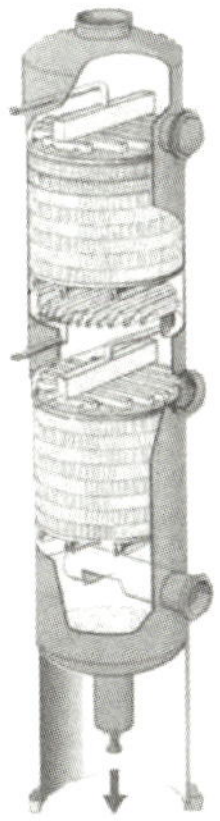

图 8.5 填料塔

图 8.6 板式塔

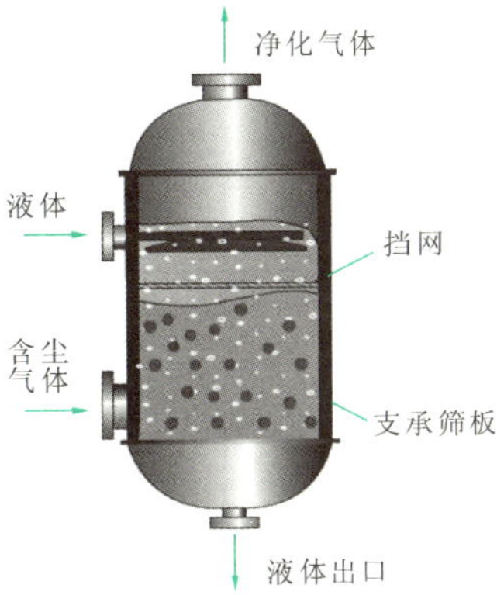

图 8.7 湍球塔

(1)填料塔操作范围较小,对于液体负荷的变化更为敏感。当液体负荷较小时,填料表面不能很好地润湿,使传质效果急剧下降;当液体负荷过大时,则容易产生液泛。设计良好的板式塔,则具有较大的操作范围。

(2)填料塔不宜于处理易聚合或含有固体悬浮物的物料,而某些类型的板式塔(如大孔径筛板、泡罩塔等)则可以有效地处理这些物系。另外板式塔比填料塔易于清洗。

(3)当气、液接触过程中需要冷却以移除反应热或溶解热时,填料塔因涉及液体均布而使结构复杂化。板式塔则可较容易地在塔板上安装冷却盘管。

(4)填料塔适用于生产规模较小场合。而板式塔一般不小于 0.6 m,否则安装困难。

(5)板式塔的设计资料容易得到而且可靠,因此板式塔的设计比较准确。

(6)普通填料塔因结构简单,所以直径 800 mm 以下的造价一般较板式塔造价便宜。直径大时则昂贵。

(7)对于易起泡物系,填料塔更为合适,因为填料对泡沫有限制和破碎作用。

(8)填料塔可处理强腐蚀物系,因可采用瓷质填料。

(9)对热敏性物系宜采用填料塔,因为填料塔内持液量比板式塔少,物料在塔内停留时间短。

(10)填料塔的压降比板式塔的压降小,因而对减压操作更为适宜。此外也降低能耗。

(11)对于气膜控制传质过程,填料塔便于调整气速。

8.1.3.2 填料塔的认识

(1)填料塔结构

如图 8.8 所示。填料塔圆筒形外壳一般由钢板焊接而成。塔体内充填一定高度的填料层,下部有支承装置以支承填料。塔顶液体入口有液体喷洒装置,以保证液体能均匀地喷淋到整个塔截面上。当填料层较高时,塔内填料要分段装填,每段之间设置液体再分布器。为保证出口气体尽量少夹带液沫,在塔顶部装有捕沫器。另外,还有气体进口和液体出口装置。

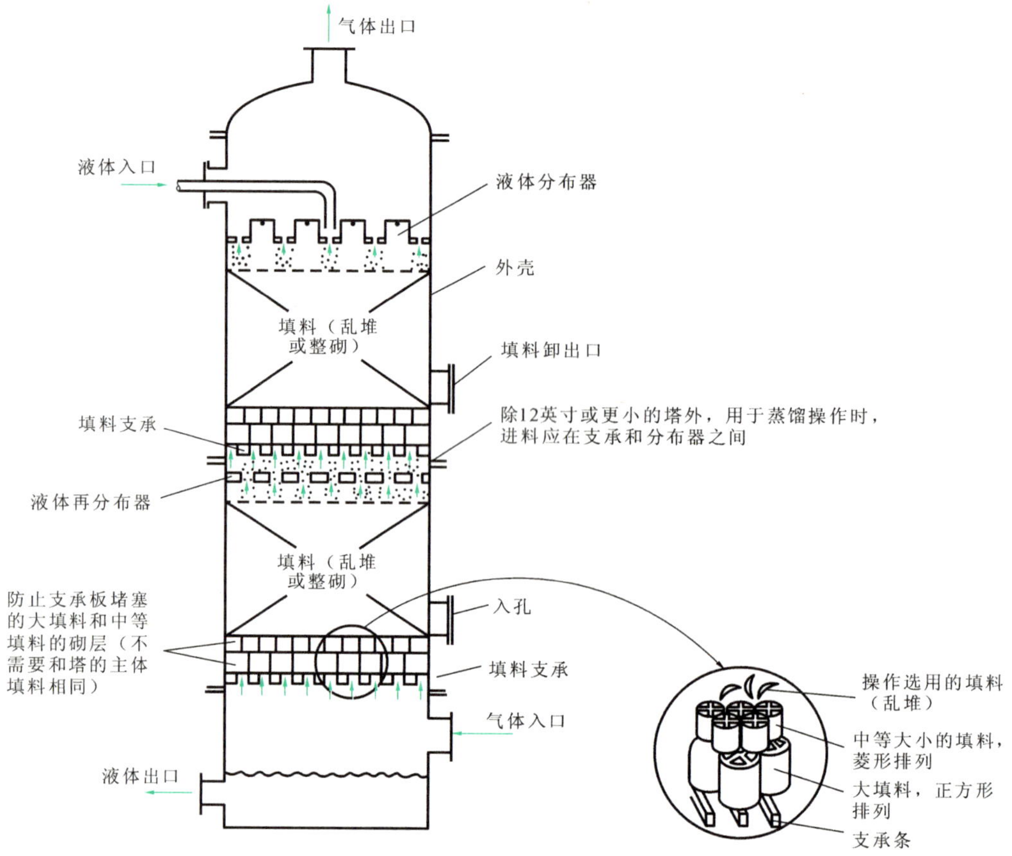

图 8.8 填料塔结构示意图

操作时,气体由塔底引入,在压强差的推动下穿过填料的间隙,由塔的底部流向顶部;液体由塔顶喷淋装置喷出分布于填料层上,靠重力作用沿填料表面流下。气、液两相在填料的润湿表面上直接接触实现热质的传递。填料塔内气相和液相的组成沿塔高而连续变化,因此可称填料塔为连续接触传质设备。

(2)填料的性能和种类

① 填料的性能

填料是填料塔的核心,填料塔操作性能的好坏与所选用的填料有直接关系。对操作影响较大的填料特性有以下几个。

a. 比表面积

单位体积填料层所具有的表面积称为填料的比表面积，以 a 表示，其单位为 m^2/m^3。显然，填料应具有较大的比表面积，以增大塔内传质面积。

填料的表面只有被流动的液相所润湿，才能构成有效的传质面积。因此，若希望有较高的传质速率，除需有大的比表面积之外，还要求填料有良好的润湿性能及有利于液体均匀分布的形状。

b. 空隙率

单位体积填料层所具有的空隙体积称为填料的空隙率，以 ε 表示，其单位为 m^3/m^3。一般说来，填料的空隙率多在 0.45～0.95 范围以内。当填料的空隙率较高时，气液通过能力大，且气流阻力小，操作弹性范围较宽。

c. 填料因子

由上面两个填料特性组合而成的 a/ε^3（单位为 m^{-1}）形式，自然数为干填料因子，它是表示填料阻力及液泛条件的重要参数之一。但填料经液体喷淋后表面被覆盖了液膜，其 a 与 ε 均有所改变，故把有液体喷淋的条件下实测的 a/ε^3 相应数值，称为湿填料因子，亦称为填料因子，以 φ 表示，单位亦为 m^{-1}，它更能确切地表示填料被淋湿后的流体力学特性。在下面将介绍的填料塔流体力学特性中可了解到，φ 值小则填料层阻力小，发生液泛时气流速度高，亦即流体力学性能好。

d. 具有适宜的填料尺寸和堆积密度

单位体积内堆积填料的数目与填料的尺寸大小有关。对同一种填料而言，填料尺寸小，堆积的填料数目多，比表面积大，空隙率小，则气体流动阻力大；反之填料尺寸过大，在靠近塔壁处，由于填料与塔壁之间的空隙大，易造成气体由此短路，使气体沿塔截面分布不均匀，为此，填料的尺寸不应大于塔径的 $\frac{1}{10}\sim\frac{1}{8}$。

单位体积填料的质量为填料的堆积密度，以 ρ 表示，其单位为 kg/m^3。在机械强度允许的范围内，希望填料壁薄一些，从而既可减小堆积密度 ρ 值，又可降低成本。

② 填料的种类

填料的种类很多，大致可以分为实体填料与网体填料两大类。实体填料包括环形填料（如拉西环、鲍尔环和阶梯环，见图 8.9）、鞍形填料（如弧鞍、矩鞍）以及栅板填料和波纹填料等，由陶瓷、金属、塑料等材质制成。网体填料主要是由金属丝网制成的各种填料，如鞍形网、θ 网、波纹网等。

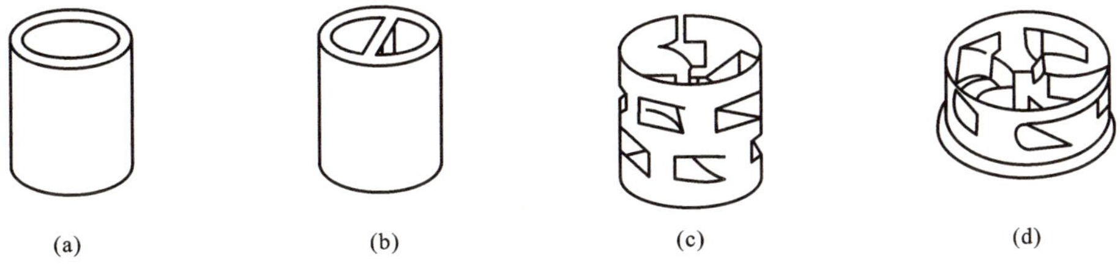

图 8.9　环形填料的形状

(a)、(b)拉西环填料；(c)鲍尔环填料；(d)阶梯环填料

a. 拉西环填料

拉西环是使用最早的一种人造填料，它是一个高度和外径相等的圆环，见图 8.9(a)、(b)。它除了用陶瓷材料制造外，还可用塑料及石墨等材料制造，以适应不同介质的要求。

拉西环在塔内填充方式有乱堆和整砌两种。乱堆填料装卸方便，但气体阻力大。通常直径小于 50 mm 的拉西环采用乱堆方式，直径大于 50 mm 的拉西环采用整砌。

拉西环的主要缺点在于液体的沟流及壁流现象严重，因而效率随塔径及层高的增加而显著下降；对气体流速的变化敏感，操作弹性范围较窄；气体阻力较大。但因其结构简单，制造容易，流体力学及传质方面的特性较清楚，故目前仍在广泛采用。

b. 鲍尔环与阶梯环填料

鲍尔环是对拉西环的主要缺点加以改进而研制出来的填料。在普通的拉西环的侧壁上开有两排长方形窗孔，被切开的环壁形成叶片，一边仍与壁相连，另一端向环内弯曲，并在中心与其他叶片相搭，见图 8.9(c)。由于环上开有小窗，气体可以从小窗通过，这样不仅降低了气体流动阻力，同时使液体分布得到改善。

鲍尔环与拉西环相比具有生产能力大、气体流动阻力小，操作弹性大，传质效率高等优点。鲍尔环可用金属、塑料、陶瓷等材料制造。

阶梯环是对鲍尔环进一步改进的产物。阶梯环的总高为直径的 5/8，圆筒一端有向外翻卷的喇叭口，见图 8.9(d)。这种填料具有孔隙小和传质效率高等特点，是目前使用的环形填料中性能最为良好的一种。阶梯环多用金属及塑料制造。

c. 弧鞍与矩鞍填料

弧鞍形填料也称为伯尔鞍，是一种没有内表面的填料，用陶瓷烧成，形如马鞍，见图 8.10。这种填料的特点是填料表面利用率高，气体的压降小。其缺点是两侧形状对称，装填后易出现局部叠合或架空现象，从而影响填料表面利用率，又因壁较薄，机械强度低而易破碎等。

矩鞍形填料是弧鞍形填料的改进形式，即做成两面不对称，且大小不等，见图 8.10。在塔内不会互相叠合，而是处于相互勾连的状态，而且机械强度也有所提高。这种填料处理物料能力大，传质效果较好，液体分布均匀，气体阻力较小，不易堵塞。矩鞍填料的制造也较简单，是一种性能优良的新型填料。

瓷质弧鞍填料　　金属矩鞍填料　　金属矩鞍填料(Intalox)

图 8.10　瓷质弧鞍填料和金属矩鞍填料

③波纹填料与波纹网填料

波纹填料是由许多波纹薄板制成，各板高度相同但长短不等，搭配排列而成圆饼状，波纹与水平方向成 45°倾角，相邻两板反向叠靠，使其波纹倾斜方向互相垂直。圆饼的直径略小于塔壳内径，各饼竖直叠放于塔内。相邻的上下两饼之间，波纹板片排列方向互成 90°角。见图 8.11(d)。波纹填料的特点是结构紧凑，比表面积大，流体阻力小，液体每经过一层都得到一次再分布，故流体分布均匀，传质效果好。其缺点是填料装卸及清理困难，价格较高，不适宜处理有沉淀、黏度大、易结块的物料。

波纹填料可用金属、陶瓷、塑料、玻璃钢等材料制造。根据不同的操作温度及物料的腐蚀性，选用适当的材料。

波纹网填料是由金属丝网波纹片排列组成的波纹填料，属于网体填料，见图 8.11(c)。它是 20 世纪 60 年代以来研制和发展起来的一种性能良好的高效规整填料。波纹网填料具有比表面积大、空隙率大、流体阻力小、传质效率高、操作弹性大和气液分布均匀等优点。适用于精密精馏和真空精馏。其缺点是不适宜于处理有沉淀及有杂质的物料，清洗、装卸困难，造价高等，因此其推广受到一定的限制。其他填料还包括木格栅填料[图 8.11(a)]、格里奇格栅填料[图 8.11(b)]和脉冲填料[图 8.11(e)]等。

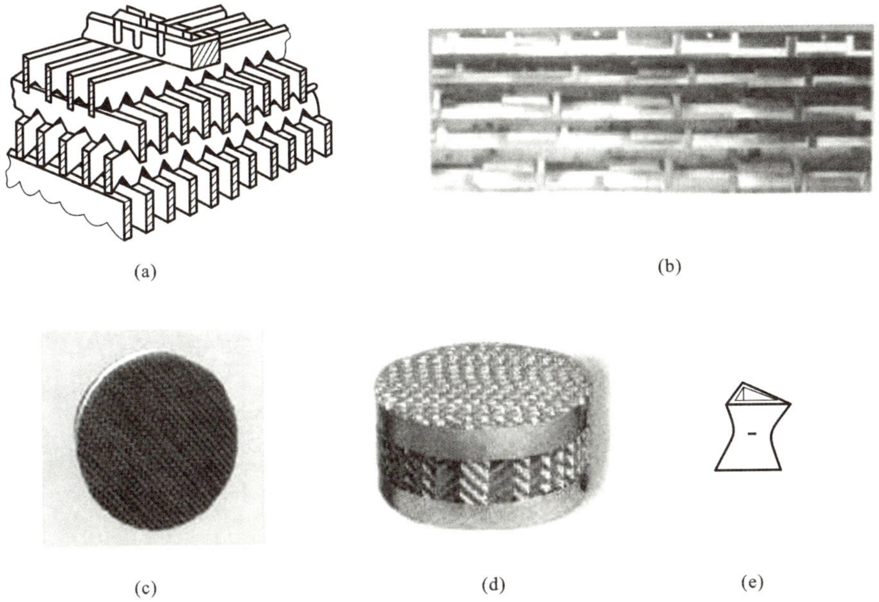

图 8.11 几种常见的规整填料

(a)木格栅填料；(b)格里奇格栅填料；(c)金属丝网波纹填料；(d)金属孔板波纹填料；(e)脉冲填料

(3)填料塔的附件

填料塔的附件包括填料支承、填料压板、液体分布装置及再分布装置、气液体进口及出口装置等。

① 填料支承装置

填料塔中，支承装置的作用是支承填料及填料上的持液量，因此支承装置应有足够的机械强度，为了保证不在支承装置上首先发生液泛，其自由截面积应大于填料层中的空隙。常用的支承装置有栅板式和升气管式，如图 8.12 所示。

栅板式支承装置是由竖立的扁钢条焊接而成，扁钢条的间距应为填料外径的 60%～70%。

为了解决支承装置的强度与自由截面积之间的矛盾，特别是为了适应高空隙率填料的要求，可采用升气管支承装置。气体由升气管上升，通过气道顶部的孔及侧面的齿缝进入填料层，而液体则由支承装置底板上的上孔流下，气体、液体分道而行，彼此很少干扰。升气管有圆形的，多为瓷制；也有条形的，多为金属制成。此种支承装置气体流通面积可以很大。

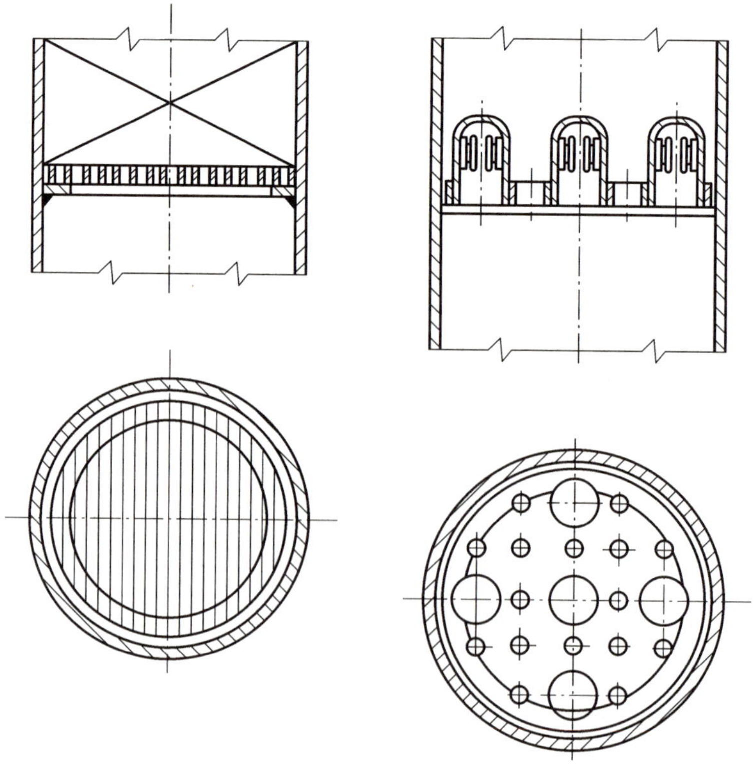

(a)　　　　(b)

图 8.12　填料支承装置

(a)栅板式；(b)升气管式

② 液体分布装置

液体分布装置对填料塔的操作影响很大，若液体分布不均匀，则填料层内的有效润湿面积会减少，并可能出现偏流和沟流现象，影响传质效果。

常用的液体分布装置有喷洒分布器、盘式分布器、齿槽式分布器和多孔环管式分布器等，如图 8.13 所示。

喷洒式分布器(莲蓬式)见图 8.13(a)。一般用于直径小于 600 mm 的塔中。其优点是结构简单。主要缺点是小孔易于堵塞，因而不适用于处理污浊液体，操作时液体的压头必须维持恒定，否则喷淋半径改变影响液体分布的均匀性，此外，当气量较大时，会产生并夹带较多的液沫。

盘式分布器见图 8.13(b)和(c)。液体加至分布盘上，盘底装有许多直径及高度均相同的溢流短管，称为溢流管式。在溢流管的上端开缺口，这些缺口位于同一水平面上，便于液体均匀地流下。盘底开有筛孔的称为筛孔式，筛孔式的分布效果较溢流管式好，但溢流管式的自由截面积较大，且不易堵塞。

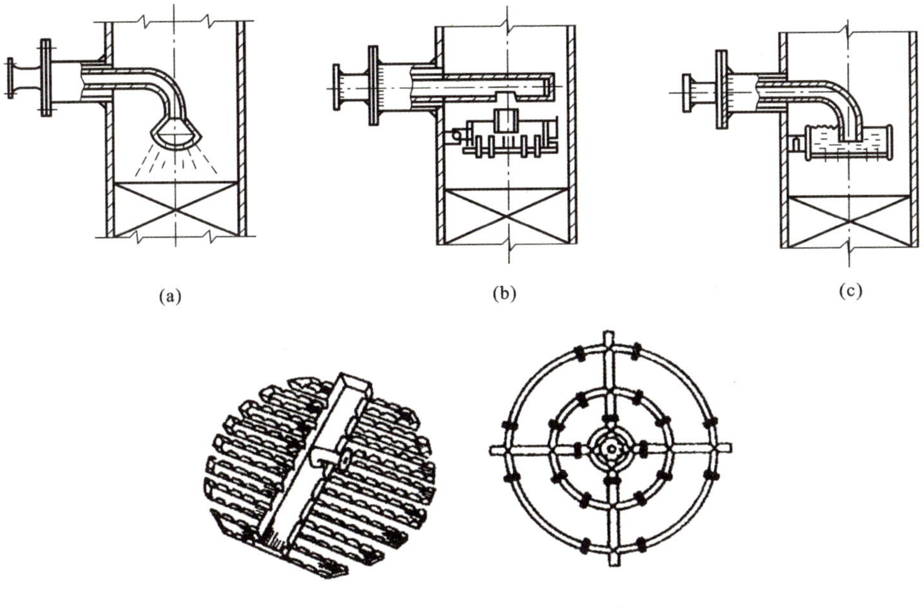

(a) (b) (c) (d) (e)

图 8.13 液体分布装置

(a)喷洒式；(b)、(c)盘式；(d)齿槽式；(e)多孔环管式

盘式分布器常用于直径较大的塔中，此类分布器制造比较麻烦，但可以基本保证液体的均匀分布。

齿槽式分布器见图 8.13(d)，液体先经过主干齿槽向其下导层各条形齿槽做第一级分布，然后再向填料层上面分布。这种分布器自由截面积大，工作可靠，多为大直径塔所采用。

多孔环管式分布器见图 8.13(e)，由多孔圆形盘管、连接管及中央进料管组成。它可随较大的液体流量波动，对气体的阻力较小。但被分布的液体必须清洁，否则易将管壁上上孔堵塞。

③ 液体再分布装置

液体在乱堆填料层向下流动时，有一种逐渐偏向塔壁的趋势，即壁流现象。为改善壁流造成的液体分布不均，在填料层中每隔一定高度应设置一液体再分布器。常用的液体再分布器为截锥式再分布器，如图 8.14 所示。其中图 8.14(a)的结构最简单，它是将截锥筒体焊在塔壁上。截锥筒本身不占空间，其上下仍能充满填料，称为截锥式液体再分布器，适用于直径在 0.6～0.8 m 之间的填料塔。图 8.14(b)的结构是在截锥筒的上方加设升气管支承板，截锥下面要隔一段距离再放填料，这种液体再分布器适用于直径比较大的塔。

安排再分布装置时，应注意其自由截面积不得小于填料层的自由截面积，以免当气速增大时首先在此处发生液泛。

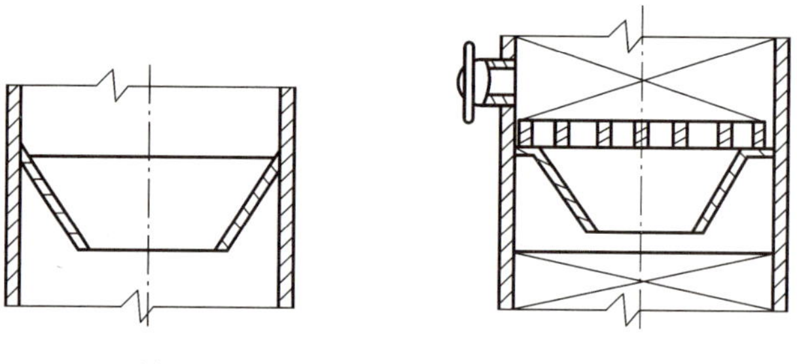

图 8.14　截锥式再分布器

对于整砌填料，一般不需设再分布装置，因为在这种填料层中液体沿竖直方向流下，没有趋向塔壁的效应。

④ 气液体进口及出口装置

液体的出口装置既要便于塔内排液，又要防止夹带气体，常用的液体出口装置可采用水封装置。若塔的内外压差较大时，又可采用倒 U 形管密封装置。

填料塔的气体进口装置应具有防止塔内下流的液体进入管内，又能使气体在塔截面上分布均匀两个功能。对于塔径在 500 mm 以下的小塔，常见的方式是使进气管伸至塔截面的中心位置，管端做成 45°向下倾斜的切口或向下弯的喇叭口，对于大塔可采用盘管式结构的进气装置。气体出口装置应能保证气流的畅通，并能尽量除去被气体夹带的液体雾沫，故应在塔内装设除沫装置，以分离出气体中所夹带的雾沫。常用的除沫装置有折板除雾器、填料除雾器和丝网除雾器等。

8.1.4　吸收与解吸操作技能训练

8.1.4.1　装填料

安装完备的吸收塔体经空气吹扫后，即可向塔内装入用清水洗净的填料。对拉西环、鲍尔环等填料，均可采用不规则和规则两种排列法装填。若采用不规则排列法，则先在塔内注满水，然后从塔的人孔部位或塔顶将填料轻轻地倒入，待填料装至规定高度后，把漂浮在水面上的杂物捞出，并放净塔内的水，将填料表面扒平，最后封闭人孔或顶盖。在填瓷质填料时，要注意轻拿轻倒，以免碰碎而影响塔的操作。矩鞍形和弧鞍形填料以及阶梯环填料均可采用乱堆法装填。若采用规则法排列，则操作人员从人孔处进入塔内，按排列规则将填料排至规定高度。木格填料的装填方法，是从塔底分层地向上装填，每两层木格之间的夹角为 45°，装完后，在木格上面还要用两根工字钢压牢，以免开车时气流将木格吹翻。塔内填料装完后，再进行系统的气密性试验。

8.1.4.2　塔设备的清洗及填料的处理

(1)设备清洗

在运转设备进行联动试车的同时，还要用清水清洗设备，以除去固体杂质。清洗中不断排放污水，并不断向溶液槽内补加新水，直至循环水中固体杂质含量小于 50 ppm 为止。

在生产中，有些设备经清水清洗后即可满足生产要求，有些设备则要求清洗后，还要用稀碱溶液洗去其中的油污和铁锈。方法是向溶液槽内加入5%的碳酸钠溶液，启动溶液泵，使碱溶液在系统内连续循环18～24 h，然后放掉碱液，再用软水清洗，直至水中含碱量小于0.01%为止。

(2)填料的处理

瓷质填料一般于设备清洗后即可使用，但木格和塑料填料，还须经特殊处理后才能使用。

木格填料中通常含有树脂，在开车前必须用碱液对木格填料进行脱脂处理。其操作为：用清水洗除木格填料表面的污垢；用约10%的碳酸钠溶液于313～323 K下循环洗涤，并不断往碱溶液中补加碳酸钠，以保证碱浓度稳定；当循环液中碱浓度不再下降时，停止补加碳酸钠，确认脱脂合格；放净系统内碱液和泡沫，并用清不洗到水中，含碱量小于0.01%为止。

塑料填料在使用前也必须用碱洗。其操作为：用温度为363～373 K、浓度为5%的碳酸钾溶液清洗48 h，随后放掉碱液；用软水清洗8 h；按设备清洗过程清洗2～3次。

塑料填料的碱洗一般在塔外进行，洗净后再装入塔内。有时也可装入塔内进行碱洗。

8.1.4.3 系统的开车

系统在开车前必须进行置换，合格后，即可进行开车，其操作步骤如下：

(1)向填料塔内充压至操作压力；

(2)启动吸收剂循环泵，使循环液按生产流程运转；

(3)调节塔顶喷淋量至生产要求；

(4)启动填料塔的液面调节器，使塔底液面保持规定的高度；

(5)系统运转稳定后，即可连续导入原料混合气，并用放空阀调节系统压力；

(6)当塔内的原料气成分符合生产要求时，即可投入正常生产。

8.1.4.4 系统的停车

填料塔的停车也包括短期停车、紧急停车和长期停车。

短期停车(临时停车)其操作为：

(1)通告系统前后工序或岗位；

(2)停止向系统送气，同时关闭系统的出口阀；

(3)停止向系统送循环液，关闭泵的出口阀，停泵后，关闭其进口阀；

(4)关闭其他设备的进出口阀门。

系统临时停车后仍处于正压状况。

紧急停车操作：

(1)迅速关闭原料混合气阀门；

(2)迅速关闭系统的出口阀；

(3)按短期停车方法处理。

长期停车操作：

(1)按短期停车操作停车，然后开启系统放空阀，卸掉系统压力；

(2)将系统中的溶液排放到溶液贮槽或地沟，然后用清水洗净；

(3)若原料气中含有易燃易爆物，则应用惰性气体对系统进行置换，当置换气中易燃物含量小于5%、含氧量小于0.5%时为合格；

(4)用鼓风机向系统送入空气，进行空气置换，当置换气中含氧量大于20%时为合格。

8.1.4.5 正常操作要点及维护

吸收系统主要由冷却器、泵和填料吸收塔组成，如何才能使这些设备发挥很大的效能和延长使用寿命，应做到严格按操作规程操作，及时进行检查与维护。

正常操作要点：

(1)进塔气体的压力和流速不宜过大，否则会影响气、液两相的接触效率，甚至使操作不稳定。

(2)进塔吸收剂不能含有杂物，避免杂物堵塞填料缝隙。在保证吸收率的前提下，减少吸收剂的用量。

(3)控制进入温度，将吸收温度控制在规定的范围内。

(4)控制塔底与塔顶压力，防止塔内压差过大。压差过大，说明塔内阻力大，气、液接触不良，致使吸收操作过程恶化。

(5)经常调节排放阀，保持吸收塔液面稳定。

(6)经常检查泵的运转情况，以保证原料气和吸收剂流量的稳定。

(7)及时巡回检查各控制点的变化情况及系统设备与管道的泄露情况，并根据记录表要求做好记录。

正常维护要点：

(1)定期检查、清理或更换喷淋装置或溢流管，保持不堵、不斜、不坏；

(2)定期检查箅板的腐蚀程度，防止因腐蚀而塌落；

(3)定期检查塔体有无渗漏现象，发现后应及时补修；

(4)定期排放塔底积存脏物和碎填料；

(5)经常观察塔基是否下沉，塔体是否倾斜；

(6)经常检查运输设备的润滑系统及密封，并定期检修；

(7)经常保持系统设备的油漆完整，注意清洁卫生。

8.1.4.6 异常现象及处理

填料吸收塔系统在运行过程中，由于工艺条件发生变化、操作不慎或设备发生故障等原因而造成不正常现象，一经发现，就应及时处理，以免造成事故。

8.2 吸附净化法

8.2.1 吸附原理

吸附分离是将多孔性固体物料与流体混合物进行接触，有选择地使流体中的一种或多种组分附着于固体的内外表面，使混合物中各组分分离的过程，是分离和纯化气体与液体混合物的重要单元操作之一。多孔性固体物料称为吸附剂，附着于固体表面的组分称为吸附质。

根据吸附质与吸附剂间吸附作用力性质的不同，可将吸附分为物理吸附和化学吸附。物理吸附也称为范德华吸附，它是吸附质和吸附剂以分子间作用力为主的吸附。化学吸附是吸附质和吸附剂以分子间的化学键力为主的吸附。

实际上，人们很早就发现并利用了吸附现象，如生活中用木炭脱湿和除臭等。随着新型吸附剂的开发及吸附分离工艺条件等方面的研究，吸附分离过程显示出节能、产品纯度高、可除去痕量物质、操作温度低等突出特点，使这一过程在化工、医药、食品、轻工、环保等行业得到了广泛的应用，例如：

(1)气体或液体的脱水及深度干燥，如将乙烯气体中的水分脱到痕量，再聚合。

(2)气体或溶液的脱臭、脱色及溶剂蒸气的回收，如在喷漆工业中，常有大量的有机溶剂逸出，采用活性炭处理排放的气体，既减少环境的污染，又可回收有价值的溶剂。

(3)气体中痕量物质的吸附分离，如纯氮、纯氧的制取。

(4)分离某些精馏难以分离的物系，如烷烃、烯烃、芳香烃馏分的分离。

(5)废气和废水的处理，如从高炉废气中回收一氧化碳和二氧化碳，从炼厂废水中脱除酚等有害物质。

8.2.2 吸附剂及其特性

吸附分离的效果很大程度上取决于吸附剂的性能，工业吸附要求吸附剂满足以下要求：

(1)具有较大的比表面积，吸附容量大；

(2)选择性高，吸附剂对不同的吸附质具有不同的吸附能力，其差异愈显著，分离效果愈好；

(3)具有一定的机械强度，抗磨损；

(4)有良好的物理及化学稳定性，耐热冲击、耐腐蚀；

(5)容易再生；

(6)易得、价廉。

8.2.2.1 吸附剂的分类

吸附剂可分为两大类，一类是天然的吸附剂，如硅藻土、白土、天然沸石等。另一类是人工制作的吸附剂，主要有活性炭、硅胶、活性氧化铝、合成沸石分子筛、有机树脂及碳分子筛等，下面介绍几种广泛应用的人工制作的吸附剂。

(1)活性炭

活性炭是最常用的吸附剂。它具有非极性表面，比表面积较大，化学稳定性好，抗酸耐碱，热稳定性高，再生容易。

合成纤维经炭化后可制成活性炭纤维吸附剂，使吸附容量提高数十倍，因活性炭纤维可以编制成各种织物，流体流动阻力减少。活性炭也可加工成碳分子筛，具有分子筛的作用，常用于空气分离制氮、改善饮料气味、做香烟的过滤嘴等场合。

(2)硅胶

硅胶的分子式通常用 $SiO_2 \cdot nH_2O$ 表示。它的比表面积达 800 m^2/g。工业用的硅胶有球形、无定形、加工成型和粉末状四种。硅胶是亲水性的极性吸附剂，对不饱和烃、甲醇、水分等有明显的选择性。主要用于气体和液体的干燥、溶液的脱水。

(3)活性氧化铝

活性氧化铝是一种极性吸附剂，对水分有很强的吸附能力。其比表面积为 200～500 m^2/g，用不同的原料，在不同的工艺条件下，可制得不同结构、不同性能的活性氧化铝。

活性氧化铝主要用于气体的干燥和液体的脱水，如汽油、煤油、芳香烃等化工产品的脱水；空气、氦、氢气、氯气、氯化氢和二氧化硫等气体的干燥。

(4)合成沸石分子筛

合成沸石分子筛是指硅铝酸金属盐的晶体，它是一种强极性的吸附剂，对极性分子，特别是对水有很大的亲和能力，它的比表面积可达 750 m^2/g，具有很强的选择性。常用于石油馏分的分离、各种气体和液体的干燥等场合，如从混合二甲苯中分离出对二甲苯，从空气中分离氧。

(5)有机树脂

有机树脂吸附剂是高分子物质，它可以制成强极性、弱极性、非极性、中性，广泛用于废水处理、维生素的分离及过氧化氢的精制等场合。

(6)碳分子筛

碳分子筛是一种兼具活性炭和分子筛某些特性的碳基吸附剂。碳分子筛具有很小微孔，孔径分布在 0.3～1 nm 之间，它的最大用途是空气分离制纯氮。

不同物质对应的吸附剂见表 8.2。

表 8.2 工业常用吸附剂的应用范围

吸附剂	应用范围
活性炭	苯、甲苯、二甲苯、甲醛、乙醇、乙醚、煤油、苯乙烯、H_2S、CCl_4、$CHCl_3$、Cl_2、CO、SO_2、NO_x 等
活性氧化铝	H_2S、SO_2、HF、烃类等
硅胶	H_2S、SO_2、烃类等
分子筛	H_2S、Cl_2、CO、SO_2、NH_3、Hg、NO_x 等

8.2.3 吸附操作

吸附分离过程包括吸附过程和脱吸过程。由于需处理的流体浓度、性质及要求吸附的程度不同，故吸附操作有多种形式。

8.2.3.1 接触过滤式操作

该操作是把要处理的液体和吸附剂一起加入到带有搅拌器的吸附槽中，使吸附剂与溶液充分接触，溶液中的吸附质被吸附剂吸附，经过一段时间，吸附剂达到饱和，将料浆送到过滤机中，吸附剂从液相中滤出，若吸附剂可用，经适当的解吸回收利用。

因在接触式吸附操作时，使用搅拌使溶液呈湍流状态，颗粒外表面的膜阻力减少，故该操作适用于外扩散控制的传质过程。接触过滤吸附操作所用设备主要有釜式或槽式，设备结构简单，操作容易，广泛用于活性炭脱除糖液中的颜色等方面。

8.2.3.2 固定床吸附操作

固定床吸附操作是把吸附剂均匀堆放在吸附塔中的多孔支承板上，含吸附质的流体可以自上而下流动，也可自下而上流过吸附剂。在吸附过程中，吸附剂不动。

通常固定床的吸附过程与再生过程在两个塔式设备中交替进行，如图 8.15 所示，●表示阀门关闭，○表示阀门打开。吸附在吸附塔 1 中进行，当出塔流体中吸附质的浓度高于规定值时，物料切换到吸附塔 2，与此同时吸附塔 1 采用变温或减压等方法进行吸附剂再生，然后再在吸附塔 1 中进行吸附，吸附塔 2 中进行再生，如此循环操作。

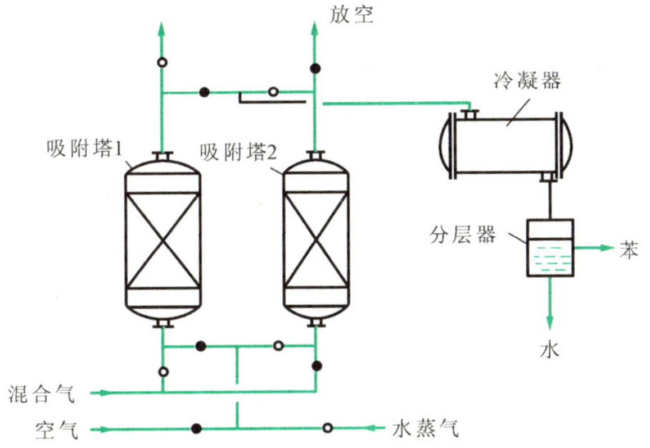

图 8.15 固定床吸附操作流程示意图

固定床吸附塔结构简单，加工容易，操作方便灵活，吸附剂不易磨损，物料的返混少，分离效率高，回收效果好，故固定床吸附操作广泛用于气体中溶剂的回收、气体干燥和溶剂脱水等方面。但固定床吸附操作的传热性能差，且当吸附剂颗粒较小时，流体通过床层的压降较大，因吸附、再生及冷却等操作需要一定的时间，故生产效率较低。

8.2.3.3 移动床吸附操作

移动床吸附操作是指待处理的流体在塔内自上而下流动，在与吸附剂接触时，吸附质被吸附，已达饱和的吸附剂从塔下连续或间歇排出，同时在塔的上部补充新鲜的或再生后的吸附剂。与固定床相比，移动床吸附操作因吸附和再生过程在同一个塔中进行，所以设备投资费用少。

8.2.3.4 流化床吸附操作及流化床-移动床联合吸附操作

流化床吸附操作是使流体自下而上流动，流体的流速控制在一定的范围，保证吸附剂颗粒被托起，但不被带出，处于流态化状态进行的吸附操作。该操作的生产能力大，但吸附剂颗粒磨损程度严重，且由于流态化的限制，使操作范围变窄。

流化床-移动床联合吸附操作将吸附再生集于一塔，如图 8.16 所示。塔的上部为多层流化床，在此原料与流态化的吸附剂充分接触，吸附后的吸附剂进入塔中部带有加热装置的移动床层，升温后进入塔下部的再生段。在再生段中吸附剂与通入的惰性气体逆流接触得以再生。最后靠气力输送至塔顶重新进入吸附段，再生后的流体可通过冷却器回收吸附质。流化床-移动床联合吸附床常用于混合气中溶剂的回收、脱除 CO_2 和水蒸气等场合。

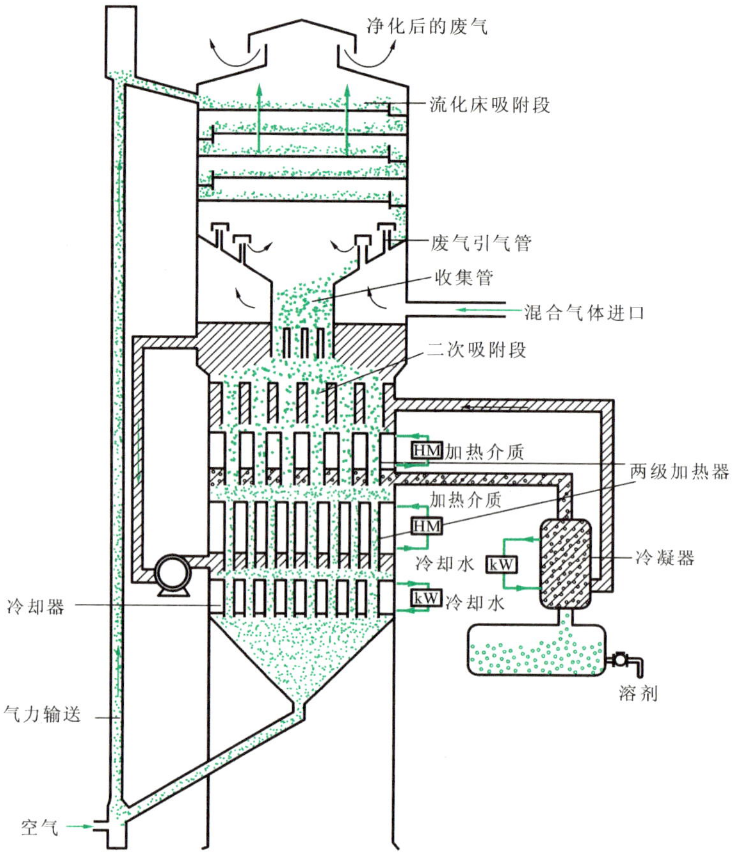

图 8.16　流化床-移动床联合吸附分离示意图

该操作具有连续、吸附效果好的特点。因吸附在流化床中进行，再生前需加热，所以此操作存在吸附剂磨损严重、吸附剂易老化变性的问题。

8.2.3.5　模拟移动床的吸附操作

为兼顾固定床装填性能好和移动床连续操作的优点，并保持吸附塔在等温条件下操作，便于自动控制，设计一种由许多小段塔节组成的塔，每一塔节都有进出物料口，采用特制的多通道(如 24 通道)的旋转阀，靠微机控制，定期启闭切换吸附塔的进出料液和解吸剂的阀门，使各层料液进出口依次连续变动与四个主管道相连，这四个主管道是进料(A+B)管、抽出液(A+D)管、抽余液(B+D)管和解吸剂(D)管，见图 8.17。

一般整个吸附塔分成四个段：吸附段、第一精馏段(简称一精段)、解吸段和第二精馏段(简称二精段)，见图 8.18 模拟移动床吸附分离操作示意。

在吸附段内进行的是 A 组分的吸附，混合液从下向上流动，与已吸附解吸剂 D 的吸附剂逆流接触，组分 A 与 D 进行吸附交换，随着流体向上流动，吸附质 A 和少量的 B 不断被吸附，组分 D 不断被解吸，在吸附段出口溶液中主要为组分 B 和 D，作为抽余液从吸附段出口排出。

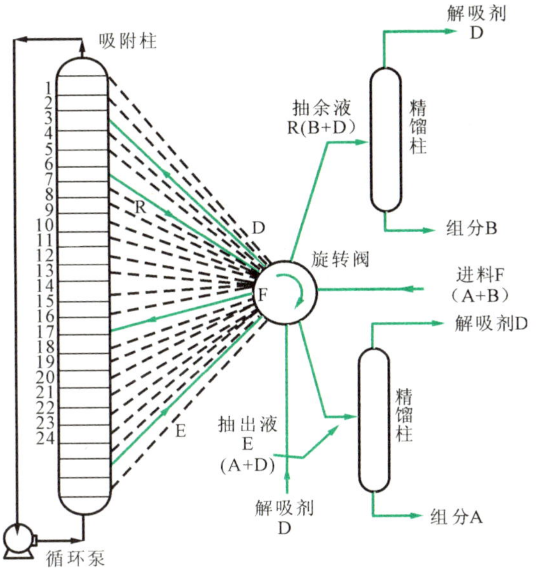

图 8.17 模拟移动床吸附分离装置

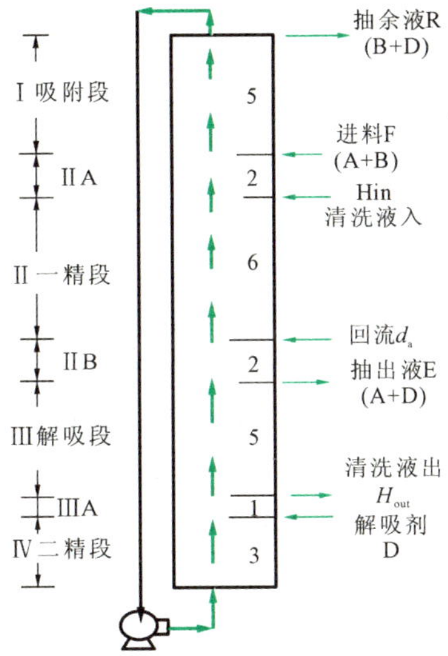

图 8.18 模拟移动床吸附分离操作示意图

在一精段内完成 A 组分的精制和 B 组分的解吸，此段顶部下降的吸附剂与新鲜溶液接触，A 和 B 组分被吸附，在该段底部已吸附大量 A 和少量 B 的吸附剂与解吸段上部流入的流体(A＋D)逆流接触，由于吸附剂对 A 的吸附能力比 B 组分强，故吸附剂上少量的 B 被 A 置换，B 组分逐渐被全部置换出来，A 得到精制。

在解吸段内完成组分 A 的解吸，吸附大量 A 的吸附剂与塔底通入的新鲜解吸剂 D 逆流接触，A 被解吸出来作为抽出液，再进精馏塔精馏得到产品 A 及解吸剂 D。

二精段目的在于部分回收 D，减少解吸剂的用量。从解吸段出来的只含解吸剂 D 的吸附剂，送到二精段与吸附段出来的主要含 B 的溶液逆流接触，B 和 D 在吸附剂上置换，组分 B 被吸附，D 被解吸出来，并与新鲜解吸剂一起进入吸附段形成连续循环操作。

从以上操作看，在吸附塔内形成流体由下向上，固体由上向下反方向的相对运动，每一小段床层是静止不动的小固定床，吸附塔内的吸附剂固体整体和流体是连续移动的，这就是模拟移动床吸附分离过程。

应用模拟移动床吸附分离混合物最早始于从混合二甲苯中分离对二甲苯，之后应用于从煤油馏分中分离出正构烷烃，以及 C_8 芳烃中分离乙基苯等等，解决了有些体系用精馏和萃取等方法难分离的困难。

8.3 催化转化法

催化转化法是指含有污染物的气体通过催化剂床层时发生的催化反应，使其中的污染物转化为无害或易于处理与回收利用的物质的净化方法。

8.3.1 催化转化法原理

8.3.1.1 催化作用

化学反应速度因加入某种物质而改变，而被加入物质的数量和性质，在反应前后时不变的作用称为催化作用。在催化反应中，催化剂与反应物发生化学作用，改变了反应途径，从而降低了反应的活化能。催化作用有两个显著的特征。第一，催化剂只能加速化学反应速度，缩短达到平衡的时间，而不能使平衡移动，也不能使热力学上不可能发生的反应发生。第二，催化作用有特殊的选择性，这是由催化剂的选择性决定的。

8.3.1.2 催化剂

催化剂的定义有多种不同的文字表述，下面介绍一种基本的经典定义：凡能够加速化学反应速度，而本身的化学性质在化学反应前后保持不变的物质，称为催化剂。

(1)催化剂的组成

工业催化剂通常是由多种物质组成的复杂体系，也有的只是一种物质，按其存在的状态又可以分为气态、液态和固态含义。其中固体催化剂在工业上应用最广泛，亦最重要。其组成包括：

①活性物质　是催化剂的主体，能单独对化学反应起催化作用，因而可作为催化剂单独使用。

②助催化剂　本身没有什么催化性能，但它的少量加入能明显提高主活性物质的催化性能。

③载体　用以承载活性物质和助催化剂，它的基本作用在于提供大的比表面以节约主活性物质，并改善催化剂的传热、抗热冲击和机械冲击等物理性能。

(2)催化剂的性能

①活性。衡量催化剂效能大小的标准。工业上，催化剂的活性常用单位体积(或质量)催化剂在一定条件(温度、压力、空速和反应物浓度)下，单位时间内所得的产品量来表示。

②选择性。一种催化剂往往只对一种化学反应起作用。当化学反应在热力学上有几个反应方向时，一种催化剂在一定条件下只对其中的一个反应方向起加速作用。这种特性称为催化剂的选择性。选择性的大小通常用反应所得的目的产物摩尔数与某反应物反应了的摩尔数之比来表示。

③稳定性。催化剂在化学反应过程中保持活性的能力称为催化剂的稳定性。稳定性包括三个基本方面，即热稳定性、机械稳定性和抗毒稳定性。它们共同决定了催化剂在工业装置中的使用期限。所以通常用寿命来表示催化剂的稳定性。

影响催化剂寿命的因素有催化剂老化和催化剂中毒两个方面。

所谓老化是指催化剂在正常工作条件下逐渐失去活性的过程。这种失活是由低熔点活性组分的流失，表面低温烧结，内部杂质向表面的迁移和冷、热应力交替作用所造成的机械性粉碎等因素引起的。工作温度越高，老化速度越快。故在催化剂对化学反应速度发生明显加速作用的温度范围(活性温度)内选择合适的反应温度，将有助于延长催化剂的寿命。但过低的反应温度也是不可取的，它不但降低了反应速度，还会使催化剂表面结焦。

所谓中毒是指反应物料中少量的杂质使催化剂活性迅速下降的现象。致使催化剂中毒的物质就称为催化剂的毒物。中毒的化学本质是由于毒物比反应物对活性组分具有更强的亲和力。中毒可分为暂时性中毒和永久性中毒，前者用通水蒸气等简单的方法可以恢复其活性，后者则不能。催化剂中毒的原因是由于活性表面被破坏或其活性中心被其他物质所占据，导致催化剂的活性和选择性迅速下降。易使催化剂中毒的毒物有HCN、CO、H_2S、S、As、Hg、Pb等。

(3)催化剂的选择

通常对催化剂的要求是：①具有极高的净化效率，使用过程中不产生二次污染；②具有较高的机械强度；③具有较高的耐热性和热稳定性；④抗毒性强，具有尽可能长的寿命；⑤化学稳定性好、选择性强。

一般来说，贵重金属催化剂的活性较高，选择性强，不易中毒，但价格昂贵。非贵重金属催化剂的活性较低，具有一定的选择性，价格便宜，但易中毒，热稳定性也差。在大气污染控制中，目前使用较多的是铂、钯等贵重金属，其次是含锰、铜、铬、钴、镍等金属氧化物，以及稀土元素，目前在延长使用寿命、提高活性等方面的研究有了一定的进展，有的已投入使用。

8.3.2　催化转化装置

催化反应器分为固定床反应器和流化床反应器两大类。一般采用固定床催化反应器(图8.19至图8.22)。反应器的设计应按照规范进行，应便于装卸催化剂。

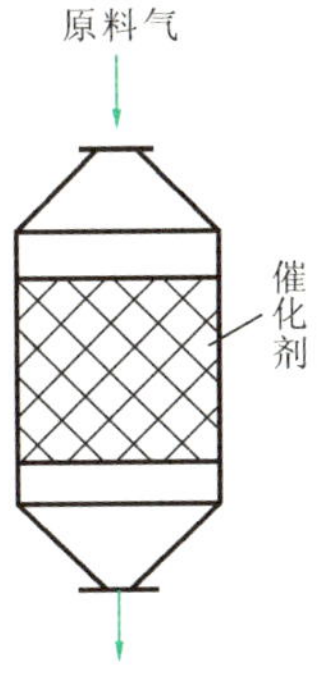

图8.19　单段绝热反应器

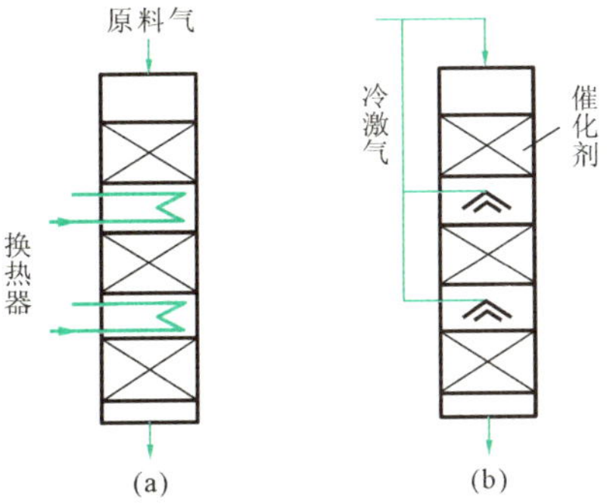

图8.20　多段绝热反应器

(a)中间换热式；(b)中间直接冷激式

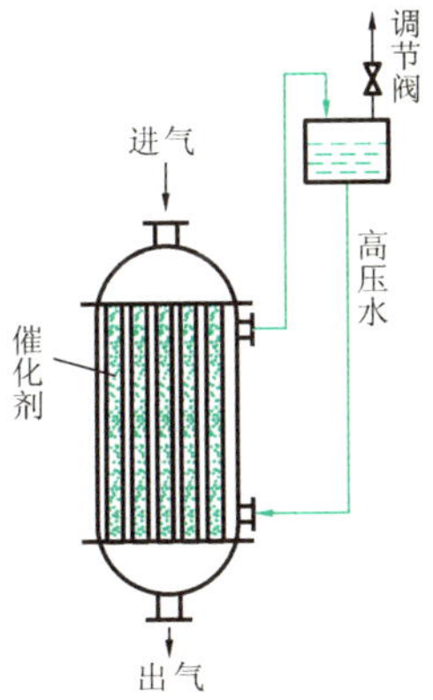

图8.21　对外换热式固定床催化反应器

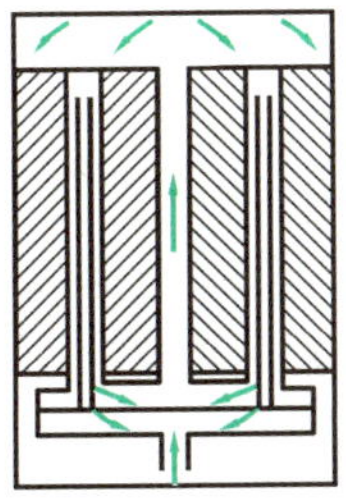

图8.22　自热式固定床催化反应器

8.4 燃烧法

燃烧净化法是利用废气中污染物可以燃烧氧化的特性，将其燃烧转变为无害物质的方法。该法的主要化学反应是燃烧氧化，有机溶剂蒸气、碳氢化合物、恶臭气体等可采用燃烧法处理，该法处理可燃废气最为彻底，并可回收一部分热量，但不能回收废气中的有害物质，需消耗一定的能源。

燃烧法处理工业废气的方法有如下三种。

8.4.1 直接燃烧法

直接燃烧又称直接火焰燃烧，是用可燃有害废气当作燃料来燃烧的方法。

8.4.1.1 直接燃烧适用范围

能采用直接燃烧法来处理的废气应当是可燃组分含量较高，或燃烧氧化放出热量较高，能维持持续燃烧的气体混合物。

废气的燃烧需要充足的氧气，才能保证燃烧反应不断地、充分地进行下去。因此为保证这类废气良好燃烧，充足的氧及与氧的良好混合是重要的，一般混合气中的含氧量应不低于15%。没有充分燃烧的废气会产生一氧化碳或浓烟(未燃或未燃尽的碳粒)。

8.4.1.2 直接燃烧设备

直接燃烧的设备可以是一般的炉、窑，也常采用火炬。例如炼油厂氧化沥青生产的废气经冷却后，可送入生产用加热炉直接燃烧净化，并回收热量。又如溶剂厂的甲醛尾气经吸收处理后，仍含有甲醛 $0.75\ g\cdot m^{-3}$，氢 17%～18%，甲烷 0.04%，也可送入锅炉直接燃烧。直接燃烧通常在 1100 ℃以上进行，燃烧完全的产物应是二氧化碳、氮和水蒸气等。

火炬是一种敞开式的直接燃烧器，它适用于只需补充空气、无须补充燃料的高浓度可燃废气。

火炬常常高出地面几十米。由工厂各处排出的可燃废气汇于主管，经分离器、阻火水封槽及其他阻火器后导入火炬顶部燃烧排放，顶部设有气体分布装置、火焰稳定装置以及采用普通燃料并借电火花点火的点火器，便于火炬顶部安全、稳定、可靠地燃烧。

高空火炬燃烧所需空气来自大气。在可燃烃类排入大气的同时，依靠大气湍流进行可燃物与空气的混合，因而混合往往不良，尤其是在刮大风或废气中碳含量很高($C/H>33\%$)时，燃烧不完全，出现浓烟，需向火炬中喷入水蒸气，以消除或减少黑烟。水蒸气的作用之一是阻止长链烃形成、抑制烃聚合(对不饱和烃的作用尤其显著)，其次它能增加扰动，促进混合，有利于燃烧完全。

火炬燃烧法的优点是安全，很少要从外部向系统供给能量，成本低，结构简单，但它的最大缺点是资源不能回收，且往往由于燃烧不完全造成大量污染物排向大气，因而各炼油厂、石油化工厂提出要消灭火炬，设法将火炬气用于生产，以回收热值或返回生产系统做原料，只在废气流量过大、影响生产平衡时，自动控制排入火炬燃烧排空。

废气中可燃物含量在爆炸范围内的气体的直接燃烧，安全问题是至关重要的。常采用空气或惰性气体将可燃物含量稀释到爆炸下限以下，但又需要供应辅助燃料。

比较好的方法是用蒸汽喷射泵将废气引入焚烧炉，蒸汽喷射泵既可以帮助废气克服管道阻力，又可在点火燃烧处和废气发生源之间起阻火作用。在有些情况下，可以采用阻火水封槽，废气由管道进入装有一定高度水的密封槽，鼓泡向上穿过水层进入上部蒸汽空间，再由引出管送至燃烧炉，水层可以起防止回火的阻火作用。但当水封槽上部蒸汽具有足够的容积时，爆炸也可能在此发生，或者在水封槽内燃烧，放出足以将水蒸发的热量。

另外，可在废气输送管路上安装各种形式的阻火器，它们通常由筛、网、孔板等串联而成，万一发生回火时，它们能起到阻断火焰的作用。但它的阻火能力取决于废气通过阻火器的速度，若这种速度高于火焰传播速度，则起阻火作用，否则，火焰就会回至废气源，因而设计阻火器时，必须充分了解火焰传播速度。但火焰传播速度因条件（温度、密度等）不同而有不同，所以阻火器有时不能起到很好的阻火作用。

可见，防止回火的阻火手段有很多，但总有一些不足之处，实际应用时，常常是几种方法一起用，起二次保护作用。

8.4.1.3 直接燃烧法应用

在喷漆或烘漆作业中，常有大量溶剂，如苯、甲苯、二甲苯等挥发出来，污染环境，损害工人身体健康。这些蒸气浓度较高时，可以采用直接燃烧法处理。图 8.23 是直接燃烧法净化烘喷漆废气的流程。燃烧炉设在大型烘箱内，含有有机溶剂的蒸气被风气从烘箱顶部抽出后，送入燃烧炉在 800℃下燃烧，燃烧气体与烘箱内气体通过热交换器换热后排空。该法净化效率可达 99.8%

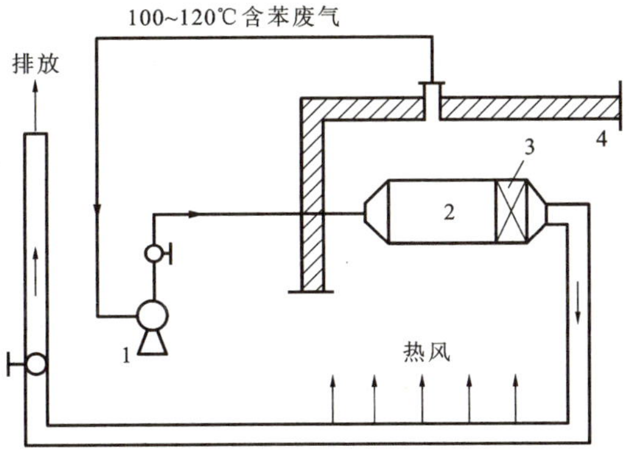

图 8.23 直接燃烧法净化烘喷漆废气流程

1—风机；2—燃烧炉；3—瓷环；4—烘箱壁

8.4.2 热力燃烧

在热力燃烧中，被处理的废气不是直接燃烧的燃料，而是作为助燃气体（在废气含氧足够多时）或燃烧对象（在废气含氧很低时）。热力燃烧主要依靠辅助燃料燃烧产生的热力，提高废气的温度，使废气中烃及其他污染物迅速氧化，转变为无害的二氧化碳和水蒸气。

8.4.2.1 热力燃烧适用范围

热力燃烧一般用于处理废气中含可燃组分浓度较低的情况。它和直接燃烧的区别就在于直接燃烧的废气由于本身含有较高浓度的可燃组分，它可以直接在空气中燃烧。热力燃烧则不同，废气中可燃组分的浓度很低，燃烧过程中所放出的热量不足以满足燃烧过程所需的热量。因此，废气本身不能作为燃料，只能作为辅助燃料燃烧过程中的助燃气体，在辅助燃料燃烧的过程中，将废气中的可燃组分销毁，如图 8.24 所示。与直接燃烧相比，热力燃烧所需要的温度一般较低，通常为 540～820 ℃。

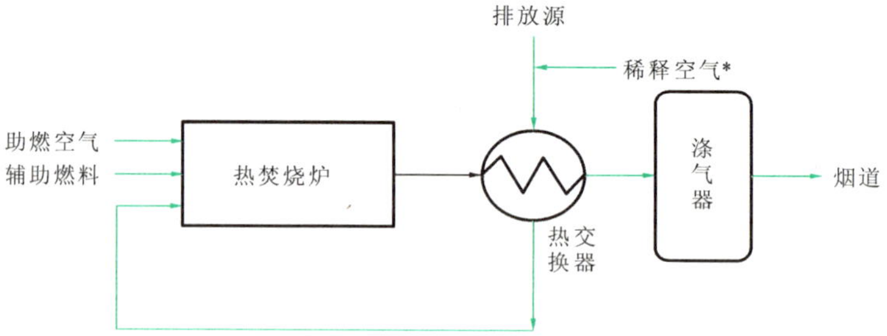

图 8.24 热力燃烧工艺流程图(＊视情况加入)

8.4.2.2 热力燃烧条件

热力燃烧炉由两部分构成，一是燃烧器，燃烧辅助燃料以产生高温燃气；二是燃烧室，高温燃气与冷废气在此充分混合以达到反应温度，并提供足够的停留时间氧化转化废气中烃类等污染物。显然，要达到理想的净化效果，“三 T”条件(反应温度、停留时间、湍流混合)是重要的。

热力燃烧的“三 T”条件为使废气中污染物充分氧化转化，达到理想的净化效果，除过量的氧外，还需要足够高的反应温度(一般 760 ℃左右)及在此程度下足够长的停留时间(一般 0.5 s)，以及废气与氧很好地混合(高度湍流)。这“三 T”条件是互相关联的，在一定范围内改善其中一个条件，可以使其他两个条件要求降低。例如，提高反应温度可以缩短停留时间，并可降低湍流混合的要求。其中，提高反应温度将多耗辅助燃料，延长停留时间将增大燃烧设备尺寸，因而改进湍流混合是最为经济的。

总停留时间包括冷的旁通废气与高温燃气均匀混合、均匀升温、进行氧化反应和销毁的全部时间，其中很大部分时间用于废气升温。

表 8.3 列出了部分废气热力燃烧温度及停留时间。一般在工程设计时，可取 760 ℃与 0.5 s，有雾滴与黑烟的燃烧净化需提高温度、增加停留时间。

表 8.3 废气燃烧净化所需的温度、时间条件

废气净化范围	燃烧停留时间(s)	反应温度(℃)
碳氢化合物(HC 销毁 90%以上)	0.3～0.5	590～680*
碳氢化合物+CO(HC+CO 销毁 90%以上)	0.3～0.5	680～820

续表 8.3

废气净化范围	燃烧停留时间	反应温度(℃)
臭味		
销毁 50%～90%	0.3～0.5	540～650
销毁 90%～99%	0.3～0.5	590～700
销毁 99%以上	0.3～0.5	650～820
烟和缕烟白烟(雾滴)		
缕烟消除	0.3～0.5	430～540**
HC+CO 销毁 90%以上	0.3～0.5	680～820
黑烟(炭粒和可燃粒)	0.7～1.0	760～1100

* 如甲烷、溶纤剂[$C_2H_5O(CH_2)_2OH$]及甲苯、二甲苯等存在，则需 760～820℃；** 缕烟消除一般是不实用的，因为往往由于氧化不完全而又产生臭味问题。

8.4.2.3 热力燃烧设备

前已述及，热力燃烧炉包括燃烧器及燃烧室两部分。按照燃烧器不同形式，可将燃烧炉分成配焰燃烧器系统与离焰燃烧器系统两类。

(1)配焰燃烧器系统

该系统如图 8.25 所示。配焰燃烧器系统根据“火焰接触”的理论将燃烧分配成许多小火焰，布点成线，使冷废气分别围绕许多小火焰流过去，以达到迅速完全的湍流。

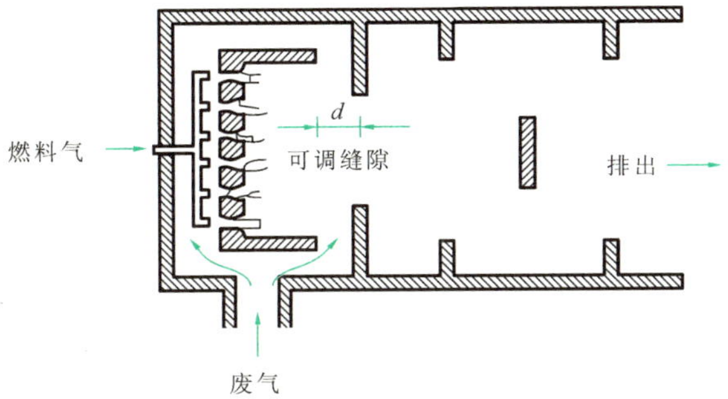

图 8.25 配焰燃烧器系统示意图

由于冷的废气流与高温燃气从辅助燃料的燃烧火焰处就开始混合并分细分开，有利于在短距离内混合良好。故该系统混合时间短，可以留出较多时间用于燃烧反应，燃烧反应完全，净化效率高。燃烧器火焰间距一般为 30 cm，燃烧室直径为 60～300 cm。

配焰燃烧器系统不适用于含氧低于 16%、需补充空气助燃的缺氧废气；另外，它仅适用于燃料气供热，不适用于燃料油供热，并且不适用于含有焦油、颗粒物等易于沉积于燃烧器的废气治理。

为保证燃烧完全，燃烧室的尺寸要保证气体足够的停留时间(一般为 0.3～0.5 s)，适当的湍流度(一般气体建议达 4.5～7.5 $m \cdot s^{-1}$)，长径比取 2～6。

(2)离焰燃烧器系统

该系统如图 8.26 所示。燃料与助燃空气(或废气)先通过燃烧器燃烧，产生高温燃气，然后与冷废气在燃烧室内混合，氧化销毁。在该系统中，高温燃气的产生与混合，是分开进行的。

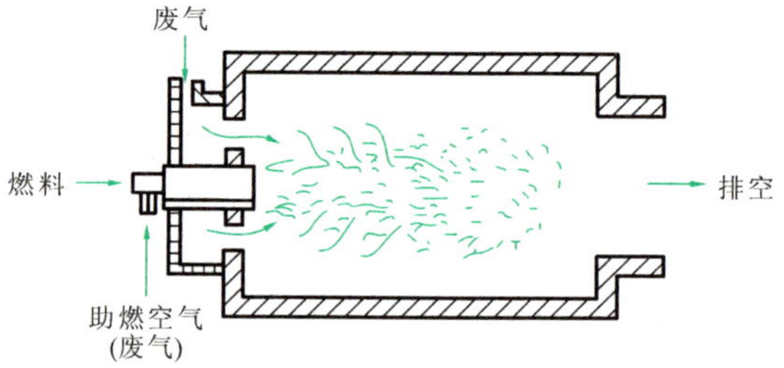

图 8.26　离焰燃烧器系统示意图

由于没有像配焰炉那样将火焰与废气一起分成许多小股，高温燃气与冷废气的混合不如配焰炉好，横向混合往往很差，可采用轴向火焰喷射混合、切向或径向进废气与燃料气、在燃烧室内设置挡板等改善措施。

燃烧室的长度需保证足够的停留时间(一般为 0.5 s)。离焰燃烧器可以燃烧气，也可以燃烧油；可用废气助燃，也可用空气助燃。火焰可大可小，容易调节，制作也较简单。

(3)利用锅炉燃烧室进行热力燃烧

由于大多数加热炉或锅炉燃烧室的温度都超过 1000 ℃，停留时间在 0.5～3 s，基本能满足热力燃烧的“三 T”条件，因而利用工厂现有加热炉或锅炉燃烧室来销毁废气，不失为一个好方法，国内很多工厂采用。与热力燃烧炉相比，利用锅炉兼作燃烧净化炉的优点是：设备投资费用大大减少，操作费用、辅助燃料消耗均大为减少，无须再考虑热量回收、利用的问题，是一个经济而有效的方法。它的缺点是：如果废气流量过大，传热效率下降，锅炉消耗的燃料增加较多，且压降增大；锅炉的燃烧器、传热管可能会因废气不完全燃烧后的残留物污染，增加维护费用；若用蒸汽的时间与废气处理的时间不一致，则会造成浪费。

8.4.3 催化燃烧

催化燃烧是利用催化剂使废气中气态污染物在较低的温度(250～450 ℃)下氧化分解的方法。它所需要的辅助燃料仅为热力燃烧的 40%～60%，能耗较低，甚至在有些情况下，达到起燃温度后，无须外界供热，还能回收净化后废气带走的热量，基本上不会造成二次污染。

8.4.3.1 催化燃烧适用范围

催化燃烧可以适用于几乎所有的含烃类有机废气及恶臭气体的治理，在回收价值不大的有机废气净化方面，比如化工、喷漆、绝缘材料、漆包线、油漆生产等行业应用较广。

8.4.3.2 催化剂及载体

由于元素周期表中过渡族元素及第Ⅷ族元素中的贵重金属具有催化氧化的性能，它们及其氧化物常被用作催化燃烧催化剂的活性成分，例如钍、钒、铬、锰、铁、钴、镍、铜、锌的氧化物及铂、钯、钌等。从目前国内的实践看，催化燃烧的催化剂可分为下列三类。

(1)贵重金属催化剂

铂、钯、钌等贵重金属有很高的催化活性，且易于回收，因而是最早使用的催化剂。

但由于其资源稀少，价格昂贵，且易中毒，人们一直力图寻找替代品或减少它们的用量。

(2)复合氧化物催化剂

复合氧化物催化剂是用铜、铬、钴、镍、锰等非贵重过渡族金属氧化物做活性主要成分，降低了催化剂的成本。

(3)稀土元素氧化物

稀土与过渡金属氧化物在一定条件下可以形成具有天然钙钛矿型的复合氧化物，其通式为 ABO_3，其中 A 为离子半径0.08～0.165 nm 的稀土元素阳离子，B 为离子半径0.04～0.14 nm 的非铂系金属阳离子。

催化剂活性组分可用下列方式沉积在载体上：①沉积在缠绕的或压制的金属载体上；②沉积在片、粒、柱状陶瓷材料上；③沉积在蜂窝结构的陶瓷材料上。

8.4.3.3 催化燃烧工艺流程

根据废气加热方式不同，催化燃烧工艺可以分成常规催化燃烧工艺(见图 8.27)和蓄热催化燃烧工艺。

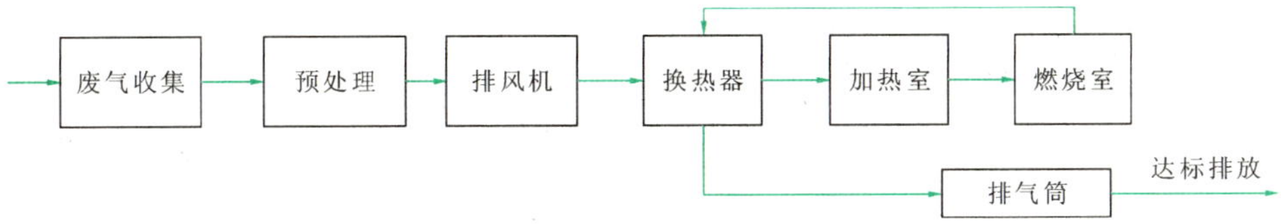

图 8.27 常规催化燃烧工艺流程

在选择催化燃烧工艺时候应进行热量平衡计算。当废气中所含的有机物燃烧后所产生的热量可以维持催化剂床层自持燃烧时，应采用常规催化燃烧工艺；当废气中所含有的有机物燃烧后所产生的热量不能维持催化剂床层自持燃烧时，宜采用蓄热催化燃烧工艺。

(1)常规催化燃烧工艺

这是一种较普遍的基本流程形式，如图 8.27 所示。当从烘房排出的废气温度较低(100 ℃以下)，低于起始温度，同时废气中有机物浓度也较低，热量不能自给时，需要在进入催化燃烧反应器前在燃烧室(预热段)加热升温，净化后气体在热交换器内与未处理废气进行热交换，以回收部分热量。一般采用煤气燃烧或电加热升温至起燃温度。

(2)自身热平衡式

如图 8.28 所示，若废气排出时温度较高，在 300 ℃左右，高于起始温度，且含有机物较多，正常操作时能维持热平衡，无须补充热量，此时只需要在催化燃烧反应器中设置电加热器供起燃时使用，热交换器可回收部分净化后气体的热量。

(3)吸附-催化燃烧

若废气的浓度很低、室温高、风量很大，采用催化燃烧需耗大量燃料，能耗过高。这时先采用吸附手段将废气中有机物吸附于吸附剂上，通过热空气吹扫，使有机物脱附出来成为浓缩了的小风量、高浓度含有机物废气(一般可浓缩 10 倍以上)，再送去进行催化燃烧，不需要补充热源，就可维持正常运行，如图 8.29 所示。

对于某一有机废气，究竟采用什么样的流程主要取决于：①燃烧过程的放热量，这取决于废气中可燃物的种类和浓度；②催化剂的起燃温度，取决于催化剂的活性，预热回收率，这取决于热交换器的效率；③废气的初始温度，确定预热到反应温度所需要提供的热量。当回收热量超过预热所需热量时，可实现自身热平衡运转，无须外界补充热源。

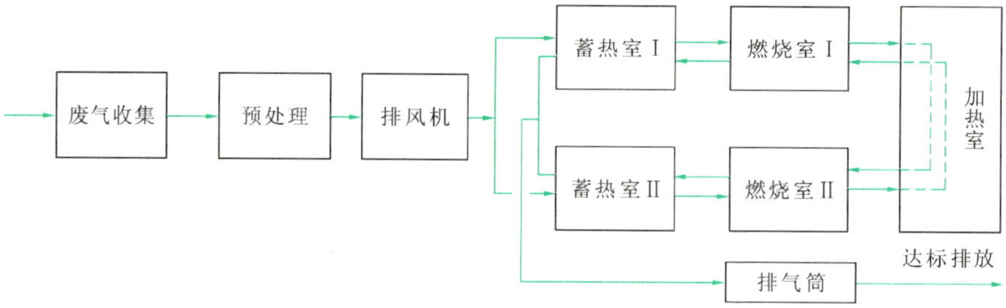

图 8.28　蓄热催化燃烧工艺流程

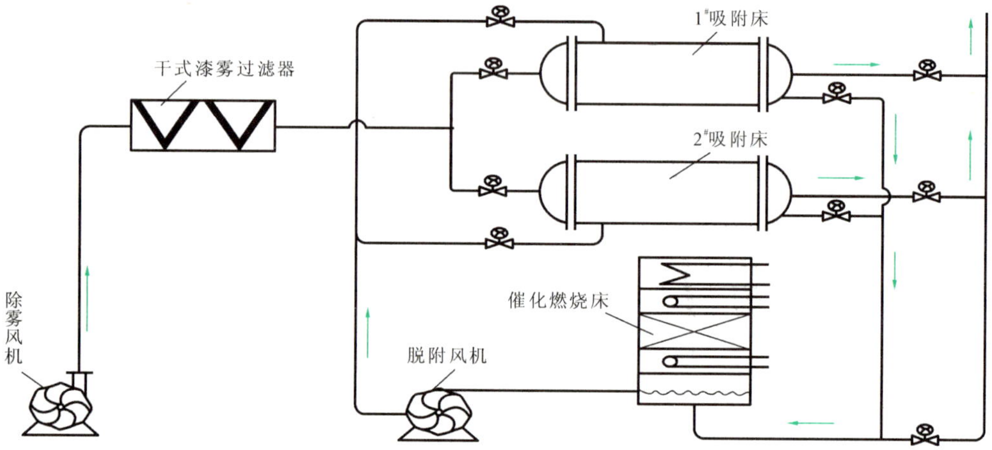

图 8.29　吸附-催化燃烧工艺流程

对于处理气量较大的场合，设计成分建式流程，即预热器、反应器独立装设，其间用管道连接。对于处理气量小的场合，可采用催化燃烧炉，把预热和反应组合在一起，但要注意预热段与反应段间的距离。在处理含硫、氯、氮等有机化合物时，还要根据需要，在催化反应器后设置脱硫、脱氯、脱氮工序，以保证排气达标。

针对排放废气的不同情况，可以采用不同形式的催化燃烧工艺，但无论采用何种工艺流程，都具有如下特点：

①进入催化燃烧炉的气体首先要经过预处理，除去粉尘、液滴及有害成分，避免催化床层的堵塞和催化剂的中毒。

②进入催化床层的气体温度必须达到起燃温度才能进行，因此对低于起燃温度的气体必须进行预热。预热的方式可以采用电加热也可以采用烟道气加热，目前应用较多的是电加热方式。

③催化燃烧放出大量的热，必须进行回收利用。

④若处理的气量较大，一般采用分建式流程，即将预热器、换热器、反应器等分别设立；若处理的气量较小，一般采用组合式流程，即将预热、换热、反应等部分组合安装在同一设备中，即所谓的催化燃烧炉。

催化燃烧法以催化燃烧代替了传统的火焰燃烧，降低了燃烧温度，提高了能量的利用率。另外，催化燃烧产生的热流温度适中，无须冷却空气稀释，提高了热效。已成功地应用于金属印刷、绝缘材料、漆包线、炼焦、化工等多种行业中净化有机废气。特别是在漆包线、绝缘材料、印刷等生产过程中排出的烘干废气，因废气温度和有机物浓度较高，对燃烧反应及热量回收有利，具有较好的经济效益，因此应用广泛。这种方法的不足之处是，有的气体燃烧条件非常苛刻，需高温、高空和高水蒸气分压，因此催化剂必须具备较高活性，高热稳定性和较高的水热稳定性，一定的抗中毒能力，以及较高的机械强度。

8.4.4 汽车尾气的催化净化

随着全球环境的日益恶化，汽车尾气的环境污染问题愈来愈受到人们的重视。汽车尾气的主要有害成分是碳氢化合物(C_xH_y)、一氧化碳(CO)和氮氧化物(NO_x)。这三种物质对人体都有毒害，其中 C_xH_y 及 NO_x 在阳光及其他适宜条件下还会形成光化学烟雾，危害更大。消除汽车尾气中这些有害成分的方案主要有两种：一种是改进发动机的燃烧方式以减少有害气体的排放；另一种是采用催化转化器将尾气中的有害气体净化。

目前汽车尾气的净化方法基本有如下三种：

8.4.4.1 一段净化法

在汽车排气管尾部安装一个催化燃烧装置。利用装在汽车排气管尾部的催化燃烧装置，将汽车尾气中的 CO 和碳氢化合物，用空气中的氧气氧化成 CO_2 和 H_2O，净化后的尾气直接排入大气。反应原理如下：

$$CO+C_xH_y+O_2 \longrightarrow CO_2+H_2O$$

8.4.4.2 二段净化法

又称催化氧化还原法。利用两个催化反应器组成的二段催化净化装置，完成净化反应。由汽车发动机排出的尾气先通过第一段催化反应器(还原反应器)，利用废气中的 CO 将 NO_x 还原成 N_2；废气再进入第二段反应器(氧化反应器)，在导入空气的条件下，将剩余的 CO 和碳氢化合物氧化成 CO_2 和 H_2O。反应式如下：

$$CO+NO_x \longrightarrow CO_2+N_2$$

$$CO+C_xH_y+O_2 \longrightarrow CO_2+H_2O$$

8.4.4.3 三元催化法

利用三元催化剂同时实现氧化 $CO+C_xH_y$ 和还原 NO_x 的过程。采用这种方法可节省燃料、简化装置，但需严格控制空燃比，并要有高性能的催化剂。现在应用的三元催化剂大部分是以多孔陶瓷为载体，再附着上活化涂层，最后用浸渍的方法吸附活性成分。催化剂的活性成分主要采用贵金属铂(Pt)、钯(Pd)、铑(Rh)等。由于贵金属资源少、价格贵，世界各国的科学家都在致力于研究经济上和技术上都可行的稀土/钯催化剂。

三元催化转换器由外壳和内芯组成。内芯是浸渍有催化剂的载体，其中 Pt 主要催化 CO 和 C_xH_y 的氧化反应；Rh 主要催化 NO_x 的还原反应，载体为特种陶瓷，其中 Pt/Rh=5∶1 左右。催化转换器的寿命一般在 10 万千米以上，催化剂失效后，可以回收其中的贵金属。

8.5 生物净化法

8.5.1 生物净化法原理

8.5.1.1 概念

工业废气的生物处理是利用微生物以废气中的有机组分作为其生命活动的能源或其他养分，经代谢降解，转化为简单的无机物（二氧化碳、水等）及细胞组成物质。

污染物质可以通过热处理、活性炭吸附或化学洗涤从工业废气中去除。热处理包括直接燃烧和催化氧化。当有机污染物质的浓度高时，热处理的方法是有效的。然而，当有机物质的浓度低时，热处理的费用将很高，原因是需要的燃料较多。活性炭吸附中，有机污染化合物被吸附到炭表面，从而产生清洁空气，炭的吸附容量同空气中污染物质的浓度有关，浓度低时吸附率低。因此，当污染物的浓度降低时，吸附每单位质量的污染物所需的炭量将变得很大；洗涤作用对于去除许多有毒气体和其他高溶解度的化合物有效，但是运行费用高。相对于上述的处理方法，生物法更加适用于处理低浓度的有毒大气污染物质（HAPs），且具有投资运行费用省、维护管理简单、不产生二次污染等特点。在欧洲，燃料费用较高，关于恶臭气体的规范也很严格，所以广泛采用生物法去除恶臭气体。

8.5.1.2 净化机理

微生物转化废气中的有害物质在气相中难以进行，所以气态污染物首先要经过由气相转移到液相或固体表面的液膜中的传质过程，然后污染物才在液相或固相表面被微生物吸附降解（见图 8.30）。其主要步骤包括：

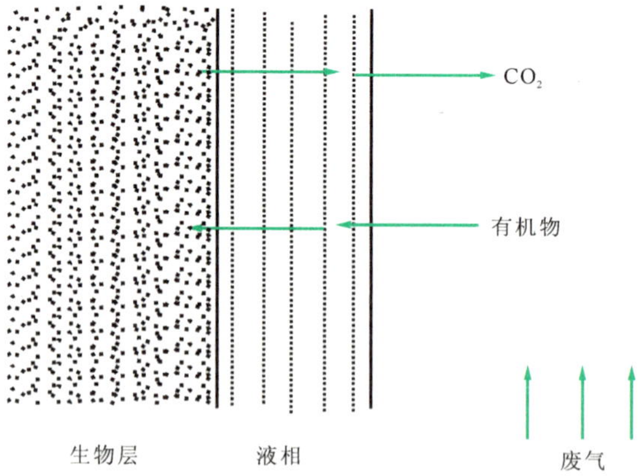

图 8.30 生物法净化有机废气过程示意图

①废气中的有机污染物首先同水接触并溶解于水中（即由气膜扩散进入液膜）；

②溶解于液膜中的有机污染物成分在浓度差的推动下进一步扩散到生物膜，进而被其中的微生物捕获并吸收；

③微生物对有机物进行氧化分解和同化合成，产生的代谢物一部分溶入液相，一部

分作为细胞物质或细胞代谢能源，还有一部分（如 CO_2）则析出到空气中。

几乎所有的有机和无机污染物都能被转化。目前适合生物处理的气态污染物主要有乙醇、硫醇、酚、甲酚、吲哚、脂肪酸、乙醛、酮、二硫化碳、氨和胺等。

8.5.2　生物处理工艺和设备

8.5.2.1　生物洗涤法（图 8.31）

利用由微生物、营养物质和水组成的微生物吸收液处理废气，适合于吸收挥发性有机化合物（VOCs）。吸收了废气的微生物混合液再进行好氧处理，去除液体中吸收的污染物。其典型形式有喷淋塔、鼓泡塔和穿孔板塔等。

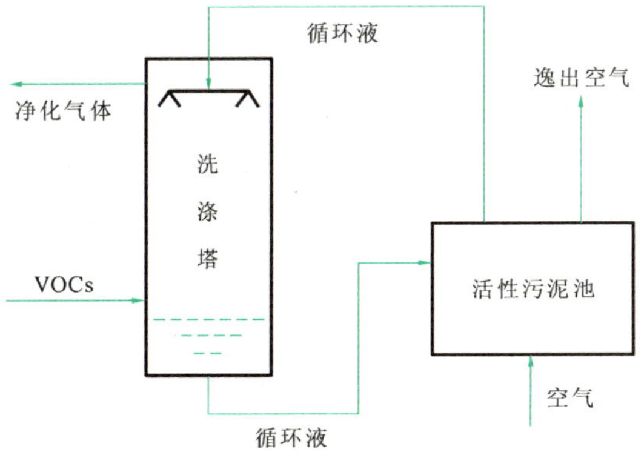

图 8.31　生物洗涤法工艺流程

生物悬浮液自吸收室顶部喷淋而下，使废气中的污染物和氧转入液相，实现质量传递，吸收了废气中组分的生物悬浮液流入再生反应器（活性污泥池）中，通入空气充氧再生。被吸收的有机物通过微生物氧化作用，最终被再生池中的活性污泥悬浮液从液相中除去。

8.5.2.2　生物滴滤法

生物滴滤池不同于生物滤池，微生物固着生长在填料上，它要求水流连续地通过有孔的填料，这样可以有效地防止填料干燥，精确地控制营养物质浓度与 pH 值。底部建有水池来实现水的循环运行。生物滴滤池中，水流稳定地、持续地循环穿过滤床，对处理后的空气进行持续收集（见图 8.32）。

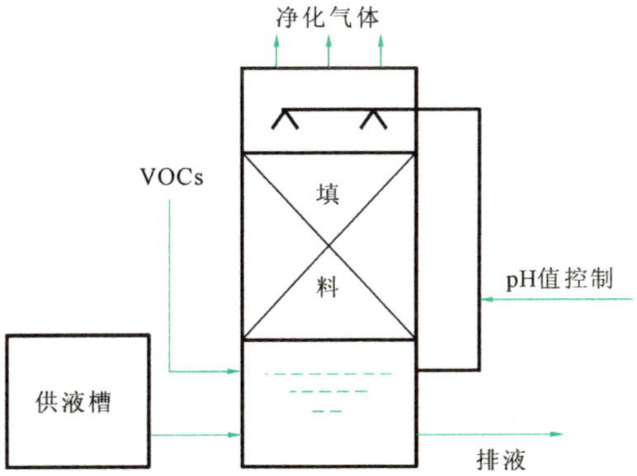

图 8.32　生物滴滤法工艺流程

8.5.2.3 生物过滤法

生物过滤塔净化挥发性有机废气流程见图 8.33。VOCs 气体由塔顶进入过滤塔，在流动过程中与已接种挂膜的生物滤料接触而被净化，净化后的气体由塔底排出。定期在塔顶喷淋营养液，为滤料微生物提供养分、水分并调整 pH 值，营养液呈非连续相，其流向与气体相反。

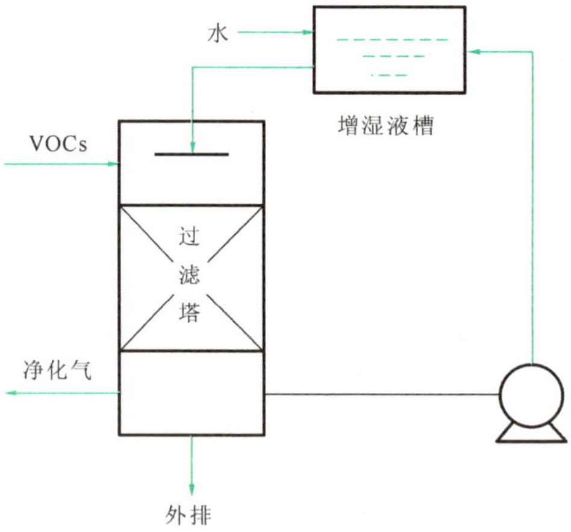

图 8.33 生物过滤塔净化挥发性有机废气流程

8.5.3 工业废气生物处理法的应用

生物处理方法适宜处理多种挥发性有机物（VOCs）和许多工业废气中的无机蒸气物质。这些物质中含有氮、氯或可产生少量酸的硫化合物。例如，H_2S 通常是恶臭问题的来源，用生物滤池可以得到很好的处理，仅仅是产生少量的酸。在处理低浓度的易降解的污染物质方面，生物滤池和生物滴滤池是最成功的。表 8.4 对生物法工艺进行了比较。

表 8.4 生物法工艺性能比较

工艺	系统类别	适用条件	运行特性	条件
生物洗涤塔	悬浮生长系统	气量小、浓度高、易溶、生物代谢速率较低的 VOCs	系统压降较大、菌种易随连续相流失	对较难溶气体可采用鼓泡塔、多孔板塔等气液接触时间长的吸收设备
生物滴滤塔	附着生长系统	气量大、浓度低、有机负荷较高以及降解过程中产酸的 VOCs	处理能力大，工况易调节，不易堵塞，但操作要求较高，不适合处理入口浓度高和气量波动大的 VOCs	菌种易随流动相流失
生物过滤塔	附着生长系统	气量大、浓度低的 VOCs	处理能力大，操作方便，工艺简单，能耗少，运行费用低，对混合型 VOCs 的去除率较高，具有较强的缓冲能力，无二次污染	菌种繁殖代谢快，不会随流动相流失，从而大大提高去除效率

生物处理方法也有不适宜的地方。例如，携带油或油脂的灰尘和空气因为可能会阻

塞滤床，从而应用生物法得不到很好的处理。另外，由于生物滤床的尺寸有限，降解缓慢的化合物(如特定的氯代烃)也不适于进行生物处理。低浓度的化合物很难得到降解，原因是少量的水对空气的分隔作用使水中污染物的浓度降低，从而降低降解速率。然而，这些情况对于那些较难溶化合物而言，例如苯和甲苯，虽然溶解度较低，但相对其他处理方法，用生物处理方法可以得到稳定的处理。一般情况下，生物处理系统较其他的处理系统体积较大，不能安装在空间有限的地方。

8.6 烟气脱硫技术简介

煤炭和石油燃烧排放的烟气通常含有较低浓度的二氧化硫。由于燃料硫含量的不同，燃烧设施直接排放的烟气中二氧化硫浓度范围为 $10^{-4}\sim10^{-3}$ 数量级。由于二氧化硫浓度低，烟气流量大，烟气脱硫通常是十分昂贵的。

烟气脱硫可按脱硫剂是否以溶液状态进行脱硫而分为湿法或干法脱硫。湿法系统指利用碱性吸收液或含触媒粒子的溶液，吸收烟气中的二氧化硫。干法系统指利用固体吸收剂、吸附剂或催化剂在不降低烟气温度和不增加湿度的条件下除去烟气中的二氧化硫。喷雾干燥法工艺采用雾化的脱硫剂浆液进行脱硫，但在脱硫过程中雾滴被蒸发干燥，最后的脱硫产物也呈干态，因此常称为湿干法或半干法。

8.6.1 湿式石灰石/石灰-石膏法烟气脱硫

重点介绍脱硫技术成熟、效率高、运行可靠的湿式石灰石-石膏法。

(1)石灰石-石膏湿法脱硫技术反应机理

吸收：$SO_2(g)\longrightarrow SO_2(aq)+H_2O(l)\longrightarrow H^+ + HSO_3^- \longrightarrow 2H^+ + SO_3^{2-}$

溶解：$CaCO_3(s)+H^+\longrightarrow Ca^{2+}+HCO_3^-$

中和：$HCO_3^- + H^+\longrightarrow CO_2(g)+H_2O$

氧化：$HSO_3^- + \frac{1}{2}O_2 \longrightarrow SO_3^{2-} + H^+$

$$\downarrow$$

$$SO_4^{2-}$$

$$SO_3^{2-} + \frac{1}{2}O_2 \longrightarrow SO_4^{2-}$$

结晶：$Ca^{2+} + SO_3^{2-} + \frac{1}{2}H_2O \longrightarrow CaSO_3\cdot\frac{1}{2}H_2O(s)$

$$Ca^{2+} + SO_4^{2-} + 2H_2O \longrightarrow CaSO_4\cdot 2H_2O(s)$$

石灰石是目前烟气脱硫系统(FGD)中最常用的吸收剂，因为它来源广泛，并且价格便宜。而石灰由于与 SO_2 反应性较好，在早期的 FGD 装置中广泛应用。但石灰已被石灰石替代，因为两者脱硫效率相当，并可避免能耗大的石灰石煅烧过程。

我国石灰石储量大，矿石品位较高，$CaCO_3$ 含量一般大于 93%。石灰石无毒无害，在处置和使用过程中很安全，是 FGD 理想的吸收剂。但是，在选择石灰石作为吸收剂的时候必须考虑石灰石的纯度和活性，其脱硫反应活性主要取决于石灰石粉的粒度和颗粒的比表面积。一般要求石灰石粉 90%通过 325 目筛或 95%通过 250 目筛，且 $CaCO_3$ 含量大于 90%。

(2)石灰石-石膏湿法脱硫技术工艺流程

如图 8.34 所示，从锅炉出来的烟气通过增压风机(BUF)进入换热器(GGH)，烟气被冷却后进入吸收塔(Abs)，并与石灰石浆液逆流接触。浆液中的部分水分被蒸发掉，烟气进一步冷却。烟气经循环石灰石稀浆的洗涤，可将烟气中 95%以上的硫脱除，同时还能将烟气中近 100%的氯化氢除去。在吸收器的顶部，烟道气穿过除雾器(Me)，除去悬浮水滴。

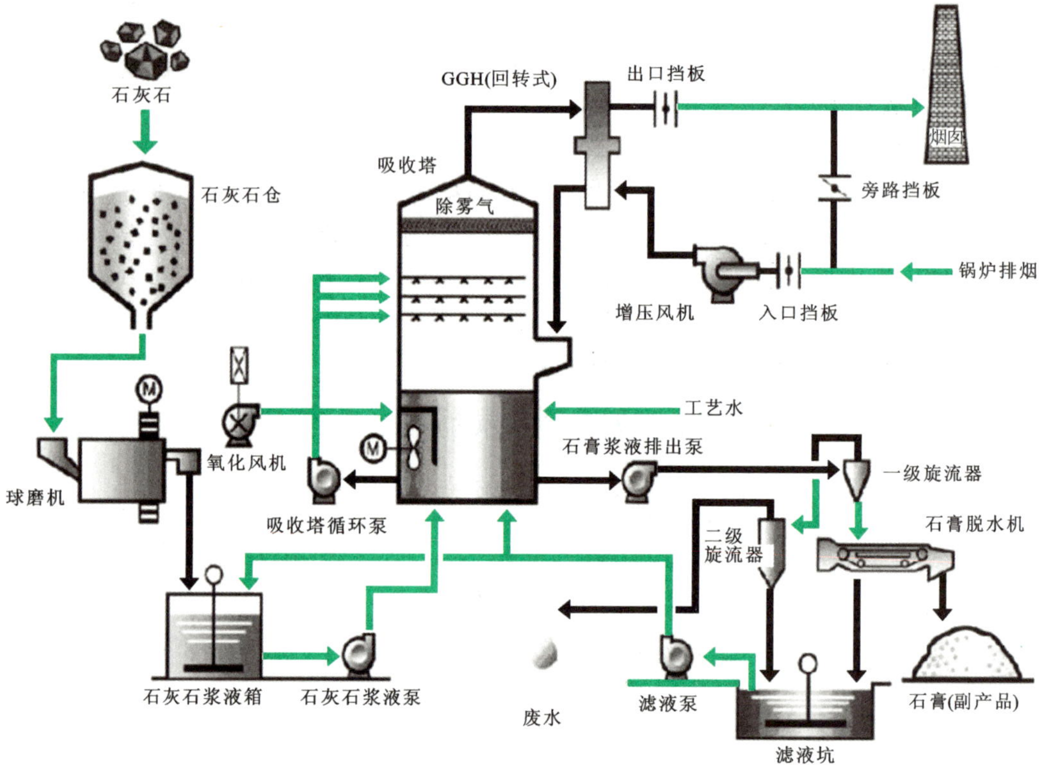

图 8.34 石灰石-石膏法脱硫技术工艺流程图

离开吸收塔以后，在进入烟囱之前，烟气再次穿过换热器，进行升温。吸收塔出口温度一般为 50～70 ℃，这主要取决于燃烧的燃料类型。烟囱的最低气体温度常常按国家排放标准规定下来。在我国，有 GGH 的脱硫，烟囱的最低气温一般是 80 ℃，无 GGH 的脱硫，其温度在 50 ℃左右。大部分脱硫烟道都配备有旁路挡板(正常情况下处于关闭状态)，在紧急情况下或启动时，旁路挡板打开，以使烟道气绕过二氧化硫脱除装置，直接排入烟囱。

石灰石-石膏稀浆从吸收塔沉淀槽中泵入安装在塔顶部的喷嘴集管中。在石灰石-石膏稀浆沿喷雾塔下落过程中它与上升的烟气接触。烟气中的 SO_2 溶入水溶液中，并被其中的碱性物质中和，从而使烟气中的硫脱除。石灰石中的碳酸钙与二氧化硫和氧(空气中的氧)发生反应,并最终生成石膏,这些石膏在沉淀槽中从溶液中析出。石膏稀浆由吸收塔沉淀槽中抽出,经浓缩、脱水和洗涤后先储存起来,然后再从当地运走。

(3)石灰石-石膏湿法脱硫技术工艺系统组成

①石灰石浆液制备系统

石灰石制粉系统的任务是为脱硫系统提供满足质量和数量的石灰石粉,然后由制浆系统配制30%浓度的浆液,通过石灰石浆液泵送入脱硫塔的吸收系统。

② 吸收塔

吸收塔是脱硫装置的核心设备,现普遍采用集冷却、再除尘、吸收和氧化为一体的吸收塔。在此装置中完成以下工艺步骤:洗涤浆液吸收 SO_2;烟气与洗涤浆液分离;浆液中和;中间中和产物氧化成石膏;石膏结晶析出。常见的吸收塔有喷淋塔、填料塔、双回路塔和喷射鼓泡塔。

图8.35为喷淋吸收塔内部结构示意图。

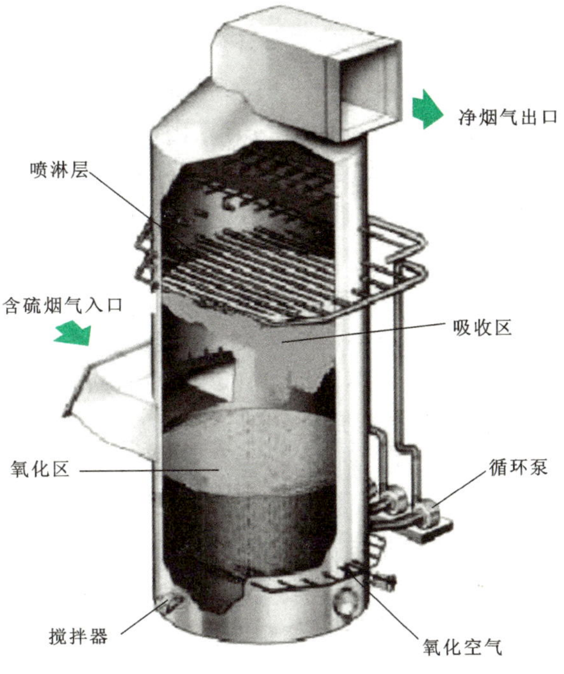

图8.35 喷淋吸收塔内部结构示意图

③ 烟气再热系统

烟气经湿法FGD系统洗涤后,温度降至45～55 ℃,低于露点,直接排放会带来不利后果:一是烟气热力抬升扩散能力低,造成烟流下洗;二是烟气温度低于露点,会有酸性液滴从烟气中凝结出来,即所谓的"下雨",既污染环境,又对设备造成低温腐蚀。因此,通常在脱硫塔后设置烟气再热器,可利用锅炉来的原烟气对净烟气至少加热至80 ℃以上再排入大气。

④石膏制备系统

来自吸收塔浓度为40%～60%的石膏浆,经泵进入水力旋流器浓缩,然后通过脱水机脱水成为含水低于10%的石膏粉状晶粒子,再经过皮带运输机存入石膏仓库。

⑤污水处理系统

一般来说，脱硫污水的 pH 值为 4～6，悬浮物含量为 9000～12700 mg/L，并含有汞、铜、铅、镍、锌等重金属及砷、氟等非金属。处理的方法是先向污水中加入石灰乳，将 pH 值调为 6～7，去除部分重金属和氟化物。继续加入石灰乳、有机硫和絮凝剂，将 pH 值调至 8～9，使重金属生成氢氧化物和硫化物沉淀。

(4)影响石灰石-石膏脱硫效率的因素

①吸收液的 pH 值

烟气中 SO_2 与吸收塔浆液接触后发生如下一些化学反应：

$$SO_2 + H_2O \longrightarrow HSO_3^- + H^+$$

$$CaCO_3 + H^+ \longrightarrow HCO_3^- + Ca^{2+}$$

$$HSO_3^- + \frac{1}{2}O_2 \longrightarrow SO_4^{2-} + H^+$$

$$SO_4^{2-} + Ca^{2+} + 2H_2O \longrightarrow CaSO_4 \cdot 2H_2O$$

从以上反应不难发现，pH 值较高的浆液环境有利于 SO_2 的吸收，而 pH 值较低则有助于 Ca^{2+} 的析出，二者互相对立。pH=6 时，二氧化硫吸收效果最佳，但此时易发生结垢、堵塞现象。而低的 pH 值有利于亚硫酸钙的氧化，石灰石溶解度增加，却使二氧化硫的吸收受到抑制，脱硫效率大大降低，当 pH=4 时，二氧化硫的吸收几乎无法进行，且吸收液呈酸性，对设备也有腐蚀。具体最合适的 pH 值应在调试后得出，但一般 pH 值在 4～6之间。

② 液气比及浆液循环量

液气比增大，气液接触概率增加，脱硫率增大。但二氧化硫与吸收液有一个气液平衡，液气比超过一定值后，脱硫率将不再增加。新鲜的石灰石浆液喷淋下来与烟气接触后，SO_2 等气体与石灰石的反应并不完全，需要不断地循环反应，增加浆液的循环量，也就加大了 $CaCO_3$ 与 SO_2 的接触反应机会，从而提高了 SO_2 的去除率。

③烟气与脱硫剂接触时间

烟气自气-气换热器进入吸收塔后，自下而上流动，与喷淋而下的石灰石浆液雾滴接触反应，接触时间越长，反应进行得越完全。因此长期投运对应高位喷淋盘的循环泵，有利于烟气和脱硫剂充分反应，相应的脱硫率也高。

④石灰石粒度及纯度

石灰石颗粒越细，其表面积越大，反应越充分，吸收速率越快，石灰石的利用率越高。一般要求为：90%通过 325 目筛或 250 目筛，石灰石纯度一般要求大于 90%。

⑤氧化空气量

O_2 参与烟气脱硫的化学过程，使 HSO_3^- 氧化为 SO_4^{2-}，随着烟气中 O_2 含量的增加，$CaSO_4 \cdot 2H_2O$ 的形成加快，脱硫率也呈上升趋势。多投运氧化风机可提高脱硫率。

⑥烟尘

原烟气中的飞灰在一定程度上阻碍了 SO_2 与脱硫剂的接触，降低了石灰石中 Ca^{2+} 的溶解速率，同时飞灰中不断溶出的一些重金属会抑制 Ca^{2+} 与 HSO_3^- 的反应。烟气中粉尘含量持续超过设计允许量，将使脱硫率大为下降，喷头堵塞。一般要求 FGD 入口粉尘含量小于 200 mg/m^3。

⑦ 烟气温度

进入吸收塔烟气温度越低，越利于 SO_2 气体溶于浆液，形成 HSO_3^-，即：低温有利于吸收，高温有利于解吸。通常，将烟气冷却到 60 ℃左右再进行吸收操作最为适宜，较高的吸收操作温度会使 SO_2 的吸收效率降低。

⑧ Cl^- 含量

氯在系统中主要以氯化钙形式存在，去除困难，影响脱硫效率，后续处理工艺复杂，在运行中应严格控制系统中 Cl^- 含量（一般控制在 20000 ppm 以内），确保其在设计（一般设计在 40000 ppm 左右）允许范围内。

(5)常见湿法烟气脱硫存在的问题及解决

湿法烟气脱硫通常存在富液难以处理、沉淀、结垢及堵塞、腐蚀及磨损等等棘手的问题。这些问题如果解决不好，便会造成二次污染、运转效率低下或不能运行等。

①富液的处理

用于烟气脱硫的化学吸收操作，不仅要达到脱硫的要求，满足国家及地区环境法规的要求，还必须对洗后 SO_2 的富液（含有烟尘、硫酸盐、亚硫酸盐等废液）进行合理的处理，既要不浪费资源，又要不造成二次污染。合理处理废液，往往是湿法烟气脱硫技术成败的关键因素之一。因此，吸收法烟气脱硫工艺过程设计，需要同时考虑 SO_2 吸收及富液合理的处理。所谓富液合理处理，是指不能把碱液从烟气中吸收 SO_2 形成的硫酸盐及亚硫酸盐废液未经处理就排放掉，否则会造成二次污染。回收和利用富液中的硫酸盐类，废物资源化，才是合理的处理技术。例如，日本湿法石灰石/石灰-石膏法烟气脱硫，成功地将富液中的硫酸盐类转化成优良的建筑材料——石膏。威尔曼洛德钠法烟气脱硫，把富液中的硫酸盐类转化成高浓度高纯度的液体 SO_2，可作为生产硫酸的原料。上述这些湿法烟气脱硫技术，对吸收 SO_2 后的富液都进行了妥善处理，既节省了资源，又不造成二次污染，不会污染水体。

② 烟气的预处理

含有 SO_2 的烟气，一般都含有一定量的烟尘。在吸收 SO_2 之前，若能专门设置高效除尘器，如电除尘器和湿法除尘器等，除去烟尘，那是最为理想的。然而，这样可能造成工艺过程复杂，设备投资和运行费用过高，在经济上是不太经济的。若能在吸收 SO_2 时，考虑在净化 SO_2 的过程中同时除去烟尘，即除尘脱硫一机多用或除尘脱硫一体化。例如，有的采取在吸收塔前增设预洗涤塔，有的增设文丘里洗涤器。这样，可使高温烟气得到冷却，通常可将 120～180 ℃的高温烟气冷却到 80 ℃左右，并使烟气增湿，有利于提高 SO_2 的吸收效率，又起到了除尘作用，除尘效率通常为 95%左右。有的将预洗涤塔和吸收塔合为一体，下段为预洗涤段，上段为吸收段。

③ 烟气的预冷却

大多数含硫烟气的温度为 120～185 ℃或更高，而吸收操作则要求在较低温度下（60 ℃左右）进行。因而在进行吸收之前要对烟气进行预冷却。通常，将烟气冷却到60 ℃左右较为适宜。常用冷却烟气的方法有：应用热交换器间接冷却；应用直接增湿（直接喷淋水）冷却；用预洗涤塔除尘增湿降温，这些都是较好的方法，也是目前使用较广泛的方法。通常，国外湿法烟气脱硫的效率较高，其原因之一就是对高温烟气进行增湿降温。

我国目前已开发的湿法烟气脱硫技术，尤其是燃煤工业锅炉及窑炉烟气脱硫技术，高温烟气未经增湿降温直接进行吸收操作，较高的吸收操作温度，使 SO_2 的吸收效率降低，这就是目前我国燃煤工业锅炉湿法烟气脱硫效率较低的主要原因之一。

④ 结垢和堵塞

在湿法烟气脱硫中，设备常常发生结垢和堵塞。脱硫系统的结垢和堵塞，可造成吸收塔、氧化槽、管道、喷嘴、除雾器及热交换器结垢和堵塞。其原因是烟气中的氧气将 $CaSO_3$ 氧化成 $CaSO_4 \cdot 2H_2O$（石膏），并使石膏过饱和。这种现象主要发生在自然氧化的湿法系统中，控制措施为强制氧化和抑制氧化。

设备结垢和堵塞，已成为一些吸收设备能否正常长期运行的关键问题。为此，首先要弄清楚结垢的机理，影响结垢和造成堵塞的因素，然后有针对性地从工艺设计、设备结构、操作控制等方面着手解决。一些常见的防止结垢和堵塞的方法有：在工艺操作上，控制吸收液中水分蒸发速度和蒸发量；控制溶液的 pH 值；控制溶液中易于结晶的物质不要过饱和；保持溶液有一定的晶种；严格除尘，控制烟气进入吸收系统所带入的烟尘量，设备结构要做特殊设计，或选用不易结垢和堵塞的吸收设备，例如流动床洗涤塔比固定填充洗涤塔不易结垢和堵塞；选择表面光滑、不易腐蚀的材料制作吸收设备。

⑤ 腐蚀及磨损

煤炭燃烧时除生成 SO_2 以外，还生成少量的 SO_3，烟气中 SO_3 的浓度为 10～40 ppm。由于烟气中含有水（4%～12%），生成的 SO_3 瞬间内形成硫酸雾。当温度较低时，硫酸雾凝结成硫酸附着在设备的内壁上，或溶解于洗涤液中。这就是湿法吸收塔及有关设备腐蚀相当严重的主要原因。解决方法主要有：采用耐腐蚀材料制作吸收塔，如采用不锈钢、环氧玻璃钢、硬聚氯乙烯、陶瓷等。

⑥ 除雾

湿法吸收塔在运行过程中，易产生粒径 10～60 μm 的“雾”。“雾”中不仅含有水分，它还有硫酸、硫酸盐、SO_2 等，如不妥善解决，任何进入烟囱的“雾”，实际就是把 SO_2 排放到大气中，同时也造成引风机的严重腐蚀。因此，工艺上对吸收设备提出除雾的要求。被净化的气体在离开吸收塔之前要进行除雾处理。通常，除雾器多设在吸收塔的顶部。目前，我国相当一部分吸收塔尚未设置除雾器，这不仅造成 SO_2 的二次污染，对引风机的腐蚀也相当严重。

⑦ 净化后气体再加热

洗涤净化后的烟气需进行二次再加热，提高净化气体的温度，从而有利于烟气的烟囱排放。被净化的气体，通常被加热到 105～130 ℃。

（6）石灰石/石灰-石膏湿法脱硫技术特点

与其他脱硫方法相比，石灰石/石灰-石膏湿法脱硫从技术上有以下特点：

①脱硫效率高达 95%以上，有利于地区和电厂实行总量控制；

②技术成熟，设备运行可靠性高（系统可利用率达 98%以上）；

③单塔处理烟气量大，SO_2 脱除量大；

④适用于任何含硫量的煤种的烟气脱硫；

⑤对锅炉负荷变化的适应性强；

⑥设备布置紧凑减少了场地需求；

⑦处理后的烟气含尘量大大减少；

⑧吸收剂(石灰石)资源丰富，价廉易得；

⑨脱硫副产物(石膏)便于综合利用，经济效益显著。

8.6.2 半干法烟气脱硫

半干法是利用烟气显热蒸发石灰浆液中的水分，同时在干燥过程中，石灰与烟气中的 SO_2 反应生成亚硫酸钙等，并使最终产物为干粉状。半干法工艺较简单，干态产物易于处理，无废水产生，投资一般低于湿法，但脱硫效率和脱硫剂的利用率低，一般适用于低、中硫煤烟气脱硫。在半干法烟气脱硫技术中主要有喷雾干燥烟气脱硫、循环流化床烟气脱硫和增湿灰循环烟气脱硫等技术。下面主要介绍应用广泛的喷雾干燥烟气脱硫法。

喷雾干燥烟气脱硫是利用喷雾干燥原理，在吸收剂喷入吸收塔后，一方面吸收剂与烟气中的 SO_2 发生化学反应，生成固体产物；另一方面烟气将热量传递给吸收剂，使之不断干燥，在塔内脱硫反应后形成的产物为干粉，其部分在塔内分离，由锥体出口排出，另一部分随脱硫后烟气进入电除尘器收集。喷雾干燥烟气脱硫工艺流程包括：①吸收剂制备；②吸收剂浆液雾化；③雾粒与烟气的接触混合；④液滴蒸发与 SO_2 吸收；⑤灰渣排出；⑥灰渣再循环，其中②～④在喷雾干燥吸收塔内进行(图 8.36)。

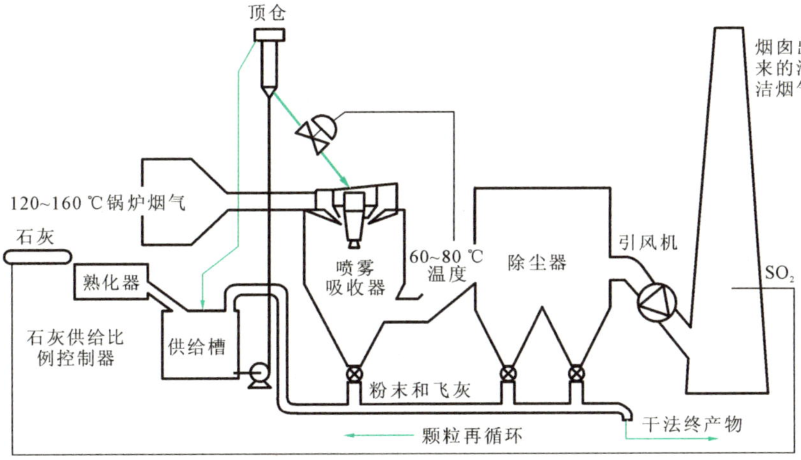

图 8.36 喷雾干燥法烟气脱硫工艺流程

喷雾干燥烟气脱硫工艺大多采用 CaO 含量尽可能高的石灰做脱硫剂。石灰仓内贮存的粉状石灰经螺旋输送机送入消化槽消化，并制成高浓度浆液，然后进入配浆槽，配浆槽上设有过滤器，以清除大颗粒杂质。在配浆槽内用水将浓浆稀释到需要的浓度，一般为 20%左右，然后用泵送入位于石灰乳贮罐之上的振动筛(网眼直径约 1.5 mm)，除去大颗粒杂质。过滤后的石灰乳流入石灰乳贮罐，再用泵送入高位给料罐备用。

喷雾干燥烟气脱硫工艺的关键设备是脱硫塔，安装于吸收塔顶部的离心喷雾机具有很高的转速(10000～20000 r/min)，吸收剂浆液在离心力作用下喷射成均匀的雾粒，雾粒直径小于 100 μm。这些具有很大表面积的分散微粒，一经同烟气接触，就发生强烈的热交换和化学反应，迅速将大部分水分蒸发掉，形成含水量较少的固体产物。该产物是亚硫酸钙、硫酸钙、飞灰和未反应氧化钙的混合物。由于其未完全干燥，在烟道和除尘器内未反应氧化钙仍将继续与烟气中的 SO_2 反应，使脱硫效率有一定的提高。从喷雾干燥吸收塔和除尘器底部收集的灰渣中含有相当数量反应剩余的氧化钙，大多燃煤飞灰也含有一定碱性物质。为了减少新鲜脱硫剂的耗量，将部分脱硫灰渣再循环是必要的。若 FGD 系统入口处脱硫剂与 SO_2 的化学计量比为 1.5，进行灰渣再循环操作时，可使反应区的实际化学计量比接近 3.0，有利于脱硫反应的进行。据报道脱硫灰渣再循环可使系统脱硫率提高 10%～15%。同时灰渣的再循环改善了传质传热条件，有利于雾粒干燥，从而改善了吸收塔塔壁结垢的趋势。

除上述系统外，许多欧洲国家在喷雾干燥脱硫工艺中增设预除尘器和烟气再热装置。烟气进入设置于吸收塔前的预除尘器，把烟气中的大多数飞灰去除。其目的有以下几个方面：①防止下游设备由于飞灰带来的磨损；②降低废物处理的体积；③ 由于飞灰的市场已经比较完善，预除尘器得到的飞灰可以出售。预除尘器通常是一台简单的单电场电除尘器。在改造工程中，往往把已有的除尘设备作为预除尘器。

从 1980 年首台喷雾干燥脱硫装置投入商业运行以来，遇到的主要问题为以下几个方面：①容器和管道的堵塞；②吸收塔内固体沉积；③喷雾器磨损和破裂；④烟道和除尘器的腐蚀。这些问题是由石灰浆液或石灰粉末引起的，也是喷雾干燥吸收塔或处理浆液和粉末工业的常见问题。石灰具有容易吸收水气变成坚硬固体的特性，石灰浆会造成堵塞和磨损。另外，由于缺少合理的设计技术，一些问题主要发生在运行初始阶段并与特定的位置有关。容器与管道的本质是问题堵塞是由于固体沉积进而由此引起的堵塞。这是由于浆液流速小于设计值，管道内存在流动停滞区，使用过量的石灰及飞灰等原因造成的。这些问题导致要周期性地关闭受影响的部件以清除坚固的沉积物。改进的方法包括修改管道设计，提高浆液流速消除流动死角，提高浆液槽泵的吸入短管，改进搅拌和容器隔板的设计，在运行中周期性地转动设备。

在许多喷雾干燥脱硫塔中固体沉积分布从局部往往会扩展到整个塔内壁面上，这是喷雾干燥脱硫工艺需要解决的最重要问题之一。在设计工况下连续运行可冲刷掉少量的局部沉积物，对于大量沉积物则需要关闭吸收塔。导致产生沉积物的主要原因是吸收塔内温度控制不合理，以及运行时喷入的固体浓度小于设计值。由于运行过程中安装在吸收塔出口管道内的热电偶表面逐渐被脱硫产物覆盖，因此读出的温度将变得不准确。研究表明在吸收塔出口温度控制回路中加入入口气体流量和温度的前馈信号，可使吸收塔出口温度更加稳定并且减少固体沉积物。

喷射石灰浆的喷雾器会遇到磨损和破裂的问题，特别是在达到最佳工况前的初始运行阶段。旋转喷雾器以其良好的性能成为喷雾干燥脱硫工艺中使用最普遍的浆液分散器。不过由于机械上比较复杂，与其他类型的喷雾器（如双流体喷嘴）相比，需要更加严格的维护。

除尘器（ESP 和袋式除尘器）的腐蚀问题主要与烟气温度低而且湿度高有关。调峰电厂容易遇到这个问题，因为每天它们要经受相当大的负荷变化，而且周末期间停止运行。这将导致每个星期中除尘器的温度多次低于露点温度，形成的酸液在壁面上凝结导致腐蚀。

8.6.3 干法烟气脱硫

干法烟气脱硫是指应用粉状或粒状吸收剂、吸附剂或催化剂来脱除烟气中的 SO_2。它的优点是工艺过程简单，无污水、污酸处理问题，能耗低，特别是净化后烟气温度较高，有利于烟囱排气扩散，不会产生“白烟”现象，净化后的烟气不需要二次加热，腐蚀性小；其缺点是脱硫效率较低，设备庞大、投资大、占地面积大，操作技术要求高。

8.6.3.1 干法喷钙脱硫

如图 8.37 所示，选择固硫剂石灰石粉料喷入锅炉炉膛，石灰石受热分解成 CaO 和 CO_2。热解后生成的 CaO 随烟气流动，与其中的 SO_2 反应，脱除一部分 SO_2。

$$2CaO+2SO_2+O_2 \longrightarrow 2CaSO_4$$

$$CaO+SO_3 \longrightarrow CaSO_4$$

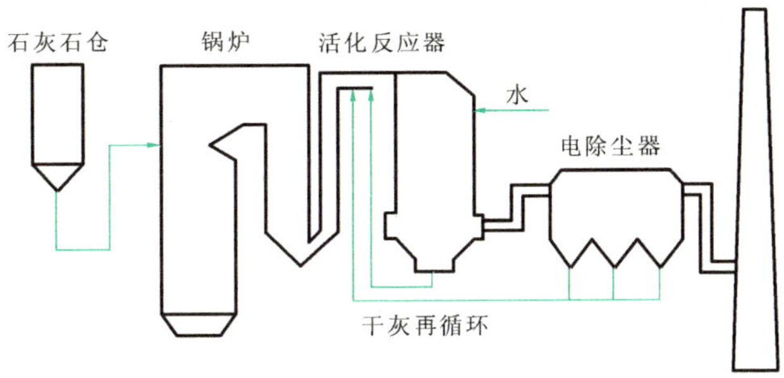

图 8.37 干法喷钙脱硫工艺流程图

生成 $CaSO_4$ 与未反应的 CaO 以及飞灰一起，随烟气进入锅炉后部活化反应器。在活化器中，通过喷水雾增湿，一部分未反应的 CaO 转变成具有较高反应活性的 $Ca(OH)_2$，继续与烟气中的 SO_2 反应，从而完成脱硫的全过程：

$$CaO+H_2O \longrightarrow Ca(OH)_2$$

$$Ca(OH)_2+SO_2+O_2 \longrightarrow CaSO_4+H_2O$$

钙硫比为 2 时，干法工艺的脱硫效率达 50%～70%，钙的利用率达 50%，这种方法较适合老电厂改造，因为在电厂排烟流程中不需增加任何设备就能达到脱硫目的。

8.6.3.2 接触氧化法

此法与工业制酸法一样，是以硅石为载体，以五氧化二钒或硫酸钾为催化剂，使 SO_2 氧化成 SO_3。SO_3 与水汽作用形成硫酸或与氨作用生成 $(NH_4)_2SO_4$。此法是高温操作，所需费用高，但由于技术上较为成熟，目前国内外对高浓度烟气的治理多采用此法。

8.7 烟气脱硝技术简介

化石燃料在燃烧过程中排放大量酸性污染物，如 SO_2 和 NO_x，对环境产生严重的污染。目前，最有效的脱硫技术之一是烟气脱硫(FGD)。湿法 FGD 工艺已经被广泛的使用，此工艺费用较低、易于操作，具有较高的 SO_2 去除效率。但此法不能有效地脱除 NO_x，因为 NO_x 极难溶于水。去除 NO_x 的技术主要分为两大类：燃烧过程控制和燃烧后处理。

由于炉内低氮燃烧技术的局限性，对于燃煤锅炉，采用改进燃烧技术可以达到一定的除 NO_x 效果，但脱除率一般不超过 60%，使得 NO_x 的排放不能达到令人满意的程度。为了进一步降低 NO_x 的排放，必须对燃烧后的烟气进行脱硝处理。目前通行的烟气脱硝工艺大致可分为干法、半干法和湿法 3 类。其中，干法包括选择性非催化还原法(SNCR)、选择性催化还原法(SCR)、电子束同时脱硫脱硝法；半干法有活性炭联合脱硫脱硝法；湿法有臭氧氧化吸收法等。就目前而言，干法脱硝占主流地位。其原因是：NO_x 与 SO_2 相比，缺乏化学活性，难以被水溶液吸收；NO_x 经还原后成为无毒的 N_2 和 O_2，脱硝的副产品便于处理。湿法与干法相比，主要缺点是装置复杂且庞大；排水要处理，内衬材料易腐蚀，副产品处理较难，电耗大(特别是臭氧法)。

传统的单独脱硫、脱硝技术投资和运行成本非常高，目前，大量的研究关注在一个单独的反应器内能同时去除 SO_2 和 NO_x，具有结构紧凑、低费用等优点的同时脱硫脱硝技术受到越来越多的重视。

8.7.1 选择性非催化还原技术(SNCR)

选择性非催化还原法是一种不使用催化剂，在 850～1100 ℃温度范围内还原 NO_x 的方法。最常使用的还原剂为氨和尿素。

一般来说，SNCR 脱硝效率对大型燃煤机组可达 25%～40%，对小型机组可达 80%。由于该法受锅炉结构尺寸影响很大，多用作低氮燃烧技术的补充处理手段。其工程造价低、布置简易、占地面积小，适合老厂改造，新厂可以根据锅炉设计配合使用。

8.7.2 选择性催化还原技术(SCR)

SCR 是目前最成熟的烟气脱硝技术，它是一种炉后脱硝方法，最早由日本于 20 世纪 60～70 年代后期完成商业运行，是利用还原剂(NH_3，尿素)在金属催化剂作用下，选择性地与 NO_x 反应生成 N_2 和 H_2O，而不是被 O_2 氧化，故称为“选择性”。世界上流行的 SCR 工艺主要分为氨法 SCR 和尿素法 SCR 2 种。此 2 种方法都是利用氨对 NO_x 的还原功能，在催化剂的作用下将 NO_x(主要是 NO)还原为对大气没有多少影响的 N_2 和水，还原剂为 NH_3。

在 SCR 中使用的催化剂大多以 TiO_2 为载体，以 V_2O_5 或 V_2O_5-WO_3 或 V_2O_5-MoO_3

为活性成分，制成蜂窝式、板式或波纹式三种类型。应用于烟气脱硝中的SCR催化剂可分为高温催化剂(345 ℃～590 ℃)、中温催化剂(260 ℃～380 ℃)和低温催化剂(80 ℃～300 ℃)，不同的催化剂适宜的反应温度不同。如果反应温度偏低，催化剂的活性会降低，导致脱硝效率下降，且如果催化剂持续在低温下运行会使催化剂发生永久性损坏；如果反应温度过高，NH_3 容易被氧化，NO_x 生成量增加，还会引起催化剂材料的相变，使催化剂的活性退化。国内外SCR系统大多采用高温，反应温度区间为315 ℃～400 ℃。

优点：该法脱硝效率高，价格相对低廉，广泛应用在国内外工程中，成为电站烟气脱硝的主流技术。

缺点：燃料中含有硫分，燃烧过程中可生成一定量的 SO_3。添加催化剂后，在有氧条件下，SO_3 的生成量大幅增加，并与过量的 NH_3 生成 NH_4HSO_4。NH_4HSO_4 具有腐蚀性和黏性，可导致尾部烟道设备损坏。虽然 SO_3 的生成量有限，但其造成的影响不可低估。另外，催化剂中毒现象也不容忽视。

8.7.3 电子束辐照氨法脱硫脱硝技术

电子束辐照氨法脱硫脱硝法是采用电子束对烟气中的 SO_x 和 NO_x 进行辐照并同时喷入 NH_3，使它们之间发生化学反应生成 $(NH_4)_2SO_4$ 或 NH_4NO_3，并在下游的除尘器中对反应产物进行回收，回收的副产品 $(NH_4)_2SO_4$ 和 NH_4NO_3 可用作化肥。当反应温度为70 ℃～120 ℃、NH_3/NO 摩尔比控制为1时，SO_x 脱除率可达98%或更高，NO_x 脱除率达80%。且 NO_x 的脱除率会随着进气中 SO_2 浓度的提高而增加，但同时 SO_2 的脱除率则不受进气 NO_x 浓度的影响。

它有工艺流程简单，同时具备脱硫、脱硝效果，副产品硫酸铵和硝酸铵混合物可直接作为化肥使用，不产生二次污染，生产过程中无三废排放，装置开停简便、迅速、可实现连续自动控制，对烟气负荷及污染物含量适应能力强等突出特点。

8.7.4 活性炭联合脱硫脱硝法

德国、美国最早于20世纪50年代开始活性炭脱硫脱硝研究，日本自20世纪70年代后大力发展了相关工艺。活性炭法脱硫脱硝机理为：烟气中的 SO_2 在脱硫塔中被活性炭吸附，并被催化氧化为吸附态硫酸，随脱硫塔中活性炭一起被送入分离塔；脱去 SO_2 的烟气被送入第二级脱硝塔中，在活性炭的催化作用下 NO_x 与 NH_3 在塔中反应生成 N_2。在分离塔中吸附了 H_2SO_4 的活性炭在350 ℃下热解再生，同时释放出高浓度 SO_2。该法反应温度为100 ℃～200 ℃，SO_2 脱除率可达90%，NO_x 脱除率可达70%。

活性炭的制备过程(包括原料性质、炭化过程、活化条件)以及活性炭担载的活性物质是影响其脱除特性的关键因素。在工艺中，活性炭的滞留时间、入口烟温、烟气流量、NH_3 浓度等是影响此工艺脱硫脱硝效率的重要参数。

思考题与习题

练习

1. 选择吸收剂时主要考虑哪些因素？
2. 温度和压力分别对亨利系数、溶解度常数和相平衡常数分别有什么样的影响？
3. 吸收剂用量对设备费用和操作费用分别有什么样的影响？
4. 工业上对吸附剂有哪些基本要求？
5. 工业常用的吸附剂有哪些？
6. 吸附剂的基本性能参数有哪些？
7. 气态污染物控制常用方法有哪些，分别是什么原理？
8. 催化剂的组成有哪些，各部分作用是什么？
9. 烟气脱硫常用的方法有哪些，分别是什么原理？
10. 如何防止石灰石/石灰法的结垢和堵塞现象？

第三篇　固体废物污染防治工程基础篇

9　固体废物处理处置概述

学习目标

1. 掌握固体废物的法律定义、分类及特征；
2. 熟悉固体废物的危害及其污染途径；
3. 掌握固体废物管理的原则；
4. 熟悉固体废物管理的法律法规。

案例导入

2013年，全国工业固体废物产生量为327701.9万吨，综合利用量（含利用往年贮存量）为205916.3万吨，综合利用率为62.8%。2013年，全国城市生活垃圾清运量为1.73亿吨，无害化处理能力为49.3万吨/日，无害化处理量为1.54亿吨，无害化处理率为89.0%。

2013年，《全国危险废物和医疗废物处置设施建设规划》确定的危险废物集中处置设施建设项目建成41个，医疗废物集中处置设施建设项目建成253个。推动落实《“十二五”危险废物污染防治规划》，启动危险废物专项整治工作，继续推动实施《危险废物经营许可证管理办法》，继续开展危险废物规范化考核，开展“进口固体废物专项整治”行动，加强与有关国家之间关于废物越境转移控制的信息交换和联合查证合作，阻止19批次固体废物向中国非法出口。发布《关于下放和加强进口废五金类废物加工利用企业认定工作的通知》、《关于完善废弃电器电子产品处理基金等政策的通知》，制定出台《进口废塑料环境保护管理规定》。启动生活垃圾分类、存量垃圾治理示范工作，推动城市生活垃圾分类和存量治理。（摘自《2013年中国环境状况公报》）

9.1 固体废物概述

9.1.1 固体废物的定义

9.1.1.1 一般定义

固体废物是指人类在生产建设、日常生活和其他活动中产生的，在一定时间和地点无法利用而被丢弃的污染环境的固体、半固体废弃物。按物质的形态划分，固体废物包括固态、液态和气态废物。

9.1.1.2 法律定义

按照《中华人民共和国固体废物污染环境防治法》(1995 年 10 月 30 日第八届全国人民代表大会常务委员会第十六次会议通过，其修订版于 2020 年 4 月 29 日第十三届全国人民代表大会常务委员会第十七次会议表决通过，2020 年 9 月 1 日起施行)的规定，固体废物是指在生产、生活和其他活动中产生的丧失原有利用价值或者虽未丧失利用价值但被抛弃或者放弃的固态、半固态和置于容器中的气态的物品、物质以及法律、行政法规规定纳入固体废弃物管理的物品、物质。固体废物污染海洋环境的防治和放射性固体废物污染环境的防治不适用本法。

9.1.2 固体废物的分类

9.1.2.1 一般分类

固体废物的一般分类如表 9.1 所示。

表 9.1 固体废物的一般分类

分类	固体废物
按化学组成分	有机废物和无机废物
按危害性分	一般固体废物和危险废物
按来源分	工业废物、矿业废物、城市生活垃圾、农业废物和放射性废物
按形态分	固态废物、半固态废物，液态废物和气态废物

9.1.2.2 法律分类

根据 2020 年新修订的《固废法》，我国固废分为工业固废、生活垃圾、农业固废、建筑垃圾、危废五大类。

(1)工业固体废物

工业固体废物是指在工业生产活动中产生的固体废物。主要来自于冶金工业、矿业、石油化学工业、轻工业、机械电子工业、建筑业、交通业和其他工业行业等，典型的工业固体废物有煤矸石、粉煤灰、炉渣、矿渣、尾矿、金属、塑料、橡胶、化学试剂、陶瓷、沥青等，可按工业类型、产废的工艺、废弃物种类和成分来进行细分。按照国家《大宗工业固体废物综合利用"十四五"规划》,大宗工业固体废物是指我国各工业领域在生产活动中年产生量在1000万吨以上、对环境和安全影响较大的单一种类固体废物,主要包括:尾矿、煤矸石、粉煤灰、冶炼渣、工业副产石膏、赤泥和电石渣、建筑垃圾、农作物秸秆八个品类。

(2)生活垃圾

生活垃圾是指在日常生活中或者为日常生活提供服务的活动中产生的固体废物以及法律、行政法规规定视为生活垃圾的固体废物。主要包括厨余垃圾、废纸、废塑料、废织物、废金属、废玻璃、陶瓷碎片、砖瓦渣土、粪便以及废旧家具、废旧电器、庭园废物等。生活垃圾主要产自城市居民家庭、城市商业、餐饮业、旅馆业、服务业、市政环卫业、交通运输业、文教卫生业和行政事业单位等,其主要特点是成分复杂、有机物含量高,受居民生活水平、生活习惯、季节、气候等因素的影响。

(3)危险废物

危险废物是指列入国家危险废物名录或者根据国家规定的危险废物鉴别标准和鉴别方法认定的具有危险特性的固体废物。危险废物主要来自于石油化工、金属冶炼、医疗和科研单位等,其特性包括易燃性、腐蚀性、反应性、毒性和传染性。国家于1998年7月1日实施了《国家危险废物名录》,将危险废物分为47大类。2008年6月对《国家危险废物名录》进行了修订,将危险废物分为49大类401种,从2008年8月1日起施行。2016年6月对《国家危险废物名录》再次进行了修订,将危险废物调整为46大类479种,增加豁免清单,并从2016年8月1日起施行。2020年针对"固废法""三个能力"提升新要求,调整细化为46大类。

(4)建筑垃圾

指建设、施工单位或个人对各类建筑物、构筑物、管网等进行建设、铺设或拆除、修缮过程中所产生的渣土、弃土、弃料、淤泥及其他废物。

(5)农业固废

农业生产过程和农民生活中所排放出的固体废弃物、废竹、废木屑、秸秆、人畜粪便等。

9.1.3 固体废物的特征

9.1.3.1 时间性

随着时代的进步和科学技术的发展,昨天的废物可能会成为明天的资源。如钢铁生产丢弃的高炉渣可生产矿渣水泥。

9.1.3.2 空间性

固体废物是相对某一过程或某一方面没有使用价值,而并非在一切过程或一切方面都没有使用价值。某一过程的废物可能是另一过程的原料。因此固体废物被称为是"放错位置的资源"或"放在错误地点的原料"。

9.1.3.3 无主性

固体废物被丢弃后,不再属于谁。特别是城市生活垃圾,找不到具体负责者。

9.1.3.4 持久危害性

固体废物进入环境后,不可能马上被周围的环境接纳,而会通过释放渗出液和气体进行“自我消化”，此过程是长期、复杂而难以控制的，因此固体废物对环境的污染危害比废气、废水更持久。如堆放场中的城市生活垃圾一般需10～30年的时间才趋于稳定，其中的废旧塑料、橡胶等则经历的时间会更长，对环境造成持续性的危害。

9.1.4 固体废物的污染及危害

固体废物污染途径非常复杂，固体废物直接排入江河湖泊，在地面倾倒、堆置、填埋、焚烧等处理处置都会对环境造成污染。通过散发有毒、有害和臭气等气态污染物污染大气，通过分解产生大量的浸出液、渗滤液等液态污染物污染地下水、地表水和土壤，通过灰、渣、尾矿等固态污染物侵占土地和污染土壤等。这些污染物对环境形成的危害不是独立的，而是相互交叉的。

9.1.4.1 侵占土地

固体废物的堆放或填埋处置，都要占用一定的土地。随着经济的发展，固体废物的产生量和填埋量不断上升，侵占土地的问题会变得更加严重。

9.1.4.2 污染水体

固体废物对水体的污染有直接污染和间接污染两种。直接污染是把水体作为固体废物的接纳体，向水中直接倾倒废物，从而导致水体的直接污染；间接污染是指固体废物在堆积过程中，经雨水浸淋和自身分解产生的渗出液流入江河、湖泊和渗入地下而导致地表和地下水的污染。

9.1.4.3 污染大气

固体废物在堆积、处理处置过程中会产生有害气体，对大气产生不同程度的污染。露天堆放的固体废物会因有机成分的分解产生氨气、硫化氢等恶臭气体；垃圾在焚烧过程中会产生酸性气体、粉尘和二噁英等污染物；垃圾在填埋处置后会产生甲烷、硫化氢等有害气体；废物中的细粒、粉尘会随风飞扬，造成大面积的空气污染。

9.1.4.4 污染土壤

固体废物及其渗出液所含的有害物质非常容易向土壤进行迁移、转化和富集有害物质，改变土壤的物理结构和化学性质，影响土壤中微生物的活动，破坏土壤内部的生态平衡，致使土壤发生酸化、碱化或硬化，甚至发生重金属污染，最终影响植物营养吸收和生长，进而通过食物链影响整个生态链，并对人体健康造成影响。

9.1.4.5 影响环境卫生及居民心理

未经处理的工业废渣、垃圾露天堆放在厂区、城市街区，除了导致直接的环境污染外，还严重影响了厂区、城市容貌和景观。如“白色垃圾”影响了城市景观，形成了“视觉污染”。目前“邻避主义”思潮引起的垃圾焚烧发电厂选址困难就是垃圾对居民心理影响的体现。

9.2 固体废物管理

就环境管理和污染控制而言，固体废物相比废水、废气具有自己的特点。废水或废气治理后最终产物是固体废物，其浓集了多种污染成分，在目前无法利用的情况下，为了避免二次污染，就必须进行安全处置。固体废物在产生—收集—贮存—运输—利用—处理—处置等各个环节，都可能造成环境污染，也可能直接危害人体健康。因此，要对固体废物进行全过程管理。固体废物必须建立与水、大气完全不同的管理体制。

固体废物管理是环境管理体系的一个重要组成部分。《中华人民共和国固体废物污染环境防治法》确立了固体废物管理"三化"基本原则和对固体废物进行全过程管理的原则。

9.2.1 固体废物管理原则

9.2.1.1 "三化"基本原则

固体废物管理"三化"基本原则是：减量化、资源化、无害化。

(1)减量化

减量化是指通过采用合适的管理和技术手段减少固体废物的产生量和排放量。包括两方面的内容：首先从源头上解决问题，就是"源削减"；其次，对产生的废物进行有效的处理和最大限度的回收利用，以减少固体废物的最终处置量。

(2)资源化

资源化是指采取管理和工艺措施从固体废物中回收物质和能源，并加以充分利用，创造经济价值的技术方法。包括三个范畴：①物质回收，即从处理的废物中回收某些物质如纸张、玻璃、金属等；②物质转换，即利用废物制取新形态的物质，如利用炉渣生产水泥和其他建筑材料；③能量转换，即从废物处理过程中回收能量，以生产热能或电能，如垃圾焚烧回收热量进行发电，利用垃圾厌氧消化产生沼气等。

(3)无害化

无害化是指对已产生又无法或暂时不能利用的固体废物，尽可能采用物理、化学或生物手段，加以无害或低危害的安全处理、处置，达到消毒、解毒或稳定化，以防止并减少固体废物对环境的污染影响。

9.2.1.2 全过程管理原则

全过程管理亦即通常所讲的"从摇篮到坟墓"的管理。固体废物必须实行从产生到最终处置的全过程管理体制，即将产生、运输、综合利用、处理、贮存、处置等所有废物运动过程所涉及的各环节都作为污染源进行管理。固体废物管理可以从人类物质利用过程生态化分析中获得其应遵循的原则，即产生源控制优先、废物产生后资源化、有害废物的分流、最终处置无遗漏。

9.2.2 我国固体废物的管理制度

9.2.2.1 分类管理制度

固体废物具有量多面广、成分复杂的特点，因此需对城市生活垃圾、工业固体废物和危险废物分类管理。危险废物较生活垃圾、一般工业固体废物而言，危害性严重，应根据不同的危险特性与危害程度，采取区别对待、分类管理的原则，并要实施比一般废物更严格的标准和更高的技术要求。《中华人民共和国固体废物污染环境防治法》第 58 条规定："收集、贮存危险废物，必须按照危险废物特性分类进行。禁止混合收集、贮存、运输、处置性质不相容而未经安全性处置的危险废物。禁止将危险废物混入一般废物中贮存。"

9.2.2.2 申报登记制度

环境保护部门需掌握工业固体废物和危险废物的种类、产生量、流向以及对环境的影响等情况，进而进行有效的固体废物污染防治管理，《中华人民共和国固体废物污染环境防治法》要求实施工业固体废物和危险废物申报登记制度。《中华人民共和国固体废物污染环境防治法》第32条规定："国家实行工业固体废物申报登记制度。产生工业固体废物的单位必须按照国务院环境保护行政主管部门的规定，向所在地县级以上地方人民政府环境保护行政主管部门提供工业固体废物的种类、产生量、流向、贮存、处置等有关资料。"第53条规定："产生危险废物的单位，必须按照国家有关规定制定危险废物管理计划，并向所在地县级以上地方人民政府环境保护行政主管部门申报危险废物的种类、产生量、流向、贮存、处置等有关资料。"

9.2.2.3 危险废物经营许可证制度

危险废物的危险特性决定了并非任何单位和个人都可以从事危险废物的收集、贮存、处理、处置等经营活动，必须由具备达到一定设施、设备、人才和专业技术能力并通过资质审查获得经营许可证的单位进行危险废物的收集、贮存、处理、处置等经营活动。《中华人民共和国固体废物污染环境防治法》第57条规定："从事收集、贮存、处置危险废物经营活动的单位，必须向县级以上人民政府环境保护行政主管部门申请领取经营许可证；从事利用危险废物经营活动的单位，必须向国务院环境保护行政主管部门或者省、自治区、直辖市人民政府环境保护行政主管部门申请领取经营许可证。"危险废物经营许可证按照经营方式，分为危险废物收集、贮存、处置综合经营许可证和危险废物收集经营许可证。

9.2.2.4 危险废物转移联单制度

这一制度是为了控制危险废物的流向，掌握危险废物的动态变化，保证运输安全、防止非法转移和处置，保证危险废物的安全监控，防止危险废物污染的扩散和污染事故的发生。《中华人民共和国固体废物污染环境防治法》第59条规定："转移危险废物的，必须按照国家有关规定填写危险废物转移联单，并向危险废物移出地设区的市级以上地方人民政府环境保护行政主管部门提出申请。"目前，我们国家实施五联单制度。

9.2.2.5 危险废物行政代处置制度

危险废物的有害性决定了其必须进行妥善处置。《中华人民共和国固体废物污染环境防治法》第55条规定："产生危险废物的单位，必须按照国家有关规定处置；不处置的由所在地县以上地方人民政府环境保护行政主管部门责令限期改正；逾期不处置或处置不符合国家有关规定的，由所在地县以上地方人民政府环境保护行政主管部门指定单位按照国家有关规定代为处置，处置费由产生危险废物的单位承担。"

9.2.2.6 进口废物审批制度

《中华人民共和国固体废物污染环境防治法》明确规定："禁止中国境外的固体废物进境倾倒、堆放、处置"、"禁止经中华人民共和国过境转移危险废物"、"国家禁止进口不能用作原料的废物、限制进口可以用作原料的废物"。原环境保护部、商务部、国家发展与改革委员会、海关总署、国家质量监督检查检验检疫总局于 2011 年 4 月 8 日联合公布了《固体废物进口管理办法》,于 2011 年 8 月 1 日起施行。

9.2.2.7 环境影响评价制度及其防治设施的“三同时”制度

“三同时”是指建设项目中防治污染的设施必须与主体工程同时设计、同时施工,同时投产使用。

9.2.2.8 排污许可制度

任何单位都被禁止向环境排放固体废物,而固体废物排污费的缴纳是对那些在按照规定和环境保护标准,建成工业固体废物贮存或者处置的设施、场所,或者经改造这些设施、场所达到环境保护标准之前产生的工业固体废物而言的。

9.2.2.9 限期治理制度

为了解决重点污染源污染环境问题,对于排放或处理不当的固体废物造成环境污染的企业者和责任者。实行限期治理是有效的防治固体废物污染环境的措施。

9.2.3 我国固体废物管理的法律法规

9.2.3.1 法律法规

从国家层面和地方层面都制定了许多固体废物管理法律,如《中华人民共和国固体废物污染环境防治法》、《医疗废物管理条例》、《废弃电器电子产品回收处理管理条例》等。原环境保护部制定了部门规章对固体废物进行规范化管理,如《危险废物转移联单管理办法》、《城市生活垃圾管理办法》、《国家危废名录》等。

9.2.3.2 国际公约

我国已签署的有关固体废物的国际公约有:《控制危险废物越境转移及其处置巴塞尔公约》及其修正案(1991 年加入)、《鹿特丹公约》(适用于禁用或者严格限用的化学品和极为危险的农药制剂,2004 年加入)、《关于持久性有机污染物的斯德哥尔摩公约》(减少或消除持久性有机污染物的排放和释放,2004 年加入)。

9.2.4 我国固体废物管理的技术标准

9.2.4.1 固体废物污染控制标准

这类标准是对固体废物污染环境进行控制的标准,是进行环境影响评价、环境治理、排污收费等管理的基础,是固体废物标准中最重要的标准。固体废物污染控制标准分为两大类:一是废物处理处置控制标准,即对某废物的处理处置提出的控制标准和要求,如《农用粉煤灰污染物控制标准》、《含多氯联苯废物污染控制标准》、《城镇垃圾农用控制标准》、《进口可用作原料的固体废物环境保护控制标准・废塑料》等;二是废物处理处置设施的控制标准,如《一般工业固体废物贮存、处置场污染控制标准》、《生活垃圾填埋场污染控制标准》、《危险废物填埋污染控制标准》、《水泥窑协同处置固体废物污染控制标准》、《生活垃圾焚烧污染控制标准》等。

9.2.4.2 固体废物监测方法标准

主要用于对固体废物环境污染进行监测,包括固体废物的样品采制、样品处理,以及样品分析标准等,如《固体废物浸出毒性浸出方法》(有翻转法、硫酸硝酸法、醋酸缓冲溶液法、水平振荡法等)、《固体废物挥发性有机物的测定 顶空/气相色谱·质谱法》等。

9.2.4.3 危险废物鉴别方法标准

主要用于危险废物危险特性的鉴别,包括《危险废物鉴别技术规范》、《危险废物鉴别标准·通则》、《危险废物鉴别标准·毒性物质含量鉴别》、《危险废物鉴别标准·反应性鉴别》、《危险废物鉴别标准·易燃性鉴别》、《危险废物鉴别标准·浸出毒性鉴别》、《危险废物鉴别标准·急性毒性初筛》、《危险废物鉴别标准·腐蚀性鉴别》。

9.2.4.4 固体废物管理技术政策

技术政策是指政府通过向广大公众、企业等推荐使用有利于固体废物污染控制和管理的技术、工艺及设施方式引导产业发展、调整产业结构、从源头上减少污染的柔性管理方法。如《固体废物处理处置工程技术导则》、《危险废物(含医疗废物)焚烧处置设施性能测试技术规范》、《水泥窑协同处置固体废物环境保护技术规范》、《废塑料回收与再生利用污染控制技术规范(试行)》、《危险废物集中焚烧处置工程建设技术规范》、《医疗废物集中焚烧处置工程技术规范》等。

思考题与习题

1. 固体废物的定义、分类与特征。
2. 固体废物对环境有何危害?
3. 固体废物管理的基本原则是什么?
4. 固体废物管理的制度有哪些?
5. 我国固体废物管理的法律、法规、标准和政策有哪些?

知识拓展

国外固体废物管理经济政策

1.“生产者延伸责任制”政策

为了避免“排污收费”政策在执行过程中效率较低的问题,一些国家制定了“生产者延伸责任制”政策。它规定产品的生产者(或销售者)对其产品被消费后所产生的废弃物的处理处置负有责任。例如,对包装类废物,规定生产者必须对其商品所用包装的数量或质量进行限制,尽量减少包装材料的用量;家电生产企业,必须负责报废家电的回收;美国加州对汽车蓄电池也采取了这种政策,要求顾客在购买新的汽车电池时,必须把旧的汽车电池同时返还到汽配商店,汽配商店才可以向顾客出售新的汽车电池。

2.“押金返还”制度

消费者在购买产品时,除需要支付产品本身的价格外,还需要支付一定数量的押金。产品被消费后,其产生的废物返回到指定地点时,可赎回已支付的押金。例如,美国加州对易拉罐饮料就采取了这种制度,它要求顾客在购买易拉罐可口可乐饮料时,需额外支付每罐5美分的押金。顾客消费后把易拉罐送回回收中心时,可把这5美分的押金收回。

3.“税收、信贷优惠”政策

通过税收的减免和信贷的优惠，支持从事固体废物管理的企业。由于对固体废物管理带来的更多的是社会效益和环境效益，经济效益相对较低，甚至完全没有，因此，就需要政府在税收和信贷等方面给予政策优惠，以支持相关企业和鼓励更多企业从事这方面的工作。例如，对回收废物和资源化产品的企业减免增值税，对垃圾的清运、处理、处置及已封闭垃圾处置场地的地产开发商实行政策补贴，对固体废物处置项目给予低息或无息贷款等。

4.“垃圾填埋费”政策

对进入卫生填埋场进行最终处置的垃圾再次收费，其目的是鼓励废物的回收利用，提高废物的综合利用率，以减少废物的最终处置量，同时也是为了解决填埋土地紧张的问题。这种政策在欧洲国家使用较为普遍。例如，荷兰在1995年颁布了一项法令，规定29种垃圾不允许直接进行填埋处理；奥地利禁止填埋含有5%以上有机物质的垃圾；欧共体垃圾填埋起草委员会要求限制可被微生物分解的有机物垃圾的填埋，在2010年以前，这些垃圾的填埋量应当逐渐地降低，垃圾的填埋量不应超过1993年垃圾量的20%。

10 固体废物处理的基本方法

学习目标

1. 掌握压实、破碎、分选等预处理方法的处理目的、工艺方法及设备；
2. 掌握固化的处理方法；
3. 掌握生物处理方法的原理、特点、工艺；
4. 掌握热处理方法的原理、特点、工艺、设备；
5. 掌握填埋工艺及填埋操作。

案例导入

2014年7月8日，广州市市委、市人大、市政府、市政协领导同志一行50余人，参观了广州番禺火烧岗生活垃圾填埋场、李坑生活垃圾填埋场和广州市第一资源热力电厂二分厂。

虽然番禺填埋场使用"生物环境净化剂"对场地实施了全面除臭，但一下车还是有人忍不住捂住了鼻子。"火烧岗刚刚建立时，当时周边都没有居民区。"现场工作人员介绍，近几年填埋场周围先后新建了包括华南碧桂园等多个大型居住区，填埋场对周边环境影响也日渐凸显，周边群众要求关闭填埋场的呼声很大。

了解番禺垃圾填埋场基本情况后，李贻伟表示，要运用先进技术来减少对周边居民的二次污染。"填埋场曾发挥了很大的历史作用，现在也不要影响周围居民"。

广州市城管委主任危伟汉坦言，番禺火烧岗填埋场已超负荷运行，但填埋场仍存在不规范行为。他认为，要解决垃圾围城问题，关键还在于从源头对垃圾进行减量。

番禺区近几年也加大投入力度开展垃圾场的整治工作。2012年至2013年，投入1.49亿元整治填埋场旧场，进一步完善原有垃圾填埋库区无害化处理设施，将渗滤液处理能力从每日200吨提升到800吨，密封渗滤液收集池，改造丹山河水道，目前该工程已经进入收尾阶段。

在看似一片大草原的李坑生活垃圾填埋场，李贻伟希望，番禺填埋场以后也达到李坑填埋场的复绿效果，成为郊外公园。参观的领导也表示，没想到填埋场居然也可以变成“很美的地方”，“希望市民能够提升垃圾分类意识，支持焚烧厂的建设，让垃圾得到更好的处理”。

在广州市第一资源热力电厂二分厂，透过透明玻璃，下面就是宽敞干净的卸料大厅，工作人员介绍，这里刚刚经过清洗。

“堆放一块的湿垃圾，燃烧温度会不会达不到 800 ℃？”有参观者提出如此疑问。骆蔚峰现场解释道，垃圾并不是立即送往焚烧炉进行焚烧，而是会堆放 3 天，利用焚烧炉的余温把垃圾烘干，期间机器抓手也会搅拌助其风化，“通过技术就可以解决二噁英的问题”。

“垃圾完全可以靠自己的力量充分燃烧，也不需要添加助燃剂。”广州市环保投资集团有限公司总经理表示，堆放一块的垃圾发酵后，会产生沼气等助燃气体，这些气体通过抽风口进入燃烧炉，为垃圾焚烧提供燃料。由于池里形成了负压，外面也闻不到臭味。

据第一资源热力电厂统计，垃圾经过焚烧处理后，大约有 5%的布袋除尘器的飞灰需要另行处理外，垃圾通过焚烧实现了减量的 95%，资源化利用 100%，无害化处理 100%。第一资源热力电厂的两个分厂合计年产生上网电量约为 3.4 亿千瓦时，可供超过 10 万户家庭 1 年的生活用电。

10.1 固体废物预处理方法

10.1.1 压实

10.1.1.1 压实的原理与目的

压实又称压缩，是利用机械的方法减少固体废物的孔隙率，增加其密度。当固体废物受到外界压力时，各颗粒间相互挤压、变形或破碎从而达到重新组合的效果。

对垃圾进行压实的目的：一是增大容重和减小体积，以便于装卸和运输，确保运输安全与卫生，降低运输成本和减少填埋占地；二是制取高密度惰性块料，便于贮存、填埋或做其他用途。如在城市垃圾的收集、运输过程中，许多纸张、塑料和包装物，具有很小的密度，占有很大的体积，必须经过压实，才能有效地增大运输量，减少运输费用。

压实适用对象是固体废物中压缩性能大、复原性能小的物质。压实不适于刚性材料、含易燃易爆成分的材料以及含水废物、污泥，大块的木材、金属、玻璃、塑料等。

固体废物压缩前后的体积比称为压缩比。一般固体废物压实后的压缩比为 3～5，若破碎后再经压实其压缩比可达 5～10。

10.1.1.2 压实设备

固体废物的压实设备称为压实器，一般有固定式和移动式两种。前者只能定点（如废物转运站）使用，后者一般安装在垃圾收集车上，常用于固体废物处置场所。常用的固定式压实器有：

(1)水平式压实器:水平式压实器的结构如图 10.1 所示,主要用于城市垃圾的处理中,垃圾中转站将废物加入装料室,依靠具有压面的水平压头作用使垃圾致密和定形,然后将坯块推出。破碎杆的作用是将坯块表面的杂乱废物破碎,以有利坯块的移出。

(2)三向联合压实器:三向联合压实器结构如图 10.2 所示,适用于金属类废物的压实。它具有三个互相垂直的压头,依次启动 1、2、3 三个压头,即可将料斗中的废物压实成块。

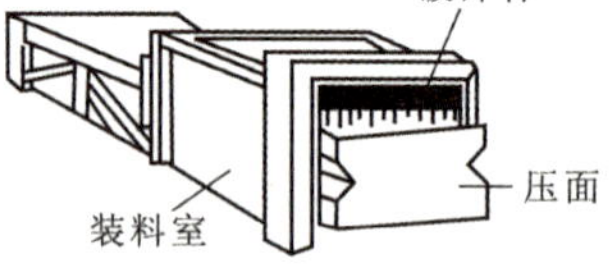

图 10.1　水平式压实器结构图

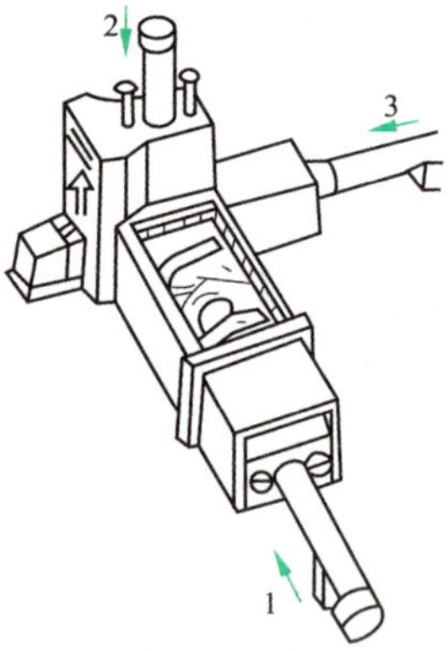

图 10.2　三向联合压实器图

(3)回转式压实器:回转式压实器结构如图 10.3 所示,适于压实体积小、质量轻的废物。废物装入容器单元后,先按水平压头 1 的方向压缩,然后按箭头运动方向驱动旋转式压头 2,使废物致密化,最后按水平压头 3 的运动方向将废物压至一定尺寸排出。

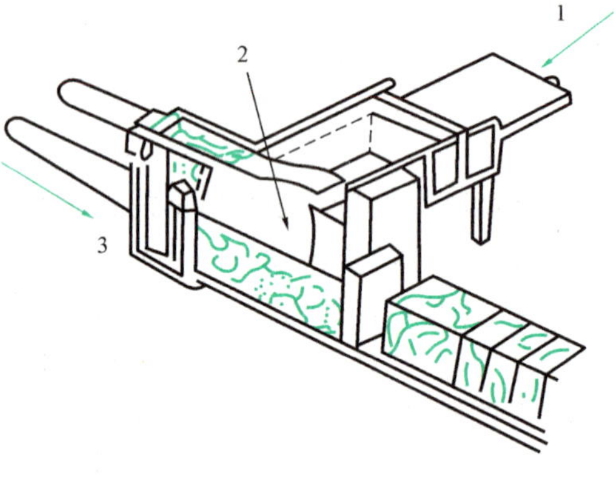

图 10.3　回转式压实器

10.1.2　破碎

10.1.2.1　固体废物破碎的原理和目的

固体废物的破碎是在外力的作用下破坏固体废物质点间的内聚力,使大块的固体废物分裂为小块,小块的固体废物分裂为细粉的过程。经破碎处理后,固体废物变成适合于进一步加工或再处理的形状与大小。有时也将破碎后的废物直接填埋或用做土壤改良剂。

固体废物破碎的目的：

(1)使组成不一的废物容易混合均匀，可提高燃烧、热解等处理过程的效率及稳定性。

(2)可防止粗大、锋利的废物损坏分选、焚烧、热解等设备。

(3)可减小容积，降低运输费用。

(4)容易通过磁选等方法回收小块的贵重金属。

(5)破碎后的生活垃圾进行填埋处置时压实密度高而均匀，可加快复土还原。

(6)可以提高化学反应的速度、效率。

10.1.2.2　破碎设备

(1)颚式破碎机

颚式破碎机为挤压型破碎机械，分为简单摆动型和复式摆动型两种。颚式破碎机结构简单，操作维护方便，工作可靠，主要用于破碎中等硬度的脆性废物，如煤矸石等。它的缺点是生产效率低、破碎物粒度不均匀。

简单摆动型破碎机的工作原理是，皮带轮带动偏心轴旋转，偏心顶点带动连杆上下运动，同时牵动前后推力板做舒张及收缩运动，从而使可动颚板反复地靠近和离开固定颚板，对破碎腔内物料进行破碎，如图 10.4 所示。复式摆动型破碎机结构如图 10.5 所示，它的可动颚板与偏心轮同挂在一个传动轴上，同时往复摆动和上下摆动，使废物受挤压与磨锉的双重作用而被破碎。

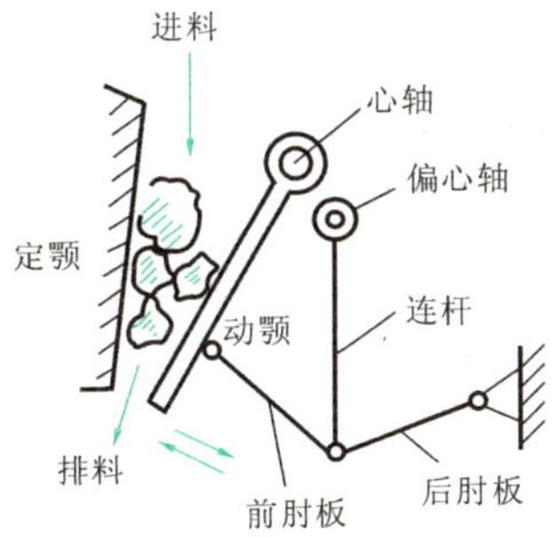

图 10.4　简单摆动型破碎机工作原理示意图

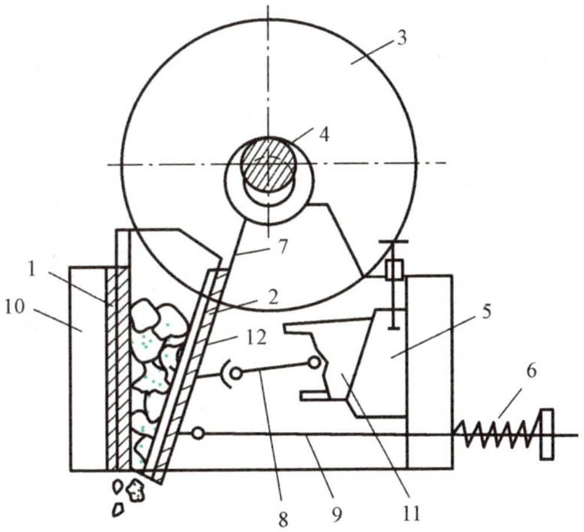

图 10.5　复式摆动型破碎机结构示意图

1—固定颚板；2—可动颚板；3—飞轮；4—偏心轴；5—滑块高速装置；6—弹簧；7—连杆；8—肘板；9—拉杆；10—机体；11—楔铁；12—衬板

(2)锤式破碎机

锤式破碎机属于冲击磨切型，可分为单转子和双转子两类。图 10.6 所示的是一种单转子锤式破碎机。工作时电动机带动转子高速旋转，物料自上部给料口加入后，立即受到转子上所固定的多排重锤的冲击和重锤与破碎板间的磨切作用而被破碎，然后通过下面的筛板排出。这种破碎机可破碎质地较硬的废物，也可破碎含水分及油质的有机物等。破碎后物料粒度均匀，缺点是振动、噪声大。

(3)剪切式破碎机

剪切式破碎机是通过固定刀和可动刀(往复式或旋转式刀)之间的啮合作用将物料切开或割裂而完成破碎过程，如图 10.7 所示。废物自料斗进入后，被夹在旋转刀和固定刀之间的间隙内，而被剪切破碎，破碎后物料经筛缝排出。缺点是如混进硬度大的杂物时易发生操作事故。

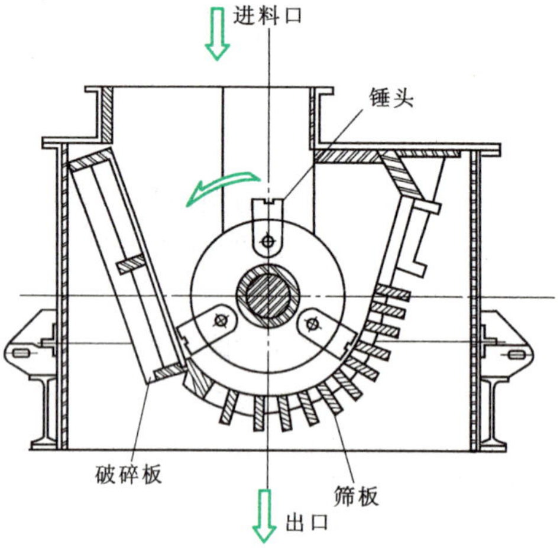

图 10.6　单转子锤式破碎机示意图

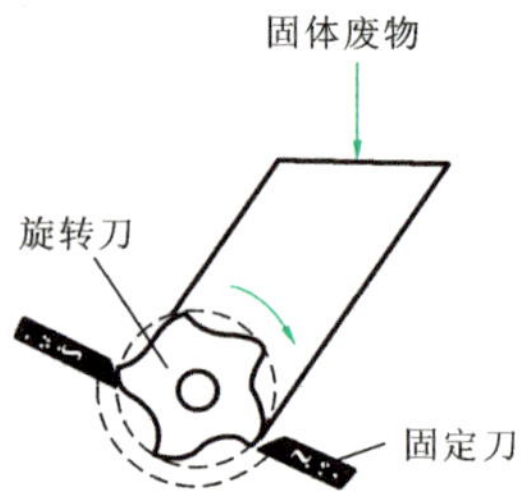

图 10.7　回转式剪切机示意图

破碎机的种类很多，除了上面所介绍的外，常用的还有辊式破碎机、球磨机、湿式破碎机、半湿式破碎机、低温破碎机及高温破碎机等。

10.1.3　分选

分选是根据物质的粒度、密度、磁性、电性、光电性、摩擦性、弹性以及表面润湿性等的差异，采用相应的手段将其分离的过程。分选的方法很多，有筛选(分)、重力分选、磁力分选、电力分选、光电分选、摩擦分选、弹性分选和浮选等。在固体废物的回收与利用中，分选是继破碎后一道重要的操作工序。经过分选将固体废物分门别类，回用于不同的生产过程。

10.1.3.1　筛分

(1)筛分的原理

筛分是依据固体废物的粒度不同，利用筛子将物料中小于筛孔的细粒物料透过筛面，而大于筛孔的粗粒物料留在筛面上，完成粗、细物料的分离过程。也就是将粒度范围较宽的混合物料按粒度分成若干个不同级别的过程。它主要与物料的粒度或体积有关，相对密度与形状影响较小。

(2)筛分设备

①固定筛

筛面由许多平行排列的筛条组成，可以水平安装和倾斜安装。由于构造简单、不耗用动力被广泛使用。有格筛和棒条筛两种。固定筛的缺点是容易堵塞，需经常清扫，筛分效率低，仅有 60%～70%，多用于粗筛作业。

②滚筒筛

滚筒筛也称转筒筛，如图 10.8 所示。圆柱形的筛筒侧面上有许多筛孔，物料从倾斜滚筒的一端给入，借滚筒的转动作用一边向前运动一边翻腾使小于筛孔尺寸的细粒分级透筛，筛上产品从移动筛的另一端排出。物料在筒内滞留时间 25～30 s，转速 5～6 r/min 为最佳。

③惯性振动筛

惯性振动筛是通过由不平衡的旋转所产生的惯性离心力使筛箱产生振动的一种筛子，如图 10.9 所示。当电动机带动皮带轮做高速旋转时，配重轮上的重块产生惯性离心力，其垂直分力通过筛箱作用于弹簧，迫使弹簧做拉伸及压缩运动，筛箱的运动轨迹为椭圆。由于该筛子的作用力是惯性离心力，故称为惯性振动筛。

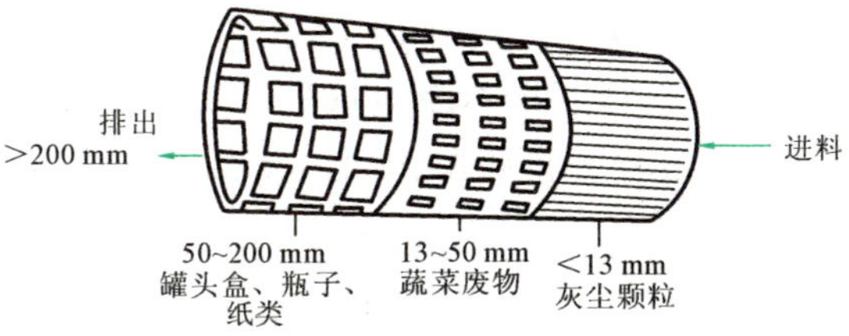

图 10.8 滚筒筛

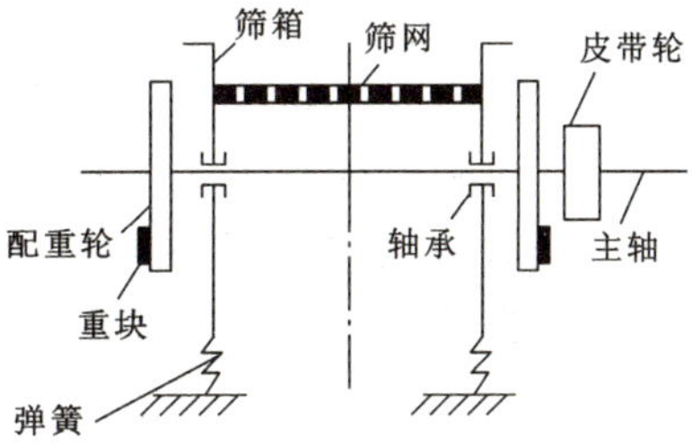

图 10.9 惯性振动筛原理示意图

④共振筛

共振筛是利用连杆上装有弹簧的曲柄连杆机构驱动，使筛子在共振状态下进行筛分。其工作原理如图 10.10 所示。

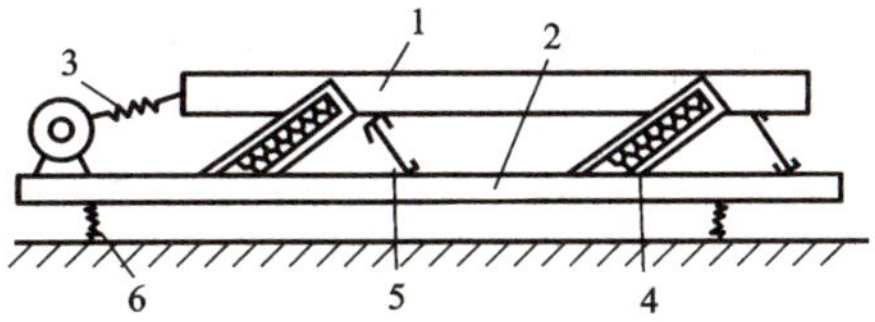

图 10.10 共振筛的原理示意图

1 —上筛箱；2—下机体；3—传动装置；4—共振弹簧；5—板簧；6—支承弹簧

筛箱、弹簧及下机体组成一个弹性系统，该弹性系统固有的自振频率与传动装置的强迫振动频率高、耗电少、结构紧凑，因而应用广泛，适于废物中的细粒筛分，还可用于废物分选作业的脱水、脱重介质和脱泥筛分等。

10.1.3.2 重力分选

重力分选是根据固体废物不同物质间的密度差异，在运动介质中所受的重力、介质动力和机械力的作用，使颗粒群产生松散分层和迁移分离，从而得到不同密度产品的分选过程。

按介质不同，重力分选可分为重介质分选、跳汰分选、风力分选和摇床分选等。

(1)重介质分选

通常将密度大于水的介质称为重介质，重介质分选是在重介质中使固体废物中的颗粒群按其密度大小分开的方法以达到分离的目的。目前常用的重介质分选设备是重介质分选机，如图 10.11 所示。

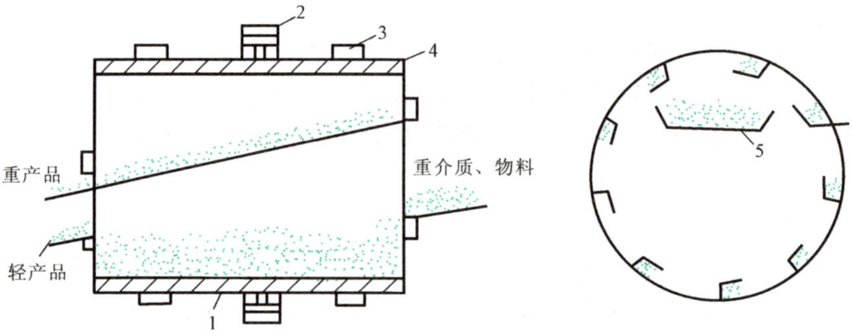

图 10.11　重介质分选机结构原理图

1—圆筒形转鼓；2—大齿轮；3—滚轮；4—扬板；5—溜槽

(2)跳汰分选

跳汰分选也是一种重力分选技术，是在垂直变速介质的作用下，按密度分选固体的一种方法。其原理如图 10.12 所示。在分选操作中，原料不断地送进跳汰装置，轻重组分连续分离并被淘汰掉，即形成了不间断的跳汰过程。目前用于固体废物分选的跳汰介质都是水。图 10.13 是跳汰分选装置示意图。

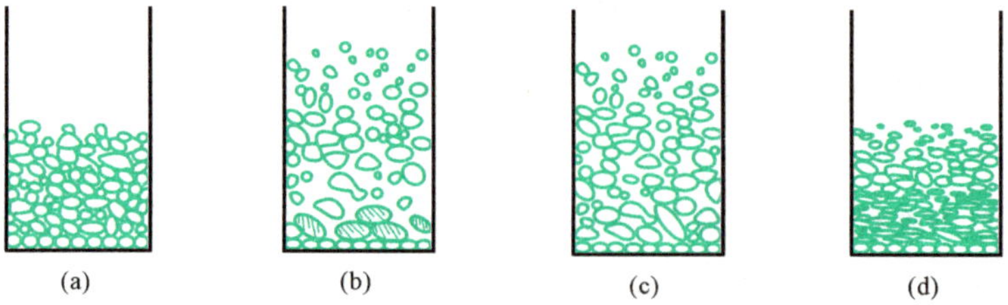

图 10.12　颗粒在跳汰时的分层过程

(a)分层前颗粒混杂堆积；(b)上升水流将床层抬起；
(c)颗粒在水中沉降分层；(d)下降水流，床层紧密，重颗粒进入底层

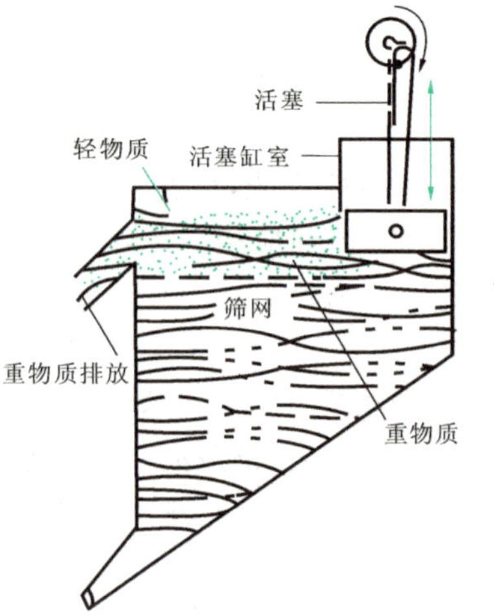

图 10.13　跳汰分选装置示意图

(3)风力分选

风力分选是在气流作用下使固体废物颗粒按密度进行分选的一种方法。不同物质的密度不同,在一定速度的气流中有不同的沉降速度,从而达到轻重颗粒分离的目的。图 10.14 所示的是卧式风力分选机,物料在机内下落时,被水平气流吹散,密度不同的组分沿不同的运动轨迹分别落入不同的收集槽中而得以分离。图 10.15 所示的是立式风力分选机,物料在上升气流的作用下,重组分沉降到分选机底部排出,轻组分随上升气流一起从顶部排出,然后经旋风分离器进行气固分离。

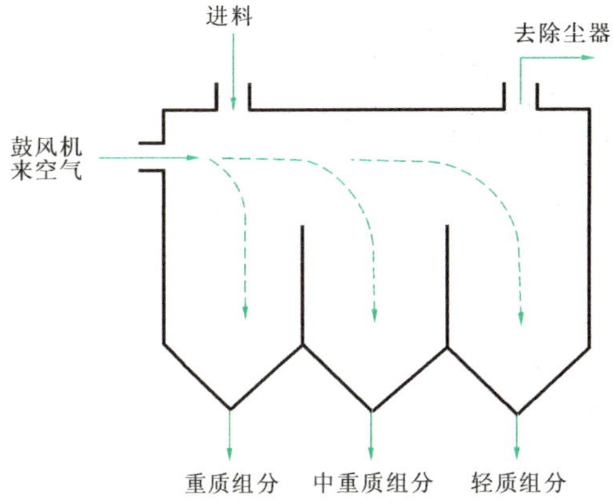

图 10.14 卧式风力分选机结构原理图

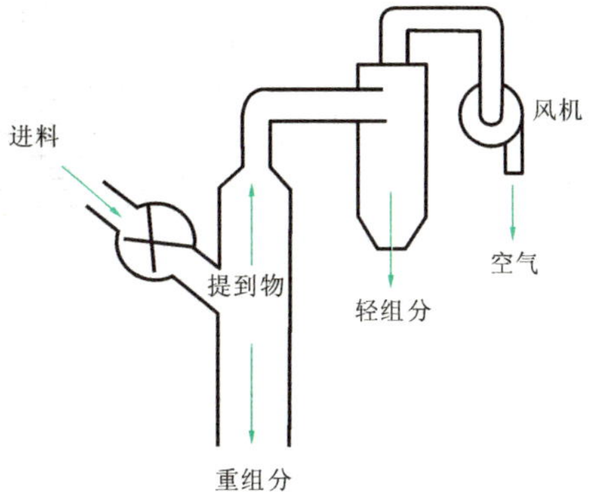

图 10.15 立式风力分选机结构原理图

(4)水力分选

摇床分选是水力分选的一种。在一个倾斜的床面上,借助于床面的不对称往复运动和薄层斜面水流的综合作用,使细粒固体废物按密度差异在床面上呈扇形分布而进行分选的方法。摇床分选目前主要用于从含硫铁矿较多的煤矸石中回收硫铁矿,是一种分选精度很高的单元操作。如图 10.16、图 10.17 所示。

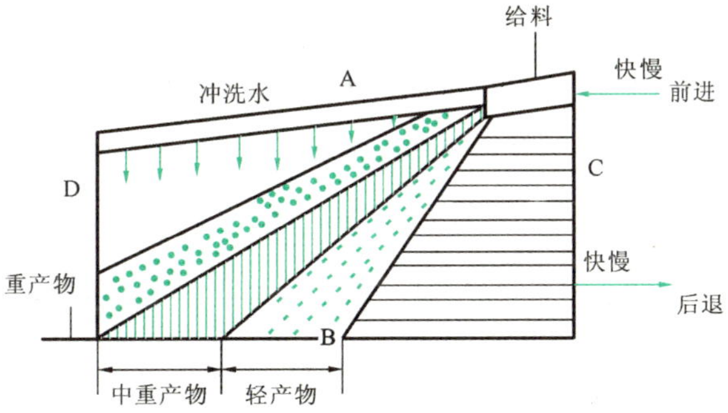

图 10.16 摇床上颗粒分段示意图

A—给料端;B—轻产物端;C—传动端;D—重产物端

10.1.3.3 磁力分选

磁力分选是在不均匀磁场中,利用固体废物各组分之间的磁性差异而使不同组分实现分离的一种分选方法。将固体废物输入磁选机后,磁性颗粒在不均匀磁场作用下被磁化,从而受磁场吸引力作用,使磁性颗粒吸在圆筒上,并随圆筒进入排料端排出,非磁性颗粒由于所受的磁场作用力很小，仍留在废物中被排出，如图 10.18 所示。通常应用于固体废物分选的主要有吸持型磁选机和悬吸型磁选机，如图 10.19、图 10.20 所示。

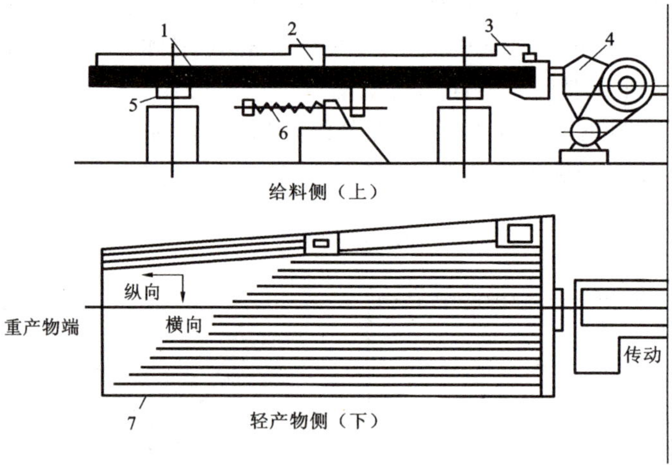

图 10.17　摇床结构示意图

1—床面；2—给水槽；3—给料槽；4—床头；5—滑动支撑；6—弹簧；7—床条

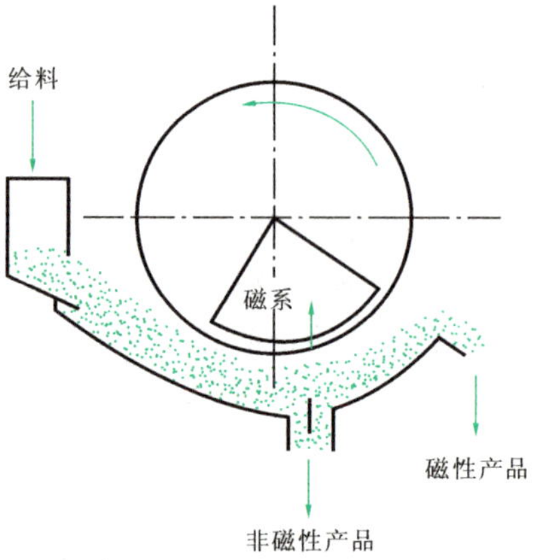

图 10.18　磁力分选分离原理示意图

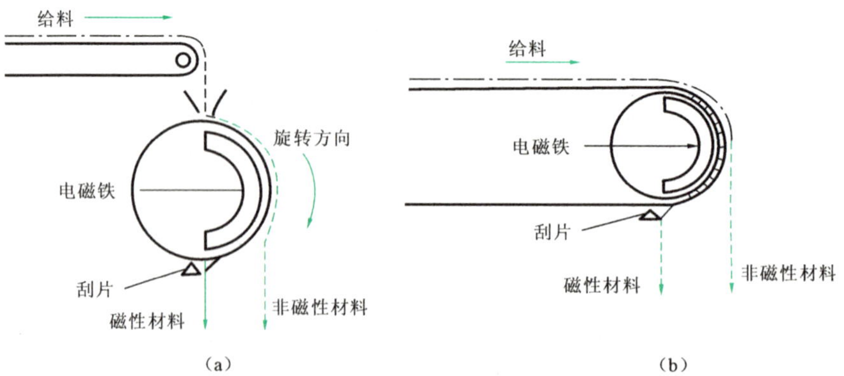

图 10.19　吸持型磁选机示意图

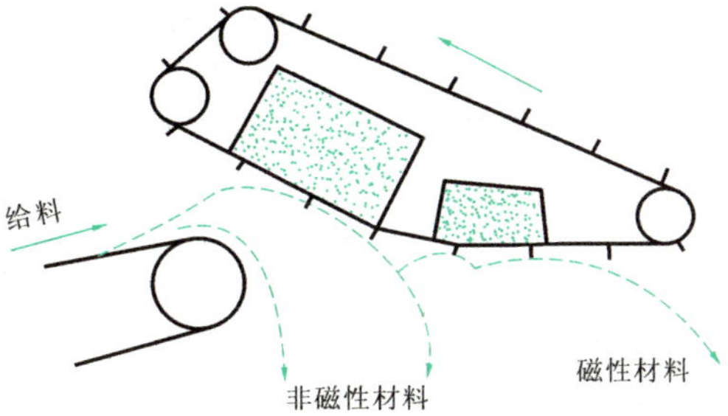

图 10.20 悬吸型磁选机示意图

10.1.3.4 电力分选

电力分选是利用固体废物中各种组分在高压电场中电性的差异来实现分选的一种方法。物料随滚筒转动进入电晕电场区后，由于空间带有电荷使之获得负电荷。物料中的导电颗粒荷电后立即在滚筒上放电，当滚筒进入静电场之后，导电颗粒负电荷释放完毕并从滚筒上获得正电荷而被排斥，在电力、重力、离心力的综合作用下排入料斗。而非导体颗粒不易在滚筒上失去负电荷，因而与滚筒相吸粒子带到滚筒后方用毛刷强制刷下，从而完成了分选过程，如图 10.21 所示。电力分选主要设备是静电分选机，其结构如图 10.22 所示。

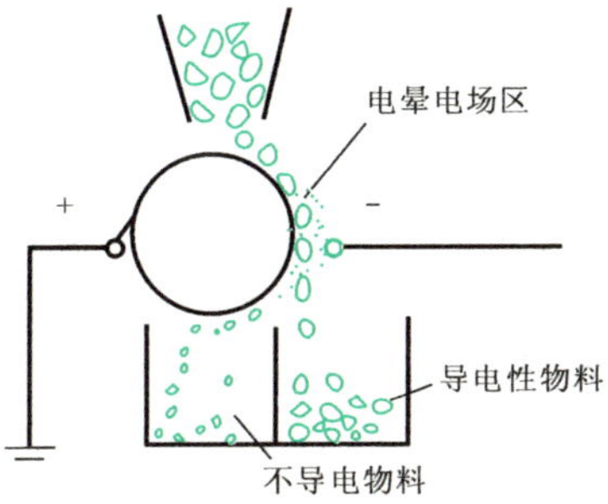

图 10.21 电力分选原理图

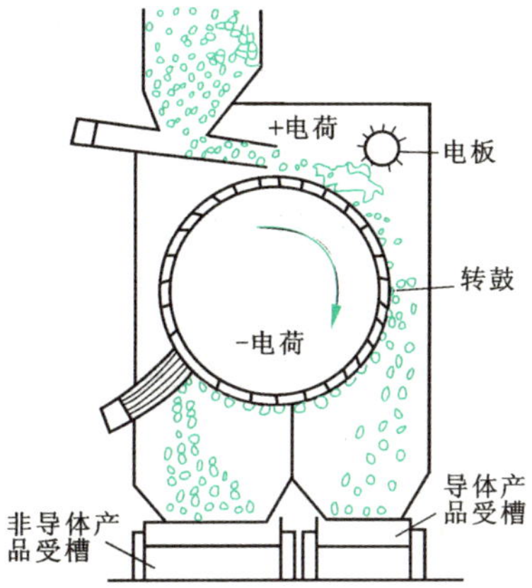

图 10.22 静电分选机示意图

10.1.3.5 浮选

浮选是依据物料表面性质的差异在浮选剂的作用下，借助于气泡的浮力，从物料的悬浮液中分选物料的过程。在一定浓度的料浆中加入各种浮选药剂，在充分搅拌下通入空气，在悬浮的料浆内部就产生了大量的弥散性气泡，疏水性的物料颗粒易黏附于气泡上，并随气泡上浮聚集在液面上。把液面上泡沫刮出，形成泡沫产物，而亲水性的物料颗粒仍留在料液中。浮选工艺过程的主要装置是浮选机。图 10.23 为机械搅拌式浮选机。

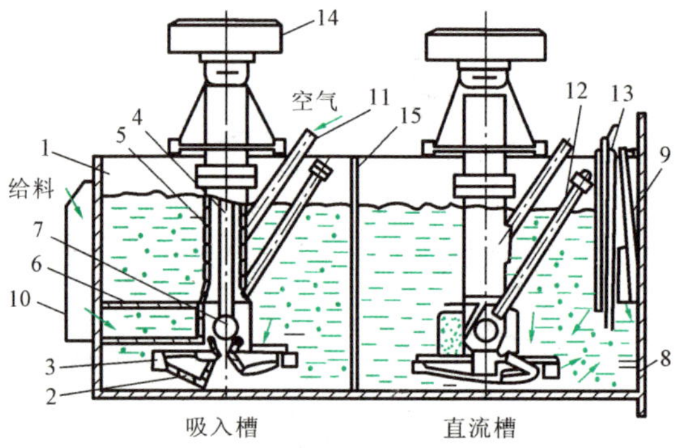

图 10.23　机械搅拌式浮选机示意图

1—槽子；2—叶轮；3—盖板；4—轴；5—管套；6—进浆管；7—循环孔；8—稳流板；9，13—门；10—受浆箱；11—进气管；12—调节循环量的阀门；14—皮带轮；15—槽间隔板

10.2　固体废物的固化处理方法

固化是指利用物理或化学方法将有害固体废物固定或包容在惰性固体基质内，使之呈现化学稳定性或密封性。固化所用的惰性材料称为固化剂。有害废物经过固化处理所形成的固化产物称为固化体。固化技术包括：

10.2.1　水泥固化技术

以水泥为固化剂将有害废弃物进行固化的一种处理方法，从而达到减小表面积、降低渗透性，使之能在较为安全的条件下运输与处置的目的。水泥是一种无机胶结剂，经水化反应后可形成坚硬的水泥块，能将砂、石等骨料牢固地凝结在一起。水泥固化有害废弃物就是利用水泥的这一特性。常用作固化剂的有硅酸盐水泥和火山灰质硅酸盐水泥。

10.2.2　石灰固化处理

以石灰和具有火山灰活性的物质（如粉煤灰、垃圾焚烧灰渣、水泥窑灰等）为固化基材，活性硅酸盐类为添加剂对危险废弃物进行稳定化与固化处理的方法。适用于稳定石油冶炼污泥、重金属污泥、氧化物、废酸等无机污染物，并已用于烟道气脱硫的废弃物的固化。该法简单，物料来源方便，操作不需特殊设备及技术，比水泥固化法便宜，但石灰固化处理得到固化体的强度较低，所需养护时间较长，并且体积膨胀较大，增加清运和处置的困难，因而较少单独使用。

10.2.3　热塑性材料固化处理

热塑性材料如沥青、石蜡、聚乙烯、聚丙烯等，用熔融的热塑性物质在高温下与干燥脱水危险废弃物混合，以达到对废弃物稳定化的目的的过程。以沥青类材料作为固化剂，与危险废弃物在一定的温度、配料比、碱度和搅拌作用下发生皂化反应，使有害物质包容在沥青中并形成稳定固化体的过程。沥青是憎水性物质，具有良好的黏结性、化学稳定性、较高的耐腐蚀性。石油蒸馏的残渣，其化学成分包括沥青质、油分、游离碳、胶质、沥青酸和石蜡等。

10.2.4 热固性材料固化处理

热固性材料如脲醛树脂、聚酯、聚丁二烯、酚醛树脂、环氧树脂等，用热固性有机单体和经过粉碎处理的废弃物充分混合，在助凝剂和催化剂的作用下产生聚合以形成海绵状的聚合物质，从而在每个废弃物颗粒的周围形成一层不透水的保护膜。部分液体废弃物遗留，需干化。特别适用于对有害废弃物和放射性固体废弃物的固化处理。

10.2.5 玻璃固化处理

以玻璃原料为固化剂，将其与危险废弃物以一定的配料比混合后，在 1000～1500 ℃的高温下熔融，经退火后形成稳定的玻璃固化体。主要适用于处理放射性废弃物，不适宜于大型工业有害固体废弃物的固化处理。

10.2.6 自胶结固化处理

利用废弃物自身的胶结特性来达到固化目的的方法。主要用来处理含有大量硫酸钙和亚硫酸钙的废弃物，如磷石膏、烟道气脱硫废渣等。$CaSO_4 \cdot 2H_2O$ 或 $CaSO_3 \cdot 2H_2O$ 经煅烧成具自胶结作用半水，遇水后迅速凝固和硬化。该方法不需要加入大量添加剂，废弃物也不需要完全脱水，工艺简单；固化体化学性质稳定，具有抗渗透性高、抗微生物降解和污染物浸出速率低的特点，并且结构强度高；但只限于含有大量硫酸钙的废弃物，应用面较为狭窄。此外还要求熟练的操作和比较复杂的设备，煅烧泥渣也需要消耗一定的热量。

10.2.7 高温烧结固化技术

此技术为粉末颗粒提供扩散能量，将大部分气孔从晶体中排除，在固化体中的晶相边界发生部分熔融，在低于熔点的温度下使晶体成为致密坚硬的烧结体。

10.3 固体废物化学处理方法

化学处理的目的是对固体废物中能对环境造成严重后果的有毒有害的化学成分，采用化学转化的方法，使之达到无害化。化学处理方法主要包括中和法、氧化还原法和化学浸出法。

10.3.1 中和法

中和法处理的对象主要是化工、冶金、电镀等工业中产生的酸、碱性泥渣。常用的中和剂有石灰、氢氧化物或碳酸钠，用以处理酸性泥渣，而硫酸、盐酸则用于处理碱性泥渣。从经济的角度使酸碱性泥渣相互混合，可达到以废治废的目的。中和法的设备有罐式机械搅拌和池式人工搅拌，前者用于大规模的中和处理，后者用于少量泥渣的处理。

10.3.2 氧化还原法

通过氧化还原化学反应，将固体废物中可以发生价态变化的某些有毒、有害成分转化为无毒或低毒，且具有化学稳定性的成分，以便无害化处置或进行资源回收。例如含氰化物的固体废物可以通过加入氯酸钠、漂白粉等药剂而将氰化物转化为毒性小很多的氰酸盐；将铬渣中的六价铬还原为毒性较小的三价铬而达到无害化处理。

10.3.3 化学浸出法

化学浸出法是选择合适的化学溶剂（浸出剂如酸、碱、盐溶液等）与固体废物发生作用，使其中有用组分发生选择性溶解，然后进一步回收的处理方法。该法可用于含重金属的固体废物处理，特别是在石化工业中废催化剂的处理上得到广泛应用。

10.4 固体废物生物处理

生物处理是指通过微生物的好氧或厌氧作用，使固体废物中可降解有机物转化为稳定产物的处理技术。生物处理可分为好氧堆肥和厌氧消化两类。由于好氧堆肥具有发酵周期短、无害化程度高、卫生条件好、易于机械化操作等特点，故国内外用垃圾、污泥、人畜粪尿等有机废物制造堆肥的工厂，绝大多数都采用好氧堆肥。这里重点介绍好氧堆肥。

10.4.1 好氧堆肥

好氧堆肥是在充分供氧的条件下，利用好氧微生物分解固体废物中有机物质的过程。微生物通过自身的生命活动，把一部分被吸收的有机氧化物氧化成简单的无机物，并释放出生物生长活动所需要的能量，同时把另一部分有机物转化成新的细胞物质，使微生物生长繁殖，产生更多的生物体。好氧堆肥方法主要包括露天条垛型堆肥法、静态强制通风型堆肥法和动态密闭型堆肥法。

10.4.1.1 好氧堆肥的工艺过程

好氧堆肥通常由预处理、主发酵（一次发酵）、后发酵（二次发酵）、后处理及脱臭、贮存六个工序组成。好氧堆肥工艺流程如图 10.24 所示。

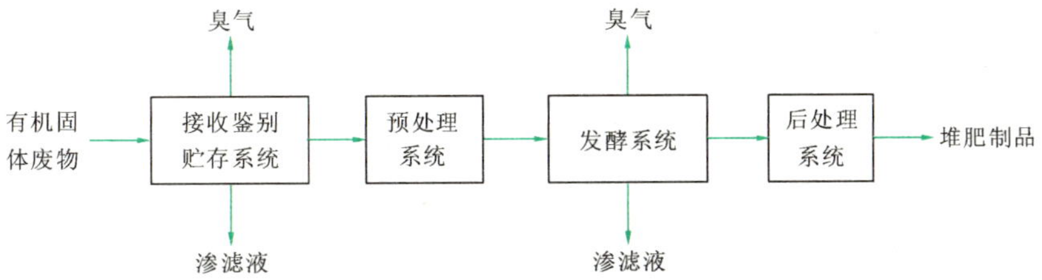

图 10.24 好氧堆肥工艺流程图

(1)预处理

预处理操作是通过破碎和分选，除去非堆肥物质和调整废物的粒度。预处理包括破碎、分选、筛分等工序。通过破碎、分选和筛分可去除粗大垃圾和非堆肥物质，并通过破碎可使堆肥原料的含水率达到一定程度的均匀化。同时，破碎、筛分使原料的表面积增大，便于微生物繁殖，提高发酵速度。考虑到在增加物料表面积的同时，还必须保持一定程度的空隙率，以便于通风而使物料能够获得充足的氧气。适宜的粒度范围是12～60 mm。

(2)主发酵(一次发酵)

主发酵可在露天或发酵装置内进行，通过翻堆或强制通风向堆积层或发酵装置内供给氧气。首先是易分解的物质分解，产生二氧化碳和水，同时产生热量，使堆温上升。微生物吸取有机物的碳氮营养成分，在细菌自身繁殖的同时，将细胞中吸收的物质分解而产生热量。

一般来说，将温度升高至最高到降低为止的阶段称为主发酵期，以厨房垃圾为主体的城市垃圾及家畜粪尿堆肥主发酵期为 3～8 d。

(3)后发酵(二次发酵)

经过主发酵的半成品被送去后发酵。在主发酵工序尚未分解包括易分解及较难分解的有机物可能全部分解，变成腐殖酸、氨基酸等比较稳定的有机物，得到完全成熟的堆肥成品。通常，把物料堆积到 1～2 m 的高度进行后发酵，并需要有防止雨水流入的装置，有时还要进行翻堆或通风。一般后发酵时间通常在 20～30 d。

(4)后处理

包括破碎、分选、烘干、造粒、打包及压实等工艺，可根据堆肥制品的要求选择一种工艺或多种工艺组合。

(5)脱臭

部分堆肥工艺中，堆肥物在堆制过程和结束后会有臭味，必须进行脱臭处理。去除臭气的方法主要有化学除臭剂、碱水和水溶液过滤，熟堆肥或活性炭、沸石等吸附剂过滤。

(6)贮存

堆肥一般在春、秋两季使用，夏、冬两季生产的堆肥只能贮存，因此要建立一个可贮存 6 个月生产量的库房。可直接堆在二次发酵仓中或包装袋中。要求贮存在干燥、通风的地方，密闭或受潮则会影响制品的质量。

10.4.1.2 影响堆肥的主要因素

影响堆肥的因素有很多，归纳起来主要有：

(1)有机物含量和营养物

堆肥最适合的有机物含量在20%～80%之间。如果有机物含量低，则产生的热不足以维持堆肥所需要的温度并且生产的堆肥产品由于肥效较低而影响其使用。但是，过高的有机物含量又将给通风供氧带来影响，从而产生臭气和其他问题。堆肥过程中，微生物所需的大量养料有碳、磷、钾，所需要的微量元素有钙、铜、锰、镁等元素。

(2)含水率

在堆肥过程中，微生物分解有机物和微生物生长繁殖过程中需要一定的水分，含水率的高低影响分解过程的速度。含水率范围应为50%～60%，生活垃圾堆肥时一般以含水率55%为最佳。含水率低于30%，微生物在水中摄取营养物质的能力降低，有机物分解缓慢。当含水率低于12%，微生物的繁殖就会停止；反之，含水率超过65%，水就会充满物料颗粒间的间隙，堵塞空气的通道，使空气含量大量减少，堆肥由好氧状态向厌氧状态转化，温度急剧下降，其结果是形成发臭的中间产物。

(3)通风和耗氧速率

通风量的多少与微生物活动的强烈程度和有机物的分解速度及堆肥物的粒度密切相关。因此，堆肥时必须保证充分供氧。为了解决供氧问题，必须适时适量地通风，需氧量应根据堆肥物质的水分和堆肥温度而定。有关研究指出，堆肥过程适宜的氧浓度为14%～17%，最低不应小于10%。

(4)碳氮比

碳是发酵过程的动力和热源，氮主要用于合成生物体，也是反应速度的控制因素。含氮多的有机物，其碳氮比小，分解快，堆肥周期短；反之，含碳多的有机物，碳氮比大，影响降解速度，堆肥周期长，同时由于氮素养料的不足而使微生物生命活动减弱。初始物料的碳氮比在(26～35)∶1之间是最理想的。成品堆肥的适宜碳氮比为(10～20)∶1之间。由于初始原料的碳氮比一般都高于前述最佳值，故应加入氮肥水溶液、粪便、污泥等调节剂，使之调到30以下。

(5)温度

温度是堆肥的一个主要因素，温度的变化在很大程度上受氧气用量的限制，因此，可以通过控制通风量调节温度。为了达到最佳的处理效果，在开始几天内应维持在50～55 ℃，在剩下的时间内应维持在55～60 ℃。若温度超过66 ℃，则微生物活性显著下降。

(6)pH值

适宜的pH值可使微生物有效发挥作用，太高或太低都会影响堆肥的效率。一般认为pH值在7.5～8.5之间，可获得最大堆肥速率。

10.4.1.3 主要装置

主要发酵装置有立式堆肥发酵塔、卧式堆肥发酵滚筒、筒仓式堆肥发酵仓。如图10.25所示。

10.4.2 厌氧消化

厌氧消化是在无氧或缺氧条件下，利用厌氧微生物的作用使废物中可生物降解的有机物转化为甲烷、二氧化碳和稳定物质的生物化学过程。有机物的厌氧发酵过程可分为液化、产酸和产甲烷三个阶段。其按消化温度分为常温消化、中温消化和高温消化，按消化固体废物浓度分为低固体厌氧消化和高固体厌氧消化。厌氧消化反应调控的条件有水分、养分、pH 值和温度。中温消化控制在 30～38 ℃，高温消化控制在 55～60 ℃。厌氧消化工艺流程如图 10.26 表示。

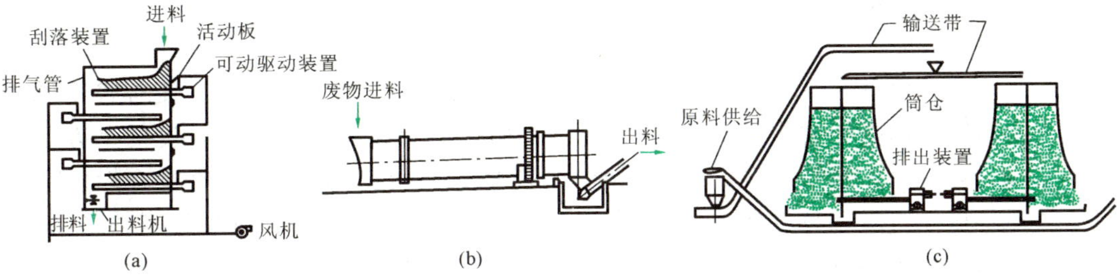

图 10.25　主要发酵装置的种类

(a)立式堆肥发酵塔；(b)卧式堆肥发酵滚筒；(c)筒仓式堆肥发酵仓

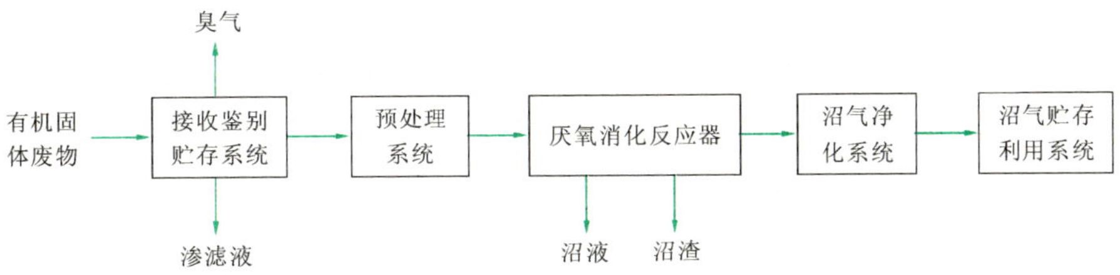

图 10.26　厌氧消化工艺流程图

10.5　固体废物热处理

热处理技术是以高温使有机物分解并深度氧化而改变其物理、化学或生物特性和组成的处理技术。热处理技术包括焚烧和热解技术。

10.5.1　焚烧

焚烧是以一定量的过剩空气与被处理的有机废物在焚烧炉内进行氧化燃烧反应，废物中的有毒有害物质在高温下氧化、热解而被破坏的高温热处理技术。焚烧法的优点是可以回收利用固体废物内潜在的能量，减少废物的体积(一般可减少 80%～90%)，破坏有毒废物的组成结构，使其最终成为化学性质稳定的无害化灰渣。

焚烧是高温条件下的强氧化过程。焚烧时固体废物中的可燃成分与空气中的氧完全反应，发生氧化分解，最终变成成分简单的气体产物(主要是 CO_2、水分、硫、磷、氮的氧化物等)和固体废渣(灰、金属氧化物及其他不易燃物质)，并放出大量的热，从而达到了无害化和热量回收的目的。

焚烧适用于处理可燃、有机成分较多、热值较高的固体废物，如城市生活垃圾、农林固体废物等。

10.5.2 控制参数

10.5.2.1 影响焚烧的主要因素

焚烧过程的主要影响因素是停留时间(Time)、焚烧温度(Temperature)、湍流程度(Turbulence)和过剩空气量(Excess air),简称"3T1E"。

(1)停留时间

废物中有害组分在焚烧炉内处于焚烧条件下,该组分发生氧化、燃烧,使有害物质变成无害物质所需的时间称为焚烧停留时间。一般认为,停留时间与固体粒度的平方近似成正比,固体粒度愈细,与空气的接触面愈大,燃烧的速度就愈快,固体废物在燃烧室的停留时间就愈短。对于垃圾焚烧,如温度维持在 850～1000 ℃之间,有良好搅拌与混合,使垃圾的水气易于蒸发,燃烧气体在燃烧室的停留时间为 1～2 s。

(2)焚烧温度

废物的焚烧温度是指废物中有害组分在高温下氧化、分解直至破坏所须达到的温度。焚烧温度低,会使废物燃烧不完全。燃烧室的温度必须保持在废物燃料的起燃温度以上,温度愈高,燃烧反应速度愈快,则停留时间可以缩短。燃烧温度取决于废物燃料的特性,例如热值、起燃温度、含水量以及炉子结构及燃烧空气量等。合适的焚烧温度是在一定的停留时间下由实验确定的。大多数有机物的焚烧温度范围在 800～1100 ℃之间,通常在 800～900 ℃。

(3)湍流程度

湍流程度是指物料与空气及气化产物与空气之间的混合情况,湍流程度越大,混合越充分,空气的利用率越高,燃烧越有效。

(4)过剩空气量

为了保证氧化反应进行得完全,从化学反应的角度应提供足够的空气。过剩空气率过低会使燃烧不完全,甚至冒黑烟,有害物质焚烧不彻底;但过高时则会使燃烧温度降低,影响燃烧效率,造成燃烧系统的排气量和热损失增加。一般情况下,过剩空气量应控制在理论空气量的 1.7～2.5 倍。

10.5.2.2 生活垃圾焚烧炉主要技术性能指标

《生活垃圾焚烧污染控制标准》(GB 18485—2014,2014 年 5 月 16 日发布,2014 年 7 月 1 日起实施)对焚烧炉的主要技术性能指标做出规定,见表 10.1。

表 10.1 生活垃圾焚烧炉主要技术性能指标

序号	项目	指标	检验方法
1	炉膛内焚烧温度	≥850 ℃	在二次空气喷入点所在断面、炉膛中部断面和炉膛上部断面中至少选择两个断面分别布设监测点,实行热电偶实时在线测量
2	炉膛内烟气停留时间	≥2 s	根据焚烧炉设计书检验和制造图核验炉膛内焚烧温度监测点断面间的烟气停留时间
3	焚烧炉渣热灼减率	≤5%	HJ/T 20

10.5.3　焚烧工艺及系统

焚烧处理的典型流程如图 10.27 所示。

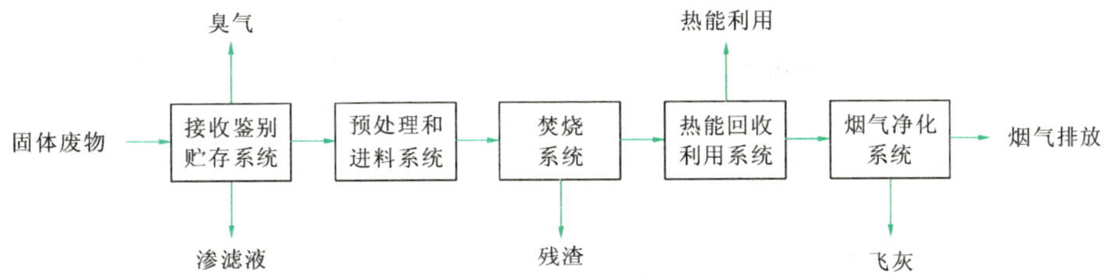

图 10.27　焚烧工艺流程图

焚烧厂一般包括以下 8 个子系统：

(1)固体废物接收、鉴别和贮存系统

焚烧厂设进厂固体废物计量设施，具有称重、记录、传输、打印与数据处理功能。焚烧厂设置化验室，配备固体废物特性鉴别及污水、烟气和灰渣等常规指标检测和分析的仪器设备。贮存一般采用混凝土池贮存，内壁采取防渗、防腐措施，有相应的垃圾渗滤液收集系统，容量满足 7 d 左右生产要求。

(2)预处理和进料系统

预处理包括破碎、分选、混合等设备。大型焚烧炉均为自动连续进料方式。

连续进料系统是由一台抓斗吊将废物由贮料仓提升，卸入炉前给料斗。漏斗经常处于充满状态，以保证燃烧室的密封，料斗中废物再通过导管，由重力作用落入燃烧室，提供一连续物料流。

(3)焚烧系统

焚烧炉应由驱动装置、燃烧室及辅助设施组成。要包括炉床及燃烧室(二燃室)，每个炉体带一个燃烧室。炉床多为机械可移动式炉排构造，可让废物在炉床上翻转燃烧。燃烧室一般在炉床正上方，可为燃烧废气提供数秒钟的停留时间。由炉床下方往上喷入的一次空气可与炉床上的废物层充分混合，由炉床正上方喷入的二次空气可减少废气的搅拌时间。

(4)热能回收利用系统

系统包括余热锅炉、辅机、管道等设施。大中型焚烧炉宜采用余热锅炉的方式，热值较低的废物宜采用空气预热器加热空气的方式。

(5)烟气净化系统

包括酸性气体、烟尘、重金属、二噁英等污染物控制与去除设备、引风机、烟囱等。每台焚烧炉必须单独设置烟气净化系统并安装烟气在线监测装置，处理后的烟气应采用独立的排气筒排放；多台焚烧炉的排气筒可采用多筒集束式排放。脱酸可采用半干法、干法、湿法处理工艺；除尘采用袋式除尘器；脱硝可采用选择性非催化还原法(SNCR)或选择性催化还原法(SCR)。重金属和二噁英的去除一般采用在脱酸设备和袋式除尘器之间设置吸附剂的喷入装置，喷入吸附剂或其他多孔性吸附剂，也可在袋式除尘器后设置活性炭或其他多孔性吸附剂吸收塔或催化反应塔。处理后，烟气中污染物浓度应达到《生活垃圾焚烧污染控制标准》(GB 18485—2014)规定的限值。

(6)灰渣处理系统

包括炉渣处理系统和飞灰处理系统，采用螺旋输送机、气力输送机、水封刮板出渣机、水冷螺旋输送机等设备。焚烧飞灰与焚烧炉渣应分别收集、贮存、运输和处置。飞灰应按危险废物进行管理。如进入生活垃圾填埋场处置，应满足《生活垃圾填埋场污染控制标准》(GB 16889—2008)的要求；如进入水泥窑处置，应满足《水泥窑炉协同处置固体废物污染控制标准》(GB 30485—2013)的要求。

(7)废水处理系统

垃圾渗滤液和车辆清洗废水应收集并在生活垃圾焚烧厂内处理或送至生活垃圾填埋场渗滤液处理设施处理。若通过污水管网或采用密闭输送方式送至采用二级处理方式的城市污水处理厂处理，应满足《生活垃圾焚烧污染控制标准》(GB 18485—2014)中所提出的条件。

(8)自动控制系统

自动控制系统包括称重机车辆管制、吊车自动运行、自动燃烧系统、焚烧炉的自动启动和停炉，还有空气量的控制、炉温控制、压力控制、冷却系统控制、集尘器容量控制、压力与温度的指示、流量指示、烟气浓度及报警系统等。

10.5.4 焚烧设备

10.5.4.1 机械炉排焚烧炉

机械炉排焚烧炉采用活动式炉排，可使焚烧操作连续化、自动化，是目前在处理城市垃圾中最为广泛的焚烧炉。其典型结构如图 10.28 所示。焚烧炉燃烧室内放置有一系列机械炉排，通常按其功能分为干燥段、燃烧段和后燃烧段。垃圾经由添料装置进入机械炉排焚烧炉后，在机械式炉排的往复运动下，逐步被导入燃烧室内炉排上，垃圾在由炉排下方送入的助燃空气及炉排运动的机械力共同推动及翻滚下，在向前运动的过程中水分不断蒸发，通常垃圾在被送落到水平燃烧炉排时被完全干燥并开始点燃。燃烧炉排运动速度的选择原则是应保证垃圾在达到该炉排尾端时被完全燃尽成灰渣。从后燃烧段炉排上落下的灰渣进入灰斗。

产生的废气流上升而进入二次燃烧室内，与由炉排上方导入的助燃空气充分搅拌、混合及完全燃烧后，废气被导入燃烧室上方的废热回收锅炉进行热交换。机械炉排焚烧炉的一次燃烧室和二次燃烧室并无明显可分的界限，垃圾燃烧产生的废气流在二燃室的停留时间，是指烟气从最后的空气喷口或燃烧器出口到换热面的停留时间。

机械炉排类型很多，有链条式、阶梯往复式、多段滚动式和启式炉排等。但除链条式、阶梯往复式外，其他炉排均为专利炉排。

这种燃烧炉的优点是：对垃圾的适用范围广，可以大容量地处理垃圾，对进炉的垃圾颗粒没有特别的要求，也无须经过破碎就可直接送入焚烧炉燃烧，燃烧效率高，一般可达到 75%～78%，炉渣的燃烬率可达到 3%左右，余热利用率高。缺点是造价比较高，占地比较大，须连续运转，操作和维修费用高。其适用于生活垃圾焚烧，不适用于处理含水率高的污泥。

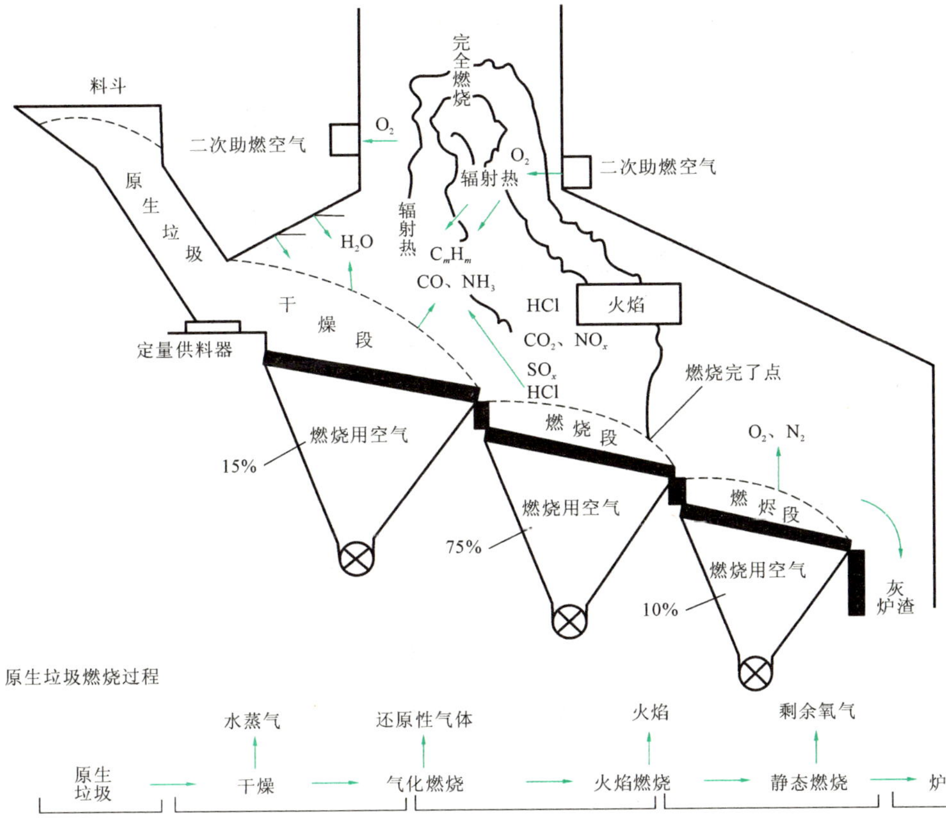

图 10.28　机械炉排焚烧炉结构图

10.5.4.2　回转窑焚烧炉

回转窑炉窑身为一卧式可旋转的圆柱体，倾斜度小，转速低。废物由高端进入，随窑的移动向下移，空气与物料的移动方向可以同向（并流）也可以逆向（逆流）。回转窑的温度分布大致为：干燥区 200～300 ℃，燃烧区 700～900 ℃，高温熔融烧结区 1100～1300 ℃。废物进入窑炉后，随窑的回转而破碎，同时在干燥区被干燥，然后进入燃烧区燃烧，在窑内来不及燃烧的挥发组分随气流进入二次燃烧室燃烧。最后残渣在高温烧结区熔融并排出炉外，如图 10.29 所示。

回转窑的优点是可焚烧不同性质的废物，焚烧能力强。另外，由于回转窑机械结构简单，很少发生事故，能长期连续运转。其缺点是能耗较大，热效率低，只有 35%～40%，因此在处理较低热值固体废物时，必须加入辅助燃料。

如果待处理的垃圾中含有多种难燃烧的物质，垃圾的水分变化范围较大或者进料的体积较大，回转窑是一种理想的选择。回转窑可处理的固体废物范围广，适用于处理成分复杂、热值较高的一般工业固体废物。

10.5.4.3　流化床焚烧炉

如图 10.30 所示，流化床焚烧炉是工业上广泛应用的一种焚烧炉，适用于处理污泥、预处理生活垃圾及一般工业固体废物，主体设备是圆柱形塔体。底部装有多孔板，板上放置载热体砂作为焚烧炉的燃烧床。塔内壁衬有耐火材料。气体从下部通入，并以一定速度通过分配板，使床内载体“沸腾”呈流化状态。废物由塔侧或塔顶加入，在流化床层内与高温热载体及气流交换热量而被干燥、破碎并燃烧。废气从塔顶排出，夹带的载体粒子及灰渣经除尘器捕集后返回流化床内。

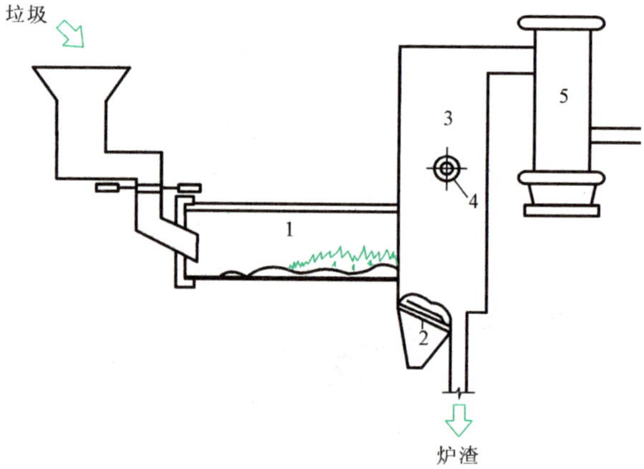

图 10.29　回转窑焚烧炉结构图

1—回转窑；2—燃烬炉排；3—二次燃烧室；4—助燃器；5—锅炉

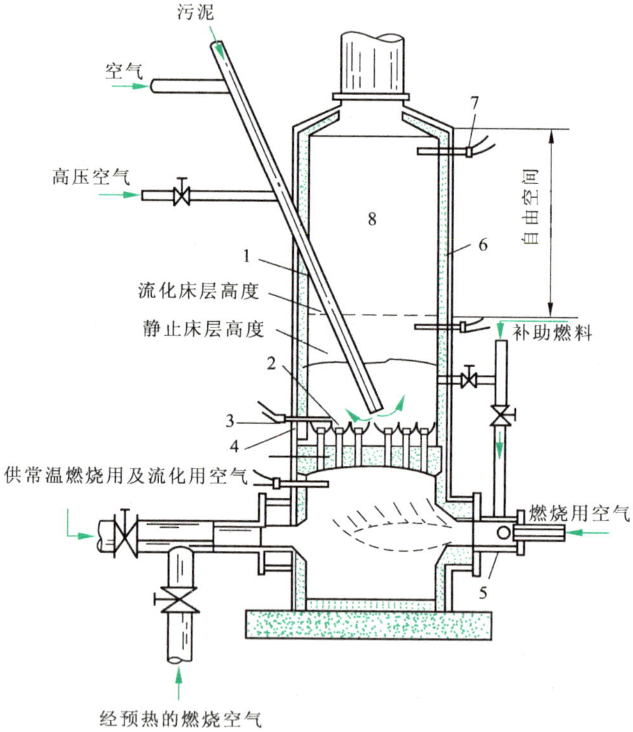

图 10.30　流化床焚烧炉结构图

1—污泥供料管；2—泡罩；3—热电偶；4—分配板(耐火材料)；
5—补助燃料喷嘴；6—耐火材料；7—热电偶；8—燃烧室

流化床焚烧炉优点是：焚烧时固体颗粒激烈运动，颗粒和气体间的传热、传质速度快，所以处理能力大，流化床结构简单，压力损失低，造价便宜。缺点是废物须破碎后才能进行焚烧，还须添加载体。炉内壁磨损较大，出口排气中粉尘浓度高。

流化床焚烧炉的运行和操作技术要求高，若垃圾在炉内的沸腾高度过高，则大量的细小物质会被吹出炉体；相反，鼓风量和压力不够，沸腾不完全，则会降低流化床的处理效率。因此需要非常灵敏的调节手段和相当有经验的技术人员操作。

10.5.5 焚烧二次污染物的控制

10.5.5.1 对尾气的控制

焚烧的二次污染主要来自尾气排放，焚烧尾气污染物成分主要为粉尘，SO_2、NO_x 和 HCl、二噁英、重金属及其他的一些微量污染物，目前所采用的净化设备一般以洗涤和吸收方法去除尾气中的 SO_2、NO_x 和 HCl，以布袋除尘器去除粉尘。

10.5.5.2 对二噁英的控制

固体废物本身含有氯根以及与二噁英结构相近的物质，如氯苯酚、氯苯等（称为前驱体），在炉内进行反应而生成二噁英，虽然在 850 ℃以上的高温下它又分解，但在烟气冷却过程中，其中所含的氯、氧、氢和碳等成分在较低温度，特别是在 250～400 ℃这个温度区间最容易重新合成产生。

抑制二噁英产生的最有效的方法是温度（Temperature）、时间（Time）、湍流（Turbulence），即所谓的“3T”法。

①温度：保持炉内高温 850 ℃以上（最好是 900 ℃以上），将二噁英完全分解；

②时间：保证烟气在高温区有足够的停留时间，必须在 2 s 以上；

③湍流：优化炉形和二次空气的喷入方法，充分混合搅拌烟气达到完全燃烧。

另外，在烟气净化处理过程中，尽量缩短 250～400 ℃温度域的停留时间，降低除尘器前烟气温度，避免二噁英的产生。

清除烟气中二噁英的处理方法有：喷入粉末活性炭吸收二噁英；设置触媒分解器分解二噁英；设置活性炭塔吸收二噁英。

特别需要提醒，静电除尘器的运行温度在 300 ℃左右，正好是适宜二噁英重新生成的温度区间，所以国家在危险废物和医疗废物处置设施建设的有关文件中明确规定：焚烧危险废物和医疗废物产生的烟气在净化时，烟气净化系统的除尘设备优先选用袋式除尘器，不得使用静电除尘和机械除尘装置。

10.5.6 热解

热解是指固体废物在无氧或缺氧的条件下，高温分解成燃气、燃油等物质的过程。

10.5.6.1 热解的原理及处理对象

有机物的热解反应通常可用下列简式表示：

$$\text{有机固体废物}+\text{热量}\xrightarrow{\text{无 } O_2 \text{ 或缺 } O_2}\text{可燃气}+\text{液态油}+\text{固体燃料}+\text{炉渣}$$

可燃气主要包括 C1～C5 的烃类、氢和 CO 气体；液态油主要包括 C25 的烃类、乙酸、丙酮、甲醇等液态燃料；固体燃料主要包括含纯碳和聚合高分子的含碳物。

适于热解处理的废物有废塑料（含氯的除外）、树脂、废橡胶、废轮胎、废油及油泥（渣）、废有机污泥、农业废物、人畜粪便等有机物含量较高的固体废物。

热解法与焚烧法相比是完全不同的两个过程，焚烧是放热的，热解是吸热的。焚烧的产物主要是二氧化碳和水，而热解的产物主要是可燃的低分子化合物，气态的有氢、甲烷、一氧化碳，液态的有甲醇、丙酮、醋酸、乙醛等有机物及焦油、溶剂油等，固态的主要是焦炭或炭黑。焚烧产生的热能，如果量大的可用于发电，量小的只可供加热水或产生蒸汽，就近利用。而热解产物是燃料油及燃料气，便于贮藏及远距离输送。

10.5.6.2 主要影响因素

(1)热分解温度

热分解温度不同，热分解后所得到的产物和产量也不同。即使同一产物，由于热解温度不同，物性也不一样，如图10.31、图10.32所示，分解温度高，燃气产量增加，油、碳化物相应减少。另外，分解温度不同，燃气成分也发生变化，温度愈高，燃气中低分子碳化物 CH_4 及 H_2 等增加。热解温度在1000 ℃以上，主要热解产物为燃气；热解温度在600～700 ℃之间，主要热解产物为类重油物质；热解温度在600 ℃以下，热解产物为炭黑。

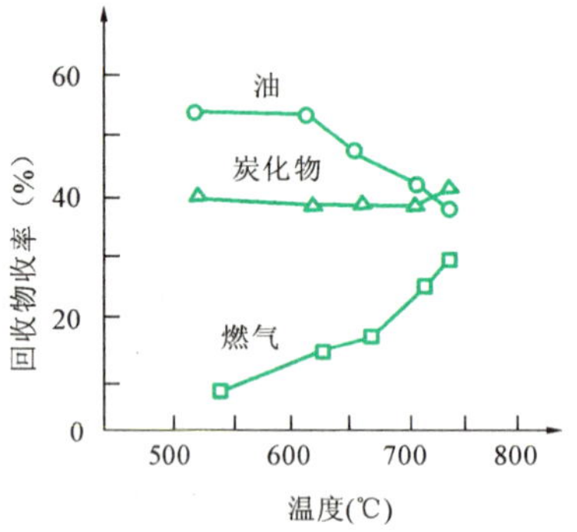

图10.31 热解温度与产物的关系图

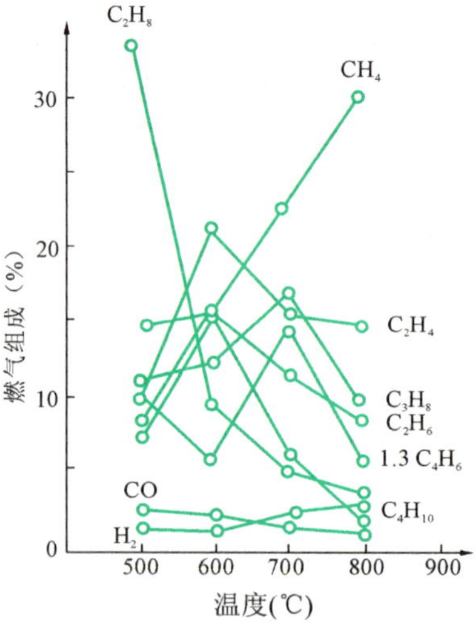

图10.32 温度与燃气组成关系图

(2)热分解速度

热分解速度不同，热分解所产生的燃气成分也有很大不同。

(3)废物中的水分

固体废物中的水分和热分解生成量的关系如图10.33所示。如水分大，热解的热平衡困难，需大量辅助燃料。

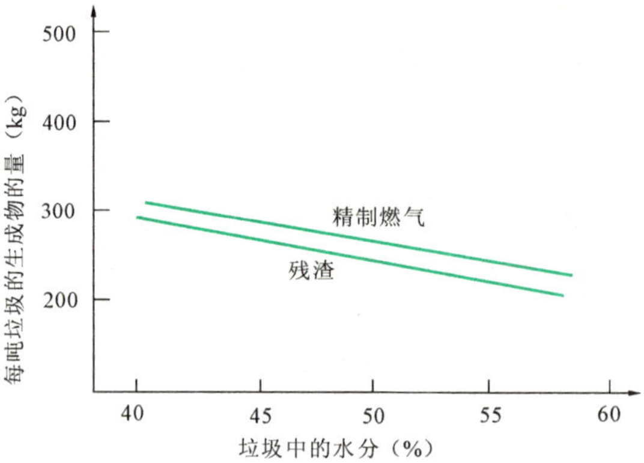

图10.33 水分与热解生成物的关系图

10.5.6.3 热解工艺及设备

热解工艺流程见图 10.34。热解反应器选用回转窑、流化床、固定床、竖窑等设备。

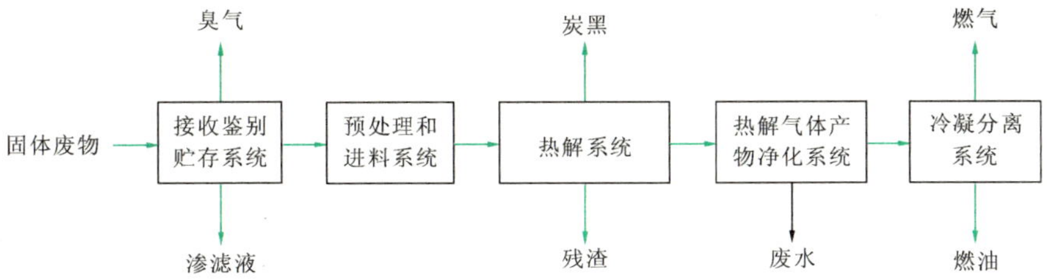

图 10.34 热解工艺流程图

10.6 固体废物填埋处置

填埋是按照工程理论和土工标准将固体废物掩埋覆盖，并使其稳定化的最终处置方法。填埋主要分为两种：一般城市生活垃圾以及无害的工业废渣是基于环境卫生角度而填埋，称卫生填埋；而对危险废物的填埋则是基于安全考虑，称安全填埋。

10.6.1 卫生填埋

10.6.1.1 卫生填埋工艺

卫生填埋是把运到填埋场的废物在限定的区域内铺撒成 40～75 cm 的薄层，然后压实以减少废物的体积，每天操作之后用一层 15～30 cm 厚的土壤覆盖并压实。由此就构成了一个填筑单元。同样高度的一系列互相衔接的填筑单元构成一个升层。完整的卫生填埋场是由一个或多个升层组成的。当填埋达到最终设计高度之后，最后再覆盖一层 90～120 cm 厚的土壤，压实后就形成了一个完整的服役期满的卫生填埋场。进入卫生填埋场的一般是生活垃圾。具有爆炸性、易燃性、浸出毒性、腐蚀性、传染性、放射性等有毒有害废物不应进入卫生填埋场。卫生填埋场的合理使用年限在 10 年以上，特殊情况下应不低于 8 年。图 10.35 是卫生填埋场剖面图。填埋工艺流程图如图 10.36 所示。

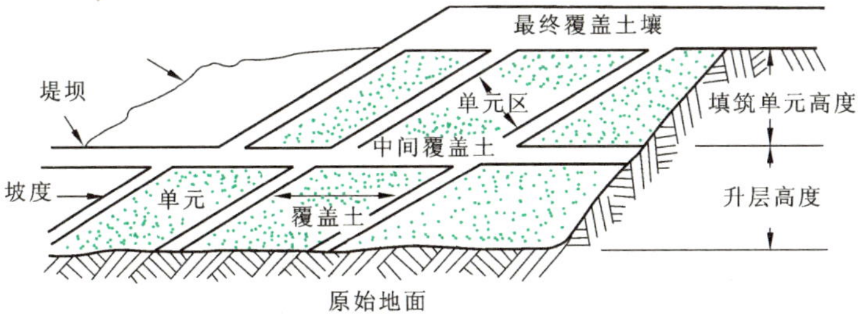

图 10.35 卫生填埋场剖面图

10.6.1.2 填埋作业

填埋作业主要包括卸料、推铺、压实和覆土。填埋时，通常把垃圾从卡车上直接卸到工作面上，沿自然坡面铺撒压实。图10.37为填埋操作示意图。填埋厚度以每层2 m为宜，过厚不容易压实，太薄又浪费动力，每天操作后以不小于15 cm厚的土壤进行覆盖、压实，以防止垃圾飞扬和造成火灾。

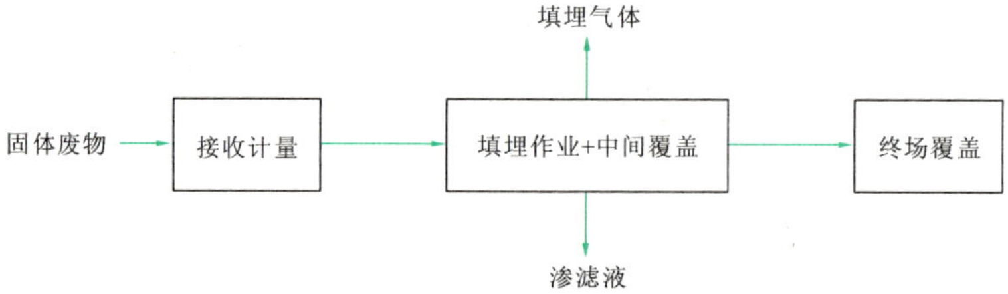

图10.36　卫生填埋工艺流程图

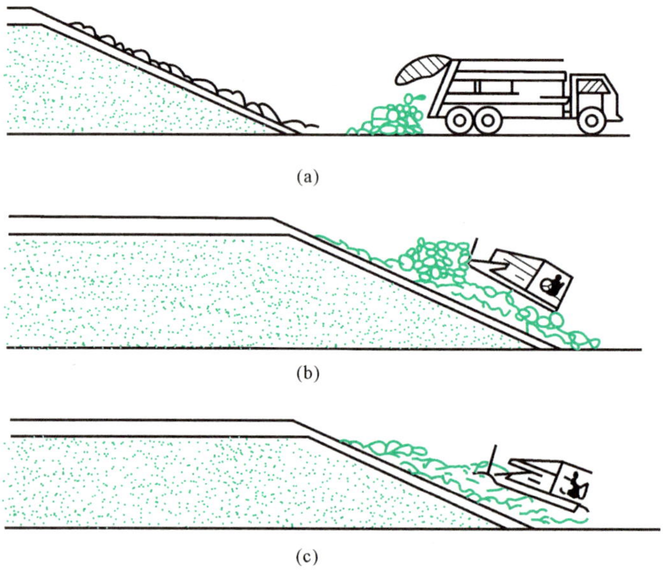

图10.37　填埋作业示意图

(a)把废物卸在斜坡上；(b)铺成大约0.6 m薄层；(c)压实

10.6.1.3　渗滤液收集与处理

(1)渗滤液的产生

卫生填埋会产生大量的渗滤液。渗滤液主要来源于垃圾本身、雨水及地表径流的渗入。渗滤液中含有多种污染物，一旦渗出会污染地下水源。填埋场要实行雨水和污水分流，以减少运行过程中渗滤液产生量。

(2)渗滤液收集与处理系统

填埋库区应铺设渗滤液收集系统，并设置疏通设施。收集及处理系统包括导流层、盲沟、调节池和渗滤液处理设施等。渗滤液具有污染物成分复杂、污染物浓度高的特点，采用常规的污水处理工艺是难以处理达标的。一般可用三种方式处理：一是直接送至城市污水处理厂处理；二是经过预处理后送至城市污水处理厂处理；三是单独处理。

(3)填埋场的防渗系统

防渗系统的设置有效地防止了地下水的污染，该系统主要包括：一是设置防渗衬里；

二是建立排水、集水等设施对渗滤液进行妥善的处理。

10.6.1.4 填埋气体收集与处理

垃圾被填埋后产生的气体主要有甲烷和二氧化碳，必须对其进行收集和利用，难以回收和无利用价值时宜将其导出处理后排放。

(1)填埋气体的收集

填埋气体场应设置有效的气体倒排设施，可采用竖井(管)，如图 10.38 所示，也可采用横管(沟)或横竖相连的倒排设施。竖井可采用穿孔管居中的石笼，穿孔管外宜采用级配石料等粒状物填充。竖井宜按填埋作业层的升高分段设置和连接；竖井设置的水平间距不应大于 50 m；管口应高出场地 1 m 以上。填埋深度大于 20 m 采用主动导气时，宜设置横管。

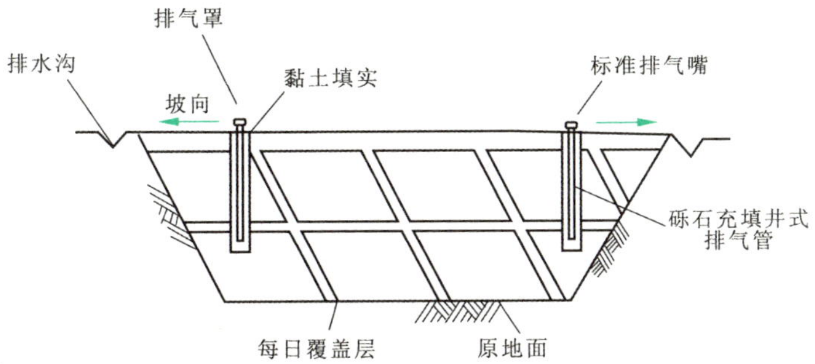

图 10.38 填埋场沼气竖井示意图

(2)填埋气体的处理与利用

填埋气体一般在前期甲烷浓度较低时进入火炬燃烧系统燃烧后排空，在后期才进行开发利用。填埋气体在利用或直接燃烧前，需要进行净化处理，去除其中的水、二氧化碳、氮气及硫化氢等有害物质。常用的填埋气体利用方式有：用作锅炉燃料、民用或工业燃气、汽车燃料、发电等。

10.6.2 安全填埋法

安全填埋主要针对危险废物包括有毒有害固体废物的处置，所以场址的选择比卫生填埋场更严格、苛刻。从填埋场结构上更强调了对地下水的保护、渗出液的处理、填埋场安全监测。图 10.39 是一个已经完成和关闭的安全填埋场剖面图。为防止产生二次污染而设计的适宜的衬里、地表径流控制设施、浸出液的收集处理设施、监测井及适当的最终覆盖层都是必不可少的组成部分。

安全填埋的场地结构、操作过程、填埋方式与卫生填埋相仿，但应注意，对毒性比较大的有害物质应先进行稳定化预处理，对于化学上互不相容的废物，还要分开处置。对拟入场填埋的危险废物，必须在填埋前经过固化、稳定化、预处理等进行检测，检测结果符合“危险废物允许进入填埋区的控制限值”之后，方可进入填埋区填埋。

安全填埋虽然与卫生填埋粗看有很多相似之处，但二者还是有很大区别：

(1)填埋对象不同。

(2)对填埋场地的要求、构造不同。

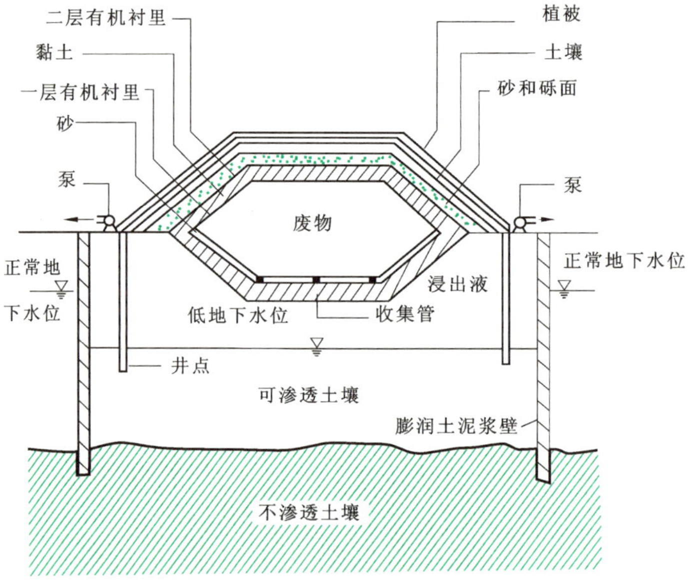

图 10.39　安全填埋场示意图

(3)卫生填埋场是敞开式、露天操作，而危险废物填埋场的运行要求不能暴露在露天进行，要有遮雨设备，以防止雨水与未进行最终覆盖的废物接触。

(4)卫生填埋的城市生活垃圾中，有机物含量高，含水量也多，加之露天作业，它产生的渗滤液量大，COD、BOD、氨氮浓度高，渗滤液污水处理的难度较大，而安全填埋的危险废物中有机物含量很低(有些甚至没有)，含水量也很少，污水量较少，处理相对容易。

(5)卫生填埋场产生的填埋气体不仅量大，而且可以利用其热能来供热、发电。安全填埋场产生的气体量很少，不具备回收利用价值。

思考题与习题

练习

1. 固体废物预处理的方法有哪些？其处理的目的分别是什么？
2. 简述影响好氧堆肥的主要因素。
3. 简述影响焚烧的主要因素。
4. 比较焚烧与热解的区别。
5. 画出填埋处置的工艺流程图。

知识拓展

城市生活污泥的产生与处理

1. 生活污泥的产生

污泥是由水和污水处理过程所产生的固体沉淀物质，污水处理后汇集到浓缩池、

95%～99%含水率的污泥称为浓缩污泥，若含水率超过90%，须先进行脱水处理，即固液分离，降低其水分、减少体积，才便于后续处理、利用和运输，实现污泥卫生化和稳定化。我们目前面临的污泥问题，一般指的是各类污水处理厂浓缩污泥经预处理(加药、机械脱水)后，含水率在75%～90%之间的污泥，当固体废物中水分由99%降至96%时，体积缩小至原来的1/4。

2. 污泥的特点

高含水率是污泥的最主要特点，由于大量水分的存在，使污泥比其他形式的固体废弃物更具有难处理性，以及所带来的危害性。

污泥中的水分按其存在形式可分为四种：内部水、表面吸附水、毛细管结合水、间隙水，见图10.40。

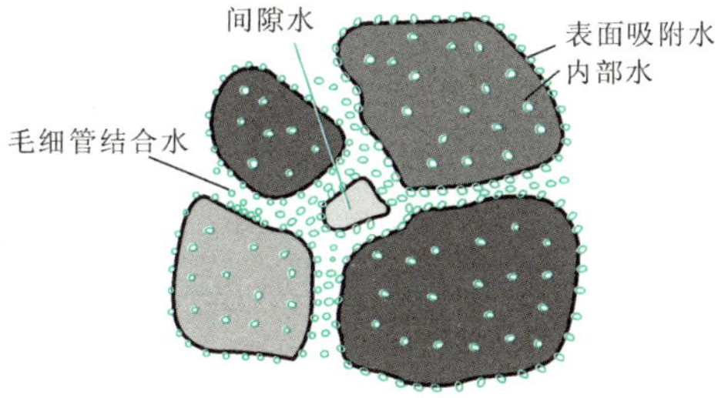

图10.40　污泥中水分的结合状态

颗粒中水分与颗粒结合的强度由大到小的顺序为：内部水>表面吸附水>毛细管结合水>间隙水，这也是污泥脱水(固液分离)的难易顺序。间隙水是存在于颗粒间隙中的水，占固体废物水分的70%左右，可用浓缩法去除；颗粒间形成一些小的毛细管，在毛细管中充满的水分称为毛细管结合水，占水分的20%左右，可采用离心脱水、过滤脱水等方式去除；表面吸附水是吸附在颗粒表面的水，占水分的7%左右，可用加热法脱除；内部水是在颗粒内部或微生物细胞内的水，占水分的3%左右，可采用生物法、高温加热法及冷冻法去除。

3. 常用的污泥处理方法

常见的污泥机械脱水方法有真空吸滤法、压滤法、离心法等。不同的脱水方法其工艺原理、脱水设备及适宜的处理对象也有较大差异。表10.2为常见的几种污泥脱水设备的优缺点、适用范围及脱水泥饼的含水率。

表10.2　污泥脱水设备的优缺点、适用范围及泥饼含水率

脱水设备	优点	缺点	适用范围	含水率(%)
真空过滤	连续操作，运行平稳，可自动控制，处理量较大，滤饼含水率较低	需预处理，附属设备多，工艺复杂，运行费高，滤布清洗不充分，易堵塞	初次沉淀污泥和消化污泥的脱水	60～80

续表 10.2

脱水设备	优点	缺点	适用范围	含水率(%)
板框式压滤	制造方便，适应性强，进料、卸料及滤饼均可自动操作，滤饼含水率低	间歇操作，处理量较低	各种污泥的脱水	45～80
滚压带式压滤	设备构造简单，动力消耗少，能连续操作，使用较广	处理量较低，滤饼含水率较高	不适于黏性较大的污泥脱水	78～86
离心脱水	能连续生产，可自动化控制，占地面积小，卫生条件好	预处理要求高，电耗大，机械部件易磨损，分离液不清，滤液含水率高	不适于含砂量高的污泥	80～85
造粒脱水	设备简单，电耗低，管理方便，处理量大	钢材消耗量大，混凝剂消耗量高，污泥泥丸紧密性较差	适于含油污泥的脱水	

2012 年住建部和国家发改委共同编制并下发的《城镇污水处理厂污泥处理处置技术指南(试行)》(建科[2011]34 号)，规定了污泥处理处置的基本原则，并列出了以污泥干燥脱水技术、厌氧消化技术、好氧发酵技术为代表的几种典型的污泥处理处置方案。

(1)填埋：将污泥进行卫生填埋，与其他处理处置方法相比，其造价也不会降低许多，并且如国外对卫生填埋场还要有沼气安全收集系统，对分层覆盖的泥土和排水、绿化有专门的要求。鉴于地价上升和填埋场附近的气味难以接受，近几年来，无论欧盟国家或美国、日本，污泥卫生填埋的比例越来越小，美国已有的填埋场已经开始逐步关闭。

(2)堆肥：按我国目前的经济条件，对多数污水厂(特别是大量小型污水厂)来说，污泥经适当浓缩、脱水后运至市郊作为农肥，是许多污水厂采用的方法，也是比较可行和现实的方案，污泥中的氮、磷、钾和微量元素，对农作物有增产作用，污泥中的有机质、腐殖质是良好的土壤改良剂。但农田施肥有季节性，不需要泥肥时，污水厂会泥满为患，影响正常运行。一些污水厂支付费用，让农民把污泥拉走，而不问其去向，这会造成二次污染，存在病原菌扩散和重金属污染的危险。

(3)干化与焚烧：污泥干化和污泥焚烧相结合比单污泥焚烧一次性投资少，处理成本低，污泥干化往往是焚烧的前处理。干化装置分直接干化和间接干化，其能量消耗与污泥成分和水分有关。间接干化(利用沼气通过热交换器)一般推荐用立式干化装置，并选用流化床工艺。干化与焚烧串联工艺中，干化的程度取决于污泥的热值和回收焚烧炉的热能，使干化的能量尽量平衡，不另外添加燃料。利用热电厂锅炉烟气余热，或者采用燃煤、燃气提供的独立热源，通过特殊的工艺流程和相配套的机械设备，使含水率 80%左右的污泥有效干化至含水率 30%以下，这种在低温条件下干化并形成直径在 2～8 mm 的小团粒，保存了污泥 95%以上的原始热值，可以作为燃煤的辅助燃料，可以烧制轻质节能砖和生产水泥压制品，可以作为建筑干粉砂浆的主要配料，还可以作为垃圾填埋场的覆盖土。

第四篇　噪声及其他污染防治工程基础篇

11　噪声控制技术

学习目标

1. 掌握噪声及噪声污染的概念；
2. 掌握噪声相关声学基础知识；
3. 熟悉噪声主要评价指标与检测方法；
4. 了解噪声相关法律法规和标准规范；
5. 了解噪声污染防治的基本原则和方法；
6. 熟悉噪声治理的常用技术(隔声、吸声、消声、隔振)原理与设备。

案例导入

据2008年河源晚报报道，河源市环保局环境监察分局信访室提供的统计数据显示，2008年全市环保系统共收到群众来信来访、网上投诉及“12369”环保热线电话投诉共计1491件。其中，噪声投诉561件，占比37.6%，位居第一位。

据2011年《攀枝花市环境保护局关于报送“十一五”期间环境噪声污染防治工作情况的报告》数据显示，“十一五”期间，全市各级环保部门共计收到噪声扰民投诉案件895件，占环境污染投诉案件总数的38.5%。

据2012年《兰州市环保局2011年度环境噪声污染防治工作总结》的数据显示，2011年全市环保投诉2039件，其中噪声投诉558件，占比27.4%。

据2013年《青海省环境保护厅关于2012年度环境噪声污染防治工作情况的报告》的数据显示，2012年，全省统计噪声投诉案件779件，占环境污染投诉案件总数的77.98%。其中西宁市744件，格尔木市16件，德令哈市19件，分别占各市环境污染投诉案件总数的80%,41%,57.57%。

……

从大量的统计数据来看,国家各级政府环境保护主管部门积极加大了环境噪声方面的管理力度,加强了相关环境投诉案件的统计与分析。与此同时,我们也发现:全国环境噪声污染防治的工作依旧严峻,噪声污染并未从根本上得到解决,而且呈现出经济越发达、噪声污染越严重的趋势。

11.1 概述

11.1.1 噪声的概念

从物理角度来说,相对音乐而言,凡是杂乱无章的声音,都称为噪声。从心理角度来说,相对于人的主观需求而言,凡是人们不需要的声音都称之为噪声。也就是说,即便是动听的音乐,如果是在人休息睡眠的时候发出来,这个时候也是噪声。从法律角度来看,噪声是指社会活动过程中产生的强度过高、影响到周边环境质量的声音,如《中华人民共和国噪声污染防治法》的规定,环境噪声是指在工业生产、建筑施工、交通运输和社会生活中所产生的干扰周围生活环境的声音。

从"噪声控制"学科来说,凡是妨碍学习、交谈、会议、睡眠,影响正常听音环境等有损于人的愿望、需求目的的声音都统称为噪声。

11.1.2 噪声的来源与分类

11.1.2.1 来源

噪声是声的一种,具有声波的基本特性,其来源都是物体(固体、液体、气体)的振动。振动发声的物体称为声源,声波从声源发出,需要借助介质才能传播,这种传声介质可以是固体、液体或者气体,介质不同,其传播速度也不一样。

人对噪声吵闹程度的感觉与噪声的频率和强度有关系。研究认为,人的听力频率范围为20~20000 Hz,因此这个频率范围内的声音也称为可听声,频率低于20 Hz的声音称为次声,频率高于20000 Hz的声音称为超声。

在物理学上,通常用频率、波长、声速、声压、声强、声功率及声压级、声功率级、声强级等物理量来描述声的基本特性。

11.1.2.2 分类

噪声的分类方法有很多种,其中较为常见的有三种。

(1)按照噪声的产生机理分,可将噪声分为空气动力性噪声、机械噪声和电磁噪声三大类。

空气动力性噪声是由于气体振动而产生的,一般的,当气体中产生了涡流或发生了压力突变等情况,就会引起气体的扰动,进而产生噪声。机械噪声是由于固体振动产生的，金属板、轴承、齿轮等固体零部件在撞击、摩擦、交互的机械应力作用下会发生振动，进而会产生噪声，这就是机械噪声；电磁噪声是由于电磁场的脉动、交变磁场力而产生的噪声。

（2）按照噪声的频率特性分，可将噪声分为低频噪声、中频噪声和高频噪声等。

在噪声控制领域所研究的可听声，通常粗略地把声波的频率段分为3个：500 Hz以下为低频声，500～1000 Hz为中频声，1000 Hz以上为高频声。

而通常我们所听到的噪声，大多数频率都是比较宽，各个频率段都会有，也经常听到一些单频或窄带的噪声。在噪声控制工程中，一般会根据噪声能量在频谱上分布的情况来制定控制方案。

（3）按照噪声的来源分，可将噪声分为社会生活噪声、交通噪声、工业噪声和建筑施工噪声等。

社会生活噪声主要是指人们在日常生活活动过程中，如生活设施、活动场所、街道、市场等所产生的噪声；交通噪声主要是指汽车、火车、轮船、飞机等交通运输工具在运行过程中所产生的噪声；工业噪声是指人们在生产活动过程中产生的噪声，如机械设备噪声、电磁扰动噪声、排风噪声等等；建筑施工噪声主要是指在工程建设过程中产生的，影响周边环境的噪声。

在这四个方面的噪声中，建筑施工噪声具有阶段性，即工程完工或施工停止，施工噪声随即停止辐射；社会生活噪声、交通噪声和工业噪声是构成环境噪声的三个主要来源。

11.1.3　噪声的危害

噪声对人的影响和危害是多方面的。概括起来，过强的噪声可以危害人体健康，诱发多种疾病，影响人们休息与工作，干扰正常的语音通信，影响生产安全，影响设备正常工作与建筑结构安全等。具体来说，可以分为以下4个方面的影响：

11.1.3.1　噪声对身体健康的危害

（1）噪声对听力的损伤

噪声对人体最直接的危害就是听力损伤。强的噪声可以引起耳部的不适，如耳鸣、耳痛、听力损伤。噪声的强度越大，对耳部危害越大；暴露在噪声环境中的时间越长，危害越大。

短时间暴露在高噪声环境场所，会立即感觉刺耳难受甚至头晕头痛等不舒服感觉，出来后仍然耳鸣，出现暂时性听力下降，也称听力疲劳。这种情况下只要在安静的场所休息一段时间，听力尚可恢复到原来的正常水平。

如果人们长时间暴露在高噪声环境场所，在强烈的噪声环境中工作，日积月累，内耳器官不但受到噪声刺激，而且听力疲劳得不到恢复，甚至发生器质性病变，形成永久性的听力下降，这就是噪声性耳聋。

据临床医学统计，若在80 dB以上噪声环境中生活，造成耳聋者概率可达50%。

对噪声性耳聋目前还没有有效的治疗方法，故早期进行听力保护，加强预防措施，至关重要。

(2)噪声对视力的损害

试验表明:当噪声强度达到 90 dB 时,人的视觉细胞敏感性下降,识别弱光反应时间延长;噪声达到 95 dB 时,有 40%的人瞳孔放大,视觉模糊;而噪声达到 115 dB 时,多数人的眼球对光亮度的适应都有不同程度的减弱。所以长时间处于噪声环境中的人很容易发生眼疲劳、眼痛、眼花和视物流泪等眼损伤现象。同时,噪声还会使色觉、视野发生异常。调查发现噪声对红、蓝、白三色视野缩小 80%,易造成驾驶员行车事故。

(3)噪声对其他生理健康的危害

噪声作用于人的大脑中枢神经系统,可引起头痛、脑涨、耳鸣、多梦、失眠、记忆力减退,造成全身疲乏无力以及恐惧、易怒、自卑甚至精神错乱;噪声作用于内耳腔的前庭,使人眩晕、恶心、呕吐;噪声对心血管系统危害也很大,噪声是心血管疾病的危险因子,噪声会加速心脏衰老,增加心肌梗死发病率。医学专家经人体和动物实验证明,长期接触噪声可使体内肾上腺素分泌增加,从而使血压上升,在平均 70 dB 的噪声中长期生活的人,可使其心肌梗死的发病率增加 30%左右,特别是夜间噪声会使发病率更高。

噪声使得交感神经紧张,从而使得心跳加快,心律不齐、血压升高等。

女性受噪声的威胁,还可能发生月经不调、流产及早产等现象。专家们曾在哈尔滨、北京和长春等 7 个地区经过为期 3 年的系统调查,结果发现噪声不仅能使女工患噪声性耳聋,且对女工的月经和生育均有不良影响,还可导致孕妇流产、早产,甚至可致畸胎。

长期接触噪声会对人体产生危害,其危害程度主要取决于噪声强度(声压)的大小、频率的高低和接触时间的长短。一般认为强度越大、频率越高、接触时间越长则危害越大。此外,危害程度与噪声的特性(稳态噪声或脉冲噪声)、接触的方式(连续或间断接触)和个体敏感性有关,脉冲噪声比稳态噪声、连续接触比间断接触危害要大。

11.1.3.2 噪声影响居民生活

休息和睡眠是人们消除疲劳、恢复体力和维持健康的必要条件。但噪声使人不得安宁,难以休息和入睡。当人辗转不能入睡时,便会心态紧张,呼吸急促,脉搏跳动加剧,大脑兴奋不止,第二天就会感到疲倦,或四肢无力,从而影响到工作和学习,久而久之,就会得神经衰弱症,表现为失眠、耳鸣、疲劳。

噪声除了对人们休息和睡眠有影响外,它还干扰了人们谈话、开会、打电话、学习和工作。人们正常谈话声音为 60 dB(A)左右,当噪声在 65 dB(A)以上时,就干扰了人们的正常谈话,如果噪声高达 90 dB(A),就是大喊大叫也很难听清楚,就需要贴近耳朵或借助手势来交流。

在噪声较高的环境下工作,使人感觉烦躁、疲劳和不安,从而分散注意力,容易出错,降低工作效率。

噪声还能屏蔽安全信号,比如报警信号等。因此在噪声的干扰下,人们不易察觉,也容易造成工伤事件。

11.1.3.3 过强噪声对仪器设备和建筑结构的危害

噪声由于强度和频率不同,将会使得某些建筑物结构受到一定程度破坏。当过强噪声表现为较为强烈的振动时,常见的破坏现象表现为建筑物基础和墙壁龟裂,墙面剥落,石块滑动,地基变形或下沉等。

过强噪声，尤其是低频的高强度噪声，震感强烈，容易对设备、仪器产生较为严重的影响：

(1)过强的低频噪声会使精密机床的加工精度下降，粗糙度上升，使产品质量无法保证。振动过大时，会引起设备结构松动，影响精密部件，甚至使其受到损坏。

(2)过强的低频噪声会影响精密仪器仪表的正常运行，影响对仪器仪表的刻度阅读的准确度和阅读速度，严重时甚至无法读取数字。

(3)对某些灵敏的电器，如灵敏继电器，过强的低频噪声甚至会引起其误动作，从而造成事故甚至重大事故。

(4)过强的低频噪声还可能造成设备内部结构松动或损坏，缩短设备使用寿命等。

11.2 噪声的基本声学知识

11.2.1 声音产生与传播

各种各样的声音都起始于物体的振动。凡能产生声音的振动物体统称为声源。从物体的形态来分，声源可分成固体声源、液体声源和气体声源等。

当声源振动时，就会引起声源周围弹性媒质——空气分子的振动。这些振动的分子又会使其周围的空气分子产生振动。这样，声源产生的振动就以声波的形式向外传插。声波不仅可以在空气中传播，也可以在液体和固体中传播。但是，声波不能在真空中传播。

11.2.1.1 声音的传播方式

声波在空间传播时会遇到各种障碍物，或者遇到两种媒质的界面。依据障碍物的形状或大小，会产生声波的反射、透射、折射和衍射。

(1)反射和透射

当声波垂直入射到两种媒质的界面时，一部分声波会经界面反射返回到原来的媒质中，称为反射声波，声波反射遵循反射定律；另一部分声波将进入另一种媒质中成为透射声波。

(2)声波的折射

当声波以一定斜度入射于两种媒质的界面时，透射声波与入射声波不再保持同一传播方向，形成声波的折射。声波折射遵循折射定律。

(3)声波的衍射

入射声波绕过障碍物传到其背面的现象称为声波的衍射。一般而言，声波的频率越低，波长就越长，就越容易产生衍射现象。

11.2.1.2 声波的衰减

声波在传播过程中的衰减，具体包括扩散衰减、空气吸收衰减、地面吸收衰减等，此外气象条件对声传播也有影响。

(1)扩散衰减

声波向四周传播时,其能量将逐渐扩散开来。根据能量守恒定律,能量的扩散使得单位面积上所存在的能量减小,因此离声源较远的地方,声音就变得微弱。

(2)空气吸收衰减

空气对声波的吸收衰减通常包含了两个方面,即“经典吸收”和空气分子“弛豫吸收”,这两个方面的作用强度均与空气的温度、湿度及气压等有关系。

(3)地面吸收衰减

地面不为刚性时,对声波传播有附加衰减,即地面吸收衰减,但是一般较近距离内,如 30～50 m,这个衰减很小,但是距离超过 50 m,就需要考虑其影响,衰减量用单位距离的衰减声压级来表示。

(4)气象条件对声传播的影响:温度梯度和风速对声波传播的影响最大。如图 11.1 所示,温度梯度会因为影响到声波的传播速度而引起声波发生折射;风速也直接影响了声波的传播方向而使得声波传播发生折射,如图 11.2 所示。

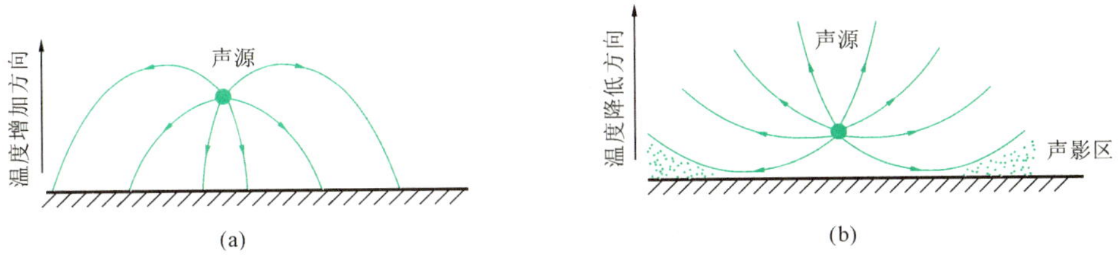

图 11.1 温度梯度对声波传播方向的影响

(a)为夜间;(b)为昼间

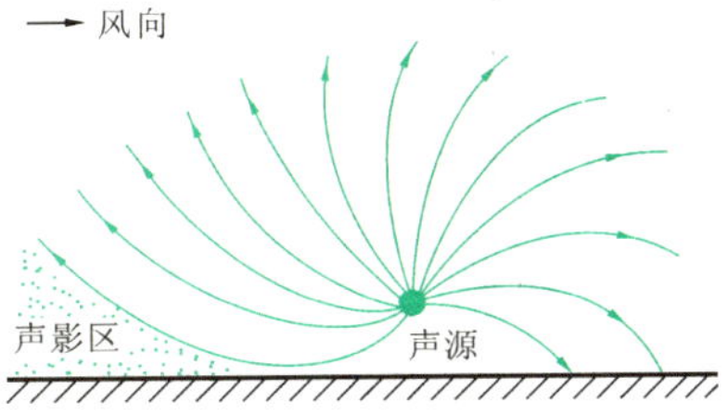

图 11.2 风速梯度对声波折射的影响

因此,在很多城市规划时,当城市道路要通过小区周围时,往往把道路规划在小区常年风向的下风向,以减轻交通噪声对小区环境的影响。

11.2.2 描述声音的基本物理量

通常,声音的特性描述一般分为描述声音音调的指标(如频率)和描述声音强度的指标(如声压级等)。

(1)声音的频率

一个物体每秒振动的次数,就是该物体振动的频率。由此而产生声波的频率与其相等,符号为 f,单位为 Hz。在一定范围内,人耳对声音频率的变化最直接的感受就是音调变化,频率高声音尖锐,频率低声调低沉。

(2)声压(P)与声压级(L_P)

声压是由于声波的存在而引起的压力增值,单位为 Pa。声波在空气中传播时形成压缩和稀疏交替变化,所以压力增值是正负交替的。但通常讲的声压是取均方根值,叫有效声压,故实际上总是正值。

声压变化对人来说最直观的感觉就是声音响度强弱的变化,但是人对声压变化的感知范围很大,对声压变化的灵敏度也是呈现数量级变化的,因此,表达声音强度变化的最常用物理量是声压级(图 11.3)。

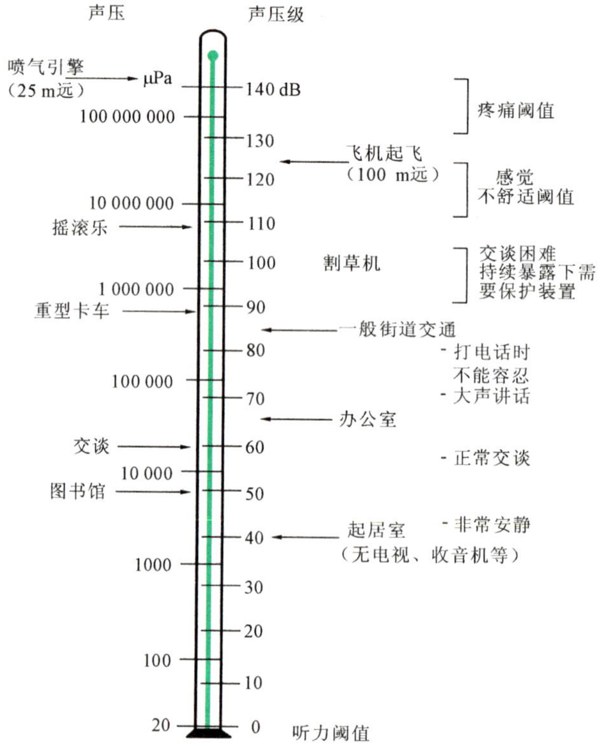

图 11.3　声压与声压级的关系

声压级与声压之间的关系为:

$$L_P = 20\lg(P/P_0)$$

式中　L_P——声压级(dB);

P——声压(Pa);

P_0——基准声压($=2\times10^{-5}$ Pa)。

11.2.3　噪声的评价量

11.2.3.1　A 计权声级

由于相同声级不同频率的两个声音,人耳听起来的主观感觉(如响度)是不一样的,为了使声音的客观量度和人耳的听觉主观感受近似取得一致,通常对不同频率声音的声压级经某一特定的加权修正后,再叠加计算可得到噪声总的声压级,此声压级称为计权声级。A 计权声级就是利用 A 计权网络测得的计权声压级,是环境保护、职业卫生保护等各个领域应用最为广泛的一种计权声级。A 计权声级(L_A),单位为 dB(A),有时没有特别说明时,dB 也默认是 dB(A)。

11.2.3.2 连续等效 A 计权声级

一般来说,声音对人的作用还与时间有关。因此,为了更好地描述一噪声对人的影响,通常会采用连续等效 A 计权声级来描述一个噪声。连续等效 A 计权声级是指某时段内的非稳态噪声的 A 声级,用能量平均的方法,以一个连续不变的 A 声级来表示该时段内噪声的声级,通常用 L_{Aeq}(或 A_{eq})来表示。

连续等效 A 计权声级(L_{Aeq})与 A 计权声级(L_A)的换算关系为:

$$L_{Aeq} = 10\lg \frac{1}{T}\int_0^t 10^{0.1L_A}\,dt \tag{11.2}$$

式中 t——噪声暴露时间(h 或 min);

L_A——时间 t 内的 A 声级[dB(A)]。

在实际测量中,A 声级测量值(L_A)非连续离散,有:

$$L_{Aeq} = 10\lg\left[\frac{1}{\sum_i t_i}\left(\sum 10^{0.1L_{Ai}} t_i\right)\right] \tag{11.3}$$

式中 t_i——第 i 段时间(h 或 min);

L_{Ai}——t_i 时段内的 A 计权声级[dB(A)]。

11.2.3.3 NR 或 N 评价曲线

A 计权声压级又可简单称为 A 声级,它是噪声评价的一种单值评价量,A 声级包含了所有频率成分的噪声。在声学工程设计中一般需要倍频程的噪声评价,这时就应该采用噪声评价曲线。国际标准化组织(ISO)于 1961 年提出从 63~8000 Hz 频率范围八个倍频程,具有等干扰的声压级曲线。1971 年又把噪声评价曲线扩展到 31.5 Hz。

因此噪声评价曲线是从 31.5~8000 Hz 的九个倍频程声压级组成的一簇噪声评价曲线,又称 NR 曲线(图 11.4)。它的噪声级范围是从 0~130 dB,每 5 dB 为一档。噪声评价曲线按噪声级由低到高的顺序进行编号,NR 曲线的号数称为噪声评价数,规定 NR 值等于中心频率为 1000 Hz 的倍频程声压级的分贝整数。考虑到高频噪声比低频噪声对人的干扰更严重,因

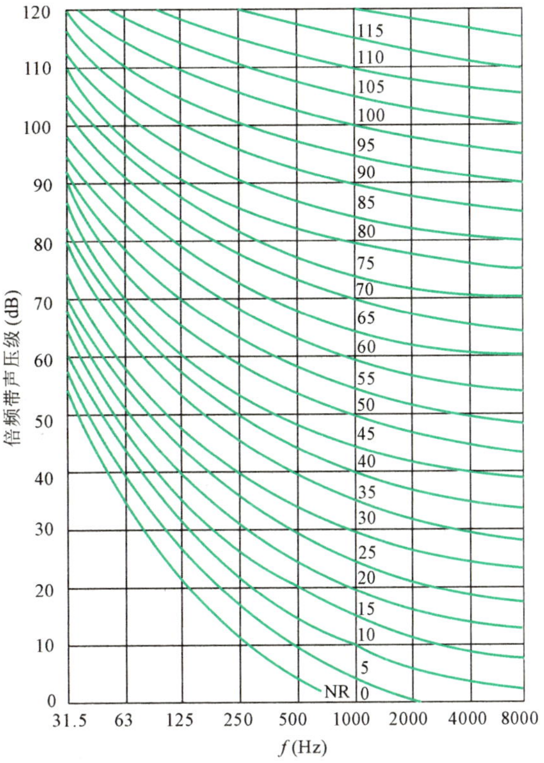

图 11.4 NR 噪声评价曲线

此,高频噪声的倍频程噪声声压级应控制在较低水平,而低频噪声的倍频程声压级可适

当提高些。实际上，在同一条曲线上各倍频程噪声可认为具有相同干扰程度。例如NR90号曲线，1000 Hz中心频率的倍频程声压级为90 dB的噪声，与125 Hz的100 dB和4000 Hz的86 dB倍频程声压级的噪声具有相同的干扰程度。

11.2.3.4 噪声评价NC和PNC曲线

美国在20世纪50年代提出NC噪声评价曲线(图11.5)，经过一段时间发现，NC噪声评价曲线对含有“隆隆”的单调低频声和“咝咝”的高频声的噪声的评价不太合适，为此对NC曲线的高、低频端做了修正，提出了一种新的噪声评价曲线，被称为更佳噪声评价曲线，即PNC曲线(图11.6)。其使用方法与NR曲线相同。这种曲线仅限于美国和北美一些国家使用。

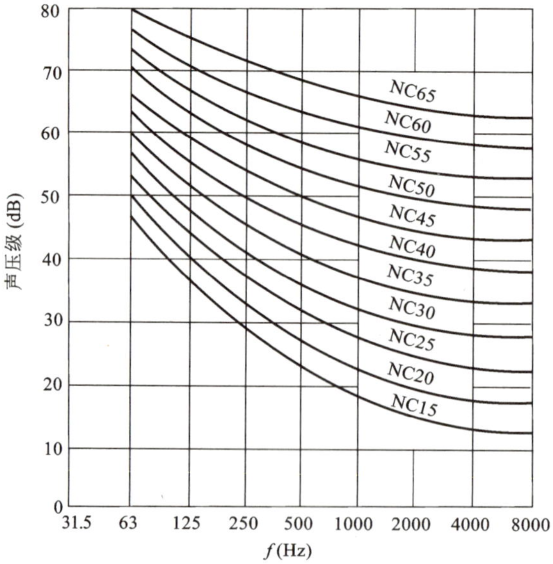

图11.5 NC噪声评价曲线

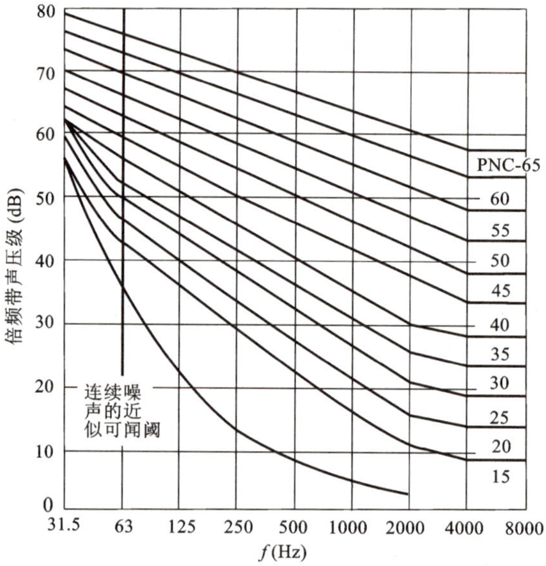

图11.6 PNC噪声评价曲线

11.2.4 噪声的测量

11.2.4.1 噪声测量仪器

目前，常用的噪声测量仪器有声级计、频谱分析仪、实时信号分析仪以及其他声学测量仪器等。

(1)声级计

声级计是目前噪声测量中最基本和最常用的声学仪器，具有体积小、质量轻、方便携带等优点，是现场噪声测量中的常规仪器(图 11.7)。

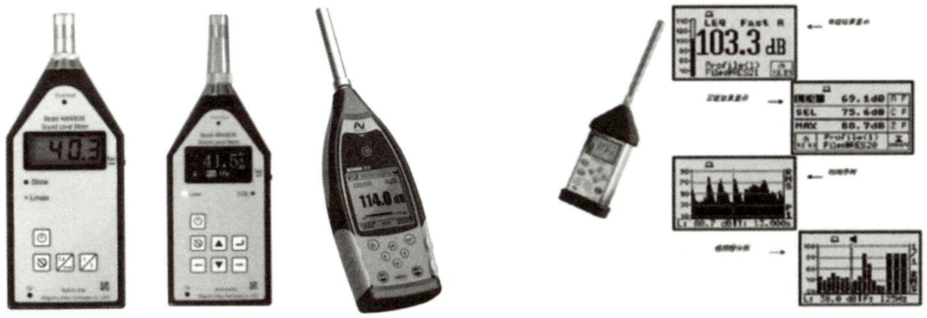

图 11.7　目前国内比较普遍使用的声级计

声级计按准确度可分为四种类型，即 0 型、1 型、2 型和 3 型。根据国家标准《电声学　声级计　第 1 部分：规范》(GB/T 3785.1—2010)的规定，不同型号的声级计的精度要求参见表 11.1。

表 11.1　声级计型号及其精度一览表

型号	0	1	2	3
精度	±0.1 dB	±0.4 dB	±1.0 dB	±1.5 dB
备注	依靠进口	已经实现国产化		

0 型和 1 型为精密声级计，是实验室标准声级计，供研究工作用；2 型为一般要求用的声级计，适用于一般测量；3 型声级计，可作为普通调查和普测用。

声级计不仅具有不随频率变化的平直频率响应，可用来测量客观量的声压级，同时还具有模拟人耳频响特性的 A、B 和 C 的频率计权网络，可作为主观声压级测量，有的还有 D 频率计权特性，它是为了测量飞机噪声而设置的。声级计中的“S”(慢)档、“F”(快)档的装置，可对噪声涨落快慢的噪声做适当反应，以反映和观察噪声的时间特性，有的声级计还有“I”(脉冲)档，用于测量脉冲噪声，有峰值保持短暂时间装置，便于读数。

(2)频谱分析仪

频谱分析仪的核心是滤波器，根据频谱分析仪的滤波器通道特点，可以分为恒定带宽频谱的分析仪、恒定百分比频谱的分析仪(1/3 倍频程、倍频程)。频谱分析仪工作模式是扫频式，即被分析的信号在某一时刻只通过一个滤波器，分析是逐个频率依次进行的，因此无法直接对瞬时的噪声进行频谱分析，而需要借助记录仪记录后多次重放，然后才分析出连续频谱。因此，频谱分析渐渐被实时信号分析仪等仪器代替。

(3)实时信号分析仪

实时信号分析仪是一种采用数字信号处理技术的袖珍式实时分析仪，它可以对噪声、振动或其他电信号进行频谱及幅值分析。实时信号分析仪采用模块化设计，用户可选择不同软件，实现不同功能，得到不同的测量指标。该仪器可应用于工业企业、环境保护、劳动卫生、科研教学、计量检测等领域，可完成机器设备噪声测量与分析、环境噪声测量、声功率级测量、建筑声学测量，以及机器振动、环境振动和人体振动测量与分析。

实时信号分析仪具有如下功能特点：

① 符合国家标准 GB/T 3785.1—2010 规定的 1 级要求；

② 精度高，声级线性范围大于 90 dB，可同时(并行)完成 A、C、Z 三种频率计权和 F、S、I 三种时间计权；

③ 实时进行 1/1 和 1/3 OCT、FFT 分析；

④ 有定时开机、定时关机功能，启动方式可为超限启动或等间隔启动模式；

⑤ 可以连续记录总值、OCT 及 1/3 OCT 分析结果随时间的变化；

⑥ 可以增加混响时间等声学测试、振动测量与分析等模块功能。

目前国内相关的声学仪器厂商都推出了一些小型化的手持式实时信号分析仪，如杭州爱华公司推出的 AWA6291 型产品、北京声望公司推出的 BSWA801 型产品等，如图 11.8 所示。

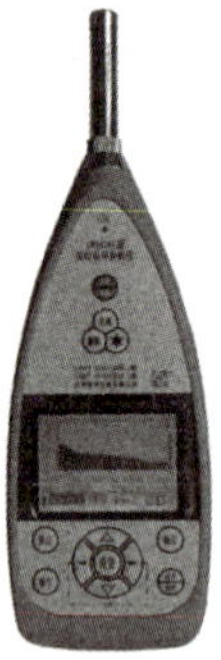

(a)

(b)

图 11.8　常见的手持式实时信号分析仪

(a)AWA6291 型；(b)BSWA801 型

11.2.4.2　噪声测量方法

在进行噪声测量之前，需要对测量的目的和项目，与此相关的测量方法与噪声评价量等进行详细了解，同时还要了解噪声源和测试声场的声学特性(声强、频率特性、时间特性等)和声源的大小尺寸，环境状况等，便于进行测量准备。

测量的准备主要包括仪器的选择，测量方案的制定等。一般的噪声测量有声环境噪声测量、厂界噪声排放值测量、社会生活噪声排放值测量、民用建筑室内噪声测量等，不同的噪声测量，具体测量方法可分别参照相关的标准，如声环境噪声测量参照《声环境质量标准》(GB 3096—2008)的相关条文规范说明，厂界噪声排放值测量参照《工业企业厂界环境噪声排放标准》(GB 12348—2008)的相关条文规范说明，社会生活噪声排放值测量参照《社会生活环境噪声排放标准》(GB 22337—2008)的相关条文规范说明等。

11.3 环境噪声法律法规标准

11.3.1 法律法规

2021年12月24日，十三届全国人大常委会第三十二次会议审核通过了《中华人民共和国噪声污染防治法》(以下简称新噪声法)，并自2022年6月5日起施行，现已实施了25年的《中华人民共和国环境噪声污染防治法》同时废止。新噪声法确立了新时期噪声污染防治工作的总体要求，在立法目的上体现了“维护社会和谐，推进生态文明建设，促进经济社会可持续发展”的理念，提出噪声污染防治应当坚持“统筹规划、源头防控、分类管理、社会共治、损害担责”的原则。

11.3.2 声环境质量标准

11.3.2.1 声环境质量标准(GB 3096—2008)简介

(1)标准适应范围

声环境质量标准规定了五类声环境功能区的环境噪声限值及测量方法，适用于环境质量评价与管理。

(2)声环境功能分区及其环境噪声限值标准

依据标准，按区域的使用功能特点和环境质量要求，声环境功能区分为以下五种类型：

0类声环境功能区：指康复疗养区等特别需要安静的区域。

1类声环境功能区：指以居民住宅、医疗卫生、文化教育、科研设计、行政办公为主要功能，需要保持安静的区域。

2类声环境功能区：指以商业金融、集市贸易为主要功能，或者居住、商业、工业混杂，需要维护住宅安静的区域。

3类声环境功能区：指以工业生产、仓储物流为主要功能，需要防止工业噪声对周围环境产生严重影响的区域。

4类声环境功能区：指交通干线两侧一定距离之内，需要防止交通噪声对周围环境产生严重影响的区域，包括4a类和4b类两种类型。4a类为高速公路、一级公路、二级公路、城市快速路、城市主干路、城市次干路、城市轨道交通(地面段)、内河航道两侧区域；4b类为铁路干线两侧区域。

各类声环境功能区适用表11.2规定的环境噪声等效声级限值。

表 11.2 环境噪声限值 单位:dB(A)

声环境功能区类别 \ 时段		昼间	夜间
0类		50	40
1类		55	45
2类		60	50
3类		65	55
4类	4a类	70	55
	4b类	70	60

表11.2中4b类声环境功能区环境噪声限值,适用于2011年1月1日起环境影响评价文件通过审批的新建铁路(含新开廊道的增建铁路)干线建设项目两侧区域。

在下列情况下,铁路干线两侧区域不通过列车时的环境背景噪声限值,按昼间70 dB(A)、夜间55 dB(A)执行:

① 穿越城区的既有铁路干线;

② 对穿越城区的既有铁路干线进行改建、扩建的铁路建设项目。

既有铁路是指2010年12月31日前已建成运营的铁路或环境影响评价文件已通过审批的铁路建设项目。

各类声环境功能区夜间突发噪声,其最大声级超过环境噪声限值的幅度不得高于15 dB(A)。

(3)标准还规定了环境功能区划分的方法,在标准附录中还规定了监测技术规范。

11.3.2.2 民用建筑隔声设计规范(GB/T 50118—2010)简介

(1)标准适应范围

民用建筑隔声设计规范适用于全国城镇新建、改建和扩建的住宅、学校、医院、旅馆、办公建筑及商业建筑等六类建筑中主要用房的隔声、吸声、减噪设计。其他类建筑中的房间,根据其使用功能,可采用规范的相应规定。

(2)建筑类型及其室内噪声允许限值

规范中的室内允许噪声级采用A声级作为主要评价量。规范中的室内允许噪声级应为关窗状态下昼间和夜间时段的标准值。医院建筑中应开窗使用的房间,开窗时室内允许噪声级的标准值宜与关窗状态下室内允许噪声级的标准值相同。昼间和夜间时段所对应的时间分别为昼间6:00～22:00;夜间22:00～6:00;或者按照当地人民政府的规定。

具体的噪声限值参见《民用建筑隔声设计规范》(GB/T 50118—2010)文本文件,这里不做具体阐述。

(3)室内噪声级的测量应按规范附录A的规定执行。

11.3.2.3 工业企业设计卫生标准简介

2010年,国家卫生部颁发了经过修订后的《工业企业设计卫生标准》(GBZ1—2010代替GBZ1—2002);2013年,国家住建部颁发了《工业企业噪声控制设计规范》(GB/T

50087—2013代替原来GBJ 87—85)，并从2014年6月1日起实施。这些标准规范适用于厂区和车间内部的噪声控制。

在这些标准中除了有详细规定工业企业及相关单位各工作场所的噪声限值外，同时也规定了为了实现噪声达标应该采取的处理措施。详细参见这些标准与规范的相关条款规定，这里不做具体阐述。

11.3.3 环境噪声排放标准

11.3.3.1 工业企业厂界环境噪声排放标准(GB 12348—2008)简介

工业企业厂界环境噪声排放标准是对GB 12348—90《工业企业厂界噪声标准》和GB 12349－90《工业企业厂界噪声测量方法》的第一次修订基础上颁布的。标准规定了工业企业和固定设备厂界环境噪声排放限值及其测量方法。标准适用于工业企业噪声排放的管理、评价及控制。机关、事业单位、团体等对外环境排放噪声的单位也按本标准执行。

在《工业企业厂界环境噪声排放标准》(GB 12348—2008)中规定了五类区域的厂界噪声排放限值(见表11.3)。

表11.3 工业企业厂界环境噪声排放限值 单位:dB(A)

时段 厂界外声环境功能区类型	昼间	夜间
0	50	40
1	55	45
2	60	50
3	65	55
4	70	55

当固定设备排放的噪声通过建筑物结构传播至噪声敏感建筑物室内时，噪声敏感建筑物室内等效声级不得超过表11.4和表11.5规定的限值。

表11.4 建筑物结构传播固定设备室内噪声排放限值(等效声级) 单位:dB(A)

时段 噪声敏感建筑物环境所处功能区类别	房间类型			
	A类房间		B类房间	
	昼间	夜间	昼间	夜间
0	40	30	40	30
1	40	30	45	35
2、3、4	45	35	50	40

说明：A类房间是指以睡眠为主要目的，需要保证夜间安静的房间，包括住宅卧室、医院病房、宾馆客房等。B类房间是指主要在昼间使用，需要保证思考与精神集中、正常讲话不被干扰的房间，包括学校教室、办公室、住宅中卧室以外的其他房间等。

表 11.5　建筑物结构传播固定设备室内噪声排放限值(倍频带声压级)　　单位:dB(A)

噪声敏感建筑物所处声环境功能区类别	时段	房间类别	室内噪声倍频带声压级限值				
			31.5	63	125	250	500
0	昼间	A、B类房间	76	59	48	39	34
	夜间	A、B类房间	69	51	39	30	24
1	昼间	A类房间	76	59	48	39	34
		B类房间	79	63	52	44	38
	夜间	A类房间	69	51	39	30	24
		B类房间	72	55	43	35	29
2、3、4	昼间	A类房间	79	63	52	44	38
		B类房间	82	67	56	49	34
	夜间	A类房间	72	55	43	35	29
		B类房间	76	59	48	39	34

在标准中,还规定了厂界噪声排放值的测量方法,如测量的天气、时间、仪器要求及背景噪声修正方法等。

11.3.3.2　社会生活环境噪声排放标准(GB 22337—2008)简介

根据现行法律对社会生活噪声污染源达标排放义务的规定,我国于 2008 年首次颁布了《社会生活环境噪声排放标准》(GB 22337—2008),对营业性文化娱乐场所和商业经营活动中可能产生环境噪声污染的设备、设施规定了边界噪声排放限值和测量方法。该标准适用于对营业性文化娱乐场所、商业经营活动中使用的向环境排放噪声的设备、设施的管理、评价与控制。

在社会生活噪声排放源边界处无法进行噪声测量或测量的结果不能如实反映其对噪声敏感建筑物的影响程度的情况下,噪声测量应在可能受影响的敏感建筑物窗外1 m处进行。

当社会生活噪声排放源边界与噪声敏感建筑物距离小于 1 m 时,应在噪声敏感建筑物的室内测量,并将表 11.6 中相应的限值减 10 dB(A)作为评价依据。

表 11.6　社会生活噪声排放源边界噪声排放限值　　单位:dB(A)

时段 厂界外声环境功能区类型	昼间	夜间
0	50	40
1	55	45
2	60	50
3	65	55
4	70	55

11.3.3.3 建筑施工场界环境噪声排放标准(GB 12523—2011)简介

建筑施工场界环境噪声排放标准规定了建筑施工场界环境噪声排放限值及测量方法。适用于周围有噪声敏感建筑物的建筑施工噪声排放的管理、评价及控制。市政、通信、交通、水利等其他类型的施工噪声排放可参照执行。该标准不适用于抢修、抢险施工过程中产生噪声的排放监管。

根据标准规定,建筑施工场界噪声排放不得超过表 11.7 规定的限值。

表 11.7 建筑施工场界环境噪声排放限值 单位:dB(A)

昼间	夜间
70	55

11.4 噪声控制原理与原则

11.4.1 噪声控制的基本原理

如图 11.9 所示,声学系统一般是由声源、传播途径、接收点三个环节组成的。因此,对于噪声与振动控制可根据三个环节进行。

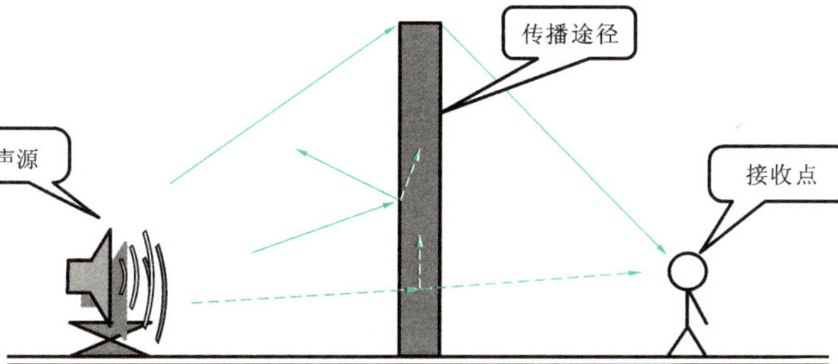

图 11.9 噪声控制的基本原理

(1)在声源处抑制振动与噪声

根据噪声的发声机理不同,噪声源可分为机械噪声源、空气动力性噪声源和电磁噪声源。一般的,噪声源不是单一的,即便是一种设备,也可能是几种不同发声机理的噪声组成。在声源处抑制噪声的具体措施有降低设备振动,改进设备结构和操作方式,提升设备加工精度和装配质量等。

(2)在传播途径上降低噪声

这是噪声控制中的最普遍方法。从声波的传播途径上降低噪声,简单的方法就是将声源远离人们集中的地方,依靠噪声在距离上的衰减达到减噪的目的,或在声源与人之间设置隔声屏,或利用天然屏障如树林、土坡、建筑物等来遮挡噪声的传播。常用的技术措施有吸声、隔声、消声、阻尼减振等。

(3)在接收点进行防护

在噪声控制中,根据实际无法或很难对声源进行降噪处理,又难于在传播途径上切断或消减噪声强度的条件下，可采用对接收点进行保护的措施进行噪声治理。如对人，可佩带耳塞、耳罩、有源消声头盔等；对于精密仪器设备，可安装于隔声间内或隔振台上。

11.4.2 噪声控制的一般原则

噪声控制的工作通常遵循科学性、先进性和经济性的基本原则。

(1)科学性

首先应正确分析发声机理和声源特性，是空气动力性噪声、机械噪声还是电磁噪声，是高频噪声还是中低频噪声，然后采取针对性的控制措施。

(2)先进性

这是设计所追求的重要目标，但应建立在有可能实施的基础上。所采取的控制技术不能影响原有设备的技术性能或工艺要求。

(3)经济性

经济上的合理性也是设计所追求的目标之一。噪声污染属能量性污染，控制到允许的标准值就可以了，以避免过度的资金投入。

11.5 噪声控制技术

11.5.1 吸声技术

吸声技术是控制室内噪声常用的技术措施。吸声降噪是利用吸声材料或吸声结构来吸收声能，消除或消减室内的反射声能，从而降低室内噪声强度的方法。其吸声的过程是声波通过吸声材料或入射到吸声材料界面上时声能的减少过程。室内噪声包括声源直接通过空气传来的直达声以及室内各个壁面反射回来的混响声，吸声降噪通常作为室内降噪的主要技术手段，用于消除或消减室内的混响声，同时也用作其他噪声治理手段的辅助措施。

吸声处理通常有两种方法：一种是吸声材料吸声，一种是采用吸声结构吸声。

11.5.1.1 吸声材料

吸声材料主要是多孔性吸声材料，主要对中高频噪声有很好的吸收。

(1)多孔性吸声材料的分类

多孔性吸声材料一般有纤维类材料、泡沫类材料和颗粒类材料三大类。

① 纤维类材料。又分为无机纤维和有机纤维两大类。无机纤维类材料主要有玻璃棉、岩棉、矿渣棉及其制品。有机纤维类材料主要有棉絮、稻草、木丝板等，以及由麻丝、甘蔗渣等制成的软质纤维板材料。

② 泡沫类材料。主要有聚氨酯泡沫塑料、脲醛泡沫塑料和氨基甲酸酯泡沫塑料等。这类材料的优点是密度小，导热系数小，质地软；缺点是易老化，不防火。

③ 颗粒类材料。这类材料主要有膨胀珍珠岩、多孔陶土砖、矿渣水泥、泡沫陶瓷、泡

沫铝、泡沫玻璃等材料。这类材料具有强度高、防火耐高温、防潮、防腐蚀、抗冻等优点，同时可以作为建筑装修材料采用，不仅可以吸声，还可以成为建筑的一部分，应用比较广泛。

(2)多孔性材料的吸声原理与吸声性能影响因素

① 多孔性材料吸声原理

当声波入射到多孔性吸声材料表面时，可以通过材料中的细孔进入，一方面引起空隙内的空气和材料本身振动消耗声能，另一方面由于摩擦和黏滞作用使空气和材料变热，也会消耗一部分声能，从而实现消减噪声的作用。当多孔性吸声材料布置在壁面表面时，一部分声能将穿过吸声材料，到达壁面，壁面反射回来再次进入吸声材料，再次消减噪声能量。

② 多孔性材料吸声性能影响因素

一般地，影响多孔性材料吸声性能的主要因素有孔隙率、材料厚度、材料密度与材料背后空腔。

孔隙率为材料内部孔隙所占体积与该材料的总体积的比。一般的情况下，孔隙率越大，材料的吸声性能越好。

多孔性吸声材料对低频噪声吸收效果较差，但当材料厚度增加时，材料吸声系数会向低频方向增加，而对高频噪声的吸声系数变化不大。

材料密度对材料的吸声性能影响很大，要达到最好的吸声性能，不同的材料有不同的最佳密度值。比如超细玻璃棉为 15～30 kg/m^3，矿渣棉为 120～130 kg/m^3，玻璃纤维板为 100～150 kg/m^3。

材料后部留一定深度的空腔，可以改善多孔材料的低频吸声性能，相当于增加材料层的厚度，这比单纯增加材料厚度或密度更为经济。当后部空腔厚度接近入射声波波长的 1/4 时，材料对此波长的声音的吸声系数达到最大值；当后部空腔厚度接近入射声波波长的 1/2 时，材料对此波长的声音的吸声系数达到最小值；一般地，材料层后部空腔厚度以 50～150 mm 为宜。

11.5.1.2 吸声结构

多孔性吸声材料的低频吸声性能较差，如要增加空腔厚度或者材料厚度等措施来提升低频吸声性能，则比较浪费空间，而且造价也高。利用共振吸声原理设计成薄板共振吸声结构、穿孔板共振吸声结构、微孔板吸声结构，都能获得很好的低频吸声效果。

(1)薄板共振吸声结构(见图 11.10)

将具有足够劲度的薄板，如 FC 板、石膏板、木质纤维板、胶合板、薄木板将其周边固结在框架上，框架牢固地与刚性板壁面紧密结合在一起，就形成了一个薄板共振吸声结构。

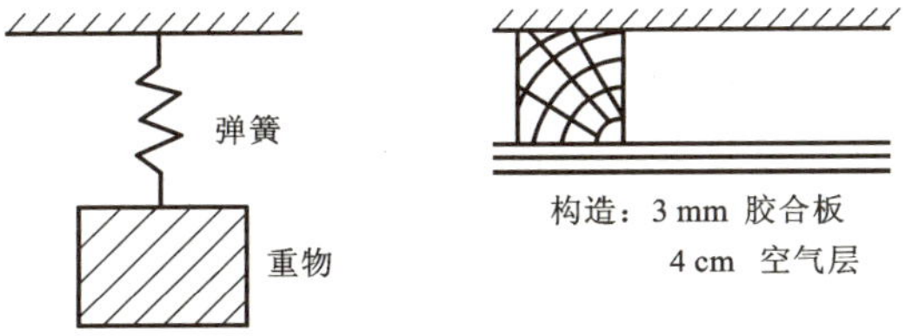

图 11.10 薄板吸声结构原理示意图

薄板共振吸声结构是由薄板与板后空腔组成一个振动系统，相当于弹簧与质量块的力学系统。声波入射在薄板上，薄板受迫振动，声能将因为板本身的阻尼以及板与框架支撑结构之间的摩擦作用而消耗，当入射声波频率与薄板系统的固有频率相近时，会发生共振，此时声能损耗最大，即系统的吸声系数达到最大值。薄板共振吸声结构的共振频率为：

$$f_0 = \frac{60}{\sqrt{M \cdot D}} \tag{11.4}$$

式中　M——薄板的面密度(kg/m^2)；

D——空气层厚度(m)。

(2)穿孔板共振吸声结构(见图 10.11)

穿孔板的每一个孔与其背后所占的空气层体积，可视作单一的赫尔姆兹共振吸声器，穿孔板共振吸声结构相当于共振器的并联。

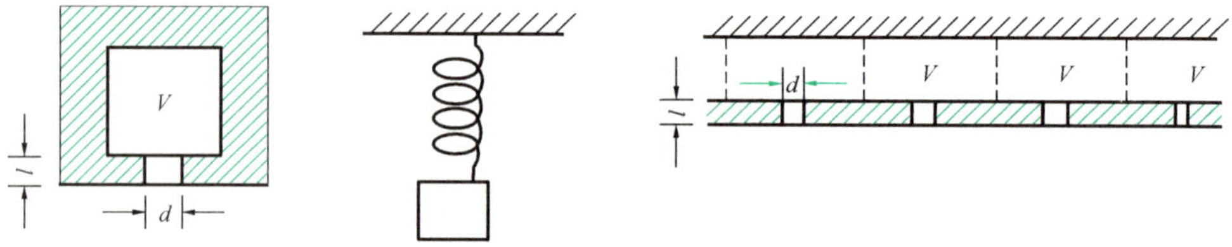

图 11.11　穿孔板吸声结构原理示意图

单个的共振吸声器的固有频率为：

$$f_0 = \frac{c}{2\pi}\sqrt{\frac{S}{Vl_k}} \tag{11.5}$$

式中　c——声波在空气中的速度(m/s)；

S——颈口断面面积(m^2)；

d——颈部直径(m)；

V——空腔体积(m^3)；

l_k——$l_0+\frac{\pi}{4}d$，颈部有效长度(m)；

l_0——实际长度(m)。

结构吸声系数与系统结构的固有频率有很大关系。当入射声波的频率与系统的固有频率一致时，吸声结构的吸声系数达到最大值，入射声波的频率与系统固有频率相差越远，结构对其吸声效果越差。

由于共振吸声结构吸声峰值频率带很窄，因此该结构具有很强的选择吸声功能。如果需要增加穿孔板共振吸声结构的共振吸声峰值的频带宽度，可以在颈口上贴上一层透声的织物(如无纺布、玻纤纱、尼龙纱等)，或者在后部空腔填充一定的超细玻璃棉，以增大声阻。

对于每个孔的面积一样，均为 S，穿孔数量为 n 或穿孔率为 P 的穿孔板，板后空腔深度为 D 的穿孔板吸声结构，其共振频率为：

$$f_0 = \frac{c}{2\pi}\sqrt{\frac{nS}{Vl_k}} = \frac{c}{2\pi}\sqrt{\frac{P}{Dl_k}} \tag{11.6}$$

一般的，在穿孔板后部设置超细玻璃棉等吸声材料，可有效拓宽穿孔板吸声结构的吸声频带宽度，一般情况下，穿孔板的穿孔率 $P\leqslant 10\%$，既有共振的作用，又有声阻作用，吸声结构在比较宽的频带范围内具有良好的吸声效果。当穿孔板的穿孔率 $P\geqslant 20\%$，穿孔板结构的共振作用几乎消失，穿孔板仅仅起到一个护面结构的作用。

(3)微孔板吸声结构

采用厚度小于 1 mm 的金属板，钻孔孔径控制在 0.8～1.0 mm 的微孔，穿孔率 P 控制在 1%～5%之间，再在板后设置一定厚度的空气层，这就形成了微孔板吸声结构。微孔板吸声结构既有穿孔板吸声结构的共振作用，同时由于微孔的声阻很大，又能起到吸声材料的作用，因而是一种良好的宽频带吸声结构，特别适合在一些高温、高速气流和潮湿的恶劣环境中使用。

11.5.1.3 空间吸声体

将吸声材料设计做成一定的几何结构体，如图 11.12 所示(如尖劈状、筒形、球体、正方体、板状菱形体等)，将这些几何结构体悬挂在空中，这样吸声材料各个侧面都能和声波接触，起到空间吸声的作用，因此也将这些几何结构体称为空间吸声体。空间吸声体一般由框架、吸声材料和护面结构制成。吸声体的面积宜根据房间的容积与房间用途来确定，排列方式常用集中式、长条式、棋盘格式等，其中长条式效果最好。利用吸声体可以装饰构建消声室。消声室，顾名思义是指没有声波反射或反射极弱的特殊空间，通常由具有吸声材料的墙壁和地板构成。

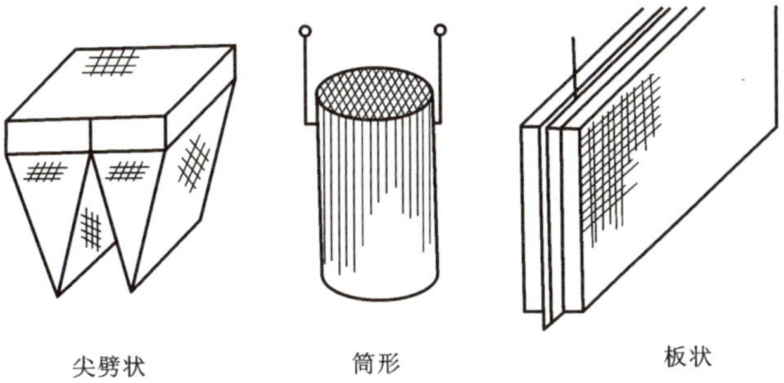

图 11.12 吸声体

在消声室(图 11.13)内，由于对吸声的要求很高，因此各壁面都用尖劈吸声，吸声尖劈是一种楔形结构特殊的吸声体，在其设计截止频率以上的吸声系数不低于 0.99。吸声尖劈结构目前在市场上有泡沫尖劈、传统布尖劈、金属尖劈等产品。

11.5.2 隔声技术

隔声是用隔声构件将声源与接收者分隔开来，使得声音传播受到阻挡不能直接通过，以减少噪声污染的一种技术手段。声波在传播过程中遇到均质屏障物，使一部分声能被屏障物反射，一部分声能被屏障物吸收，还有一部分声能透过屏障物而辐射到另外一空间中，透射声能仅是入射声能的一小部分。隔声构件的隔声能力与构件的结构、材料和声音的频率、声强有关。

图 11.13 消声室

11.5.2.1 构件隔声性能的评价方法

(1)隔声量与投射系数

入射在构件一面的声能与透射到另一面的声能相差的分贝数称为传声损失,也称为隔声量(L_{TL}),它与投射系数的关系为:

$$L_{TL} = 10\lg \frac{W_i}{W_\tau} = 10\lg \frac{1}{\tau}$$

式中 W_i——入射声能(W);

W_τ——透射声能(W);

τ ——$\frac{W_i}{W_\tau}$,透射系数。

τ 值变化为 0～1,值越小,声能越难于透过构件,说明构件的隔声量(L_{TL})越大。

(2)平均隔声量

构件的隔声量与声音的频率有密切关系,同一构件对不同频率的声音具有不同的隔声量,在频率范围 100～4000 Hz,17 个 1/3 倍频程中心频率的 L_{TL} 的算术平均值,或在频率范围 125～4000 Hz,6 个 1/1 倍频程中心频率的 L_{TL} 的算术平均值,称为该构件的平均隔声量。

(3)计权隔声量

计权隔声量是指通过计权网络测得的隔声量。在声源室的频谱和声级固定的情况下,以接受室测得的 A 声级隔声量作为隔墙或构件的隔声评价。通常有两种类型:①声源室 C 声级减去接受室 A 声级,即 C-A 声级差。②声源室 A 声级与接受室 A 声级的差,即 A-A 声级差。C-A 声级差比较简单适用。

(4)插入损失

插入损失是指在声场中插入隔声构件前后,声音入射构件的另一侧在同一指定测点位置上的声压级之差。这一评价量在实际应用中较为广泛,尤其是在现场环境中使用很多,评价结果也比较直观。

11.5.2.2 单层均质墙的隔声原理

单层均质墙体的隔声量与墙体的密度、刚度、材料内阻尼及入射声波的频率等因素有关。

(1)质量定律

单层均质墙体的隔声量遵循质量定律，理论上可以根据墙体质量计算出墙体的隔声量，计算公式如下：

$$R = 20\lg(M \cdot f) - 42.2 \quad (\text{dB}) \tag{11.8}$$

式中 M——构件的面密度(kg/m^2)；

f——入射声波的频率(Hz)。

在实际工作中，常常需要估算 100～3150Hz 频率范围内的平均隔声量，可用下面的经验公式计算：

$$\overline{R} = 14.5\lg M + 10 \quad (\text{dB}) \tag{11.9}$$

(2)共振现象

当入射声波的频率和构件的共振频率相近或一致时，将产生共振现象，这时构件的隔声量达到最低值，在实际应用中应尽量避免此种情况。

(3)吻合效应

当一定频率的声波以一定角度投射到构件上，在板上的声波波长 λ 的投影 $\lambda/\sin\theta$ 正好与被激发的构件的弯曲振动的横波波长 λ 产生吻合时，构件的弯曲振动致使向另一侧的声能辐射很大，使得构件的隔声量大大降低，质量定律不起作用，这种现象就叫吻合效应。

由式 $\lambda_B=\lambda/\sin\theta$ 可以看出，当 $\lambda<\lambda_B$ 时，均有其相应的角度 θ 来决定产生吻合效应，即当入射声波频率 f 高于某一频率时，均有可能产生吻合效应，这个产生吻合效应的最低入射频率称为“临界吻合频率”，简称“临界频率”，计为 f_c，f_c 的大小与构件本身固有性质有关。

一般而言，坚实而厚的构件(如混凝土墙体、砖墙等)的弯曲刚度较大，f_c 往往出现在低频区，柔顺而薄的构件(如金属薄板和非金属薄板)，f_c 往往出现在高频区，隔声设计中应注意让临界频率避开主要声频区。

11.5.2.3 双层墙体的隔声原理

按照质量定律，设计单层均质墙体，若需较大的隔声量，墙体质量将非常笨重，而且造价也相应增加很大，如果将实体墙分为两片独立墙体，中间留有一定厚度的空气层，这样就形成了双层墙结构，这种结构的墙比同等质量的单层墙具有更高的隔声量。

双层墙体的平均隔声量，在主要的声频范围 100～3150 Hz，可按照下列经验公式计算：

$$\overline{R} = 20\lg(M_1 + M_2) \cdot D - 26 \quad (\text{dB}) \tag{11.10}$$

式中 D——空气层厚度(mm)；

M_1，M_2——单层墙的面密度(kg/m^2)。

11.5.2.4 多层复合结构

由多层较薄的材料组成的隔声构件，通常称为“多层复合结构”。利用多层材料构成的复合墙板，因材料声阻抗不匹配，将会产生分层界面的多次反射，还因其中阻尼材料的作用，可以减弱薄板振幅，对共振频率和吻合频率出现的隔声“低谷”起到抑制作用。在实际工程应用中经常使用这种复合结构。

11.5.2.5 隔声装置

(1)隔声罩

对某些强噪声机械设备，为了减轻其噪声辐射对周围环境的影响，常将其控制在特定的小空间内，这种密闭的小空间的壳体结构就是隔声罩。

隔声罩按照机械操作、维护及通风散热要求，有固定密封型全隔声罩、活动密封型隔声罩及局部敞开式隔声罩。

隔声罩的插入损失，一般与隔声罩罩板隔声量，罩体内部是否做吸声处理有关系，一般地，隔声罩的插入损失，可以由以下经验公式计算：

$$L_{TL} = 10\lg \frac{W_i}{W_\tau} = 10\lg \frac{\bar{\alpha}}{\tau} \qquad (11.11)$$

式中 $\bar{\alpha}$——罩体内侧的表面平均吸声系数。

(2)隔声间

当生产环境中有很多的强噪声设备又无法对这些设备安装单独的隔声罩，而人员又必须长时间停留在设备附近的现场，那么这时可以在人长期停留的位置设置隔声间，保护操作人员。

隔声间是一种由不同隔声构件组成、具有良好隔声性能的房间，根据其结构形式，可以分为封闭式和半封闭式两种，但一般情况下均采用封闭式结构。隔声间既可以用金属材料制作，也可以用土木结构建造，一般要求建造隔声间的构件或材料具有较高的隔声量。

隔声间除了要求具有良好隔声性能的墙体，还需要设置隔声门、隔声窗或隔声观察孔，通风及消声系统等，以实现既能满足隔声要求又能保证工作的需要。

(3)隔声屏

在某些情况下，由于操作、维护、散热或厂房内有吊车作用等原因，不宜采用全封闭的隔声措施，或者对隔声要求不高的情况下，可根据需要设置隔声屏。此外，为了减少交通噪声对公路沿线两侧环境的干扰，通常也会在道路边设置 3～5 m 高的隔声屏障，一般可以达到 5～12 dB(A)的降噪效果。这方面的应用主要是在高架桥的隔声，如在广州许多的高架桥就有很多的应用案例。

11.5.3 消声技术

消声器是一种允许气流通过又能使气流噪声得到控制的装置。例如，在输送气体的管道中在进气口或排气口上安装适当的消声器，就能降低管道中的噪声传递。

目前，消声器的种类很多，根据降噪原理和功能，一般可以分为阻性消声器、抗性消声器、阻抗复合型消声器、微孔板消声器、干涉式消声器、有源消声器等。对于降低高温、高压、高速气流排出的高强度噪声，有节流减压、小孔喷注、多孔扩散式等其他形式的消声器。

11.5.3.1 阻性消声器

声波在衬有吸声材料的管道中传播时，由于吸声材料损耗部分声能，从而达到消声的效果，用这种原理消声的消声器，就是阻性消声器。由于阻性消声器的消声机理与多孔性材料的吸声机理完全相同，所以阻性消声器对中、高频噪声的消声效果较好，低频消声效果较差。若适当地增加吸声材料的厚度和选取适当的密度，可改善低频的消声效果。

(1)阻性消声器的分类

阻性消声器的形式繁多，一般可以按照气流通道或截面的几何形状，分为直管式、片式、蜂窝式、折板式、迷宫式和声流式消声器等，如图 11.14 所示。

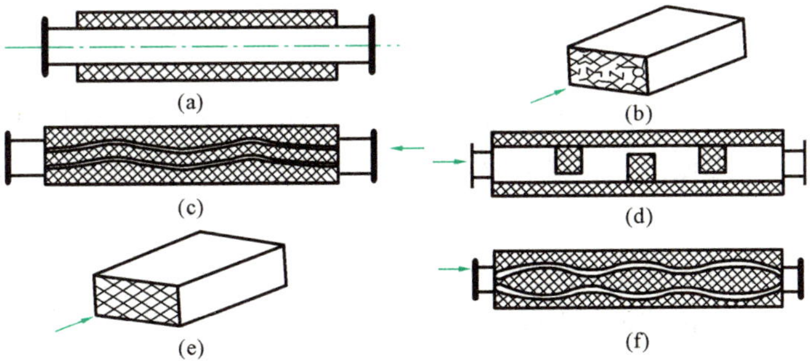

图 11.14 阻性消声器

(a)直管式消声器；(b)片式消声器；(c)折板式消声器；
(d)迷宫式消声器；(e)蜂窝式消声器；(f)声流式消声器

(2)阻性消声器的消声量估算

一般的直管式消声器的消声量可由下列经验公式计算：

$$\Delta L = 1.05\varphi(\alpha) \cdot \frac{P \cdot l}{S} \tag{11.12}$$

式中 $\varphi(\alpha)$——消声系数，与消声通道内侧的吸声材料平均吸声系数相关，可按表 11.8 选用；

P——消声器通道上辐射吸声材料的截面有效周长(m)；

S——消声器通道上辐射吸声材料的截面面积(m^2)；

l——消声器的有效长度(m)。

表 11.8 α 与 $\varphi(\alpha)$ 之间的换算关系

α	0.10	0.20	0.30	0.40	0.50	0.6～1.0
$\varphi(\alpha)$	0.11	0.24	0.39	0.55	0.75	1.0～1.5

(3)阻性消声器的失效频率

阻性消声器的气流通道截面不宜过大，对于一定截面积的气流通道，当入射声波频率高至一定限度时，相应的声波波长与气流通道宽度(或直径)相比较短，声波将以窄束形式沿通道传播，不与或很少与吸声饰面作用，导致了消声器的消声量明显降低。一般把产生这一现象所对应的频率定义为上限失效频率，也称之为高频失效频率，其经验公式为：

$$f_c = 1.85\frac{c}{D} \tag{11.13}$$

式中　c——声速(m/s)；

D——气流通道的有效当量直径(m)。

(4)气流再生噪声

气流与消声器结构相互作用会产生噪声，从而与原有的噪声叠加而降低消声效果。气流再生噪声产生一般有两个原因：一是气流经过消声器时，管内局部阻力和管壁黏滞阻力产生一系列湍流；其二是气流激起消声器结构的各个部件振动而引发噪声，噪声的大小主要取决于气流流速和消声器结构构造。一般情况下，为控制消声器的气流再生噪声，可以将气流速度控制在适合的范围。

11.5.3.2　抗性消声器

通过管道截面的突变处或旁接共振腔等在声传播过程中引起阻抗的改变而产生声能的反射、干涉，从而降低由消声器向外辐射的声能，以达到消声目的的消声器，称为抗性消声器。

抗性消声器主要适于降低低频及中低频段的噪声。其最大优点是不需使用多孔吸声材料，因此在耐高温、抗潮湿、对流速较大、洁净要求较高的条件均比阻性消声器好。

11.5.3.3　阻抗复合型消声器

阻性消声器具有良好的中、高频消声性能，抗性消声器具有良好的低、中频消声性能。实际工程中为了在较宽频带范围内取得较好的消声效果，常常将阻性消声器与抗性消声器结合起来，构成阻抗复合式消声器。

常用的阻抗复合式消声器有阻性—扩张室复合式消声器；阻性—共振腔复合式消声器；阻性—扩张室—共振腔复合式消声器。

11.5.3.4　其他类型的消声器

(1)微穿孔板消声器

微穿孔板消声器一般是用厚度小于 1 mm 的纯金属薄板制作，在薄板上用孔径小于 1 mm 的钻头穿孔，穿孔率为 1%～3%。选择不同的穿孔率和板厚不同的腔深，就可以控制消声器的频谱性能，使其在需要的频率范围内获得良好的消声效果。

(2)小孔消声器

结构是一根末端封闭的直管，管壁上钻有很多小孔。小孔消声器的原理是以喷气噪声的频谱为依据的，如果保持喷口的总面积不变而用很多小喷口来代替，当气流经过小孔时，喷气噪声的频谱就会移向高频或超高频，使频谱中的可听声成分明显降低，从而减少对人的干扰和伤害。

(3)有源消声器

基本原理是在原来的声场中，利用电子设备再产生一个与原来的声压大小相等、相位相反的声波，使其在一定范围内与原来的声场相抵消。这种消声器是一套仪器装置，主要由传声器、放大器、相移装置、功率放大器和扬声器等组成。

11.5.4 阻尼与隔振技术

11.5.4.1 阻尼与隔振基本原理

振动不仅能激发噪声，而且还能直接作用于设备、建筑物和人体，产生很多不良后果。如振动作用于仪器和设备，会影响仪器设备的精度、功能和正常使用寿命；振动作用于建筑物，会使得建筑物发生开裂、变形直至倒塌；振动作用于人体也能引起一系列的身体损伤等。

阻尼是通过黏滞效应或摩擦作用，把机械振动能量转换成热能或其他可以损耗的能量而耗散的措施。

隔振是用专门装置将工程结构与振动源隔离，以减少振动影响的措施。有主动隔振和被动隔振之分，前者为对振动源设备采取隔振措施，防止振动传到其他场合；后者是对不能接受振动干扰的设备、仪器或人采取隔振措施，防止外来振动的影响。

11.5.4.2 阻尼减振

(1)阻尼的作用

阻尼的作用主要体现在以下几个方面：

① 阻尼能抑制振动物体产生共振和降低振动物体在共振频率区的振幅，从而避免结构因动应力达到极限所造成的破坏。

② 阻尼有助于机械系统受到瞬态冲击后，很快恢复到稳定状态。

③ 阻尼可以提高各类机床、仪器等的加工精度、测量精度和工作精度。

④ 阻尼有助于降低结构传递振动的能力。

⑤ 阻尼有助于减少因机械振动所产生的声辐射，降低机械噪声。

(2)阻尼减振方法

如图 11.15 所示，常用的阻尼减振方法有自由阻尼层处理和约束阻尼层处理两种。

① 自由阻尼层减振是在结构表面直接粘贴阻尼材料。当结构振动时，粘贴在表面的阻尼材料产生拉伸压缩变形，将振动能转化为热能，实现减振效果。

② 约束阻尼层处理是在结构的基板表面粘贴阻尼材料后，再贴上一层刚度较大的约束板。当结构振动时，处于约束板和基板之间的阻尼材料产生拉伸压缩变形，将部分振动能量转化为热能，达到减小结构振动的目的。

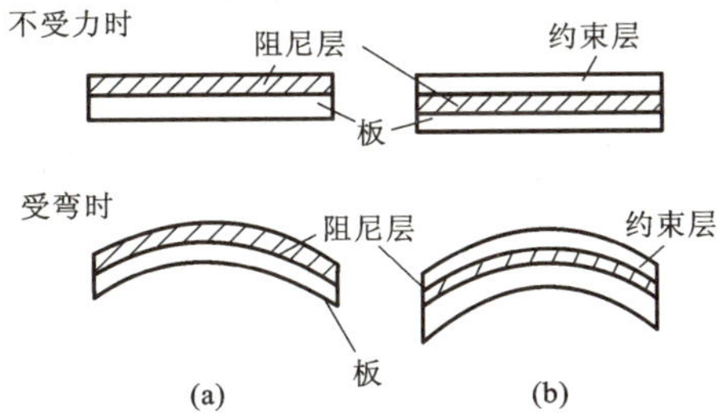

图 11.15 阻尼减振基本原理图

(a)自由阻尼层；(b)约束阻尼层

11.5.4.3 隔振器

隔振器是连接设备和基础的弹性元件，用以减少和消除由设备传递到基础的振动力和由基础传递到设备的振动力。

如图 11.16 所示，目前常用的隔声器类型有钢弹簧隔振器、橡胶隔振器、隔振垫、气垫隔振器（空气弹簧隔振器）及其他类型的隔振器等。

图 11.16 目前市场上常见的隔振元件

隔振材料和隔振装置应该符合下列要求：材料的弹性模量低；承载能力大，强度高，耐久性好，不易疲劳破坏；阻尼性能好；无毒、无放射性；抗酸、碱、油等环境条件。

常见隔振器和隔振材料的特性如表 11.9 所示。

表 11.9 隔振器和隔振材料性能一览表

隔振器和隔振材料名称	频率范围	最佳工作频率	阻尼	缺点	备注
金属螺旋弹簧	宽频	低频	很低，仅为临界阻尼的 0.1%	容易传递高频振动	广泛应用
金属板弹簧	低频	低频	很低		特殊情况使用
空气弹簧	取决于空气容积		低	结构复杂	
橡胶	取决于成分和硬度	高频	随硬度增加而增加	载荷容易受影响	
软木	取决于密度	高频	较低，一般为临界阻尼的 6%		
毛毡	取决于密度和厚度	高频（40 Hz 以上）	高		通常采用厚度 1～3 cm

（1）金属弹簧隔振器

金属弹簧隔振器低频隔振效果好，适用频率为 1.5～5 Hz；力学性能稳定；允许位移大，可承受较大负载，而且在受到长期大载荷作用时也不产生松弛现象；适用范围广，可以保持稳定的弹性，耐油、耐腐蚀、不老化、寿命长；适应性强，能适用于不同要求的弹性支撑系统；设计加工简单、易于控制，可以大规模生产，既可制成压缩型又可制成悬吊型。

其缺点是阻尼系数很小，阻尼性能较差，高频隔振效果差，容易传递高频振动，在运转时易产生共振，从而使设备产生摇摆。

（2）空气弹簧隔振器

空气弹簧隔振器有劲度可以随荷载而变化，固有频率保持不变的特点；靠气囊气室的改变可对隔振器的劲度进行选择，因此可以达到很小的固有频率（在 1 Hz 以下）；空气弹簧隔振器一般设有自动调节机构。

其缺点是需要有压缩气源及一套复杂的辅助系统，造价昂贵，并且荷重只限于一个方向，故一般工程上采用较少。

（3）橡胶隔振器

橡胶隔振器是使用范围最广的隔振器，其与金属弹簧隔振器相比有以下特点：

① 可以做成各种复杂形状，能有效地利用有限的空间。

② 橡胶有内摩擦，阻尼比较大，因此不会产生像钢弹簧那样的强烈共振，也不至于形成螺旋弹簧所特有的共振激增现象。

③ 橡胶隔振器的弹性系数可借助改变橡胶成分和结构而在相当大的范围内变动。

④ 橡胶隔振器对具有较低的干扰频率机组和质量特别大的设备不适用。

⑤ 橡胶隔振器的性能易受温度影响。在高温下使用，性能不好；在低温下使用，弹性系数也会改变。橡胶隔振器使用一段时间后，应检查它是否老化而弹性变坏，如果已损坏应及时更换。

11.6 噪声综合治理案例

在噪声治理的相关工程项目中，往往会根据项目具体情况单独或组合使用隔声、消声、吸声与隔振等措施。在具体选择方案时，除了降噪本身，往往需要考虑其他工艺方面的需求因素，比如通风散热需求，观察检修等。

在具体选择降噪措施的时候，往往也需要根据工程实际，进行灵活的设备选配设计，当需要消除管道排气噪声时，一般会选择消声器，同时还将根据噪声的频谱特性选择不同类型的消声器，如中低频噪声一般选配设计抗性消声器，中高频噪声会选配阻性消声器，如消声器用在一个高压、高速排气的排气口，可以选配小孔喷注消声器等，具体的消声设计时还需要考虑排气量、压力等因素。

当需要降低一台空压机设备的噪声影响，可以将其安装在一个隔声罩或者隔声机房中，而一般的空压机设备都配备了进风和排风消声器，设备与基础的连接点都采用隔振器进行隔振处理，这时，还必须考虑到设备的机械噪声依然很大，因此隔声罩或隔声机房可以起到隔离噪声的作用。但是考虑到设备运行的需求，隔声罩或隔声机房的设计需要设置通风散热设备及其消声设备，同时为了降低隔声罩或隔声机房的噪声，在罩体或机房的内表面设置必要的吸声材料或吸声结构，降低内部混响声，从而实现较好的降噪效果。

图 11.17 是一个空调设备风冷机组的噪声控制方案图，是一个综合利用了隔声、吸声、消声与隔振等原理的典型工程案例。

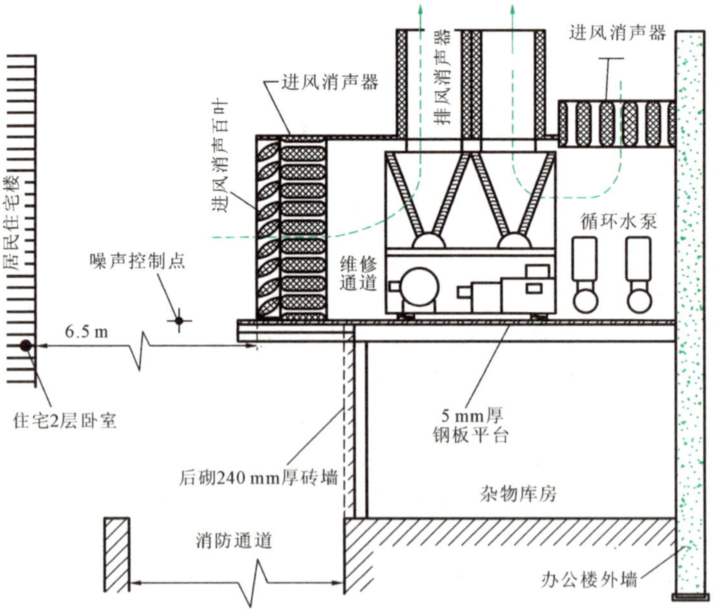

图 11.17　风冷机组噪声控制方案示意图

思考题与习题

1. 简述噪声的危害。
2. 环境噪声标准分哪几类？具体有哪些标准？适用范围分别是什么？
3. 简述噪声控制的基本原理。
4. 影响多孔性吸声材料吸声性能的因素有哪些？
5. 阻性消声器有哪些常用的形式？画图简述之。

知识拓展

低频噪声

2007年6月4日第19期的《法制生活报》的一篇《低频噪声危害不容忽视》报道了多种深受低频噪声影响危害却维权艰难案例，该报道的全文如下：

近年来，低频噪声污染问题悄悄影响着我们的生活，城镇居民对于低频噪声污染的投诉也逐年增多，小区高楼内的电梯、开在居民区娱乐场所内的重低金属音响、被移入居民楼内的水泵、高压配电机房以及室内的中央空调等都是制造低频噪声的"罪魁祸首"，越来越多的低频噪声源，威胁着人们的健康。

"低音炮"：吵得人神经衰弱

"我实在是受不了了，长期这样下去，我会疯的。"提到低频噪声，家住在财经学院后门居民小区的杨先生有一肚子诉不完的苦水。杨先生说，在他家的隔壁，开了一家"迪吧"，每天晚上6点开始营业，低音炮振个不停，直到深夜才停下来。

住处不临街，周围也没有歌舞厅等娱乐场所，可住在大营坡附近的吴先生与杨先生有着同样的苦恼。

2007年，吴先生在大营坡附近购买了一套二手商品房，当一家人高高兴兴地住进去后，烦恼也随之而来，入住后，一家人的耳边常常会传入"嗡嗡嗡"的声音。

每逢夜深人静之时，整家人都辗转反侧，难以入睡，吴先生怀疑自己住宅噪声超标，就请了专业人士上门检测，检测结果让他大吃一惊，原来结果显示，吴先生家里的噪声，白天只有45 dB左右，晚上也不超过30 dB。

这个检测结果让吴先生大吃一惊，他不禁问道："怎么住在一类区里，也会失眠！"

低频噪声：市民健康新隐患

家住盐务街附近的舒先生也遇到了同样的困惑，2006年，一家洗车场在他居住的小区里开始营业，每天晚上发出的"嗡嗡"声让他和邻居们伤透了脑筋，于是他们请环保执法人员对该洗车场进行噪声检测。

到现场检查的工作人员发现，该洗车场证照齐全，发出的声音分贝也在50以下，也就是说，该洗车场的噪声排放实际已经达标。

“这怎么可能呢？要说已经达标，就不可能对我们造成影响，但是这个洗车场的的确确严重干扰了我们的生活和作息。”对于这样的检测结果，舒先生充满了疑惑。

吴先生告诉记者，跟舒先生一样，他也曾经请环保局工作人员到他家调查过，得到结论是“嗡嗡”的响声来自该楼地下室变压器房，属于典型的低频噪声，之所以会产生这样的结果，是因为低频噪声通过墙壁一直传到二楼吴先生家。可是，仅从分贝值来看，吴先生住房的声环境却属于环境安静的“一类区”。

环保界有关人士告诉记者，杨先生他们遭遇的是低频噪声，它能直达人的耳骨，使人的交感神经紧张，心动过速，血压升高，如果长期受到低频噪声袭扰，容易造成神经衰弱、失眠、头痛、记忆力减退、综合判断能力下降等神经官能症，甚至造成噪声性耳聋。类似的噪声多是歌舞厅、迪厅等娱乐场所的“低音炮”，以及电梯、地下室变压器、充氧泵等设施发出的。

低频噪声：不容忽视的危害

就低频噪声对健康的危害，记者采访贵阳市某医院耳鼻科的孙大夫，他向记者介绍：“低频噪声虽不像高频噪声那么刺耳，但其穿透力很强，可直达耳骨，会使人的交感神经紧张，心跳过速，血压升高，内分泌失调。人被迫接受这种噪声，容易烦恼激动、易怒，严重时甚至会失去理智。如果长期受到低频噪声袭扰，容易造成神经衰弱、失眠、头痛等各种神经官能症，还可以穿透孕妇腹壁和子宫壁，影响到胎儿器官发育，甚至造成胎儿畸形，很多人对此抱着忍一忍的态度是十分不正确的。”

而对于目前存在的问题，在没有低频噪声标准的情况下，市民只能依靠民法中相邻权的概括规定来维护自身权益。我国民法中有关相邻权的规定是，个人在行使权利时不得妨碍相邻各方的合法权益，如果居民觉得附近娱乐场所发出的低频噪声侵犯了自己的合法权益，在相关部门无法协调解决的情况下，可以向法院提起民事诉讼来维护自己的合法权益。但在没有相关标准的情况下，这种诉求很难得到相关证据支撑。

目前相关立法仍是空白

记者从采访中了解到，随着我国社会经济的迅速发展，人民群众对环境质量的要求也与日俱增，光污染、热污染、气味污染、低频噪声污染、视觉污染等一些新型环境污染，严重威胁着都市市民的健康。而面对这些污染造成的纠纷，环保行政管理部门遭遇法律的空白。

近年来，贵阳市针对噪声污染问题也采取了一些相关措施，但仔细查看，未找到专门用于解决低频噪声污染问题的规定。目前，低频噪声污染问题已引起国家有关部门的重视，国家相关部门正在积极制订一部涉及低频噪声污染的新标准《社会生活噪声控制标准及测量方法》，新标准的执行将使低频噪声污染问题无法可依的状况得到改变。而针对这些新问题，尚无专门的法律法规对其进行监管。为应对这种情况，尽快制定、出台与这些污染相匹配的法律法规，针对新型环境污染的立法、新污染物排放标准的制定、新型环境污染的控制成了关键。

2008 年，国家环保部正式颁布实施了《声环境质量标准》(GB 3096—2008)、《社会生活环境噪声排放标准》(GB 22337—2008)和《工业企业厂界环境噪声排放标准》(GB 12348—2008)三部新标准,在这三部新标准中都不再单纯以A计权声级为唯一指标的评价,而是增加了低频噪声各个倍频程的噪声限值规定,完善了噪声监测的方式规范,为类似事件当事人的维权提供了法律依据。

如果上面报道的事件现在也发生在你身边,那么今天的你知道如何利用新的标准去保护自己的权益吗?

12 其他公害防治技术

学习目标

1. 掌握电磁辐射污染、放射性污染、热污染及光污染的概念；
2. 掌握电磁辐射污染、放射性污染、热污染及光污染的防治方法；
3. 能够区分电磁辐射与放射性污染的区别；
4. 能够识别电磁辐射污染、放射性污染、热污染及光污染的污染来源；
5. 了解电磁辐射污染、放射性污染、热污染及光污染的危害。

案例导入

在斯德哥尔摩市，生活在高压输电线区域内的市民，因磁通密度 $B>3$ mG(毫高斯)，癌症发病率为其他地区的3.8倍。

1991年英国劳达公司一架民航机不幸坠毁，电磁辐射酿成了这场大祸。

1993年，瑞典等北欧三国的研究调查公布，长期受到2 mG以上的电磁辐射影响，罹患白血病的机会是正常人的2.1倍，罹患脑肿瘤的机会是正常人的1.5倍。

几年前，在风景名胜峨眉山发生过一起微波污染事件，在面向微波发射站的坡面上，由于长期遭受辐射，松树等自然植被全部枯萎而死，而山的另一面，植被却郁郁葱葱。

切尔诺贝利核泄漏是世界上最严重的核事故，成为人类利用核能史上的一大悲剧。欧洲受到核污染的区域超过了20万平方千米，其中最严重的是白俄罗斯、乌克兰和俄罗斯。部分东欧国家和北欧国家也受到一定程度的核污染。大量的放射性物质严重污染了空气、土壤和河流，破坏了自然环境和生态系统，直接导致27万人背井离乡，迁往其他安全地区。而欧洲部分最肥沃的耕地也因受到污染而成了废地。

除了自然环境的破坏，还有约700万人直接或间接地成为事故受害者。由于受到核辐射，核电站周围地区癌症患者，尤其是儿童甲状腺癌以及血癌患者急剧增多。联合国的一份声明称，自从事故发生后，白俄罗斯一些地区儿童甲状腺癌症患者的数量增加了10倍以上。乌克兰官方的统计数字显示，该国事故死亡人数超过了4400人。截止到今年早些时候,共有230万人因为受到核辐射而住院接受治疗,其中包括45.2万名儿童。而在俄罗斯,当年参加抢险工作的许多人员相继死亡,还有不少人留下了终生残疾和精神疾病。

这次事故对于切尔诺贝利核电站附近居民的灾难性影响无疑是久远的。据专家预测,事故的后果要经过100多年才能完全消除。

王某、陈某夫妇家的楼下是北京临江仙面馆,自2000年4月开始经营。因为没有有效的通风设备,操作间只要一工作,滚滚的热气就通过楼板侵入王先生家中。同时,各种机器的轰鸣声也让王先生一家人心烦意乱。在双方多次协商无果的情况下,王先生以热污染和噪声污染为由,将面馆告上法院,要求面馆拆除居民楼外墙和楼顶上的烟囱、风机,恢复原状,并要求支付各种损失共计人民币6万余元。

1996年,上海出现了第一起因城市建筑物玻璃幕墙折射引起光污染的环保投诉,随后各地有关玻璃幕墙光污染的投诉不断增多。但也正是人们目光过于集中的原因,“光污染”一词的范围被锁定在玻璃幕墙上,而忽视了身边其他的光污染。

虽然电磁辐射污染、放射性污染、热污染和光污染这些概念对于大家来说并没有水污染、大气污染、土壤污染及固体废物污染那么深刻的认识,但是这些污染同样在我们生活的周围,不断影响着生活质量和身体健康。

12.1 电磁辐射污染及防治

12.1.1 电磁辐射污染

电磁辐射(electromagnetism radialization)是一种物理现象,是指能量以电磁波形式由源发射到空间的现象。

电磁污染(electromagnetic pollution)是指过量的电磁辐射对环境造成的危害。电磁污染是一个笼统的广义概念,既包括通常所说的电磁干扰,也包括电磁辐射对人体以及其他动植物的危害,不过习惯上提到电磁污染指的是后者。电磁辐射不等于电磁污染,只有超过一定的限度才构成电磁污染。它以电磁场的场力为特征,并和电磁波的性质、功率、密度及频率等因素密切相关。

由于电子技术的广泛应用,无线电广播、移动电话、电视以及微波技术等事业的迅速发展和普及,射频设备的功率成倍提高,地面上的电磁辐射大幅度增加。目前已达到可以直接威胁人体健康的程度。电磁污染是一种无形的污染,已成为人们非常关注的公害,给人类社会带来的影响已引起世界各国重视,被列为环境保护项目之一。

12.1.2 电磁污染源

(1)天然电磁污染源

天然电磁污染源是由自然现象所引起的。由于大气中发生电离作用,导致电荷的积蓄，从而引起放电现象。这种放电的频带较宽，可从几千赫兹到几百兆赫兹，乃至更高的频率。如雷电、火山喷发、地震和太阳黑子活动的磁爆都能产生电磁干扰。

(2)人为电磁污染源

人工型电磁辐射源来自人工制造的各种电子电气系统或装置与设备，其中一类电子系统本身就是以电磁辐射现象作为工作原理的，例如移动通信系统、X光机、广播电视系统、卫星通信系统以及各种无线通信和控制系统等；另一类则是电子电气系统工作时由于放电和电磁交变感应而产生电磁辐射，例如各种工业电器和电动机器，以及日常生活工作中普遍使用的各种电子电器，如空调机、计算机、电视机、电冰箱、日光灯、节能灯、光盘播放器、电热毯、微波炉等；另外，变压器、高压电线在正常工作时也会产生各种不同波长和频率的电磁波。表12.1和表12.2分别列出天然与人为电磁污染源。

表12.1　天然电磁污染源

分类	来源
大气与空间污染源	自然界的火花放电、雷电、台风、高寒地区飘雪、火山喷烟等
太阳电磁场源	太阳的黑子活动与黑体放射等
宇宙电磁场源	银河系恒星的爆发、宇宙间电子移动等

表12.2　人为电磁污染源

分类		设备名称	污染来源与部件
放电所致污染源	电晕放电	电力线(送配电线)	由于高电压、大电流而引起静电感应、电磁感应、大地漏泄电流所造成
	辉光放电	放电管	白光灯、高压水银灯及其他放电管
	弧光放电	开关、电气铁道、放电管	点火系统、发电机、整流装置等
	火花放电	电气设备、发动机、冷藏车、汽车等	整流器、发电机、放电管、点火系统等
工频辐射场源		大功率输电线、电气设备、电气铁道	污染来自高电压、大电流的电力线场电气设备
射频辐射场源		无线电发射机、雷达等	广播、电视与通风设备的振荡与发射系统
		高频加热设备、热合机、微波干燥机等	工业用射频利用设备的工作电路与振荡系统等
		理疗机、治疗机	医学用射频利用设备的工作电路与振荡系统等
建筑物反射		高层楼群以及大的金属构件	墙壁、钢筋、吊车等

12.1.3 电磁污染的传播途径

(1)空间辐射

电子设备与电气工作过程,本身相当于一个多向发射天线,不断地向空间辐射电磁能。

这种辐射分为两种方式:一种是以场源为核心,在半径为一个波长范围内,电磁能向周围传播,是以电磁感应方式为主,将能量施加于附近的仪器以及人体。

另一种是在半径为一个波长范围之外,电磁能进行传播,以空间放射方式将能量施加于敏感元件。在远区场中,输电线路、控制线等具有天线效应,接收空间电磁辐射能进行再传播而构成危害。

(2)导线传播

当射频设备与其他设备共用同一电源,或两者间有电气连接关系,电磁能即可通过导线进行传播。此外,信号输出与输入电路、控制电路等,也能在该磁场中拾取信号进行传播。

(3)复合传播污染

同时存在空间传播与导线传播所造成的电磁辐射污染,称为复合传播污染。

12.1.4 电磁辐射污染的防护

电磁辐射能干扰电视的收看,使图像不清或变形,并发出令人难受的噪声。电磁污染会干扰收音机和通信系统工作,使自动控制装置发生故障,使飞机导航仪表发生错误和偏差,影响地面站对人造卫星、宇宙飞船的控制。

电磁辐射对人体危害程度随波长而异,波长愈短对人体作用愈强,微波作用最为突出。

处于中、短波频段电磁场(高频电磁场)的操作人员,经受一定强度与时间的暴露,将产生身体不适感,严重者引起神经衰弱,如心血管系统的自主神经失调。但这种作用是可逆的,脱离作用区,经过一定时间的恢复,症状可以消失,不成为永久性损伤。因此,应该做好对电磁辐射污染的防护工作。电磁污染的主要防护方法有屏蔽辐射源、距离控制及个人防护等方面。

(1)电磁屏蔽

电磁屏蔽是采用一些能抑制电磁辐射能扩散的材料,将电磁辐射源与外界隔离开来,将电磁辐射能有效地控制在所规定的空间内,阻止它向外扩散与传播,达到防止电磁污染的目的,屏蔽装置一般是金属材料(良导体)制成的封闭壳体,当交变电磁场传向金属壳体时,一部分被金属壳体表面所反射,一部分被壳体内部吸收,这样透过壳体的电磁场强度被大幅度衰减。对小型辐射源可用屏蔽罩,对大型辐射源采用屏蔽室,以上属于主动场屏蔽。特点是场源与屏蔽体之间距离小,结构严密,可以屏蔽电磁场强大的场源。

被动场屏蔽是将场源置于屏蔽体之外,使限定范围内的生物机体或仪器不产生影响,其特点是屏蔽体与场源间距大,屏蔽体可不接地。

(2)远距离控制和自动作业

根据电磁辐射，特别是中、短波，其场强随距离的增大而迅速衰减的原理，对产生电磁辐射的电子设备进行远距离控制或自动化作业，对操作人员可减少辐射能的损害。

(3)个人防护

对于无屏蔽条件的操作人员直接暴露于微波辐射近区场时，必须采取个人防护措施。采用穿防护衣，戴防护头盔和防护眼镜，以减轻电磁污染对人体的伤害。电磁辐射防护规定(GB 8702—2014)中对该内容进行了详细的阐述。

除以上方法外还有吸收法控制、线路滤波、合理设计工作参数保证射频设备在匹配状态下操作等“抑制”技术。

12.2 放射性污染

在自然界和人工生产的元素中，有一些能自动发生衰变，并放射出肉眼看不见的射线。这些元素统称为放射性元素或放射性物质。

所谓的放射性是指放射性元素的原子核自发地放射出射线的现象。这些原子核处于不稳定状态，在其发生核转变的过程中，自发地放出由粒子或光子组成的射线，并辐射出原子核里的过剩能量，同时本身转变成另一种核素或成为原来核素的较低能态，常见的射线有 α、β、γ 射线。其所放出的粒子或光子，会对周围介质或机体产生电离作用，造成放射性污染或危害。有时放射性也称为电离辐射。由放射性物质所造成的污染，叫放射性污染。

α 射线：是由 α 粒子(即氦原子核)组成的粒子流，出射速度为光速的 1%～10%，它的电离作用大，贯穿本领小，它在空气中的射程只有几个厘米，用普通一张纸就可以挡住。

β 射线：是高速运动的电子流，出射速度为光速的 30%～90%，比 α 粒子速度大；它的电离作用较小，贯穿本领较大。它在空气中的射程因其能量的不同而有较大差异，一般为几米；用几毫米的铝片屏蔽就可以挡住 β 射线。

γ 射线：是波长很短的电磁波(光子)，速度与光速相同，由于不带电，它的电离作用小，贯穿本领很大，能穿透几十厘米厚的钢板。它在空气中的射程通常为几百米。需用几厘米厚的铅或 1 米厚的混凝土做屏蔽层。

X 射线：也称“伦琴射线”，是其波长介于紫外线和 γ 射线之间的电磁波，具有可见光的一般特性，速度与光速相同。X 射线与 γ 射线的基本作用或效应无本质的区别，但二者产生的机理不同，X 射线是由核外内层电子变动发射的连续能量辐射，γ 射线则是由原子核衰变时的能量发射产生，即由核内发射。

X 射线和 γ 射线在医学等方面的应用也越来越广泛，但是人们在看到它们给我们带来的便利的同时，应该了解到过量的这些射线会对人体产生危害的生物效应、遗传效应；对红骨髓造血功能有明显的损伤；诱发白血病；使眼晶体浑浊等等。因此，对居民所生活的环境进行 X 射线和 γ 射线剂量率的测定，对环境进行评价是关系到居民健康生活的必要措施。

天然放射线如宇宙射线和地壳中的天然放射线的照射，对人类生活没有什么不良影响，人类一直生活在这种环境中。

12.2.1 放射性污染来源

放射性来源主要分为天然放射源和人工放射源两类。

(1)天然放射源

①宇宙射线

宇宙射线主要来源于地球的外层空间。由外层空间射到地球大气层的高能粒子称为初级宇宙射线，主要由高能质子组成，具有极大的动能；这些粒子与大气中的氧、氮原子核碰撞产生了次级宇宙射线粒子。

②宇生放射性核素

宇生放射性核素是高能初级宇宙射线与大气的原子核发生核反应时产生的放射性核素，种类不少，但在空气中的含量很低，对环境辐射的实际作用不大。

③原生放射性核素

原生放射性核素是从地球形成开始，迄今为止还存在于地壳中的那些放射性核素。其中最主要的有铀(U)、钍(Th)以及钾(K)、碳(C)和氚(H)等。

(2)人工放射源

人工放射源是放射性污染的主要来源。它主要有：原子能工业排放的放射性废物，核武器试验的沉降物，以及医疗、科研机构排出的含有放射性物质的废水、废气、废渣等。

①原子能工业排放的废物

原子能工业中核燃料的提炼、精制和核燃料元件的制造，都会有放射性废弃物产生和废水、废气的排放。这些放射性“三废”都有可能造成污染，由于原子能工业生产过程的操作运行都采取了相应的安全防护措施，“三废”排放也受到严格控制，所以对环境的污染并不十分严重。但是，当原子能工厂发生意外事故，其污染是相当严重的。国外就有因原子能工厂发生故障而被迫全厂封闭的实例。

②核武器试验的沉降物

在进行大气层、地面或地下核试验时，排入大气中的放射性物质与大气中的飘尘相结合，由于重力作用或雨雪的冲刷而沉降于地球表面，这些物质称为放射性沉降物或放射性粉尘。放射性沉降物播散的范围很大，往往可以沉降到整个地球表面，而且沉降很慢，一般需要几个月甚至几年才能落到大气对流层或地面。1945 年美国在日本的广岛和长崎投放了两颗原子弹，使几十万人死亡，大批幸存者也饱受放射性疾病的折磨。

③医疗放射性

医疗检查和诊断过程中，患者身体都要受到一定剂量的放射性照射，例如，进行一次肺部 X 光透视，接受$(4\sim20)\times10^{-4}$ Sv 的剂量(1 Sv 相当于每克物质吸收 0.001 J 的能量)，进行一次胃部透视，接受 0.015～0.03 Sv 的剂量。

④科研放射性

科研工作中广泛地应用放射性物质，除了原子能利用的研究单位外，金属冶炼、自动控制、生物工程、计量等研究部门几乎都有涉及放射性方面的课题和试验。在这些研究工作中都有可能造成放射性污染。

12.2.2 放射性污染的危害

放射性污染对生物的危害是十分严重的。放射性损伤有急性损伤和慢性损伤。如果人在短时间内受到大剂量的 X 射线、γ 射线和中子的全身照射，就会产生急性损伤。轻者有脱毛、感染等症状。当剂量更大时，出现腹泻、呕吐等肠胃损伤。在极高的剂量照射下，发生中枢神经损伤直至死亡。

中枢神经症状主要有无力、怠倦、无欲、虚脱、昏睡等，严重时全身肌肉震颤而引起癫痫样痉挛。细胞分裂旺盛的小肠对电离辐射的敏感性很高，如果受到照射，上皮细胞分裂受到抑制，很快会引起淋巴组织破坏。

放射性污染能引起淋巴细胞染色体的变化。在染色体异常中，用双着丝粒体和着丝粒体环估计放射剂量。放射照射后的慢性损伤会导致人群白血病和各种癌症的发病率增加。

环境中的放射性物质可以由多种途径进入人体，它们发出的射线会破坏机体内的大分子结构，甚至直接破坏细胞和组织结构，给人体造成损伤。高强度辐射会灼伤皮肤，引发白血病和各种癌症，破坏人的生殖机能，严重的能在短期内致死。少量累积照射会引起慢性放射病，使造血器官、心血管系统、内分泌系统和神经系统等受到损害，发病过程往往延续几十年。

12.2.3 放射性污染的防治

12.2.3.1 放射性污染的防护

由于全世界居民都受到天然辐射源的照射，因此，了解所受照射剂量、天然辐射剂量的变化情况具有很大的实际意义。

外环境中的放射性物质，可以通过呼吸道、消化道和皮肤三个途径进入人体，人体遭受过量的放射性物质照射时，会损害健康。环境中的放射性污染会对人体产生外照射，同时经过转移而沉积在人的体内产生内照射，从而使广大公众接受额外附加照射，对人体健康造成危害。因此对放射性污染的防护可以从两方面着手。

(1)外照射的防护

对外照射的防护主要有以下三种方式：

①时间防护：缩短照射时间。

②距离防护：点状放射源周围的辐射剂量与离源的距离平方成反比，适当加大与放射源的距离可进行有效的防护。

③屏蔽防护

α 射线：He 原子核流，穿透能力弱，可不考虑(外照射)。

β 射线：穿透能力比 α 射线强，可用铝、塑料、有机玻璃、铁、铅等材料屏蔽。

X 射线和 γ 射线：穿透能力强，可用水、水泥、铁、铅等材料屏蔽。

(2)内照射的防护

内照射防护主要是防止放射性物质通过食物及吸入的方式进入人体沉积。具体的做法有,加强对放射性物质的管理,保证室内通风,使用防护用具等。

12.2.3.2 放射性废物的处置

对于放射性废物的处置方法主要有:

(1)放射性固体废物

放射性固体废物种类繁多,可分为湿固体(蒸发残渣、沉淀泥浆、废树脂等)和干固体(污染劳保用品、工具、设备、废过滤器芯、活性炭等)两大类。为了减容和适于运输、贮存和最终处置,要对固体废物进行焚烧、压缩、固化或固定等处理。

①固化技术

固化是在放射性废物中添加固化剂,使其转变为不易向环境扩散的固体的过程,固化产物是结构完整的整块密实固体。通常,固化的途径是将放射性核素通过化学转变,引入到某种稳定固体物质的晶格中去;或者通过物理过程把放射性核素直接掺入到惰性基材中。

②减容技术

固体废物减容的目的是减少体积,降低废物包装、贮存、运输和处置的费用。处理方法主要有两种:压缩或焚烧。

压缩是依靠机械力作用,使废物密实化,减少废物体积。压缩处理操作简单,设备投资和运行成本低。压缩可分为常规压缩和超级压缩。

焚烧是将可燃性废物氧化处理成灰烬(或残渣)的过程。焚烧分为干法焚烧和湿法焚烧,前者的具体方法有过剩空气焚烧、控制空气焚烧、裂解、用流化床、用熔盐炉等;后者的方法有酸煮解、过氧化氢分解等。

(2)放射性废液

核工业放射性工艺废液一般需要多级净化处理,低、中放射性废液常用的处理方法有絮凝沉淀、蒸发、离子交换(或吸附)和膜技术(如电渗析、反渗透、超滤膜)。高放射性废液比活度高,一般只经过蒸发浓缩后贮存在双壁不锈钢贮槽中。

①絮凝沉淀

该法简便,成本低廉,在去除放射性物质的同时,还去除悬浮物、胶体、常量盐、有机物和微生物,一般与其他方法联用作为预处理方法。缺点是放射性去除效率较低,一般为50%~70%,去污因数最多只有10左右,且产生含大量放射性的污泥。

②蒸发

蒸发的突出优点是净化效率较高,一般去污系数可达到10^5,但蒸发不适合处理含易起泡物质和易挥发核素的废水,且蒸发耗能大,处理费用较高。

③膜分离

与其他传统的分离方法相比,膜分离具有过程简单、无变相、分离系数较大、节能高效、可在常温下连续操作等特点。可分为反渗透、电渗析、微滤和超滤等。

④离子交换和吸附

在处理中、低放射性废水时,离子交换树脂对去除含盐类杂质较少的废水中放射性离子具有特殊的作用。

(3)放射性气体

对于放射性废气的处理，根据气体存在形态可以有过滤法、吸附法、吸收法、蒸馏法、贮存衰变法等。为了提高净化效果，往往采用多种方法的综合处理流程。

12.3 热污染

热污染是指人类生产和生活活动中排放的废热，导致环境温度变化并对环境和人类产生影响的现象。根本原因是能源未被完全有效合理地利用而被弃置于环境中。

随着人口和耗能量的增长，城市排入大气的热量日益增多。按照热力学定律，人类使用的全部能量终将转化为热，传入大气，逸向太空。这样，使地面反射太阳热能的反射率增高，吸收太阳辐射热减少，沿地面空气的热减少，上升气流减弱，阻碍云雨形成，造成局部地区干旱，影响农作物生长。近一个世纪以来，地球大气中的二氧化碳不断增加，气候变暖，冰川积雪融化，使海水水位上升，一些原本十分炎热的城市，变得更热。专家们预测，如按现在的能源消耗的速度计算，每 10 年全球温度会升高 0.1～0.26 ℃；一个世纪后即为 1.0～2.6 ℃，而两极温度将上升 3～7 ℃，对全球气候会有重大影响。造成热污染最根本的原因是能源未能被最有效、最合理地利用。随着现代工业的发展和人口的不断增长，环境热污染将日趋严重，而我国尚未制定环境热污染的控制标准。

12.3.1 热污染的成因

热污染的成因主要分为三个方面：

(1)改变大气组成，改变太阳辐射和地球辐射的透过率。如大气中颗粒物浓度的增加、对流层上部水蒸气增加、臭氧层破坏都会改变大气的组成。

(2)改变地表状况，改变反射率，改变地表和大气之间的换热过程。如过度农牧导致的沙漠化会改变地表的反射率，城市建设形成城市热岛，污染物排放导致冰面反射率降低而吸热融化等。

(3)直接向环境排热。如炼钢、炼焦向大气放热，电厂向水体放热等。

人类使用的全部能量最终将转化为热，通过燃料燃烧和化学反应等过程产生的热量，一部分转化为产品形式，一部分以废热形式直接排入环境。转化为产品形式的热量，最终也要通过不同的途径，释放到环境中。以火力发电的热量为例：在燃料燃烧的能量中，40%转化为电能，12%随烟气排放，48%随冷却水进入到水体中。在核电站，能耗的33%转化为热能，其余 67%均变为废热全部转入到水中。在工业发达的美国，每天所排放的冷却用水达 4.5 亿立方米，接近全国用水量的 1/3；废热水含热量约 2500 亿千卡，足够使 2.5 亿立方米的水温升高 10 ℃。

由以上数据可以看出，各种生产过程排放的废热，大部分转入水中，这些温度较高的水排入水体，形成对水体的热污染。电力工业是排放温热水量最多的行业，据统计，排进水体的热量，有 80%来自发电厂。

12.3.2 热污染的危害

由于废热气体在废热排放总量中所占比例较小，因此，它对大气环境的影响表现不太明显，而温热水的排放量大，排入水体后会在局部范围内引起水温的升高，使水质恶化，对水生物圈和人的生产、生活活动造成危害，其危害主要表现在以下几个方面：

(1)影响水生生物的生长

水温升高，影响鱼类生存。在高温条件时，鱼在热应力的作用下发育受阻，严重时，导致死亡；水温的升高，降低了水生动物的抵抗力，破坏水生动物的正常生存。

(2)导致水中溶解氧降低

水温较高时，由亨利定律可知，水中溶解氧浓度降低，如在蒸馏水中，DO 在水温为 0 ℃时为 14.62 mg/L，20 ℃时为 9.17 mg/L，升高到 30 ℃时，DO 降低至 7.63 mg/L；与此同时，鱼及水中动物代谢率增高，它们消耗更多的溶解氧，此时溶解氧的减少，势必对鱼类生存形成更大的威胁。

(3)藻类和湖草大量繁殖

水温升高时，藻类与湖草大量繁殖，消耗了水中的溶解氧，影响鱼类和其他水生动物的生存。同时，水温升高，藻类种群将发生改变。在具有正常混合藻类的河流中，在20 ℃时硅藻占优势；在 30 ℃时绿藻占优势；在 35～40 ℃时蓝藻占优势。蓝藻占优势时，则发生水污染，即水华，所以，热污染会加速富营养化进程。蓝藻可引起水体味道异常，并能分泌一种藻毒素，对婴幼儿的肝肾等造成伤害，尤其能伤害胎儿的内脏等，而且是一种致癌物质。太湖严重的水污染事件就是蓝藻暴发引起的。

(4)导致水体中化学反应加快

水温每升高 10 ℃，水体中化学反应速率可加快一倍。

12.3.3 热污染的防治

根据热污染的成因和特点，对其防治的措施主要有：

(1)废热的综合利用

充分利用工业的余热，是减少热污染的最主要措施。生产过程中产生的余热种类繁多，有高温烟气余热、高温产品余热、冷却介质余热和废气废水余热等。这些余热都是可以利用的二次能源。我国每年可利用的工业余热相当于5000 万吨标准煤的发热量。在冶金、发电、化工、建材等行业，通过热交换器利用余热来预热空气、原燃料、干燥产品、生产蒸气、供应热水等。此外还可以调节水田水温，调节港口水温以防止冻结。

对于冷却介质余热的利用方面主要是电厂和水泥厂等冷却水的循环使用，改进冷却方式，减少冷却水排放。

对于压力高、温度高的废气，要通过汽轮机等动力机械直接将热能转为机械能。

(2)利用温排水冷却技术减少温排水

电力等工业系统的温排水，主要来自工艺系统中的冷却水，对排放后造成热污染的这种冷却水，可通过冷却的方法使其降温，降温后的冷水可以回到工业冷却系统中重新使用。可用冷却塔冷却或用冷却池冷却，比较常用的为冷却塔冷却。在塔内，喷淋的温水与空气对流流动，通过散热和部分蒸发达到冷却的目的。冷却回用的方法，既节约了水资源，又可向水体不排或少排温热水，减少了热污染。

(3)加强隔热保温，防止热损失

在工业生产中，有些窑体要加强保温、隔热措施，以降低热损失，如水泥窑筒体用硅酸铝毡、珍珠岩等高效保温材料，既减少热散失，又降低水泥熟料热耗。

(4)寻找新能源

利用水能、风能、地热能、潮汐能和太阳能等新能源，既解决了污染物，又是防止和减少热污染的重要途径。特别是在太阳能的利用上，各国都投入大量人力和财力进行研究，取得了一定的效果。

另外，也可以对冷却水综合利用，例如，可以用于温热带渔业的养殖等等。

12.4 光污染

光污染问题最早于20世纪30年代由国际天文界提出，他们认为光污染是城市室外照明使天空发亮造成对天文观测的负面的影响。后来英美等国称之为“干扰光”，在日本则称为“光害”。目前，国内外对于光污染并没有一个明确的定义。现在一般认为，光污染泛指影响自然环境，对人类正常生活、工作、休息和娱乐带来不利影响，损害人们观察物体的能力，引起人体不舒适感和损害人体健康的各种光。人的眼睛由于瞳孔的调节作用，对于一定范围内的光辐射都能适应，但光辐射增至一定量时，将会对于人体健康产生不良影响，这称为“光污染”。从波长十纳米至一毫米的光辐射，即紫外辐射、可见光和红外辐射，在不同的条件下都可能成为光污染源。

广义的光污染包括一些可能对人的视觉环境和身体健康产生不良影响的事物，包括生活中常见的书本纸张、墙面涂料的反光甚至是路边彩色广告的“光芒”亦可算在此列，光污染所包含的范围之广由此可见一斑。在日常生活中，人们常见的光污染的状况多为由镜面建筑反光所导致的行人和司机的眩晕感，以及夜晚不合理灯光给人体造成的不适。

在日常生活中，绝大部分人都遭受过不同程度的各种各样的光污染。有些建筑物用玻璃做外墙，在阳光照射下，玻璃面就会反射出刺眼的光芒；晚上路边的广告显示屏、闪光的霓虹灯，发出的光芒很容易让人感到眼花缭乱；夜晚公路上一束束汽车大灯的光线，照得人眼睛睁不开；还有家中装修的光滑白瓷砖，反射的光线让人感到不舒服等等，所有这些都属于光污染。

12.4.1 光污染的分类和危害

(1)光污染的分类

光污染国际上主要分为白亮污染、人工白昼和彩光污染三类。

①白亮污染

在室外，现代不少建筑物使用的大块镜面、玻璃幕墙、釉面砖墙、铝合金板、磨光花岗岩、大理石和高级涂料等装饰材料，虽然看起来十分美观，但是，在背后却隐藏着许多意想不到的隐患。当阳光照射强烈时，这些装饰物对阳光的反射形成二次光源，明晃白亮，炫眼夺目，导致白光污染。

②人工白昼

人工白昼是指由人为形成的大面积照亮光源导致的白光污染。主要指夜幕降临后，商场、酒店等场所上的广告灯、霓虹灯以及美化城市夜景的由人工布置的各种照明灯、泛光灯等。有些强光束甚至直冲云霄，使得夜晚如同白天一样。大量室外照明开放时，在客观上加快了地面气流的上升速度，各种热源对气流加热，并与大气中的二氧化碳结合，随之上升到空中，形成气云和“温室效应”，最后可能导致气候异常情况的发生。

③彩光污染

由激光灯、彩光灯构成的光污染称为彩光污染。主要是指舞厅、夜总会安装的黑光灯、旋转灯、荧光灯以及闪烁的彩色光源。家庭中普遍采用的照明灯，户外闪烁的各色霓虹灯、广告灯，娱乐场所的各种彩色光源，电视、电脑等带屏幕的家用电器也是彩光污染的主要污染源。

(2)光污染的危害

①对人心理的影响

人在缤纷多彩的环境中待一段时间，就会感觉到心理和情绪受影响。如果城市“人工白昼”使居住环境夜晚过亮，人们会难以入眠，扰乱人体的正常生物钟，使人白天头晕心烦，食欲下降，情绪低落，从而导致工作效率低下，造成心理压力。科学研究也表明，彩光污染会影响人的心理健康。如过多杂乱的霓虹灯所提供的光照纷乱朦胧，人的视觉会不清晰，长期接触会使人心理环境不平衡，心理健康受损。

②对人身体的影响

光污染对人身体的危害和影响就更多了。长时间在白色光亮污染环境下工作和生活的人，视网膜和虹膜都会受到不同程度的损害，导致视力急剧下降，白内障发病率高达45%。光污染还会导致头昏、头痛、精神紧张、注意力涣散、烦躁心悸、失眠多梦、食欲不振、倦怠乏力等不适感和诱发光敏皮炎。有些建筑物的玻璃幕墙是半圆形的，反射光汇聚还容易引起大面积火灾。烈日下光污染会形成交通安全的隐患，尤其是公交车、出租车司机，他们受光污染所扰，会头晕目眩、精力分散，诱发车祸。还有路面、草地、树叶等都会不同程度地反射光源。在室内，也会有光污染，例如看书的时候，纸张的颜色也有光污染；室内墙壁的颜色，如果太亮也会引起视觉不舒服；家具、地板等都会对视力造成不同程度的危害，甚至引发失眠、食欲下降、情绪低落等神经衰弱症状。彩光污染源黑光灯所产生的紫外线强度远高于太阳光的紫外线，且对人体有害影响持续时间长，人如果长期受这种照射，可诱发流鼻血、脱牙、白内障，甚至导致白血病和其他癌变。彩色光源让人眼花缭乱，不仅对人的眼睛不利，而且干扰大脑中的脑神经。

③对人生活的影响

光污染会给人们的日常生活带来不便。在炎炎夏日，玻璃幕墙等会将强烈阳光反射进附近居民家中，不仅产生耀眼的光线，还会使室内温度平均升高 3～4 ℃，影响居民正常生活，近年来我国环保部门多次收到关于光污染的投诉信，其中多数为白亮污染导致的纠纷。

④对交通安全的危害

烈日下驾车的司机会因玻璃幕墙的反射光而引起突发性暂时失明和视力错觉，因而极易发生交通事故。且眼睛长时间受强烈刺激，极易引起视觉疲劳，导致驾驶员出错。由此可见，不合理的玻璃幕墙建筑威胁着城市交通安全。为了保障夜间交通顺畅安全的道路照明系统如果设置不合理(如灯具产生眩光，闪烁)，反而会更易发生交通事故，降低交通安全性。夜间的光污染对轮船和航空也有相同的不良影响，同时由于这两种交通方式在夜间对灯塔等灯光导航系统有更高的依赖性，安装得不合理的照明设备会对驾驶员产生误导，机场附近的光污染就多次使驾驶员将公路当跑道。

⑤对生态环境的危害

很多动植物的生长同光照有直接的关系，而人工灯光的光点可以传到数千米以外。不少动植物虽然远离光源，但也受光的作用，人工光照破坏了它们的生物周期，使它们的新陈代谢也受到影响。如城市街道两侧树木落叶期推迟；习惯在黑暗中交配的蟾蜍等某些物种已经濒临灭绝；新孵出的小海龟误把陆地当成海洋，因缺水丧命；城市里的鸟因灯光四季不分，人工光常使鸟类在迁徙的时候迷失方向。因此，光污染不仅影响人类，也影响动植物的生存，危害生态环境。生态系统是非常复杂的，一个物种的变化会影响其他物种的生存和发展，因此，光污染对动植物的影响又势必会使整个生态系统产生变化，从而影响人类本身。

⑥对天文观测的危害

灿烂的星空和奇妙的天文现象令人赞叹，然而，现在全球约 1/5 的人却看不见银河。由于光污染，天光亮度增大，中科院紫金山天文台观测站的夜间观测已几乎荒废；而建于 1675 年的英国格林尼治天文台近年来也为光污染所困扰。

12.4.2 光污染的防治

(1)加强城市规划管理，合理布置光源

要减少光污染这种都市新污染的危害，关键在于加强城市规划管理，合理布置光源，加强对广告灯和霓虹灯的管理，禁止使用大功率强光源，控制使用大功率民用激光装置，限制使用反射系数较大的材料等措施势在必行。作为普通民众，一方面切勿在光污染地带长时间滞留，若光线太强，房间可安装百叶窗或双层窗帘，根据光线强弱做相应调节；另一方面应全民动手，在建筑群周围栽树种花，广植草皮，以改善和调节采光环境等等。

(2)制定与光污染有关的技术规范和相应的法律法规

我国还很少有人认识到光污染的危害，因此根本还没有这方面统一的标准。专家认为在我国城市夜晚景观建设迅速发展的时候，尽快制定景观照明的技术标准是必要的。另外，应加强夜晚景观设计、施工的规范化管理。我国目前从事灯光设计施工的人员当中专业技术人员很少，许多产生光污染和光干扰的夜晚景观是由不科学的设计施工造成的。据了解，天津市颁布了《城市夜景照明技术规范》，这是我国第一个有关夜景照明的技术规范。北京市在夜景建设中曾有一个“城市夜景照明工程评比标准”，但衡量光污染的方面只有简单的项目。城市夜景建设中缺乏科学性和规范化的局面亟待改变。

(3)大力推广使用新型节能光源

我国的照明比发达国家落后近50年，由于缺乏专业的设计人员，国内多数夜景照明不仅不节能，还十分刺眼，容易让人疲倦，与国际标准有一定差距。

(4)加强植物景观建设

可以通过多种树来阻止污染光的传播，或是采用一些对人体比较舒适的光等一系列的生物技术的方法。

对于个人来说要增强环保意识，注意个人保健。个人如果不能避免长期处于光污染的工作环境中，应该考虑到防止光污染的问题，采用个人防护措施，如戴防护镜、防护面罩，穿防护服等，把光污染的危害消除在萌芽状态。已出现症状的应定期去医院眼科做检查，及时发现病情，以防为主，防治结合。

思考题与习题

练习

举例说说电磁辐射污染、放射性污染、热污染及光污染事件，并说明这些污染事件对你或是你周围的人产生了怎样的影响。

知识拓展

视觉污染

在现代化的城市中，两种视觉环境让人觉得厌烦，那就是无内容视野和单质视野。

(1)视觉污染定义

人的眼睛就像是一对自动的搜索器，总是处于寻找状态，大约两到三秒就会移动一次，每移动一次总要抓住一些东西。不过在无内容视野的环境里面，人就没有什么可以抓到的具体内容，结果就会出现视觉饥渴。所以住在大城市里的人通常都有过这样的感觉，眼睛明明是看到了很多东西，却好像什么东西都没看到，空空洞洞的，这就是某些城市里的景色给我们视觉带来一种污染。

(2)单质视野

单质视野指的是集中了大量同样成分的视觉环境。比如，在城市中，把同样的东西组合在一个平面上，用同一种格式人行道，用同样花色的瓷砖贴一面墙或是在大厦的墙面上设计全部相同的窗户，同样的设计、同样的风格、同样的感觉，这就是单质视野。视觉生态学家认为，这种千篇一律的东西会让人心情不舒畅，甚至会烦躁不安。这是因为人的神经细胞是按照自己的规律在工作，而人的大脑又不喜欢千篇一律的东西。这个世界本来是千变万化的，有春夏秋冬、有高山平原、有丘陵森林、有沼泽沙漠，所以我们置身大自然时会感到身心无比愉悦，而城市是人造出来的，在很多时候，城市棱角分明的几何建筑图景传达给我们的是一种很单调的信息，这样看久了，大脑就会产生烦躁的情绪。一些故意被破坏的现象，如草坪被践踏、栏杆被损毁、墙壁被涂鸦等等，一定程度上就是视觉上让人出现单质视野所导致的心理不平衡的结果，去破坏它的人觉得这样做了大自然就出现了一点变化。就像人们在面临一池平静的湖水时总会有捡起一块石子投进去的欲望,希望打破这种沉闷的平静,看到湖水泛起波浪。

(3)危害

视觉生态学家警告我们,视觉污染不能够等闲视之,因为它不仅能够导致神经功能、体温、心律、血压等等失去协调,还会引起头晕目眩、烦躁不安、饮食下降、注意力不集中、无力、失眠等症状。

杂乱无章的建筑物,凌乱不堪的电线、电杆,密如篱笆的电视天线,令人眼花缭乱的广告牌等,会引起视觉污染。它会使人们情绪烦躁、郁闷不悦、疲劳倦怠、注意力不集中、自控能力减弱,甚至会诱发神经官能症。这些症状称为"视觉污染综合征"。

越来越严重的都市视觉污染,就是那些通过视觉反映出来的环境污染,即那些丑、胀、杂、乱、无秩序、不协调的事物,通过人的视觉,干扰人的生物节律、正常生活秩序,而危害人体健康的负效应。

近年来,城市中患神经衰弱、失眠症的人逐日增加,患某些常见病、多发病的居民人数也有所上升,这一现象的出现与城市的视觉污染加剧有密切关系。

参考文献

[1]熊素玉.环境工程技术与应用.北京:科学出版社,2012.
[2]潘琼,曾桂华.城镇污水处理系统运营.北京:化学工业出版社,2013.
[3]柏景方.污水处理技术.哈尔滨:哈尔滨工业大学出版社,2006.
[4]张振家,张虹.环境工程学基础.北京:化学工业出版社,2006.
[5]庄正宁.环境工程基础.北京:中国电力出版社,2007.
[6]张希衡.水污染控制工程.北京:冶金工业出版社,2004.
[7]蒋展鹏.环境工程学.北京:高等教育出版社,2005.
[8]王燕飞.水污染控制技术.2版.北京:化学工业出版社,2008.
[9]缪应祺.水污染控制工程.南京:东南大学出版社,2002.
[10]唐玉斌.水污染控制工程.哈尔滨:哈尔滨工业大学出版社,2006.
[11]徐强.污泥处理处置技术及装置.北京:化学工业出版社,2003.
[12]余杰,田宁宁,王凯军,任远.中国城市污水处理厂污泥处理处置问题探讨分析.环境工程学报,2007:82-86.
[13]许晓萍.我国市政污泥处理现状与发展探析.江西化工,2010:24-32.
[14]李兵,张承龙,赵由才.污泥表征与预处理技术.北京:冶金工业出版社,2010.
[15]陆美娟.化工原理(下册).北京:化学工业出版社,2001.
[16]叶振华.化工吸附分离过程.北京:中国石化出版社,1992.
[17]刘景良.大气污染控制工程.北京:中国轻工业出版社,2002.
[18]刘叶青.生物分离工程试验.北京:高等教育出版社,2007.
[19]王湛.化工原理800例.北京:国防工业出版社,2007.
[20]郭静,阮宜纶.大气污染控制工程.北京:化学工业出版社,2001.
[21]李广超.大气污染控制技术.北京:化学工业出版社,2001.
[22]冷士良.化工单元过程及操作.北京:化学工业出版社,2002.
[23]胡小玲.化学分离原理与技术.北京:化学工业出版社,2006.
[24]张柏钦.环境工程原理.北京:化学工业出版社,2008.
[25]何品晶,邵立明.固体废物管理.北京:高等教育出版社,2010.
[26]沈华.固体废物资源化利用与处理处置.北京:科学出版社,2011.
[27]马大猷.噪声与振动控制工程手册.北京:机械工业出版社,2002.
[28]周新祥.噪声控制与应用实例.北京:海洋出版社,1999.
[29]孙兴滨,闫立龙,张宝杰.环境物理性污染控制.2版.北京:化学工业出版社,2012.
[30]李连山,杨建设.环境物理性污染控制工程.武汉:华中科技大学出版社,2009.
[31]郑长聚.环境工程手册——环境噪声控制卷.北京:高等教育出版社,2000.

模拟试题

1. 模拟试题一(在线查看或下载)

2. 模拟试题二(在线查看或下载)

3. 模拟试题三(在线查看或下载)

4. 模拟试题四(在线查看或下载)

5. 模拟试题五(在线查看或下载)

6. 模拟试题六(在线查看或下载)